KB018856

더미를 위한

밀레니얼 세대의
마케팅

더미를 위한

밀레니얼 세대의 마케팅

for
dummies®
A Wiley Brand

코리 패드빈 지음
심수영 옮김

시그마북스
Sigma Books

더미를 위한
밀레니얼 세대의 마케팅

발행일 2018년 5월 10일 1쇄 발행
지은이 코리 패드빈
옮긴이 심수영
발행인 강학경
발행처 시그마북스
마케팅 정제용, 한이슬
에디터 권경자, 김경림, 장민정, 신미순, 최윤정, 강지은
디자인 최희민, 김문배, 이연진

등록번호 제10-965호
주소 서울특별시 영등포구 양평로 22길 21 선유도코오롱디지털타워 A404호
전자우편 sigma@spress.co.kr
홈페이지 http://www.sigmabooks.co.kr
전화 (02) 2062-5288~9
팩시밀리 (02) 323-4197
ISBN 978-89-8445-985-4 (04320)
      978-89-8445-962-5 (세트)

Marketing to Millennials For Dummies®

Original English language edition Copyright ⓒ 2017 by John Wiley & Sons, Inc.
All rights reserved including the right of reproduction in whole or in part in any form.
This translation published by arrangement with John Wiley & Sons, Inc.

Wiley, the Wiley Publishing Logo, For Dummies, 더미를 위한, Dummies Man and related trade dress are trademarks
or registered trademarks of John Wiley and Sons, Inc. and/or its affiliates in the United States and/or other countries.
Used by permission.
Korean language edition published by Sigma Books ⓒ 2018

이 책의 한국어판 저작권은 John Wiley & Sons, Inc.와 독점 계약한 시그마북스가 소유합니다.
저작권법에 의하여 한국 내에서 보호를 받는 저작물이므로 무단전재와 무단복제를 금합니다.

이 도서의 국립중앙도서관 출판예정도서목록(CIP)은 서지정보유통지원시스템 홈페이지(http://seoji.nl.go.kr)와
국가자료공동목록시스템(http://www.nl.go.kr/kolisnet)에서 이용하실 수 있습니다.
(CIP제어번호 : CIP2018011431)

* 시그마북스는 (주)시그마프레스의 자매회사로 일반 단행본 전문 출판사입니다.

마케팅이 지향하는 것은

고객을 이해하고 제품과 서비스를

고객에 맞추어 저절로 팔리도록 하는 것이다.

- 피터 드러커

들어가는 글

밀레니얼 세대가 불가사의하거나 종잡을 수 없는 소비자는 아니지만, 그동안 마케터들이 밀레니얼 세대를 파악하는 데 어려움을 겪었던 것은 사실이다. 밀레니얼 세대란 1980년에서 2000년 사이에 태어난 사람들을 뜻하며, 전 세계적으로 최대 규모의 소비자 오디언스를 이룬다. 밀레니얼 세대를 연령 기준으로 구분하기는 하지만, 기본적으로 이들은 현대 소비자의 전형이라고 볼 수 있다. 무엇보다 중요한 것은 밀레니얼 세대가 인류 역사상 최대 규모의 부(wealth)를 전이받을 준비를 갖췄다는 것이다.

오늘날 구매 행동과 관련해 지각 변동이 일어나고 있다. 이러한 상황에서 고객에게 접근하는 새로운 방안을 찾아내는 것은 이 세상 모든 마케터의 몫이다. 이렇게 탐나는 인구집단에 다가갈 수 있는 '보편적인 접근법'이라는 것은 없다. 모든 소비자는 개성이 있는 개개인이고, 다양한 브랜드와 캠페인, 콘텐츠에 자기 나름대로 대응할 것이다.

『더미를 위한 밀레니얼 세대의 마케팅』은 독자들에게 밀레니얼 세대를 공략하는 효과적인 마케팅 전략을 세울 수 있는 틀을 제공하고자 한다. 이 책에서 전달하는 다양한 정보를 토대로 각자의 브랜드에 적합한 프로그램을 고안해 나아갈 수 있을 것이다.

이 책에 대하여

필자는 이 책을 통해 어느 분야의 마케터라도 활용할 수 있는 가이드라인을 제공하고자 한다. 원자재를 제조업체에 판매하는 B2B 환경에서 일하는 마케터도, 모바일을 즐겨 사용하는 대학 신입생에게 학용품을 팔기 위해 소비자 지향적 커뮤니케이션 전략을 개발하는 마케터도 이 책에서 도움이 될 만한 내용을 찾을 수 있을 것이다.

또한 이 책은 마케터라면 수준에 관계없이 참조할 수 있도록 서술되어 있다. 브랜드 커뮤니케이션 전략에 변화를 주기 위해 새로운 방법을 탐색 중인 베테랑 마케터이든, 혹은 캠페인 방안을 고민하고 있는 신참 마케터이든, 이 책을 참조해 자신만의 전략을 개발할 수 있게 될 것이다.

독자에게 드리는 말씀

첫 번째로 무엇보다 중요한 사항은 이 책의 독자를 본인 회사의 마케팅을 관장하는 사업주이거나 브랜드, 조직, 정부 또는 기타 단체의 마케팅 부서에서 일하는 직원이라고 가정했다는 점이다. 또한 독자가 이미 마케팅 전략 및 도구에 대해 어느 정도 알고 있다는 것을 전제로 했다. 그러므로 전제 조건을 충족하는 독자들은 이 책에서 다룬 내용을 활용하여 기존 지식을 확장할 수 있을 것이다. 추가 가정 사항은 다음과 같다.

- » 독자는 페이스북, 트위터와 같은 소셜 네트워크의 비즈니스 애플리케이션에 대해 잘 알고 있다.
- » 독자는 블로그, 유명 소셜 플랫폼과 같은 다양한 채널에서 콘텐츠 및 기타 자산을 만들어본 경험이 있다.
- » 독자 또는 독자의 직원들은 과거에 마케팅 캠페인을 운영한 경험이 있고, 상품 또는 서비스 마케팅의 일반적인 프로세스에 대해 잘 알고 있다.
- » 독자는 밀레니얼 세대가 독특한 특성과 습관이 있는 보통의 소비자이고, 이들을 외부의 영향을 배재한 채 판단해서는 안 된다는 사실을 안다.

> » 독자는 입증된 데이터를 가지고 작업하며, 데이터를 분석할 준비가 되어 있고, 데이터가 설명하는 내용을 바탕으로 캠페인 및 전략을 최적화하고자 한다.

아이콘 설명

이 책에는 중요한 내용에 집중해서 기억할 수 있도록 몇 가지 아이콘이 등장한다.

더미를 위한 팁

이 아이콘은 프로세스를 신속히 처리하거나 짧은 시간 내에 캠페인의 결과를 개선하고자 할 때 사용할 수 있는 요령 및 손쉬운 방법을 나타낸다.

체크포인트

이 아이콘은 확실하게 기억해둘 필요가 있는 특별히 중요한 정보를 나타낸다.

참고하기

이 아이콘은 아주 기술적인 성격의 정보이거나 또는 연구가 이루어진 특정 네트워크나 산업에 관한 세부사항을 나타낸다.

경고메시지

이 아이콘은 '주의하라!'라는 메시지를 전달한다. 마케터가 골치 아픈 일을 피할 수 있도록 하는 중요한 정보를 나타낸다. 또한 마케터를 궁지에 몰 수 있는 흔한 실수나 혼동할 수 있는 사항을 알려준다.

책 이외의 자료

지금 읽고 있는 책 외에도 '밀레니얼 세대 마케팅'이라는 주제에 대해 조언을 제시하는 요약본을 무료로 이용할 수 있다. 웹사이트(www.dummies.com)에 방문하여 검색 상자에 'Marketing to Millennials For Dummies Cheat Sheet'라고 검색하기만 하면 요약본을 찾을 수 있다.

나아갈 방향

이 책은 어떤 순서로 읽어도 좋다. 각각의 장이 선형 구조로 전개되지 않는다. 책 전반에 걸친 상호 참조를 통해 다른 장에서 다루는 중요한 개념을 참조하도록 안내한다.

만약 어느 장에서부터 시작할까 고민하고 있다면, 필자는 제2장을 강력 추천하겠다. 제2장에서는 현대 마케터가 밀레니얼 세대를 어떻게 바라봐야 하는지, 장기적 관계를 형성하기 위해 밀레니얼 세대를 바라보는 시각을 어떻게 바꿔야 하는지에 대한 개요를 제시했다.

제2부는 주로 다양한 미디어와 사례를 고려한 밀레니얼 세대 대상 프로그램 개발 전략에 초점을 두었다. 제3부에서는 밀레니얼 세대가 상당수를 차지하고 있는 구체적인 시장과 경제를 파고들었다. 그러나 어느 장 또는 어느 부분을 읽더라도, 관련성 및 영향력이 점점 커져가는 밀레니얼 오디언스에게 맞는 효과적인 커뮤니케이션 전략을 수립하는 데 필요한 단계와 정보를 제공받을 수 있을 것이다.

차례

밀레니얼 세대를 겨냥한
마케팅 접근법

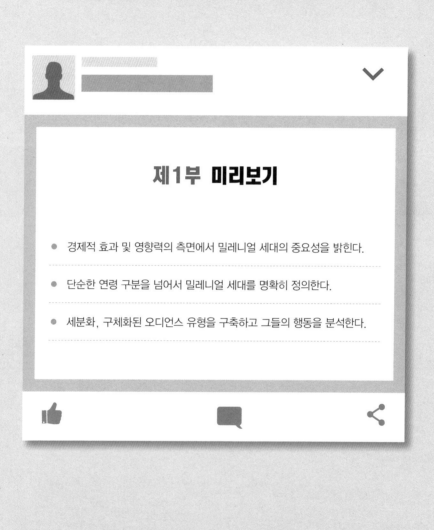

제1부 미리보기

- 경제적 효과 및 영향력의 측면에서 밀레니얼 세대의 중요성을 밝힌다.

- 단순한 연령 구분을 넘어서 밀레니얼 세대를 명확히 정의한다.

- 세분화, 구체화된 오디언스 유형을 구축하고 그들의 행동을 분석한다.

밀레니얼 세대 알아가기

제1장 **미리보기**

- 밀레니얼 시장을 이해한다.
- 관계의 중요성을 파악한다.
- 밀레니얼 세대가 있는 곳으로 다가가 본다.

밀레니얼 세대의 복잡한 특징을 이해하는 것은 마케터가 밟아야 할 가장 중요한 단계 중 하나이다. 오늘날 마케팅의 기본은 개인화다. 그리고 맞춤형 경험을 제공하기 위해서는 일단 밀레니얼 세대의 마음을 이해해야 한다. 밀레니얼 세대는 어떻게 움직이며, 비즈니스에서 왜 그토록 중요한가.

이번 장을 통해 밀레니얼 세대가 장단기적으로 조직에 어떠한 가치를 가져다주는지 이해하게 될 것이다. 밀레니얼 세대가 다양한 미디어를 통해 브랜드와 어떻게 상호 작용하는지 알고, 그들과 관계를 맺는 방법도 찾게 될 것이다.

밀레니얼 세대 역시 소비자다. 그 점에 있어서는 앞선 세대와 다르지 않다. 다만 상황, 기술, 그리고 변화하고 있는 글로벌 환경으로 말미암아 밀레니얼 세대만의 독특한 사고방식이 형성된 것이다.

밀레니얼 세대가 왜 중요한가

밀레니얼 세대가 중요한 이유는 그들이 글로벌 경제의 주역으로 부상했기 때문이다. 따라서 마케터들은 밀레니얼 소비자에게 주목하고, 이들을 사로잡을 효과적인 성공 전략을 세울 필요가 있다.

여기서 사용되는 밀레니얼 세대(millennial)라는 용어는 1980년에서 2000년 사이에 태어난 소비자를 일컫는다. 그러나 밀레니얼 세대는 앞서 정의한 연령을 뛰어넘을 수 있고, 이 부분에 대해서는 제2장에서 자세히 다루도록 하겠다.

마케팅 계획을 수립할 때 나이를 기준으로 밀레니얼 세대를 정의하지 않는 것이 훨씬 효과적일 수 있다. 하지만 물리적 시장 규모를 분석할 때는 나이 구분이 필요할 것이다.

인구가 힘이다

2015년 밀레니얼 세대의 인구수가 지금까지 미국 인구의 최대 비중을 차지했던 베이비붐 세대를 넘어서기 시작했다. 다른 추가적인 인구통계적 정보 없이도 그들이 비즈니스에서 중요한 존재라는 사실을 바로 알 수 있을 것이다. 그들은 숫자만으로도 탐나는 소비자 집단이다. 밀레니얼 세대는 모두 독립적인 소비자이고, 대다수가 고정 소득이 있다. 미국 최대의 소비자 집단을 대상으로 하는 마케팅에 관심이 없는 회사는 거의 없을 것이다.

밀레니얼 세대는 마케터에게 상당한 기회를 제공한다. 미국 경제 최대 규모의 인구 집단으로 결코 무시할 수 없는 집단이다. 그리고 밀레니얼 세대는 현재 구매력이 상당히 높고 계속해서 점점 더 올라갈 것이다.

밀레니얼 세대의 시장 규모가 특별히 중요한 몇 가지 이유를 살펴보자.

» **경제적 영향력** : 이전 세대가 줄어들면서, 밀레니얼 세대가 주된 소비층으로 성장해 가고 있다. 이것이 부(wealth)의 이동을 초래할 것이다. 지금 밀레니얼 세대의 관심을 끌 만한 제품을 개발하지 못한다면, 한물간 비즈니스로 전락해버릴 위험이 있다.

» **트렌드 선도** : 소셜 미디어에 등장하는 인기 있는 도전들이 그렇듯이, 몇몇 트렌드는 의도적으로 창조된다. 한 예가 바로 아이스 버킷 챌린지(Ice Bucket Challenge)이다. 아이스 버킷 챌린지는 근위축성 측색경화증(ALS, 루게릭병)에 대한 관심을 환기시키기 위해 시작되었고, 참가자가 얼음물을 뒤집어쓰는 방식으로 이루어진다. 또 몇몇 트렌드는 순전히 밀레니얼 세대의 규모 자체로 인해 생기기도 한다. 밀레니얼 세대에 대한 웹 데이터가 활용 가능한 덕분에 마케터들은 자연스럽게 동향을 파악할 수 있다(데이터 분석 및 실행에 관한 상세내용은 제4장 참조).

» **신속한 공유** : 활용 가능한 데이터의 양 및 데이터가 공유되는 비율이 높아지면서 마케팅 환경이 변화한다. 지금 밀레니얼 세대에 대한 데이터는 어떤 여론조사, 설문, 조사 혹은 인구조사보다도 온라인상에서 더 많이 확보할 수 있다. 그러므로 마케터들은 수천 개의 데이터 포인트를 통해 드러난 정보에 적응할 준비를 해야 한다.

» **브랜드 옹호** : 밀레니얼 시장은 하루아침에 브랜드를 흥하게 하거나 망하게 할 힘이 있다. 여론의 힘이 지금보다 더 강력했던 적은 없다. 브랜드는 투명해야 하고 행동주의자인 밀레니얼 소비자의 요구에 대응해야 한다. 밀레니얼 세대의 결집력은 브랜드를 흥하게 할 수도 혹은 망하게 할 수도 있기에 무시하기 어렵다. 포켓몬고 열풍이 불기 시작할 때 일어난 좋은 예가 있다. 워싱턴 주의 한 작은 아이스크림 가게는 폐점 위기에 처해 있었다. 그런데 밀레니얼 세대인 한 포켓몬고 플레이어가 게임 때문에 우연히 그 아이스크림 가게를 발견했고, 그 플레이어는 가게를 구하기 위해 온라인상에서 캠페인을 시작했다. 이러한 노력으로 방문 고객이 늘어나 매출이 3배로 증가했고, 가게는 계속 운영될 수 있었다.

밀레니얼 세대가 경제를 좌우한다

밀레니얼 세대는 국가 및 세계 경제에 상당한 영향력을 미친다. 펑 비즈니스 인텔리 전스 센터(www.funggroup.com/eng/knowledge/research.php)는 2013년 미국 리테일 소비 의 13.5%를 차지했던 밀레니얼 세대가 2020년에는 30%까지 좌지우지할 것이라고 예측했다. 스탠더드 앤 푸어스에 따르면 30%라는 숫자는 연간 1조 4천억 달러가량 의 규모이며 이 숫자는 의심할 여지없이 증가할 것이라고 한다.

밀레니얼 세대는 경제 역사상 최대 규모의 부의 전이를 받아들일 태세를 갖추고 있 다. 모건 스탠리와 같은 미국 주요 금융기관 및 연구소들은 밀레니얼 세대가 향후 수 십 년에 걸쳐 이전 세대로부터 약 30조 달러에 이르는 부를 전이받을 것이라고 예측 한다. 이것은 놀라운 숫자이며 분야에 관계없이 마케터의 식욕을 돋우는 숫자임에 틀림없다.

마케터들은 밀레니얼 세대에게 전이된 돈이 어디로 흘러가게 될 것인지를 알아내기 위해서 밀레니얼 세대의 소비 습관을 파악해야 한다. 밀레니얼 세대의 소비 습관을 이해한다면 타깃 캠페인을 효과적으로 진행하는 데 도움이 될 것이다.

골드만 삭스는 밀레니얼 세대의 특성에 관한 중요한 정보를 제공하고 있다.

그 내용은 www.goldmansachs.com/our-thinking/pages/millennials에서 확인 가능 하다.

밀레니얼 세대의 행동에 영향을 주는 몇 가지 요인을 정리해보면 다음과 같다.

» **돈은 들어오지만 반드시 써야 하는 것은 아니다.** 지난 10년간 젊은 밀레니 얼 세대의 평균 소득은 감소해왔다. 밀레니얼 세대는 일을 하고 있지만, 생 활비가 상당히 증가했다. 국가 최저임금과 같은 소득지표들이 떨어졌다. 그래서 현재 밀레니얼 세대는 국가 인구의 상당 부분을 차지하고 있지만 가처분 소득이 높지 않다. 부의 전이가 이루어진 이후에도 이러한 현실이 그들의 구매 행동에 크게 영향을 미칠 것이다.

» **밀레니얼 세대에게는 막대한 양의 부채가 있다.** 교육비는 밀레니얼 세대에 게 큰 부분을 차지하며 그들의 소비에 중대한 영향을 미친다. 연방준비제

도에 따르면, 지난 10년간 젊은 밀레니얼 세대의 평균 학자금 대출 잔금은 두 배 이상으로 뛰어올랐다. 이는 장기부채의 형태로 간주하여 계산된 것이다(즉, 향후 5년 이후에 상환하는 차입금을 말한다). 이 사실은 밀레니얼 세대의 의사결정 과정에 상당한 영향을 준다. 이처럼 부채를 안고 있는 탓에 밀레니얼 세대는 체계적이고 대체로 효용성에 근거한 구매 결정을 내리게 된다. 그런데 그 효용성의 상당 부분은 구매와는 무관한 효익을 기준으로 판단한 것이다. 예를 들어 제품 또는 서비스의 효용성 외에도, '긴 안목으로 봤을 때 브랜드를 통해 또는 제품을 소유함으로써 혜택을 볼 수 있는 것이 더 있을까?'를 고려한다. 밀레니얼 시장에서 새로운 고객을 확보하는 동시에 고객이 소비생활을 지속하는 동안 브랜드 몰입을 유지하도록 하기 위해서, 밀레니얼 세대와 관계를 형성하고 신뢰받는 브랜드를 구축하는 것이 중요한 이유가 바로 여기에 있다.

» **소유에 우선순위를 두지 않는다.** 이전 세대가 가치를 두었던 거액의 장기 재정투자가 밀레니얼 세대에게는 그만큼 중요하지 않다. 공유경제 및 온 디맨드(on-demand) 서비스가 폭발적으로 증가하는 환경에서, 소유는 접근보다 그 중요성이 작아진다. 공유경제(제12장 참조)는 밀레니얼 소비자의 의사결정 사이클에서 중요한 역할을 한다.

제12장에서 자세히 다루고 있는 **공유경제**(sharing economy)는 상품과 서비스를 공유하는 시장으로, 공유경제 참여자들이 상품 및 서비스를 소유하지 않고 사용할 수 있는 방식이다. 밀레니얼 세대는 불황기에 소비자 성숙 단계를 거쳤고, 그로 인해 재정적으로 상당히 보수적인 성향을 띠게 되었다. 우버 또는 에어비앤비와 같이 공유경제로 분류되는 회사 또는 상품은 밀레니얼 세대가 필요한 제품과 서비스를, 필요한 시기에, 소유의 대가를 지불할 필요 없이 사용할 수 있게 해준다.

» **밀레니얼 세대는 기꺼이 기회를 기다린다.** 소유가 밀레니얼 세대에게 그다지 중요하지 않다고 해서, 그들의 레이더망에서 벗어나 있다는 것은 아니다. 밀레니얼 세대는 좀 더 인내심이 있어서 적기를 기다려 상품을 구매하고자 한다. 다시 말하지만 이런 양상은 공유경제와 온디맨드 서비스 덕분에 접근성이 커졌기 때문이다. 가상 버튼을 누르기만 하면 거의 모든 것에 접근할 수 있으므로 예전 같이 소유할 필요성이 크지 않다.

» **브랜드 충성도가 높다.** 예전에는 판매에서 브랜드 재인 또는 강력한 브랜드 이미지가 가장 중요했다. 지금 중요한 것은 밀레니얼 세대와 브랜드 간의 관계이다. 또한 입소문이 예전보다 훨씬 중요해졌다. 밀레니얼 세대는 친구나 가족이 이야기하는 내용에 관심을 기울이며 전통적인 광고보다 입소문을 신뢰한다.

» **품질이 가격보다 더 중요하다.** 밀레니얼 세대는 특히 가격에 민감한 집단이다. 가격 민감도가 높은 주된 이유는 밀레니얼 세대는 2008년 대침체 이후에 소비자가 되었기 때문이다. 막중한 교육비 부채를 안고 있는데다가 가격에 민감하다는 사실은 밀레니얼 세대가 신중한 소비자라는 것을 의미한다. 그런데 정작 구매를 결정할 때에는 품질에 초점을 두는 반면 가격은 훨씬 덜 신경 쓴다. 밀레니얼 세대는 해당 브랜드와의 장기적 관계를 염두에 둘 뿐 아니라 오래 가는 제품을 원한다.

밀레니얼 세대는 서로 연결되어 있다

밀레니얼 세대는 어떤 세대보다 서로 긴밀히 연결되어 있고, 연결성을 구매 과정에서 하나의 도구로 사용한다. 커뮤니케이션을 할 때 이러한 특징을 활용할 방법을 찾지 못한다면, 장기적으로 살아남을 가능성이 희박하다.

밀레니얼 세대의 커뮤니케이션 습관을 활용하기 위해서는 그들만의 특성을 알아야 한다.

» **밀레니얼 세대는 지나칠 정도로 공유하는 것을 즐긴다.** 밀레니얼 세대는 자신들이 하는 일, 원하는 것, 생각 등 모든 것을 공유한다. 이는 마케터로서는 반가운 일이다. 그들이 공유하는 내용은 풍부한 데이터와 정보가 되어, 대상별로 개인화된 고도의 마케팅 메시지 및 캠페인을 구축하는 데 사용할 수 있다.

» **밀레니얼 세대에 대해 제대로 알기 위해서 그들에게 직접 묻기보다는 그들을 연구하라.** 밀레니얼 소비자의 '과다 공유'라는 속성 덕분에, 데이터 분석을 통해 궁금한 사항 또는 몰랐던 사실에 대한 해답을 찾을 수 있다(효과적인 데이터 분석에 대한 상세내용은 제4장 참조).

» **기성세대보다는 밀레니얼 세대 간의 신뢰가 두텁다.** 세계적인 PR 컨설팅 회사인 에델만은 매년 다양한 집단에 대한 소비자의 신뢰도를 나타내는 '에델만 신뢰지표(Edelman Trust Barometer)'를 발표한다(대침체 이후). 지난 몇 년간 최고의 신뢰도를 획득한 집단은 동료, 친구와 가족, 그리고 산업 전문가였다. 소비자들이 믿을 만한 답을 얻고자 할 때 브랜드는 여러 가지 고려사항 중 우선순위에 들지 않는다는 의미다. 특히 밀레니얼 세대가 이러한 경향이 강하다. 밀레니얼 세대는 자신들의 교류 범위 내에 있는 사람들에게 편견 없는 정직한 의견을 듣고 싶어 하며, 교류의 대상은 소셜 미디어상의 사람들일 가능성이 크다.

» **구매 사이클이 일정하지 않다.** 구매 사이클은 수많은 터치포인트로 이루어져 있다. 마케터는 몇몇 터치포인트를 관리하는데, 그 사이 오디언스는 또 다른 터치포인트를 만들어낸다. 중요한 것은 잠재적 구매자가 브랜드와 연결되는 지점을 파악해, 그곳에서 고객을 기다릴 수 있도록 계획을 세우는 것이다(제9장에서 완벽한 옴니채널 마케팅 전략에 대해 다루고 있다).

터치포인트(touchpoint)란 구매 사이클에서 소비자가 브랜드와 나누는 다양한 상호작용을 뜻한다. 터치포인트는 이미지 또는 비디오와 같은 매체, 크리에이티브 디자인, 콘텐츠의 종류에 따라 달라질 수 있다. TV나 인쇄 미디어와 같은 전통적인 미디어에서는 구매 여정에서 터치포인트가 훨씬 적었다. 반면 소셜 네트워크, 모바일, 기타 디지털 플랫폼과 같은 뉴미디어를 고려한다면 구매 여정을 거치는 동안 터치포인트의 수가 급증할 수 있다.

» **모바일이 가장 중요하다.** 모바일은 밀레니얼 세대가 대부분의 시간을 보내는 공간이다. 그들은 서로 연결되어 있고 브랜드와도 관계를 맺는다. 모바일 전략을 세우지 않는다면 모바일 시장이 제공하는 엄청난 기회를 놓치게 될 것이고, 가까운 시일 내에 사라질 위기에 처할 수 있다. 시장의 움직임을 좌우하는 밀레니얼 세대가 자신들은 모바일을 최우선으로 생각한다고 말하고 있고, 마케터는 이러한 소리를 귀담아 들어야 한다(제10장에서 효과적인 모바일 전략 수립 방안에 대해 구체적으로 다루고 있다).

밀레니얼 세대의 영향력 활용하기

밀레니얼 세대 시장은 연결성이 강하기 때문에 과거보다 더욱 복잡하고 다양한 형태의 커뮤니케이션 전략을 수립해야 할지도 모른다. 이것은 새로운 마케팅 도구, 즉 소비자 자체를 활용할 수 있다는 의미이기도 하다. 영향력을 미치는 사람들을 적절히 이용하고 브랜드 옹호자들을 활용하는 것은 강력한 전략이 될 것이다.

2016년 에델만 신뢰지표에 따르면 밀레니얼 세대는 '자신과 같은 사람'을 신뢰하며, 한 회사의 CEO와 같은 실질적 조직 운영자보다는 산업 전문가 또는 학계 전문가를 신뢰한다. 이런 종류의 요인이 구매 의사결정에 중대한 역할을 하기에 마케터는 이점을 잘 이해하고 활용할 필요가 있다.

영향력자(influencers)란 충성도가 높은 대규모 팔로어를 여러 소셜 플랫폼에 축적한 소비자다. 스타로서 영향력이 높은 배우들도 영향력자의 한 형태로 볼 수 있지만, 밀레니얼 세대에게 최고의 권력을 행사하는 사람은 훌륭한 콘텐츠를 공유함으로써 유기적인 팔로잉을 구축해온 소비자다. 요즘 밀레니얼 세대 영향력자의 한 예로 특정 제품라인의 사용후기를 공유함으로써 유튜브 팔로잉을 구축한 소비자를 들 수 있다. 그러한 소비자는 후기가 솔직하고 진실하다는 암묵적 믿음을 얻어 브랜드 이상의 신뢰를 확보한다.

주요 영향력자는 누구인가

소비자들은 전통적인 광고 메시지에 예전만큼 관심이 없다. 물론 유료 캠페인이 여전히 소비자 구매 사이클에서 주된 역할을 하겠지만, 그보다 중요한 것은 현재의 오디언스 내에서 영향력자가 누구인지를 정의하는 것이다.

다음 부분에서는 영향력자를 찾아내는 유용한 전략 몇 가지를 제시하겠다.

로열티 프로그램을 만들라

고객의 충성도를 살 수는 없지만 고취할 수는 있다. 로열티 프로그램은 아래의 목적을 달성할 수 있는 탁월한 방법이다.

» 기존고객의 재구매 촉진
» 고객 생애 가치 증진
» 밀레니얼 오디언스와의 관계 구축

브랜드가 오래도록 생존하려면 소비자와의 관계 형성이 중요하다. 로열티 프로그램은 그러한 관계를 구축하는 데 도움을 줄 것이다. 이렇게 관계를 형성하면 브랜드 옹호자를 확보하도록 이끌어주기를 기대할 수 있다. 브랜드 옹호자가 확보되면, 그들이 브랜드를 새로운 소비자 집단에 소개함으로써 브랜드 구축에 도움을 줄 것이다.

고객 생애 가치(customer lifetime value, CLV)는 하나의 브랜드와 고객 한 명이 거래 관계에 있는 기간에 발생시킨 순이익을 뜻한다.

브랜드 옹호자와 브랜드 수호자를 찾아내라

모든 브랜드의 목표는 잠재고객을 고객으로 만들고 고객이 브랜드 수호자가 되게 하는 것이다. **브랜드 수호자**(brand defender)는 브랜드를 지지하며 유사 판매 대리인처럼 행동할 뿐 아니라 브랜드가 위기에 빠졌을 때 브랜드를 지켜주는 고객이다.

유사 판매 대리인(pseudo-sales agent)은 브랜드 옹호자처럼 행동하는 소비자를 말한다. 그들은 인센티브를 받지 않고도 브랜드가 전하고자 하는 메시지를 전파한다. 제휴사는 대금을 지급받거나 수익을 대가로 해당 브랜드의 메시지 및 제품을 공유한다. 유사 판매 대리인도 자신의 사회적 교류 집단 내에 브랜드명을 확산하는 일을 한다. 하지만 이는 엄밀히 말해 이익을 얻기 위해서가 아니라 브랜드와 개인의 관계 때문이다.

브랜드 수호자의 가장 좋은 예는 애플의 밴드게이트 사태가 일어났을 때 소비자가 보여준 행동에서 잘 나타난다. 밴드게이트란 새롭게 출시된 아이폰 6가 바지 뒷주머니에 넣었을 때 휘는 현상을 말한다. 명백히 제품에 문제가 있었음에도 불구하고, 애플의 브랜드 수호자들은 바로 애플의 편에 섰다. 그들은 문제의 원인이 제품 결함이 아니라 소비자의 오용이라고 주장했다. 하나의 브랜드가 이 정도의 옹호 수준까지 이르는 경우는 흔치 않다. 만약 현재의 브랜드 옹호자를 찾아내고 키워서 브랜드 수호자로 양성할 수 있다면, 장기적인 성공이 보장될 것이다.

【 브랜드 옹호 사이클 】

브랜드 옹호 사이클(그림 참조)을 이해하는 가장 손쉬운 방법은 사례를 통해 살펴보는 것이다. 새로운 전화기를 구매하고자 하는 한 명의 소비자가 있다고 가정하자. 그 소비자를 지선이라고 하겠다. 지선은 한 번도 전화기를 소유한 적이 없다. 그래서 시장에 존재하는 모든 브랜드에 대해 완전히 객관적인 견해를 갖고 있다. 이 시점이 브랜드 옹호 사이클의 인지(awareness) 단계이다.

제품후기를 읽거나, 친구에게 물어보거나, 브랜드 웹사이트를 방문하는 등 여러 가지 방법을 통해 각 브랜드에 대해 알게 되면서, 이해(understanding)를 지나 관심(interest) 단계로 넘어가며 선택의 범위를 좁혀 나아간다. 지선은 시도(trial) 시기에 아이폰으로 결정하고, 아이폰의 기능을 살피며 제품이 얼마나 좋은지 알아가면서 확신(belief) 단계로 접어든다.

지선이 계속해서 그 제품을 사용하고 그 기능에 매혹되기 시작하면서 선호(affinity)로 넘어간다. 다음에 전화기가 필요할 때 그녀는 두 번 생각 안 하고 아이폰을 선택한다. 이것이 바로 충성(loyalty) 단계이다. 고객을 이 단계까지 유인하는 것은 브랜드에 있어서 상당히 값어치 있는 일이다. 충성도가 높은 고객을 확보하는 것은 생애 가치를 보다 높일 수 있다는 것을 의미한다. 또한 새로운 고객을 확보하는 것보다 이렇게 기존고객을 유지하는 것이 훨씬 비용이 적게 든다.

지선이 브랜드 옹호자가 되어 친구에게 아이폰에 대해 이야기하거나 자신이 얼마나 아이폰을 좋아하는지 글을 쓰기 시작할 때 지선의 가치는 엄청나게 커진다. 그리고 지선이 그다음 단계, 즉 다른 소비자들이 제품에 대해 부정적으로 이야기할 때 브랜드를 수호하는 단계에 이르면, 소비자에게 뽑아낼 수 있는 최고의 가치를 수확하는 시기에 도달한 것이다.

브랜드 수호자는 마케터를 대신하는 유사 판매 대리인으로서 마케터를 대신해 브랜드를 옹호하는 충성도 높은 소비자일 뿐 아니라 위기가 발생할 경우 위기상황에 대처하는 것도 도와준다.

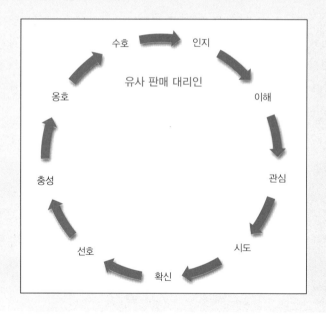

직원 옹호 프로그램을 실행하라

직원 역시 소비자이다. 마케터는 종종 밀레니얼 직원을 활성화시키는 것이 얼마나 강력한 효과를 낼 수 있는 일인지 잊어버린다. 그들은 자사제품의 긍정적 경험을 전달하고 이를 자신이 속한 사회집단과 공유한다. 구전 마케팅을 통해 바로 조직 내에 존재하는 거대한 사회적 네트워크를 활용할 수 있는 것이다.

직원들이 콘텐츠를 공유하도록 장려하는 것은 브랜드 존재감을 구축하고, 브랜드 인지도를 높이고, 신규 사용자층의 선택을 촉진시키는 강력한 방법이다.

비난하는 고객과 커뮤니케이션하라

흔히 마케터는 비난하는 고객을 무시하고 새로운 고객 확보에 초점을 두기 쉽다. 하지만 비난하는 고객과 커뮤니케이션하는 모습을 보이면 진정으로 고객의 반응에 신경 쓰고 있다는 인상을 줄 수 있다.

흔히 고객이 불만을 토로할 때 불편한 상황을 해결하는 것이 목적이라기보다 자신의 이야기를 들어주기를 원하는 경우가 많다. 비방 고객과의 커뮤니케이션을 통해 거래를 개선하려고 애쓰는 모습을 보여주는 것은 새로운 브랜드 옹호자 및 수호자를 만드는 데 크게 도움이 된다. 또한 이슈를 신속하고 효과적으로 해결함으로써 해당 이슈가 통제불능의 상태가 되는 것을 방지해서 이로 인한 경제적 손실도 막을 수 있다.

관계 키우기

밀레니얼 세대는 관계를 구매 과정의 중요한 일부분으로 인식한다. 아이러니한 사실은 밀레니얼 소비자들이 이전 세대보다 가격 민감도가 높지만, 자신이 가격이 조금 더 높게 책정된 브랜드와 관계를 맺고 있다면 약간 더 비용을 지불할 의사가 있다는 점이다. 이러한 사고방식은 마케터에게는 생경한 것이다. 그러나 밀레니얼 세대를 겨냥한 마케팅이 완전히 새로운 패러다임을 요구하는 것은 아니다. 마케터는 단지 밀레니엄 소비자의 마음을 좀 더 깊숙이 들여다보기만 하면 된다.

브랜드 친숙도(명성)는 밀레니얼 소비자의 구매 의사결정을 좌우하지 않는다. 즉, 품질이 브랜드명 또는 로고보다 훨씬 중요하다. 밀레니얼 세대에게 다가가기 위해서는 보다 세심한 계획이 필요하다.

여기 밀레니얼 소비자와 관계를 키워나가는 몇 가지 방법이 있다.

» **개인화** : 밀레니얼 세대와 성공적인 관계를 맺는 열쇠는 개인화이다(관계 구축에 대한 자세한 내용은 제3장 참조). 현대사회에서 제품과 서비스 시장은 끊임없이 확장되고 있으며, 이것은 시장에 사실상 대체재가 존재하지 않는 제품은 없다는 것을 의미한다. 그러므로 많은 오디언스에게 관심을 확보한 후에는 개인의 취향 및 선호도에 맞추어 콘텐츠를 제작하는 것이 충성도를 제고하는 데 도움이 될 것이다.

» **브랜드 경험** : 어떤 종류의 브랜드가 되고 싶은가? 권위 있는 브랜드인가, 친근한 브랜드인가? 콘텐츠는 사실을 담고 있는가, 이야기 형식인가? 브랜드 페르소나를 형성하는 것은 소비자의 브랜드 경험 형성에 도움이 되기 때문에 중요한 단계이다(자세한 내용은 제11장 참조). 브랜드 경험이 관계를 수립하는 원동력이 될 것이고, 이를 기반으로 타깃인 밀레니얼 오디언스의 충성도를 강화할 수 있을 것이다.

» **대의명분과의 연계** : 밀레니얼 소비자는 대의명분을 지지하는 브랜드와 깊은 관계를 맺는다. 단지 밀레니얼 세대가 이러한 소비자 특성을 갖고 있으니 대의명분을 밀레니얼 세대와 관계를 구축하는 데 이용하라고 말하는 것이 아니다. 그러나 브랜드가 어떤 대의명분을 지지한다면, 확실히 밀레니얼 오디언스의 특정 세그먼트와 브랜드를 좀 더 긴밀하게 연결시켜주는 수단이 되어줄 것이다.

» **대응력** : 전통적으로 영향력이 큰 대형 브랜드 앞에는 장막이 드리워져 있었다. 이제 그 장막이 걷히고 있다. 상당 부분이 소셜 미디어 덕분이다. 브랜드와의 커뮤니케이션이 이전보다 용이해졌다. 브랜드가 오디언스의 요청에 답변함으로써 고객만족을 이끌어내는 경우도 있다. 그러므로 관심을 보이는 오디언스에게 대응하는 것은 이제 막 싹트는 관계를 키우는 데 큰 도움이 된다.

밀레니얼 세대가 있는 곳에서 그들과 만나기

매일매일 온라인에서는 수십억 가지의 상호작용과 참여가 일어난다. 그리고 자신만의 대화를 시작하는 것보다는 진행 중인 대화에 참여하는 것이 언제나 훨씬 더 쉬운 일이다.

밀레니얼 세대는 다양한 플랫폼에서 콘텐츠에 참여하고, 서로서로 그리고 브랜드와 관계를 맺는다. 여기서 마케터의 책임 혹은 역할은 이와 같은 교류의 일부분이 될 수 있는 새롭고 창의적인 방법을 찾아내는 것이다. 밀레니얼 소비자 개개인에게 다가가기 위해서는 다음 사항을 알아두어야 한다.

 » 밀레니얼 세대의 커뮤니케이션 방식
 » 밀레니얼 세대의 콘텐츠 공유 방식
 » 밀레니얼 세대의 구매 의사결정 방식

커뮤니케이션

브랜드가 밀레니얼 소비자에게 다가가는 방법은 소셜 미디어밖에 없는 것처럼 보일지도 모른다. 그러나 사실 밀레니얼 세대는 전통 미디어를 포함한 다양한 커뮤니케이션 플랫폼을 활용한다. 전통 미디어에 대해 잘 이해하고 있다면 이것이 오디언스와의 커뮤니케이션에 결정적인 역할을 할 것이다(제5장에서 전통 미디어의 활용에 대해 다루고 있다).

한때 TV 및 인쇄매체와 같은 전통적인 광고 수단은 거액을 투자할 수 있는 브랜드만 제한적으로 사용할 수 있었다. 그런데 이제는 디지털 세계와 오프라인 세계를 융합하는 새로운 방법을 통해 사실상 모든 브랜드가 밀레니얼 소비자와 연결될 수 있다. 제6장에서 다양한 종류의 뉴미디어를 다루고, 밀레니얼 세대와 소통하고 그들을 장기고객으로 전환하기 위해 마케터가 어떻게 오가닉(organic) 마케팅 계획과 페이드(paid) 마케팅 계획을 활용할 수 있는지에 대해 자세히 설명한다.

오가닉(organic, 유기적) 마케팅 계획 및 전략은 특정 오디언스 세그먼트에 도달하기 위해 유료광고에 의존하지 않는 방법이다. 유기적 참여는 영향력이 있으며 성공적인 마케팅 프로그램의 필수 요소이다. 그러나 이러한 종류의 오디언스를 구축하기까지는 상당한 시간이 걸린다. 페이드 마케팅 계획과 오가닉 마케팅 계획, 이 두 가지 방식을 적절하게 섞는 것이 전통 미디어와 뉴미디어 양쪽에서 브랜드를 구축하는 데 유용할 것이다.

밀레니얼 세대를 획일적인 하나의 집단으로 규정할 수는 없지만, 많은 밀레니얼 세대가 공통적으로 갖고 있는 특징을 살펴보면 다음과 같다.

» **소통을 위해 다양한 미디어를 활용한다.** 밀레니얼 세대는 하나의 특정 미디어에 국한하지 않는다. 평균적으로 여러 개의 소셜 계정, 메시지 플랫폼, 기기에서 활동한다. 그러나 마케터로서 반드시 모든 미디어에서 활동하거나 모든 미디어에서 눈에 띄도록 계획할 필요는 없다. 미디어 전체를 공략하는 것은 비용이 과도하게 들 것이다. 마케터들은 자신의 오디언스가 누구인지 알고 그들이 선호하는 커뮤니케이션 수단에 대해 훤히 알고 있어야 한다. 그러면 자신의 브랜드가 최대의 수익을 창출할 수 있는 미디어를 찾아낼 수 있다.

» **모바일이 주요 커뮤니케이션 도구이다.** 밀레니얼 세대는 무엇을 하든지 간에 모바일을 선호한다. 모바일의 폭발적 성장은 전례 없는 일이다. 그래서 마케터는 비즈니스 방식의 극적 변화를 모색해야만 했다. 밀레니얼 세대는 끊임없이 움직이고 있는데, 어디를 가든지 모바일 기기와 함께한다. 따라서 모바일을 무시한다는 것은 근본적으로 오디언스를 무시한다는 것이고, 그것은 재앙을 부르는 길이다(모바일을 활용한 밀레니얼 세대 마케팅은 제8장에서 다루고 있다).

» **플랫폼마다 개성이 다르다.** 밀레니얼 세대는 일반적으로 네다섯 가지 종류의 디지털 미디어에서 활동한다. 그들이 여러 가지 미디어를 활용한다고 해서 각각의 플랫폼에서 똑같은 방식으로 마케팅을 해도 성공할 수 있다는 뜻은 아니다. 밀레니얼 세대는 차별화된 방식으로 각각의 미디어를 활용한다. 효과적으로 커뮤니케이션하기 위해서 플랫폼별로 오디언스를 분석하도록 하자.

공유

오늘날 공유라는 단어는 예전보다 더 많은 것을 의미하게 되었다. 이렇게 된 데에는 페이스북, 트위터, 에어비앤비와 같은 뉴미디어의 역할이 컸다. 보통 두 가지 관점에서 공유의 개념을 바라볼 수 있다.

첫 번째는 콘텐츠와 정보 접근성이다. 밀레니얼 세대는 이전의 그 어느 세대보다도 서로 간에, 그리고 브랜드와 더 많은 내용을 공유한다. 베이비붐 세대와 달리 밀레니얼 세대는 자신의 개인정보를 브랜드와 기꺼이 공유할 뜻이 있음을 밝혀왔다. 이러한 공유 의지 덕분에 데이터 수집 방식은 폭발적으로 증가했다. 그 예가 소셜 로그인이다. 소셜 로그인은 사용자가 구글 또는 페이스북 계정을 통해 한 번의 클릭으로 로그인이 가능한 기능이다.

소셜 로그인 덕분에 브랜드는 고객에게 직접 묻지 않고도 방대한 양의 데이터를 수집할 수 있게 되었다. 단순함과 편리함을 추구하는 밀레니얼 소비자들은 결국 이 기능을 사용한다. 플랫폼마다 별도의 프로파일을 작성하고 정보를 제한하는 것보다 덜 번거롭기 때문이다. 데이터는 밀레니얼 세대 마케팅 전략을 수립하고 개선하는 데 필수적이다. 밀레니얼 세대가 소셜 로그인을 통해 정보를 공유하겠다는 의지가 있다는 것은 데이터 수집 과정이 상당히 쉽게 이루어질 수 있음을 뜻한다.

공유의 두 번째 개념은 공유경제(자세한 내용은 제12장 참조)의 부상과도 연관이 있다. 밀레니얼 소비자는 상품과 서비스에 대한 접근이 소유보다 중요하다는 데 뜻을 같이한다. 에어비앤비(https://airbnb.com), 우버(https://uber.com)와 같은 브랜드들은 이러한 사실을 인지하고, 이를 기회로 삼아 수십억 달러의 비즈니스를 구축했다. 밀레니얼 세대에게 있어서 우선순위와 성공 척도가 달라졌다. 공유경제가 이러한 변화를 가능하게 했다(공유경제에 대한 더 자세한 내용은 제12장 참조).

의사결정

구매 의사결정을 하는 데 있어서 충동성과 소유는 더 이상 핵심요소가 아니다. 밀레니얼 세대는 자신이 현명하고 신뢰할 만한 결정을 내리는 데 도움이 되는 풍부한 정보에 접근할 수 있다. 그래서 구매 과정에서 서두르지 않는다.

에델만 신뢰지표는 브랜드보다 산업 전문가 및 학계 전문가, 그리고 동료가 더욱 신뢰할 만한 조언자로 평가받는다는 사실을 보여주었다. 그림 1-1에서 보는 것처럼 옐프(Yelp!)와 같은 리뷰 사이트를 통해 사실상 모든 종류의 상품 또는 서비스에 대한 동료 리뷰를 쉽게 입수할 수 있다. 밀레니얼 세대는 구매 결정을 내릴 때 이런 종류의 사이트를 이용한다.

그림 1-1
옐프는 소비자가 리뷰를 제공할 수 있도록 한다.

사용자 리뷰와 같이 신뢰할 수 있고 검증할 수 있는 정보를 손쉽게 이용하게 된 것이 전체 시장에 미친 영향력은 대단했다. 2015년 「포브스」의 연구에 따르면, 밀레니얼 소비자의 1%만이 전통적 광고의 영향으로 브랜드를 좀 더 신뢰하게 되었다고 한다. 어림잡아 밀레니얼 소비자의 3분의 1 정도가 구매 전에 블로그와 리뷰 사이트를 확인해본다. 잠재적 고객에게 진정성은 가장 중요한 사항이며, 이는 콘텐츠의 질보다도 더 중요하다.

이러한 트렌드는 소규모 브랜드에게 공평한 경쟁의 장을 열어주었다. 물론 많은 예산을 가지고 있다면, 소규모 회사가 접근할 수 없는 기회를 마련할 수도 있다. 그러나 이제 소규모 회사들도 동일한 비즈니스를 두고 대규모 조직과 경쟁할 수 있는 기회가 생긴 것이다.

밀레니얼 세대에 대한
현대적 관점 형성하기

제2장   미리보기

- 밀레니얼 소비자를 규정한다.
- 밀레니얼 세대와 관련하여 마케터가 흔히 저지르는 오류에 대해 알아본다.
- 밀레니얼 세대의 사고방식 및 시사점을 이해한다.

밀레니얼 소비자를 겨냥한 효과적인 전략 수립은 그들의 독특한 특성을 명확하게 이해하는 것으로부터 시작된다. 그런데 몇몇 마케터의 경우 이러한 기본사항을 놓치기도 한다. 여느 세대와 마찬가지로 밀레니얼 세대 역시 특정 연령대의 소비자 집단으로 정의된다. 그러나 경우에 따라서는 밀레니얼 세대 마케팅을 위해 나이를 넘어서 생각해야 할 필요가 있다. 그러므로 밀레니얼 세대 시장의 복잡한 속성을 잘못 해석하지 않도록 시장에 대한 심층적 이해가 필요하다.

이번 장에서는 밀레니얼 세대를 차세대 소비자의 전형이라고 생각하기 시작하게 될 것이다.

밀레니얼 세대는 단순히 접근하기 힘든, 머지않아 부자가 될 20대가 아니다. 바로 그들이 마케팅 세계의 지각 변동을 이끌고 있다.

밀레니얼 세대에 대한 마케터의 인식 알아보기

만약 평범한 마케터에게 밀레니얼 세대라는 용어 정의를 묻는다면, 십중팔구가 1980년에서 2000년 사이에 태어난 소비자를 뜻한다고 설명을 시작할 것이다. 인구통계학적으로 맞는 말이지만, 사실 밀레니얼 세대라는 용어는 훨씬 더 많은 것을 내포하고 있다. 그럼에도 불구하고 마케터는 여전히 이 중요한 그룹의 정의와 관련해 어떤 일반적인 관념을 갖고 있다.

마케터가 사용하는 표준 정의 점검하기

세대를 정의하는 기간 범위는 인구통계학자마다 차이가 있다. 그러나 단순하게 하기 위해 일반적으로 통용되는 밀레니얼 세대의 시작 시점은 1980년이다. 기간 범위의 후반부에 대한 의견은 상당히 다양하지만, 통상적인 구분점은 2000년이라고 말해도 괜찮을 것이다. 몇몇 인구통계학자들은 2000년까지 고등학교를 마쳤을 나이의 사람들이라고 정의하기도 한다. 또 몇몇 학자들은 2010년 중반에 성숙한 소비자에 이른 세대라고 정의하기도 한다. 기간을 어떻게 설정하든지 간에 밀레니얼 세대는 세계 최대 규모이며 영향력이 가장 큰 소비자 집단이다(제1장 참조).

퓨 리서치 센터가 밀레니얼 세대에 대한 인사이트를 확보하기 위해, 밀레니얼 세대에게 자신을 가장 잘 묘사하는 말이 무엇인지 조사했다(그림 2-1 참조). 그림 2-1에서 보는 것처럼 밀레니얼 세대는 스스로에 대해 매우 특별한 인식을 갖고 있는데, 이것이 때로는 타인의 인식과 충돌하기도 한다. 응답자의 49%는 밀레니얼 세대가 낭비가 심하다고 표현한 반면, 40%는 환경을 특별히 생각하는 세대라고 말했다. 또한 냉소적이기도 하고 이상주의적이기도 한 누군가를 상상하기는 다소 어려울지도 모르지만, 이 조사에 응답한 밀레니얼 세대의 39%는 일반적인 밀레니얼 세대가 이상주의적이라고 생각한 반면, 31%는 냉소적이라고 믿었다. 분명히 적합한 특징을 지닌 대상을 타깃팅하기 위해서는 특정 니치 오디언스를 이해해야 한다.

밀레니얼 세대는 대다수 마케터들이 동의하는 몇 가지의 성격 특성이 있다. 다음 부분에서 마케터가 밀레니얼 세대는 이럴 것이라고 가장 많이 생각하는 가정사항을 간추려 보았다. 가정들 중 일부는 정확하기도 하고, 일부는 잘못 이해하고 있는 내용이기도 하다. 이는 이번 장 후반부에서 다시 논의하도록 하겠다. 밀레니얼 세대를 잘 이해한다면, 진정한 밀레니얼의 본성에 어필할 수 있는 콘텐츠 및 광고전략을 개발하는 데 도움이 될 것이다.

최신 테크놀로지에 능숙하다(tech savvy, 테크 새비)

밀레니얼 세대는 디지털 시대에 태어났다. 광범위하게 연결된 세상만을 보고 자라온 세대이다. 스마트폰은 기본이고 미국 밀레니얼 인구의 거의 전부가 웹에 접속한다.

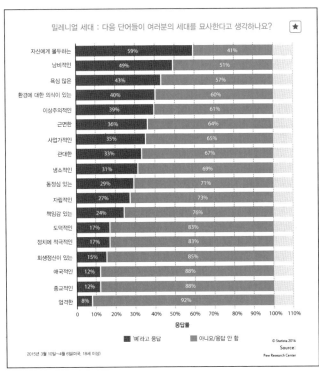

그림 2-1

밀레니얼 세대가 스스로를 설명하는 단어들

http://www.pewresearch.org/fact-tank/2015/03/19/how-millennials-compare-with-their-grandparents/ft_millennials-education_031715

밀레니얼 세대는 소셜 네트워킹과 같은 서비스의 확장에 중요한 역할을 해왔고, 웹과 애플리케이션 개발 도구를 단순화하도록 거들었다. 정확한 판단을 할 수 있는 마케터가 밀레니얼 세대의 특징으로 딱 한 가지를 꼽는다면, 그것은 세상에서 기술적으로 가장 진보된 인구집단이라는 점이다.

모바일을 선호한다

밀레니얼 세대는 미국에서 가장 인구가 많은 집단인 동시에, 모바일 활용도가 가장 높다. 밀레니얼 세대와 관련된 모바일 기기 연결 숫자는 밀레니얼 인구의 규모와 거의 비슷하다.

밀레니얼 세대의 모바일 기기 활용 방식 및 모바일 기기 의존도를 보면 훨씬 더욱 중요한 사실을 알 수 있다. 밀레니얼 세대는 모바일 기기와 한시도 떨어지지 않는다. 사실상 대부분의 밀레니얼 세대는 스마트폰을 항상 곁에 두고 산다는 것을 인정한다.

자신에게 몰두한다

밀레니얼 세대가 셀피 세대(Selfie Generation)라고 말하는 것을 들어봤을 수도 있고, 못 들어봤을지도 모르겠다. 휴대전화의 고화질 전면부 카메라와 스냅챗(www.snapchat.com) 같은 모바일 애플리케이션으로 말미암아 스스로 자신의 얼굴을 촬영하는 일명 셀피가 일상화되었다. 마케터는 이러한 밀레니얼 세대의 행동을 자기 몰두와 연결한다.

2013년, 「타임」에 실린 조엘 스타인의 글 '나, 나, 나 세대(Me Me Me Generation)'에서 스타인은 밀레니얼 세대가 자신감이 있고, 단호하며, 경우에 따라 이기적일 수도 있지만, 그들에게는 그 이상의 무언가가 있다고 했다.

게으르다

마케터는 온디맨드 경제(제14장 참조)의 비상을 지켜봤고, 온디맨드 경제의 성공은 밀레니얼 세대에게 내재된 게으름에서 비롯되었다고 추측했다. 밀레니얼 세대가 원하는 것을 주문할 때 밖에 나가서 일을 보지 않고 모바일 애플리케이션을 사용한다는 점을 들면서, 이러한 사실을 합리화한다.

반사회적이다

밀레니얼 세대는 소셜 미디어를 즐겨 활용하고 스크린 뒤에서 세상과 소통하며 생각을 공유한다. 전통적인 마케터는 밀레니얼 세대가 스마트폰에 파묻혀 거리를 걷는 모습을 목격하고 그들이 반사회적이라고 추정한다.

교육 수준이 높다

마케터는 밀레니얼 세대를 구시대적인 교활한 광고 술책으로 속이려고 하지 않는다. 밀레니얼 세대가 그보다는 더 현명하다는 것을 알고 있기 때문이다.

스스로 누릴 자격이 있다고 생각한다

밀레니얼 세대는 대가를 지불하지 않으면서 이전 세대에게 많은 것을 요구하는 집단으로 여겨진다. 이러한 인식은 대체로 콘텐츠, 자원, 정보, 온라인에서 무료로 이용할 수 있는 필수품 등의 가용성에 그 원인이 있다. 소셜 네트워킹 사이트 및 공유 기반의 자원(제12장 참조)이 시작된 이래로, 밀레니얼 세대가 온라인에서 무료로 너무 많은 것을 얻을 수 있어서 마땅히 누릴 자격이 있다고 생각하는 게 아닌가 하는 추측을 해본다.

정보가 많다

구매 의사결정을 하는 데 있어서 밀레니얼 세대는 이전 세대와 달리 무수한 정보에 접근할 수 있다. 예전에 구매 프로세스는 대개 전통적인 채널을 통해 들어오는 브랜드 정보에 의존했다. 그러나 이제 밀레니얼 세대는 구매 결정을 내리기 전에 서로 이야기를 나누며 제품, 서비스, 브랜드에 대한 솔직한 리뷰를 주고받는다. 최근에는 브랜드, 경영진, 하물며 정부에 대한 신뢰도 상당히 떨어졌고, 그와 반대로 전문가 및 동료집단에 대한 소비자 신뢰는 상승했다. 타인에 대한 의존도 증가는 마케터가 관계 및 브랜드 경험의 중요성을 인식할 필요가 있다는 것을 의미한다.

충성도가 부족하다

한때는 브랜드명이 어느 정도의 충성도를 보장해주었다. 그런데 오늘날 마케터는 밀레니얼 세대가 콕 집어 설명하기 힘든 무언가를 좇고 있음을 목격한다. 그것이 무엇이든지 간에 마케터는 브랜드 충성도가 사라져버렸다고 생각한다. 그들은 밀레니얼 세대가 브랜드보다 예산을 더 우선순위에 둔다고 믿는다.

가격에 민감하다

마케터는 밀레니얼 세대에게 나타나는 충성도의 저하가 가격 민감도 때문이라고 믿고 있다. 밀레니얼 세대는 자신들이 원하는 것을, 자신이 원하는 시기에 산다고 주장하는 듯 보이지만, 가격이 일정 기준에 맞을 때까지 구매를 늦추기를 불사한다는 사실에 아이러니가 있다.

프라이버시를 중요시한다

해킹, 데이터 누출, 모든 움직임을 감시하는 빅브라더(Big Brother, 정보의 독점으로 사회를 통제하는 관리 권력 또는 그러한 사회체계-역주)에 대한 우려 때문에 밀레니얼 세대는 자신들의 정보가 공개되지 않기를 바란다. 밀레니얼 세대는 소셜 미디어에서 과도할 정도로 공유하지만, 마케터는 그들이 이용당하지는 않을까 하는 걱정에 브랜드와 공유하는 것을 원하지 않는다고 생각한다.

마케터들이 제대로 알고 있는 내용 검토하기

마케터가 추정하는 밀레니얼 세대의 몇몇 특성은 정확하다. 데이터와 리서치가 이를 뒷받침해준다.

> » 교육 수준이 높고, 정보가 풍부한 소비자 : 밀레니얼 소비자의 대다수는 구매 전에 블로그 및 리뷰 사이트를 확인한다. 온라인 소매 쇼퍼 네트워크인 바자보이스(http://blog.bazaarvoice.com/2012/01/24/inforgraphic-millennials-will-change-the-way-you-sell)의 데이터에 따르면, 밀레니얼 소비자의 84%가 사용자 생성 콘텐츠가 자신들의 구매 결정에 영향을 미친다고 말했다. 브랜드 경험은 밀레니얼 세대에게 지극히 중요하다. 다른 소비자의 선입견 없는 설명에서 좋은 정보를 찾을 수 있다고 믿는다. 밀레니얼 오디언스 세그먼트에게 맞춤형 경험을 제공하는 것이 필수적이다. 서로 연결되어 있는 소비자 기

반은 이름 있는 강력한 브랜드보다도 위력이 더 크다.

» **가격에 민감하지만, 돈을 쓸 것이다** : 밀레니얼 세대는 미국이 거의 한 세기 동안 겪은 최악의 경제침체 시기에 소비자가 된 집단이다. 대규모의 학자금 부채까지 더해져서 구매 전에 신중히 생각하는 소비자 세대가 탄생했다.

그러나 주목해야 할 중요한 사실은 밀레니얼 세대는 구매할 것이라는 점이다. 가격보다는 품질이 더 중요하다. 그래서 만약 제품과 서비스에서 가치를 발견한다면 더욱 돈을 쓸 것이다. 또한 그들의 신중한 소비 접근방식에 속지 마라. 밀레니얼 세대는 충동적이다. 이러한 충동적 성향은 템포가 빠른 온라인 구매의 속성에서 기인할 수 있다.

» **최신 테크놀로지에 능숙하고, 모바일을 최우선으로 생활한다** : 밀레니얼 세대는 온라인에서 생활하고, 더욱 중요한 것은 모바일 기기에서 생활한다는 사실이다. 그들은 끊임없이 관계를 맺고 커뮤니케이션하고 있다. 이러한 특별한 성향을 고려하지 않고 모바일을 새로운 기준으로 인식하지 못하는 브랜드는 점점 치열해지는 경쟁에서 살아남을 수 없을 것이다.

마케터들이 잘못 생각하는 부분 살펴보기

하나의 인구집단 전체에 대해 추정할 때 오류를 범할 위험이 있다(제3장에서 오디언스 세그먼트 분석에 대해 다룬다). 마케터들이 잘못 생각한 몇 가지 가정사항은 다음과 같다.

» **밀레니얼 세대는 충성도가 낮다.** 사실 밀레니얼 세대는 충성도가 아주 높다. 밀레니얼 세대 충성도가 다른 부분은 브랜드 인지도보다는 관계에 훨씬 더 의존한다는 점이다. 오디언스 세그먼트의 특성을 파악하고, 그에 적합한 맞춤형 콘텐츠를 개발하고, 장기적 관계를 구축하는 것이 바로 밀레니얼 소비자의 충성도를 확보하는 길이다.

» **밀레니얼 세대는 자신의 사생활을 보호한다.** 실제로 밀레니얼 세대는 다른 어떤 세대보다 흔쾌히 정보를 공유한다. 그들이 매우 개인적으로 보일 수 있지만, 개인정보 보안 수준을 '매우 높은' 수준으로 설정해둔 경우는 절반도 되지 않는다.

» **밀레니얼 세대는 게으르다.** 천만에! 밀레니얼 세대는 게으름과는 정반대이다. 사실 많은 밀레니얼 세대는 생활비를 충당하고 부채를 갚기 위해 한가지 이상의 일을 하고 있다. 마케터가 놓치고 있는 부분은 온디맨드 서비스가 게으름이나 특권의식이 아닌 접근성과 편리함을 제공하고 있다는 사실이다. 밀레니얼 세대는 자잘한 일 때문에 업무를 방해받고 싶지 않기 때문에 음식 같은 것을 배달해주는 서비스를 이용할 수 있다. 이러한 변화는 밀레니얼 세대의 부정적 특징에 대한 증거라기보다 소비자 기준의 변혁을 암시한다.

» **밀레니얼 세대는 반사회적이고, 자신에게 몰두한다.** 자기 몰두는 사실상 커뮤니케이션 관행 변화의 부산물이다. 밀레니얼 세대는 개인화된 메시지를 끊임없이 받고 있다. 마케터는 개인화된 메시지가 밀레니얼 세대의 관심을 끌 수 있다는 것을 알고 있고, 그래서 그것이 기준이 되어버린 것이다. 따라서 밀레니얼 세대는 자신들의 니즈에 부합하는 메시지에 응답하는 데 익숙해져 있는 것이지 자기 몰두에 빠져 있는 것은 아니다.

마케팅 캠페인에서 흔히 범하는 실수 알아보기

캠페인 뒤에 숨어 있는 전략에 잘못된 가정을 적용한다면 감당하지 못할 결과를 초래할 수 있다. 실망스러운 결과를 피하고 싶다면, 마케팅 시 흔히 저지를 수 있는 다음과 같은 실수를 하지 마라.

» **특정 타깃 오디언스를 겨냥하지 않은 일반화된 포괄적 콘텐츠 제공 :** 오디언스 세그먼트를 분석하고, 개인화된 맞춤형 콘텐츠를 개발하여 특정 타깃 집단에 전달해야 한다. 밀레니얼 세대가 기대하는 사용자 맞춤 서비스를 제공하지 않고 일반적인 콘텐츠를 전달한다면, 캠페인은 결국 실패할 것이다.

» **오직 연령에 따라 구분한 밀레니얼 세대 타깃팅 :** 밀레니얼 세대는 연령 범위 그 이상이다. 그들은 새로운 소비자 세대이다. 밀레니얼 세대를 연령대로 구분된 소비자 집단이 아닌 하나의 사고방식이라고 생각한다면, 잠재적 오디언스를 확장시킬 수 있고 장기적 성공을 위한 브랜드 포지셔닝이 가능하다.

- » **전 미디어에 걸친 콘텐츠 중복 사용** : 소비자들은 제각기 다른 미디어를 활용한다. 그래서 소비자 각각을 대상으로 동일한 전략을 적용할 수 없다. 성공하기를 바란다면 말이다. 마케터가 자주 활용하는 각 플랫폼의 오디언스를 이해해야 한다(제6, 7, 8장 참조). 그러면 고객별, 미디어 유형별 효과적인 전략을 구축할 수 있을 것이다.
- » **뒷받침할 만한 데이터 분석 없이 추정하기** : 데이터는 마케터가 수행하는 모든 일의 중심에 있어야 한다. 많은 데이터를 갖고 있으면 성공을 가속화할 가능성이 커진다. 그러므로 반드시 데이터를 활용하도록 하라(데이터 분석 및 적용에 대한 세부내용은 제4장 참조).

가장 흔히 저지르는 실수의 근본원인 찾기

앞에서 열거한 마케터의 실수는 아주 흔히 일어나는데, 그 이유는 한 가지이다. 그들이 범하는 실수는 일반적으로 다음 네 가지의 동일한 원인에서 기인한다.

- » **데이터에 대한 무관심** : 데이터가 의사결정을 견인해야 한다. 만약 데이터 기반의 전략을 수립하지 않는다면, 그 결과는 실망스러울 것이다. 직감에 의존할 이유가 없다. 데이터가 주는 인사이트는 매우 쉽게 이용할 수 있다.
- » **오디언스에게 적용되는 포괄적인 일반화** : 밀레니얼 세대에 대한 정보는 엄청나기 때문에 가정만으로 실행해서는 안 된다. 정말로 밀레니얼 세대에게 반향을 일으킬 만한 콘텐츠와 캠페인을 개발하기 위해서 시간을 들여 오디언스를 분석하고 이해하자.
- » **테스트 부족** : 마케터가 기획하는 모든 일은 테스트가 필요하다. 뉴미디어의 강력한 힘 중 하나는 몇 시간 내에 테스트하고, 분석하고, 최적화할 수 있다는 것이다. 뉴미디어의 실시간 대응 능력은 효과적이고, 이를 무시해서는 안 된다.

   뉴미디어라는 용어는 주로 디지털, 소셜 또는 모바일 미디어를 뜻한다. 인쇄매체, 라디오, TV와 같은 전통 미디어의 사용은 감소하고 있고, 마케팅 가치도 떨어져 활용도가 줄고 있다.
- » **변화하는 오디언스에 대한 부적응** : 현재의 캠페인을 위해 구축하고 분석한 오디언스와 차기 계획을 준비할 때 찾게 되는 오디언스가 다를 수도 있

다. 오디언스를 검토하고 분석하는 과정이 지루할 수도 있지만, 관계를 유지하고 장기적 성공을 이루고자 한다면 중요한 절차이다(지속적인 고객 및 전략 검토에 대해서는 제11장에서 다루고 있다).

밀레니얼 세대의 사고방식

밀레니얼 오디언스가 누구인지 연령에 제한을 두지 않고 생각해보면, 밀레니얼 세대라는 용어가 소비자라는 의미와 유사해지고 있다는 사실을 알게 될 것이다. 미국 소비자 집단 중 최대 규모이자 가장 영향력이 큰 집단인 밀레니얼 세대가 보여주는 특성은 마케터가 여러 인구집단에 모두 적용할 수 있는 내용이다. 새로운 세대의 소비자 습관 및 특징을 이해하고 이에 적응한다면 장기적 성공의 기반이 마련될 것이다.

밀레니얼 세대 규정하기

연령 범위를 넘어서 밀레니얼 소비자를 어떻게 정의할 수 있을까? 밀레니얼 소비자를 한 가지로 규정하는 것은 그로 인해 소비자가 상당히 제한될 수 있기 때문에 위험할 수 있다. 밀레니얼 세대를 제대로 분석하기 위해서는 두 가지 정의가 필요하다.

» **연령** : 밀레니얼 소비자를 정의하는 첫 번째 기준은 연령 범위와 관련이 있다. 소비자 관련 데이터를 논의할 때 연령 기준의 정의를 활용하라. 인구통계학자, 사회학자, 인류학자, 마케터는 연구를 수행하고 데이터를 수집하기 위해 연령 정의를 사용한다(신뢰할 만한 데이터의 대부분은 밀레니얼 세대에 연령 제한을 적용한다).

» **관심사와 행동양식** : 밀레니얼 소비자의 두 번째 정의는 훨씬 더 광범위하다. 연령 범위 데이터에 초점을 두지 않고 관심사와 행동양식에 관심을 돌려야 한다. 이와 같은 오디언스 세그먼트에서 밀레니얼 세대의 정의는 연령 제한을 넘어서까지 확장된다. 여기서 마케터는 일련의 행동기준에 부합하는 유사한 사고방식을 지닌 소비자를 살펴본다. 밀레니얼 세대라는 카테고리를 최신 테크놀로지에 능숙하고, 가격에 민감한, 브랜드보다 동료와

전문가를 신뢰하는 소비자라고 광범위하게 정의할 수 있다. 그들은 빠른 속도로 정보를 소화하고, 개인화된 맞춤형 브랜드 경험을 기대한다. 이 카테고리의 소비자들에게 브랜드 친숙도는 관계보다 중요하지 않다. 밀레니얼 소비자는 관계를 형성하게 되면, 충성도가 대단히 높아진다.

세분화된 집단의 형성 및 타깃 밀레니얼 오디언스에 대한 세부 정의 개발에 대해서는 제3장에서 좀 더 알아볼 수 있다.

밀레니얼 세대가 선호하는 미디어 찾기

이전 세대와 비교할 때 끝없이 나오는 미디어에서 브랜드 존재감을 확보할 수 있고, 이와 같이 광범위한 존재감을 확보하기 위해서는 이상적으로 말하면 전략과 예산이 필요하다. 예산을 극대화하기 위해서는 오디언스가 사용하는 특정 플랫폼을 찾아 타깃팅할 필요가 있다. 다음은 오디언스가 선호하는 미디어를 찾기 시작할 때 명심해야 할 몇 가지 사항이다.

» **페이스북으로 시작하라.** 밀레니얼 온라인 사용자의 대다수가 자신이 페이스북을 이용한다고 말한다. 이것은 페이스북에서 마케터가 원하는 밀레니얼 오디언스를 거의 확실하게 찾을 수 있다는 것을 의미한다. 마케터 및 새로운 매체들의 주장과는 반대로, 페이스북은 밀레니얼 세대와 결코 무관하지 않다. 사실상 페이스북 및 관련 상품들이 너무 흔해져서 밀레니얼 세대들은 그것이 얼마나 자신들과 떼어놓을 수 없는 관계인지조차 깨닫지 못한다. 페이스북은 오디언스 분석 과정을 시작하기에 훌륭한 장소이다.

» **전략 수립 전에 이메일 리스트를 매칭하라.** 특정 채널 전략을 수립하기 전에 이메일 매칭 오디언스 분석을 수행하거나 혹은 광고 플랫폼을 활용하여 데이터를 추출해야 한다. 이 단계는 밀레니얼 소비자를 확보·유지하기 위해 해당 채널에 투자할 가치가 있는지를 결정하는 데 도움을 준다.

이메일 매칭 오디언스 분석을 수행한다는 것은 하나의 네트워크 또는 오디언스 내에 존재하는 마케팅 기회를 파악하기 위해, 보유하고 있는 이메일 데이터베이스를 업로드하여 특정 네트워크 사용자와 이메일을 매칭해보고 통합 데이터를 분석하는 과정이다(상세내용은 제3장 참조).

» 오디언스 분석을 통해 최고의 관심사를 찾아내라. 오디언스 분석 시 밀레니얼 세대가 특별히 관심이 있는 주제가 무엇인지에 세심히 주의를 기울여야 한다. 어떤 콘텐츠냐에 따라 특정 미디어가 투자 관점에서 더 매력적으로 보일 수 있다(이런 형태의 분석과 특정 미디어에 가장 효과적으로 사용되는 콘텐츠의 형태에 대한 상세내용은 제5~6장에서 확인 가능하다).

» 콘텐츠 요건 및 접근성을 평가하라. 브랜드가 비주얼에 치중되어 있고 완전히 모바일 기반인 인스타그램(https://instagram.com) 또는 스냅챗(https://snapchat.com) 같은 특정 채널에 적합하지 않는다면 이러한 채널은 투자할 가치가 없다.

이런 종류의 미디어에서 적절한 방법을 찾는 것이 이상적이지만, 잘 어울리지 않는 채널에 투자하는 것은 쓸데없는 일이 되고 말 것이다. 브랜드와 콘텐츠에 딱 들어맞는 플랫폼에 집중하는 것이 더 타당하다.

관계의 중요성 이해하기

밀레니얼 세대 참여의 지배적인 테마 중 하나는 관계의 가치이다. 관계의 중요성은 미디어, 브랜드 재인, 심지어 몇몇 제품 또는 서비스의 품질도 초월하는 것이다. 밀레니얼 세대는 인간미가 없는 공간에서 주로 참여하기 때문에 하나의 조직과 실제로 진정성 있는 관계를 맺었다고 느끼면 관계가 오래 지속된다. 이는 충성도, 더 나아가 브랜드 옹호로 이어질 수 있다.

어떤 조직이든지 간에 장기적 목표는 밀레니얼 시장에서 브랜드 옹호자를 구축하는 일이다. 브랜드 옹호자는 브랜드를 강화하고 브랜드의 지평을 넓히는 데 도움을 줄 것이다. 브랜드 옹호자는 마케팅 비용을 감소시키고 마케팅과 광고의 새로운 장을 열어준다.

브랜드 옹호자를 구축하기 위해서는 공통점을 찾아서 관계를 키워 나아가야 한다. 시간이 지나면서 공통점이 개인화된 커뮤니케이션으로 이어지고, 궁극적으로 새로운 고객을 확보할 수 있다.

그러나 이러한 신규 밀레니얼 고객을 유지하기 위해서는 진정한 가치를 전달해야 한다. 기존고객을 유지·활성화하는 것이 신규고객 확보보다 비용이 훨씬 적게 든다. 브랜드 옹호자 또는 유사 판매 대리인의 도움으로 고객을 유지·확보하는 방법이 훨씬 부담이 적고 비용도 합리적이다.

타깃 오디언스 구축하기

밀 레니얼 세대는 소셜 미디어 플랫폼마다 독특한 특성을 드러낸다. 이러한 차이점을 인식하는 것이 밀레니얼 세대라는 탐나는 인구집단과 오래 지속되는 관계를 형성하는 데 큰 도움이 될 것이다. 밀레니얼 세대의 경우에는 동일한 인물이라도 사용 중인 플랫폼에 따라 브랜드 메시지에 다르게 반응할 수도 있음을 인지하는 것이 중요하다. 그래서 경희라는 밀레니얼 세대가 트위터에서 브랜드와 관계를 맺고 있다고 하더라도 페이스북 또는 인스타그램에서는 동일한 콘텐츠에 반응하지 않을 수도 있다.

이번 장에서는 각 미디어에서 나타나는 밀레니얼 오디언스의 특이점에 대해 알아보 겠다. 또한 왜 소셜 네트워크뿐 아니라 전통 미디어 역시 함께 존중하고 활용해야 하 는지도 살펴본다.

다음 질문에 대해 생각해보기

다양한 미디어 플랫폼에 뛰어들어 타깃 밀레니얼 오디언스를 구축하는 방법을 살펴 보기 전에 다음 질문에 대해 생각해본다면, 오디언스 개발 프로세스가 보다 용이해 질 것이다.

> » 미디어 형태별 목표는 무엇인가?
> » 이상적인 밀레니얼 오디언스는 어떤 모습인가?
> » 다양한 미디어의 고객 여정을 어떻게 연결할 것인가?
> » 타깃 데모그래픽스와 사이코그래픽스의 우선순위를 어떻게 매길 것인가?
> » 세분화된 오디언스 유형의 포괄적 카테고리를 바로 정의할 수 있을까?

미디어 형태별 목표는 무엇인가?

모든 미디어가 똑같지 않다. 모든 플랫폼은 제 나름의 가치를 제공한다. 그렇기 때문 에 밀레니얼 세대는 아주 다른 방식으로 각각의 플랫폼을 활용한다. 캠페인을 시작 하기 전에 밀레니얼 세대가 미디어 플랫폼을 어떻게 사용하는지, 각각의 플랫폼은 어떠한 목표를 달성하기에 적합한지 천천히 파악하는 시간이 필요하다. 이러한 분석 을 통해 타깃팅한 밀레니얼 오디언스 목표를 최단 시간 내에 수립할 수 있다.

이상적인 밀레니얼 오디언스는 어떤 모습인가?

밀레니얼 오디언스 구축을 위해 분석 프로세스를 활용하도록 하자. 이는 타깃팅한 일련의 오디언스 집단 또는 세그먼트를 확보하는 데 도움이 될 것이다. 이상적인 고 객이 어떤 모습일지 자문해봄으로써 실질적인 로드맵을 그려볼 수 있을 것이다. 또 한 오디언스 집단에 뭔가 문제가 있지 않은지, 데이터가 새로운 기회를 제시하고 있지 않은지를 판단하는 데 도움이 될 것이다.

다음은 이상적인 오디언스 프로파일 개발을 위해 고심해보아야 할 몇 가지 주요 요소이다.

- » **연령 범위** : 연령 범위는 오디언스를 특정 연령대의 사용자로 제한한다.
- » **교육** : 교육은 고등학교 또는 대학교와 같은 특정 수준의 교육을 완료했거나 과정 중에 있는 사용자를 살펴본다.
- » **소득** : 소득은 연간 일정 범위의 소득을 벌어들이는 고객에게 초점을 둘 것이다. 이러한 소득 범위는 페이스북에서 사용자가 직접 작성한 직무명 또는 직업 분야 등 일련의 기준에 따라 결정된다.
- » **위치** : 위치 설정을 통해 특정 지역에 있는 오디언스에게 광고를 타깃팅할 수 있다.
- » **일반적 관심사** : 관심 범위 및 주제는 특별 항목 또는 주제란에 관심사를 표현한 페이스북 사용자에 선택적으로 활용할 수 있다.
- » **고용 분야** : 고용 분야는 스스로 특정 분야에서 일하고 있다고 작성한 사용자에게 초점을 둔다.
- » **구매 행위** : 구매 행위는 한 명의 사용자가 구매 의사결정을 하기 전에 필요한 터치포인트의 수와 같은 측면을 포함할 수 있다.
- » **브랜드 참여 성향** : 참여 성향을 통해 사용자가 페이스북에서 광고를 클릭하거나 '좋아요'를 누르는 것을 선호하는지 파악할 수 있다. 그것은 '매우 자주' 또는 '드물게'처럼 광범위한 정보일 수도 있다.

위의 리스트를 기본 지침으로 활용하면서 중요하다고 생각하는 내용을 추가해도 좋다.

다양한 미디어의 고객 여정을 어떻게 연결할 것인가?

밀레니얼 세대는 일관된 옴니채널 경험에 관심이 있다. 옴니채널 경험(omni-channel experience)이란 구매 프로세스에서 다양한 미디어 및 플랫폼과 상호작용을 포함하는 현대의 고객 여정을 일컫는 말이다.

타깃 오디언스를 개발할 때 마케터는 모든 터치포인트와 모든 미디어를 어떻게 연결할지 고민하게 될 것이다. 예를 들어 밀레니얼 오디언스가 한 브랜드의 페이스북 페이지를 떠났다고 하자. 그들이 이메일로 해당 브랜드와 다시 연결되었을 때, 브랜드 경험이 깨지지 않을 거라고 어떻게 장담하는가?

옴니채널 경험은 계획 수립이 필요한 중요한 개념이다(옴니채널 전략에 대한 상세내용은 제9장 참조). 구매 의사결정은 더 이상 브랜드 재인 또는 상품 근접성에만 의존하지 않는다. 밀레니얼 세대는 여러 채널을 통해 상당한 양의 정보에 접근한다. 다양한 채널을 통한 최적의 브랜드 경험을 제공하는 전략 수립이 중요하다.

모든 터치포인트를 어떻게 추적하고 측정할 것인지, 성공의 척도 또는 핵심성과지표를 무엇으로 할지 사전에 결정해야 한다.

타깃 데모그래픽스와 사이코그래픽스의 우선순위를 어떻게 매길 것인가?

이상적인 밀레니얼 페르소나의 중요한 데모그래픽스(demographics, 소비자를 나이, 성별, 수입, 교육수준 등 인구학적으로 분석한 통계 데이터-역주)와 사이코그래픽스(psychographics, 소비자의 개성, 태도, 라이프스타일 등 소비자 행동의 심리학적 기준에 따라 분석한 통계 데이터-역주)를 결정한 이후에는 나열되어 있는 특징들 각각의 우선순위를 매겨야 한다. 예를 들어 마케터가 오디언스를 전자제품에 관심이 있고 다섯 개 주 내에 사는 사람으로 지정했다면, 지역(데모그래픽스)이 전자제품에 대한 관심(사이코그래픽스)보다 더 중요한지를 결정해야 한다.

우선순위 리스트를 바탕으로 오디언스 유형 또는 세그먼트를 만들 수 있다. 그러고 나서 해당 오디언스 집단을 브랜드 및 사업 목표에 미치는 영향력에 따라 순위를 매길 수 있다.

밀레니얼 페르소나를 개발하는 것은 특정 캠페인에 타깃팅할 이상적인 밀레니얼 고객이 누구인지를 데모그래픽스와 사이코그래픽스(관심사 및 행동양식) 관점에서 생각해 보고 싶어서이다. 해당 리스트를 기본적인 연령대와 관심사 이외의 세부사항들까지 좁혀 나가자. 밀레니얼 페르소나는 될 수 있는 한 구체적이어야 한다(이상적 고객 페르소나 정립 프로세스에 대한 상세내용은 69쪽 '세분화된 오디언스 유형 구축하기' 참조).

세분화된 오디언스 유형의 포괄적 카테고리를 바로 정의할 수 있을까?

초기 단계, 즉 현실 세계의 정보에 뛰어들기 전에 마케터는 분류 프로세스에 중점을 두고자 할 것이다. 처음에 데이터를 보지도 않고 카테고리를 생각해내는 것은 어려울 수 있다. 그래서 여기 마케터가 분류 프로세스를 시작하는 데 도움이 될 만한 몇 가지 카테고리를 제안하겠다.

» 지역 : 지역 카테고리는 국가 또는 세계의 특정 부분에 살고 있는 사용자에 초점을 둔다.

» 기술 : 만약 밀레니얼 세대가 활용하는 기술의 형태, 예컨대 애플 또는 안드로이드에 따른 니즈를 맞추고자 계획한다면 기술 형태로 분류하는 것을 고려해볼 수 있다.

» 행동양식 : 행동양식 카테고리의 몇 가지 사례는 얼리 어댑터 대 레이트 어댑터, 모바일 사용자 대 데스크톱 사용자, 신속한 전환 대 장기간의 관계 형성 등등이다.

» 콘텐츠 수용성 : 브랜드 콘텐츠가 소셜 피드에 보일 때 밀레니얼 세대 모두가 참여하고자 하는 것은 아닐 것이다. 경우에 따라서는 고객의 참여를 제고하기 위해 브랜드가 전하는 메시지를 차별화해야 할 것이다. 차별화된 콘텐츠 및 광고 전략을 세우고, 차별화된 오디언스 집단을 타깃팅해야 한다.

» 사회경제적 특징 : 사회경제적 카테고리는 콘텐츠가 그룹별로 차별화되어야 하는 또 다른 사례이다. 사회경제적 상황(제1장 참조)은 밀레니얼 세대의 사고방식 형성에 엄청나게 중요하다. 그러므로 고객 한 사람마다 벤치마크 수준의 참여도를 유지하고자 한다면 콘텐츠가 바뀌어야 할 것이다.

다양한 미디어에서 고객 사로잡기

모든 미디어 플랫폼은 저마다의 효과가 있고, 이것이 바로 모든 채널에 걸쳐 고객의 여정을 어떻게 연결시킬지 스스로 질문을 던져보아야 하는 이유다. 밀레니얼 세대의 참여를 유도하여 평생고객으로 전환하는 전략이 성공하기 위해서는, 그들이 어디에 있는지 알아내야 할 것이다. 그리고 그들은 어디에나 있을 수 있다.

전통 미디어와 뉴미디어, 두 가지 주요 미디어 카테고리에 대해 좀 더 상세히 검토해보고 싶을 것이다.

아마 짐작했겠지만 전통 미디어는 라디오, 인쇄매체, 전화, TV 등 대다수의 비(比)디지털 또는 초기 디지털 플랫폼을 포함한다. 또한 밀레니얼 세대에게 이메일 역시 전통 미디어로 간주된다.

뉴미디어 플랫폼에서 커뮤니케이션이 상당히 빠르게 일어난다. 때때로 실시간으로 이루어지기도 한다. 뉴미디어 플랫폼은 과거의 한 방향 방송 플랫폼과는 대조적으로, 브랜드와 고객 간의 커뮤니케이션 통로를 열어둔다. 밀레니얼 세대는 이런 플랫폼을 선호한다. 소셜 미디어, 블로그, 그리고 왓츠앱이나 페이스북 메신저와 같은 채팅 상품이 이러한 범주에 속한다.

전통 미디어를 이용하는 오디언스가 좀 더 비용이 합리적인 소셜 미디어 플랫폼의 오디언스를 보완해줄 것이라고 생각된다.

전통 미디어

전통 미디어는 비용이 많이 든다. 대다수의 브랜드는 그야말로 전통 미디어를 직접 이용하지 못할 수도 있다.

그러나 몇 가지 창의적인 사고와 전략 수립을 통해 전통 미디어가 제공하는 잠재적 이익을 잃지 않으면서 어딘가 다른 곳에서 밀레니얼 오디언스에게 다가갈 수 있다. 다음은 전통 미디어를 활용하기 위해 취할 수 있는 세 가지 전략이다.

- » 뉴스재킹
- » 세컨드 스크린 참여
- » 콘텐츠와 미디어의 연계

뉴스재킹

뉴스재킹(newsjacking)이라는 용어는 온드 미디어에서 해당 브랜드의 이익을 위해 전통적 매스컴상의 뉴스와 보도를 활용하는 기법을 뜻한다. 온드 미디어(owned media)란 하나의 브랜드가 전적으로 관리하는 모든 미디어와 브랜드 웹사이트 같은 채널을 의미한다.

유명 마케터인 데이비드 미어맨 스콧이 뉴스재킹이라는 용어를 처음 사용했으며, 자신의 저서 『뉴스재킹 : 주목을 끄는 뉴스 스토리에 브랜드 이야기를 입히고 다수의 매스컴 보도를 이끌어내는 방안(Newsjacking : How to Inject your Ideas into a Breaking News Story and Generate Tons of Media Coverage)』(아마존 디지털 서비스, 2011)에서 이를 설명하고 있다.

전통 미디어에 등장할 수 있는 뉴스재킹의 기회를 충분히 활용하기 위해서 사전에 세심하게 수립된 계획이 있어야 한다. 이렇게 해야만 기회가 찾아왔을 때 무엇을 해야 할지 알 수 있다.

뉴스재킹 계획 수립 시 처음에 해야 할 작업 세 가지는 다음과 같다.

- » 웹 전반에 걸쳐 주요 산업 용어에 대한 알림을 설정하라.
- » 뉴스재킹의 가치가 있는 스토리 유형에 대한 일련의 가이드라인을 개발하라.
- » 쉽게 조정하여 활용할 수 있는 일반적인 콘텐츠 템플릿을 작성하라.

웹 전반에 걸쳐 주요 산업 용어에 대한 알림을 설정하라

주요 산업 용어에 대한 알림을 설정해둠으로써 전통적 매스컴에서 산업 전반에서 대해 어떤 기사들이 게재되는지를 추적할 수 있다. 뉴스재킹의 성공요인 중 하나는 뉴스에 대한 관련이 있는 뉴스를 브랜드 기회로 전환하면서 잘 이용하는 역량이다. 산업 내의 뜨거운 화젯거리를 추적하고 있으면 이러한 브랜드 기회를 아주 쉽게 포착할 수 있다. 산업 소식을 추적하는 데에는 여러 가지 온라인 도구를 활용할 수 있다.

» **구글 알리미**(http://alerts.google.com) : 구글 알리미는 무료 온라인 도구로서 그림 3-1과 같이 원하는 키워드 또는 브랜드와 관련된 인터넷 정보를 알림을 설정하여 원하는 주기별로 받아볼 수 있다.

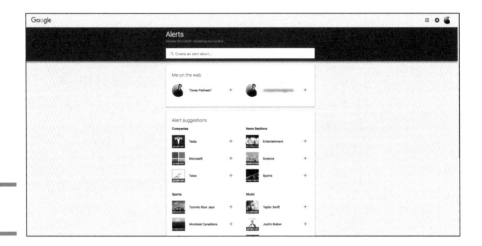

그림 3-1
구글 알리미

» **세일즈포스 마케팅 클라우드**(www.marketingcloud.com) : 마케팅 클라우드는 원래 래디언 6로 알려진 유료 도구로 기업 차원의 웹과 소셜 미디어 모니터링 플랫폼이다(그림 3-2 참조).

그림 3-2
세일즈포스
마케팅 클라우드

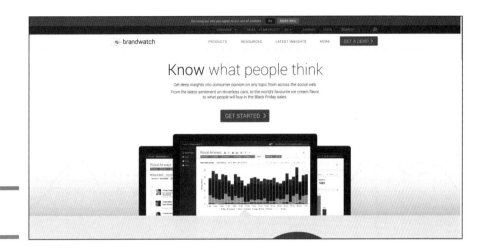

그림 3-3
브랜드워치

» **브랜드워치**(http://brandwatch.com) : 브랜드워치는 브랜드 보호를 위한 키워
드 추적 및 데이터 분석 도구이다(그림 3-3 참조).

뉴스재킹의 가치가 있는 스토리 유형에 대한 일련의 가이드라인을 개발하라

많은 브랜드가 흔히 하는 실수는 브랜드와 부합하지 않거나 적절하지 않은 스토리
를 활용해 뉴스재킹 전략을 실행하려고 시도한다는 것이다. 이러한 접근은 역효과를
낼 것이 거의 확실하다. 이러한 함정을 피하기 위해 일련의 가이드라인을 갖고 시작
하자.

뉴스재킹으로 인해 불쾌한 상황에 처하지 않는 한 가지 방법은 민감한 주제를 최대
한 피하는 것이다. 죽음, 정치, 사회적 이슈 또는 기타 잠재적으로 의견 대립을 일으
킬 만한 영역들이 민감한 주제에 해당한다.

쉽게 조정하여 활용할 수 있는 일반적인 콘텐츠 템플릿을 작성하라

일반적인 콘텐츠 템플릿을 작성해둠으로써 필요한 시기에 뉴스재킹 스토리 작성 과
정을 더 신속히 처리할 수 있다. 모든 콘텐츠가 반드시 준비되어 있을 필요는 없지
만, 뼈대가 되는 기본 체계가 준비되어 있다면 콘텐츠를 공유하고 화제의 스토리를
기회로 활용할 만한 상황이 왔을 때 도움이 될 것이다.

세컨드 스크린 참여

밀레니얼 세대는 TV와 같은 전통적 방송매체를 활용하는 동안에 모바일 기기에서도 참여한다. 이러한 세컨드 스크린 경험을 이용하는 것은 막대한 광고비를 지불하지 않고 전통적 방송매체의 힘을 실시간으로 활용하는 최고의 방법이다.

다음 몇 가지 사항을 기억해 두자.

> » **세컨드 스크린을 이용하라.** 밀레니얼 세대는 전통 미디어를 활용할 때 십 중팔구 트위터 같은 세컨드 스크린을 작동시킨다. 오디언스는 실시간으로 참여하고 있다. 온드 채널에서 대화를 만들어내려고 노력하지 말고, 대화 가 일어나고 있는 곳에서 대화의 일부가 되어야 한다.
> » **관련된 주제를 짧게 전달하라.** 이것은 실시간 환경이기에 장황한 콘텐츠는 외면받기 쉽다. 콘텐츠는 짧고 간단명료하게 작성하라.
> » **거슬리는 광고가 아니라 대화의 일부가 되어라.** 이것은 브랜드가 참여하는 대화의 장이다. 만약 광고의 장이라면 다른 브랜드 역시 광고를 하고 있을 것이고, 밀레니얼 세대는 참여하지 않을 가능성이 크다. 그보다는 타깃 오 디언스와의 관계를 형성하는 데 해당 공간을 활용하자.

콘텐츠와 미디어의 연계

콘텐츠와 미디어의 연계 전략은 뉴스재킹 및 세컨드 스크린과 긴밀한 관계가 있다. 전통 미디어에서는 메시지가 선형으로 직접 전달된다. 뉴미디어에서는 여러 개의 메 시지가 사용자에게 동시에 공급될 수 있다. 이런 이유 때문에 마케터는 타깃 밀레니 얼 오디언스에게 다가가기 위해 작성한 콘텐츠가 그들이 전통 미디어에서 소화한 콘 텐츠와 반드시 직접적으로 연관되도록 하고 싶을 것이다.

메시지 연계와 더불어 소셜 미디어 플랫폼과 전통적 플랫폼에서 공유한 콘텐츠를 확 실하게 구별 짓고 싶기도 하다. 기회를 포착했을 때 전통 미디어에서 그 기회를 활용 하고 오디언스가 어디에 있는지를 알아낼 수 있다. 그러고 나서 해당 오디언스 및 그 들이 활용하는 미디어 플랫폼에 가장 적합한 콘텐츠의 유형을 결정하라. 이러한 접 근법은 브랜드 참여율을 향상시키고 고객의 콘텐츠 수용도를 제고하는 데 도움이 될 것이다.

뉴미디어

밀레니얼 세대에게 다가가는 데 있어서 뉴미디어는 가장 기본적인 도구일 것이다. 타깃 오디언스를 구축할 때 밀레니얼 세대가 주요 소셜 네트워크 하나하나와 어떻게 상호작용하는지 알아야 한다. 특히 세 가지 중점사항을 확인해야 한다.

> » 밀레니얼 세대가 서로 관계를 맺는 방법
> » 밀레니얼 세대가 블로그 및 포럼(공통의 관심사에 대해 정보를 교환하는 온라인 플랫폼-역주)에서 브랜드와 관계를 맺는 방법
> » 미디어 믹스에서 실시간 채팅 앱을 고려해야 하는 경우

위의 세 가지 사항을 이해하고 나면 타깃 밀레니얼 세그먼트 개발 프로세스가 상당히 용이해질 것이다.

밀레니얼 세대는 다섯 개의 주요 소셜 미디어 플랫폼을 빈번하게 드나든다. 밀레니얼 세대가 가장 활발하게 활동하고, 그리고 아마 더 중요한, 정기적으로 브랜드와 소통하는 플랫폼은 다음과 같다.

> » 페이스북
> » 트위터
> » 유튜브
> » 인스타그램
> » 스냅챗

이 외에도 다른 뉴미디어 플랫폼이 존재하지만 위 다섯 개의 플랫폼이 밀레니얼 세대가 대부분의 시간을 소비하는 공간이다. 브랜드 참여에 관한 한 특히 그러하다. 밀레니얼 세대가 해당 플랫폼에서 어떻게 상호작용하는지를 파악하는 것은 타깃 오디언스 구축 프로세스를 훨씬 손쉽게 하고 전반적인 프로그램을 보다 성공적으로 이끌어줄 것이다.

페이스북

페이스북은 밀레니얼 세대가 확연하게 많이 활용하는 소셜 네트워크이다. 광고 서비

스를 제공하는 마케팅 회사인 플루언트의 데이터에 따르면,

》 1990년에서 1997년 사이에 태어난 더 어린 밀레니얼 세대 중 36%가 페이스북을 가장 자주 사용한다고 말한다.

》 1980년에서 1990년 사이에 태어난 더 나이든 밀레니얼 세대 중 50%가 페이스북을 가장 자주 사용한다고 말한다.

그렇다면 밀레니얼 세대는 왜 페이스북에서 그렇게 활발하게 활동할까? 친구와 계속 연락하며 지내기, FOMO(Fear of Mission Out, 좋은 기회를 놓치고 싶지 않은 마음-역주), 연관 정보의 접근성, 브랜드와의 연결 용이성 등 명백한 개인적인 이유가 있다.

비즈니스 관점에서 보면 밀레니얼 세대는 브랜드를 지지하고 정기적인 업데이트를 받기 위해 페이스북에서 브랜드와 관계를 맺기로 한 것이다.

페이스북은 밀레니얼 세대의 삶이 드러나는 곳이다. 밀레니얼 오디언스와 소통을 촉진하기 위해서는 그들의 취향과 선호에 맞는 콘텐츠를 개발해야 한다.

트위터

페이스북과 트위터 모두에서 왕성하게 활동하는 밀레니얼 세대는 네트워크마다 완전히 다르게 움직이고 아주 고유한 방식으로 브랜드에 반응한다. 매사추세츠 다트머스대학교의 연구결과에 따르면 밀레니얼 세대가 트위터에서 브랜드와 소통하는 주된 이유 중 하나는 쿠폰과 할인권을 모으고 현금으로 교환할 수 있는 기회를 찾기 위해서이다. 그다음으로 많이 보이는 반응은 페이스북과 동일하다. 사용자들은 브랜드를 지지하고 싶어 한다.

페이스북이 관계가 참여의 근본이 되는 훨씬 더 개인적인 공간이기는 하지만, 그럼에도 팔로어 기반을 쌓기 위해서 트위터의 밀레니얼 세대와 연결고리를 구축해야 한다.

유튜브

밀레니얼 대상의 콘텐츠에 관해서 기억해두어야 할 가장 중요한 점은 콘텐츠가 어느 정도의 효용성을 제공해야 한다는 것이다. 밀레니얼 세대의 주의집중 시간은 짧다.

그리고 콘텐츠가 어느 정도 가치 있다고 생각할 때에만 집중력이 유지된다(비디오 콘텐츠의 사용에 대해서는 제6장에서 자세히 논의한다).

몇 가지 형태의 비디오 콘텐츠가 참여와 유지를 끌어올릴 수 있다.

» **팁과 요령** : 시청자가 작업을 보다 빠르게 완수하는 데 도움이 되는 내부 정보를 짧은 토막 형식으로 공유할 수 있다. 시청자가 추구하는 특성 중 하나는 가치이다. 생활을 조금 더 편리하게 해주는 팁이 바로 고객이 찾고 있는 정보이다.

» **사용 안내 또는 지침서** : 팁이나 요령과 같이 사용안내 또는 지침서 역시 오디언스에게 가치를 제공한다. 이런 형태의 비디오는 팁을 전달하는 짧은 비디오보다 약간 더 길 수 있다. 시청자는 하나의 프로세스 단계를 알고 싶어 한다. 그래서 상세히 설명해도 좋고 유용한 연관 정보를 전달하면서 전문성을 보여줄 수 있다.

» **질문과 답변** : Q&A 비디오는 오디언스의 참여를 촉진하는 훌륭한 방법이다. 오디언스가 질문을 하도록 유도하고 짧은 답변 비디오를 제작함으로써 다음과 같은 점을 드러낼 수 있다.

- 오디언스를 돕는 일에 신경을 쓰고 있다.
- 선두기업으로서 전문성을 보유하고 있다.
- 오디언스에게 어디에서 추가정보를 찾을 수 있는지 알려줄 수 있다.

» **유머** : 모든 사람이 웃는 것을 좋아한다. '미국에서 가장 웃긴 비디오(America's Funniest Videos)'와 같은 TV쇼에서부터 '치과에 다녀온 데이비드'와 같은 유튜브 돌풍에 이르기까지 지금까지 인기를 얻은 모든 콘텐츠가 이 사실을 일관되게 입증하고 있다.

인스타그램

밀레니얼 세대에 관한 한 남성보다는 여성이 인스타그램을 더 많이 사용한다. 주된 원인은 플랫폼이 비주얼 중심이기 때문이다. 전적으로 비주얼 경험을 제공하는 모든 소셜 플랫폼에서 오디언스는 주로 여성이다. 완전히 네이티브인 인스타그램에서 가장 인기 있는 카테고리는 패션, 음식, 뷰티이며, 모두 여성 고객들이 좋아하는 분야이다.

플랫폼이 네이티브(native)라는 것은 매체가 거의 전적으로 모바일 기기 중심이라는 의미이다. 물론 인스타그램과 스냅챗처럼 네트워크의 웹사이트가 있기도 하지만, 네트워크의 활용은 모바일 영역 내에서 이루어진다. 이러한 트렌드는 밀레니얼 소비자를 대상으로 특히 성공적이었는데, 이 내용은 제10장에서 상세히 다루겠다.

인스타그램의 밀레니얼 사용자는 다음과 같은 특징이 있다.

» **사용자는 인스타그램 앱에 머무르고자 한다.** 인스타그램에서 타깃팅하는 밀레니얼 세대는 앱을 떠나 웹페이지를 들어가고 싶어 하지 않을 것이다. 그러므로 인스타그램 오디언스에 초점을 둘 때에는 이 사실을 명심하라.

» **비주얼을 우선시한다.** 아마 상상할 수 있겠지만 인스타그램은 이미지이다. 인스타그램 네트워크를 통해 오디언스에게 다가가고자 한다면, 판매를 위한 설득 메시지를 전달하기보다는 창의적 측면에 중점을 둘 필요가 있다는 의미이다.

» **사용자는 개성 있는 브랜드를 사랑한다.** 대부분의 소셜 네트워크를 이용하는 밀레니얼 세대에게 해당하는 내용이지만, 인스타그램 사용자는 특별히 더욱 그러하다. 브랜드 개성이 진실하고 교양 있다면, 밀레니얼 세대는 해당 브랜드와 관계를 맺는 것 그 이상을 하고자 할 것이다. 그 정도 수준에 도달하려면 시간이 걸리겠지만, 이것이 오래 지속되는 관계를 형성하는 방법이다.

스냅챗

스냅챗은 더 어린, 즉 18~24세 사이의 밀레니얼 세대가 가장 좋아하는 플랫폼이다. 수많은 사용자, 사실상 80% 이상이 매일 네트워크에 접속하고 매일 수십억 개의 사진을 공유한다. 스냅챗은 또한 개인적인 사용자 경험을 제공하기에 다시 한 번 더 관계 구축이 중요하다. 스냅챗에서 밀레니얼 세대의 충성스러운 팔로잉을 유지하고자 한다면 말이다.

밀레니얼 스냅챗 사용자의 특징 몇 가지는 다음과 같다.

» 서로서로 연결되고 싶어 한다.

>> 네트워크에서 일어나는 일에 관심이 진짜 많다.

>> 콘텐츠를 공유하고자 하는 의지가 높다.

>> 훨씬 더 개인적인 수준에서 브랜드와 소통하고 싶어 한다.

>> 매일 활동하는 사용자는 새로운 업데이트를 검색하기 위해 하루에 여러 번 앱을 방문한다.

스냅챗은 참여도가 높지만 반드시 모든 브랜드의 밀레니얼 세대 마케팅 전략에 부합하지는 않을 수도 있는 특정 고객층을 보유한 매우 특별한 플랫폼이다(제6장에서 밀레니얼 세대 확보 전략의 일부로서 뉴미디어를 사용하는 주제에 대해 자세히 다루고 있다).

관심사 식별 오디언스 분석 실시하기

타깃 오디언스 구축을 위해 가장 중요한 업무는 관심사 식별 오디언스 분석(Interest-Identification Audience Analysis, IIAA)을 수행하는 것이다. 이 과정에서 명확하게 정의된 오디언스를 개발하기 위해, 사용자가 스스로 작성한 데이터, 오디언스 활동을 기반으로 페이스북 같은 네트워크가 추론한 데이터를 모두 포함한 방대한 양의 데이터를 활용한다. 오디언스를 비슷한 관심사를 기반으로 이해하고 좀 더 연관성 있는 콘텐츠를 가지고 타깃팅할 수 있는데, 이는 브랜드 참여도 제고 및 브랜드와의 관계 성장 가속화로 이어질 수 있다.

소셜 미디어의 등장과 함께 사용자 데이터의 가용성이 상당히 증가했다. 프라이버시에 대한 염려 때문에 개인적인 수준에서는 데이터 사용이 불가능한 경우가 있지만, 오디언스 집단 또는 세그먼트 수준에서는 사용 가능하다. 데이터베이스를 활용하여 특정 집단 내에서 이러한 종류의 분석을 실시함으로써, 오디언스의 특정 집단에 대해 많은 것을 알 수 있다. 그러면 고도로 타깃팅한 연관 콘텐츠, 장기적 관계를 형성하는 매력적인 콘텐츠로 사용자에게 훨씬 더 빠르게 다가갈 수 있다.

관심사 식별 오디언스 분석을 위해 몇 가지 도구를 사용할 수 있는데, 가장 일반적이고 쉽게 접근 가능한 도구는 페이스북 인사이트와 브랜드가 자체 보유가 이메일 데이터베이스이다.

오디언스에 대해 정말 제대로 파악하고자 한다면, 세분화된 이메일 데이터베이스를 확보하는 것이 필수이다. 이것은 오디언스 분석을 위한 최고의 방법으로 사실 이미 준비되어 있어야만 한다. 그러나 특정 매개변수에 따라 이메일 리스트를 아직 세분화하지 않았다면, 시간을 들여 몇몇 기본적인 세분화 작업을 수행해야 할 것이다.

더미를 위한 팁

세분화의 사례는 이메일을 각 출처에 따라 집단화하는 것, 또는 기존고객 아니면 잠재고객의 이메일인지 판단하는 일과 같은 간단한 무언가가 될 수도 있다.

이메일 리스트를 세분화할 때 새로운 리스트를 생성할 필요는 없다. 콘스탄트 콘택트(www.constantcontact.com)와 같은 이메일 리스트 구축 도구를 활용하여, 가공되지 않은 기존 리스트에 태그를 추가할 수 있다(그림 3-4 참조).

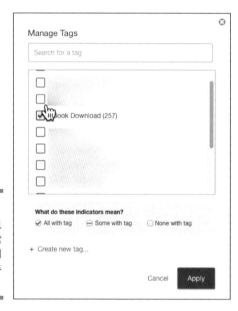

그림 3-4
콘스탄트 콘택트에서 가공되지 않은 기존 이메일 리스트에 태그를 추가한다.

기존 리스트에 태그를 달아 이메일 리스트를 구축할 수 있는 또 다른 도구는 메일침프(www.mailchimp.com)이다. 이메일 수신자 선택란에 태그를 추가할 수 있는데, 이는 수신자가 분류되지 않은 채로 이미 이메일에 포함된 경우에 가장 쉽게 데이터베이스를 세분화하는 방법이다(그림 3-5 참조).

그림 3-5

메일침프는 이메일 수신자 목록에 태그를 추가하는 옵션을 제공한다.

페이스북 인사이트 도구 활용하기

페이스북 인사이트 도구를 사용하는 프로세스를 단계별로 설명하고자 한다. 페이스북 계정은 이미 만들었다고 가정하고 시작하겠다. 만약 페이스북 계정이 없고 페이스북 페이지를 보유하고 있지 않다면 페이스북 무료광고 계정을 만들 수 있다.

오디언스 인사이트 도구를 활용하기 위해 광고를 만들 필요도 없고 신용카드 정보를 입력할 필요도 없다. 오직 광고 계정을 만들기만 하면 된다. 그럼 향후 캠페인 전개 시 해당 계정을 광고 목적으로 활용할 수가 있다.

1. **페이스북 비즈니스 매니저의 대시보드에서 오디언스를 선택한다.**

   페이스북 비즈니스 매니저(https://business.facebook.com)에 접속해서, 왼쪽 상단의 가로 3줄 아이콘 아래의 메뉴에서 오디언스 대시보드를 선택한다(그림 3-6 참조).

그림 3-6

비즈니스 매니저 메인화면에서 오디언스 대시보드를 선택한다.

2. **파란색 오디언스 생성 버튼을 클릭하고 사용자 지정 오디언스를 선택한다.**
그림 3-7은 자산 라이브러리(Asset Library)의 스냅숏이다. 자산 리스트 상단의 파란 버튼(Create Audience)을 누르면 오디언스를 생성하는 옵션을 제공한다. 해당 버튼을 누르고 사용자 지정 오디언스(Custom Audience)를 생성하는 옵션을 선택한다.

그림 3-7

신규 오디언스 생성을 위해 자신의 자산 라이브러리에서 사용자 지정 오디언스 버튼을 클릭한다.

3. **고객 파일을 오디언스로 업로드하는 것을 선택한다.**

   이 단계에서 페이스북은 특정 고객 또는 이메일 데이터베이스를 서로 맞춰보고 사용자 지정 오디언스를 생성한다. 이 옵션을 클릭하면 보유하고 있는 이메일 리스트를 업로드하거나 또는 신규 오디언스를 생성하기 위해 메일침프 계정과 연동할 수도 있다(그림 3-8 참조).

그림 3-8
고객파일에서 오디언스를 생성하기를 선택하고, 이메일을 복사/붙여넣기 하거나 메일침프 계정과 연계한다.

페이스북은 업로드된 고객 데이터를 보관하지 않는다. 이것은 단순한 매칭 프로세스에 불과하다. 업로드된 데이터는 이메일 주소 또는 다른 지표를 통해 페이스북 사용자를 정리하는 데 활용된다. 소셜 네트워크 내에서 오디언스를 구축하기 위함이다. 데이터는 매칭 프로세스가 완료된 이후 페이스북 시스템에서 제거되는데, 이것은 고객 데이터의 보안 리스크가 전혀 없다는 것을 의미한다.

4. **페이스북 광고 대시보드에서 오디언스 인사이트를 연다.**

   오디언스 인사이트 도구에 접속하기 위해 광고 계정에서 다시 한 번 드롭다운 메뉴를 연다(그림 3-9 참조).

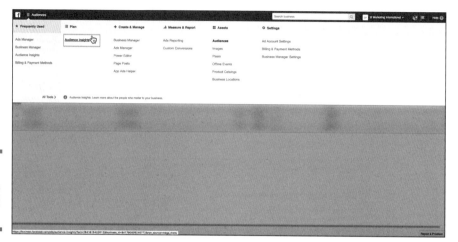

그림 3-9
메뉴에서 오디언스
인사이트로 들어
간다.

5. 사용자 지정 오디언스에 대한 분석을 수행하는 옵션을 선택하고 신규 오디
   언스 중 하나를 선택한다.

   오디언스 인사이트에 처음 들어가면 그림 3-10에서 보는 것처럼 옵션이 있
   다. 이 옵션은 해당 대시보드에 접속하면 자동으로 나온다.

   대시보드 백엔드 데이터베이스에 오디언스와 연관된 데이터가 붙기까지 최
   대 72시간까지 소요될 수 있다. 처음에 많은 정보를 볼 수 없다고 해서 실망

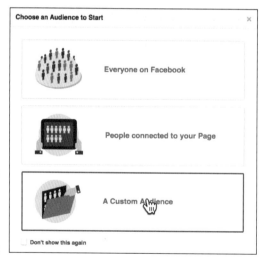

그림 3-10
사용자 지정 오디
언스에 대한 분석
을 시행한다.

하지 마라. 며칠 후면 신규 오디언스에 대해 알 수 있는 모든 데이터에 접근할 수 있게 될 것이다.

6. **자신이 선택한 사용자 지정 오디언스 중 특정 세그먼트에 대한 인사이트를 얻기 위해서 밀레니얼 세대(예 : 24~35세)의 연령 범위를 설정한다.**

특정 전략 뒤에 숨은 의도이자 목표가 밀레니얼 세대를 겨냥하는 것이라면, 그림 3-11에서 보는 것처럼 연령 변수를 넣었다 뺐다 해볼 수 있다. 이 단계에서 특정 사용자 집단의 데이터를 분리할 수 있다. 이 경우에는 밀레니얼 세대의 데이터가 될 것이다. 이를 통해 밀레니얼 세대의 특징을 파악하는 데 방해될 만한 고객의 데이터를 제외한 후, 밀레니얼 오디언스에 대한 좀 더 상세한 분석을 시작할 수 있다.

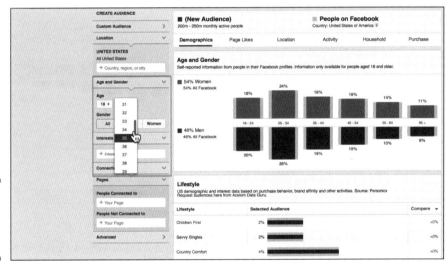

그림 3-11
분석을 위해 구체적인 연령 범위를 선택한다.

마케터는 18세 이하의 사용자가 페이스북에서 광고를 시청하도록 타깃팅할 수 없다. 이것은 광고 도구이기 때문에 타깃팅이 가능한 밀레니얼 오디언스의 최저 연령은 18세이다. 다시 말해 오디언스 인사이트 분석에서 밀레니얼 세대 중 가장 어린 계층은 분석이 어렵다.

분석하기

다음은 분석을 수행한 이후 주목해야 할 몇 가지 사항이다.

» **선택한 타깃 오디언스 내에서 주요 오디언스 관심지표를 검토하라.** 충분한 수의 잠재고객이 오디언스 인사이트 도구에 업로드되면 많은 데이터가 생성된다. 생성된 데이터가 모두 중요하지만, 어떤 인사이트는 오디언스 집단을 구축하고 타깃팅한 콘텐츠를 개발하는 데 있어서 더욱 중요할 것이다. 그림 3-12에서 볼 수 있듯이 라이프스타일, 좋아하는 페이지, 페이스북 활동현황, 가계, 구매활동 카테고리에 집중해야 한다.

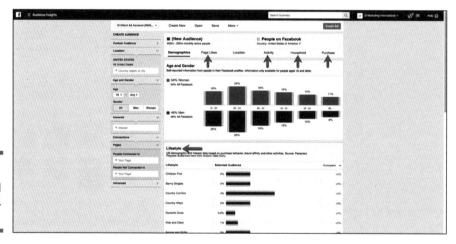

그림 3-12
오디언스 인사이트 분석에서 강조된 부분

» **타깃 오디언스 집단의 우선순위를 매기기 위해서 페이스북 평균을 넘어서는 영역에 주목하라.** 오디언스 분석의 특정 측면에서 밀레니얼 세대가 페이스북 평균 오디언스를 훨씬 넘어서는 정도로 행동한다는 사실이 드러난다면, 이것은 아주 중요한 지표이다. 밀레니얼 오디언스가 해당 콘텐츠에 크게 반응한다는 것을 의미하기 때문이다. 이것이 오디언스 분석에서 어떻게 나타나는지 그림 3-13에서 보여준다.

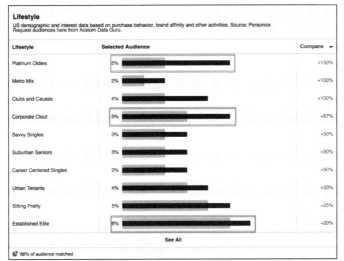

Lifestyle
US demographic and interest data based on purchase behavior, brand affinity and other activities. Source: Personicx
Request audiences here from Acxiom Data Guru.

Lifestyle	Selected Audience	Compare ▾
Platinum Oldies	5%	+150%
Metro Mix	2%	+100%
Clubs and Causes	4%	+100%
Corporate Clout	5%	+67%
Savvy Singles	3%	+50%
Suburban Seniors	3%	+50%
Career Centered Singles	3%	+50%
Urban Tenants	4%	+33%
Sitting Pretty	5%	+25%
Established Elite	6%	+20%

See All

'66% of audience matched

그림 3-13

선택된 오디언스가 참여도 향상의 기회를 제공할 수 있다.

이메일 리스트를 통해 오디언스 집단을 형성할 때 도움이 될 만한 여러 가지 시사점을 찾을 수 있다. 트위터와 같은 네트워크에서 활동하는 밀레니얼 세대의 관심사를 분석할 수도 있겠지만, 페이스북의 광범위한 사용자 정보가 이상적인 시작점이 될 것이다. 이러한 분석 시행 이후 특정 형태의 콘텐츠를 활용해 타깃팅할 수 있는 오디언스 유형을 만들기 시작할 수 있다.

세분화된 오디언스 유형 구축하기

관심사 식별 오디언스 분석(관련 내용은 앞부분 참조)을 마치고 나면, 밀레니얼 오디언스를 움직이게 할 수 있는 세부사항을 보다 잘 알게 될 것이다. 또한 밀레니얼 세대 모두가 똑같지 않다는 사실을 알아차리게 될 것이다. 밀레니얼 오디언스 분석을 통해 연령에 따른 인구집단 전반에서 몇 가지 하위집단을 찾아낼 수 있을 것이다.

이러한 오디언스 집단은 각각의 특징을 지니고 있고 여러 가지 형태의 메시지, 캠페인, 이미지에 아주 다르게 반응할 것이다. 이것을 염두에 둔 마케터라면 이러한 특이사항들을 고려하여 훨씬 더 좁은 범위의 오디언스 유형을 만들어내고자 할 것이다.

이것은 다음을 통해 가능하다.

> » 공공 미디어 공간의 온드 플랫폼에서 밀레니얼 세대에게 다가가는 전략
>   개발
> » 아직까지 직접 찾지 못한 밀레니얼 오디언스를 대상으로 어디에 브랜드
>   인지도 제고 기회가 있는지 판단

이러한 전략은 참여를 끌어올리고 좀 더 오래 지속되는 관계를 구축하는 데 도움이
된다.

온드 미디어에서 타깃 오디언스 찾아내기

타깃 밀레니얼 오디언스의 범위를 확장할 때 온드 미디어에서 가장 쉽게 시작할 수
있을 것이다. 그래서 「뉴욕타임스」와 같은 뉴스 웹사이트에 어떤 글이 올라가는지
반드시 통제할 수는 없지만, 브랜드 웹페이지 혹은 페이스북 페이지를 완벽히 통제
해야 한다.

온드 미디어에는 상세한 오디언스 프로파일 접근이 어려운 외부 플랫폼에서 확보할
수 없는 풍부한 오디언스 정보가 있다. 그러므로 여러 가지 요소를 오디언스 집단에
포함시키는 것을 고려해볼 수 있고, 오디언스 분석과 온드 미디어에서 활용 가능한
데이터를 결합하여 오디언스 집단을 찾아내고 그룹화하는 것이 가능하다. 오디언스
인사이트 분석에서 찾아볼 수 있는 요소는 다음과 같다.

> » **밀레니얼 세대** : 연령대 세그먼트를 대상으로 하는데, 주로 18세에서 35세
>   사이의 사용자이다.
> » **성별** : 남성 혹은 여성 사용자인지 선택한다.
> » **위치** : 광범위하게 국가가 될 수도 있고, 범위를 좁혀 우편번호가 될 수도
>   있다.
> » **라이프스타일 세부항목** : 오디언스 분석을 통해 정의한다.
> » **관심사 카테고리** : 폭넓고 모든 것을 아우를 수 있다.
> » **관심사 주제** : 오디언스 프로파일을 기반으로 오디언스가 자신에게 중요
>   하다고 표시한 관심사 범위에서 선택한다.

» **구매 행동** : 오디언스 분석을 통한 시사점을 기반으로 한다.
» **좋아하는 페이지 분류** : 관심 있다고 표시한 페이스북 브랜드 페이지의 종류를 선택한다.
» **브랜디드 콘텐츠 참여 성향** : 각 오디언스 세그먼트를 대상으로 개발하는 콘텐츠의 형태(미묘한 혹은 공공연한 브랜디드 콘텐츠)에 영향을 준다.
» **가계 세부사항** : 소득, 주택 가치, 타깃 사용자가 혼자 사는지 혹은 누군가와 함께 살고 있는지를 포함할 수 있다.
» **교육 수준** : 고등학교에서 대학원까지 교육 수준을 선택한다.
» **고용 상태 및 고용 분야** : 일하는 분야, 일하는 기업, 또는 직무명을 기반으로 사용자를 타깃팅할 수 있다.
» **결혼 또는 관계 상태** : 관계 상태를 기반으로 세분화할 수도 있다. 예를 들어 결혼을 했거나 결혼을 계획 중인 사람에게 적합한 상품 또는 서비스를 홍보할 때 특히 가치 있는 정보이다.

온라인 공개 포럼에서 타깃 오디언스 분류하기

웹의 디지털 영역 및 사회적 영역은 수도 없이 많은 대화로 가득하다. 그중 대다수는 공개적으로 사용 가능하고 쉽게 접근할 수 있다. 이러한 사실을 이용하고 이러한 대화들을 통해 타깃 오디언스를 조정하고 새로운 기회를 찾아야 한다.

브랜드워치나 세일즈포스의 마케팅 클라우드와 같은 모니터링 도구는 온라인에서 오가는 브랜드 혹은 동종업계 관련 대화를 추적한다. 마케터는 여기에서 한 걸음 더 나아가 브랜드 관련 산업에 대해 이야기하는 오디언스를 분석하는 방법으로 이 전술을 활용함으로써 새로운 기회를 모색할 수 있다.

브랜드는 이와 같은 소셜 리스팅(social listening) 도구를 통해 공개 프로파일에서 데이터를 수집하여 온라인에서 이야기하는 사용자 데모그래픽스에 대한 인사이트를 얻는다. 이러한 정보를 연령 범위에 따라 분리할 수도 있고, 더 심도 있게 연구하여 오디언스 세그먼트에 대한 기존 설명에 덧붙일 수도 혹은 완전히 새로운 특징을 찾아낼 수도 있다.

이러한 도구는 원래 온라인에서 이루어지는 대화에 귀 기울임으로써 한 가지 형태의 목적, 즉 소셜 케어(social care) 및 고객 서비스 제공을 염두에 두고 고안된 것이다. 그러나 이를 독특한 방식으로 활용할 때 기회의 세계가 열린다. 한 가지 기회는 바로 웹에서 오가는 새로운 논의를 기반으로 신규 오디언스 집단 및 콘텐츠를 개발하는 것이다.

이러한 기술 덕분에 다음과 같은 일이 가능해졌다.

» 타깃팅하는 데모그래픽스에 꼭 맞는 새로운 오디언스를 찾아낼 수 있다.
» 전통적으로 타깃 오디언스의 범주에 있지 않았기 때문에 신경 쓰지 않았던 오디언스를 발견할 수 있다.
» 이전에는 제대로 활용되지 않았거나 완전히 잊고 있었던 미지의 타깃 오디언스를 찾아낼 수 있다.

브랜드 인지도 타깃팅을 위해 밀레니얼 세대 찾아내기

대다수의 캠페인은 몇몇 형태의 행동을 유도하기 위해 진행되겠지만, 여전히 마케터가 고려하는 캠페인 유형 하나는 언제나 중요한 브랜드 인지도 캠페인이다. 브랜드 인지도 캠페인의 효과는 행동 지향적인 캠페인만큼 손에 잡히지 않지만, 여전히 밀레니얼 오디언스를 찾아내어 전략적으로 개발한 콘텐츠에 노출시키려고 노력해야 한다.

온라인에서 광범위한 대화가 끊임없이 오가고 있다는 점을 고려하면, 브랜드 인지도 제고를 위해 기존 대화에 참여하는 방법이 가장 쉬울 것이다. 밀레니얼 세대를 그들이 이미 참여하고 있는 대화에서 브랜드 채널로 끌어당기고자 노력하는 것은 효과가 없을 것이다.

브랜드워치, 구글 알리미와 같은 강력한 도구를 활용한 산업 및 산업 관련 키워드 분석에 중점을 둠으로써 밀레니얼 오디언스를 세분화할 수 있고, 밀레니얼 세대가 해당 산업에 대한 대화를 이미 진행 중인 미디어 형태 및 사용자 프로파일 테마를 찾아낼 수도 있다.

일단 브랜드 인지도 연결이 이루어지면, 행동 유도 캠페인은 성공을 방해하는 장벽이 낮아질 뿐 아니라 전환율이 향상되고 전환비용도 줄어들 것이다.

행동 유도 캠페인(action-objective campaign)은 오로지 고객이 특정 행동을 취했을 때만 달성할 수 있는 캠페인 특유의 목적을 설정하는 캠페인을 말한다. 이것은 상시 지속되는 캠페인이 아닌, 일회성의, 계절에 따른 또는 시사 문제와 연관된 캠페인의 공통적인 구조이다.

밀레니얼 세대를 겨냥한
마케팅 전략 수립

제2부 미리보기

- 데이터의 전략적 발견 및 분석을 통해 브랜드 전략의 기초를 구축한다.

- 전통 미디어와 뉴미디어에서 창의적인 방법으로 밀레니얼 세대와 관계를 맺는다.

- 온라인, 오프라인을 아우르는 모든 형태의 미디어 통합 전략을 세운다.

- 이리저리 이동하는 밀레니얼 세대와 관계를 맺는 모바일 전략을 수립한다.

- 효과 측정을 위해 전반적인 전략 및 개별 계획의 감사를 수행한다.

전략 수립을 위해 데이터 활용하기

제4장 미리보기

● 중요한 데이터의 소싱 및 마이닝을 한다.
● 데이터에서 숨겨진 기회를 찾아본다.
● 캠페인 성과 향상을 위해 지속적으로 데이터를 분석한다.

데이터는 도처에 있다. 페이스북, 트위터와 같은 소셜 미디어 및 방송 플랫폼의 등장과 함께 데이터의 위력은 여느 때보다 강력하며, 밀레니얼 세대에 있어서는 특히 그러하다. 밀레니얼 세대에 관한 데이터의 양은 전례 없을 정도로 어마어마하다.

이번 장에서는 여러 가지 형태의 데이터 추출, 조작, 분석에 대한 이해를 높일 수 있다.

데이터의 가치 인식하기

데이터는 어디에나 있고, 그래서 그만큼 아주 중요하다. 가끔 데이터에 압도될 때도 있지만, 올바르게 사용한다면 마케팅에 있어서 중요한 정보의 원천이다.

체크포인트

데이터는 산업 및 오디언스와 무관하게 활용 가능하다는 점을 명심하자. 무관하다는 것은 기초 데이터는 어떤 상황 그리고 어떤 인구집단에도 적용할 수 있고 반드시 특정 집단 또는 시나리오에 국한될 필요가 없음을 의미한다. 이번 장에서 다루는 주요 내용, 팁, 프로세스는 밀레니얼 세대에만 적용되는 것이 아니라는 이야기이다.

다음 부분에서 마케팅 시에 활용할 수 있는 다양한 종류의 데이터에 대해 설명하겠다.

기초 데이터

기초 데이터(raw data)는 가장 순수한 형태의 정보이다. 기초 데이터는 데이터 원천에서 뽑아낸 상태 그대로의 데이터, 즉 아직까지 가공되지 않은 데이터를 의미한다. 기초 데이터를 처음 접하면 어렵게 느낄 수 있지만, 기초 데이터는 완전히 변형 가능하고, 이로 말미암아 가장 값어치 있는 데이터 형태로 여겨지기도 하다. 그림 4-1은 마이크로소프트 엑셀의 스프레드시트에서 정리한 기초 데이터의 한 예이다.

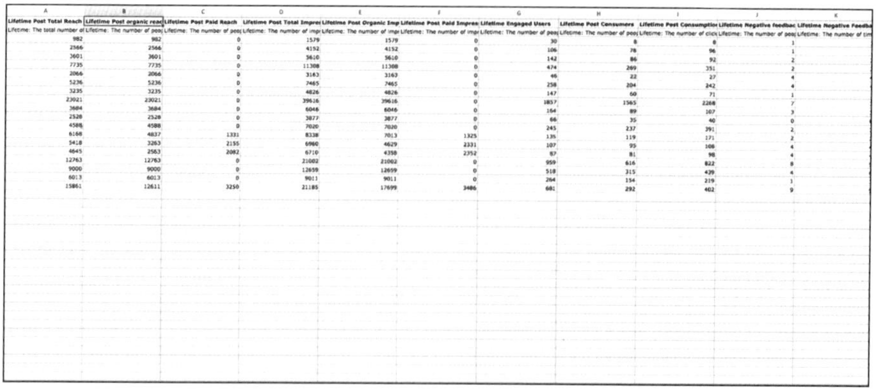

A	B	C	D	E	F	G	H	I	J	K
Lifetime Post Total Reach	Lifetime Post organic reac	Lifetime Post Paid Reach	Lifetime Post Total Impre	Lifetime Post Organic Imp	Lifetime Post Paid Impres	Lifetime Engaged Users	Lifetime Post Consumers	Lifetime Post Consumptio	Lifetime Negative feedbac	Lifetime Negative Feedba
Lifetime: The total number of	Lifetime: The number of peo	Lifetime: The number of peo	Lifetime: The number of imp	Lifetime: The number of imp	Lifetime: The number of imp	Lifetime: The number of peo	Lifetime: The number of peo	Lifetime: The number of click	Lifetime: The number of peo	Lifetime: The number of tim
982	982	0	1579	1579	0	30	8	8	1	
2566	2566	0	4152	4152	0	106	78	96	1	
3601	3601	0	5610	5610	0	142	86	92	2	
7735	7735	0	11308	11308	0	474	269	351	2	
2066	2066	0	3163	3163	0	46	22	27	4	
5236	5236	0	7465	7465	0	258	204	242	4	
3235	3235	0	4826	4826	0	147	60	71	1	
23021	23021	0	39616	39616	0	1857	1565	2268	7	
3684	3684	0	6046	6046	0	164	89	107	3	
2528	2528	0	3877	3877	0	66	35	40	0	
4588	4588	0	7020	7020	0	245	237	391	2	
6168	4837	1331	8338	7013	1325	135	119	171	2	
5418	3263	2155	6960	4629	2331	107	95	108	4	
4645	2563	2082	6710	4358	2352	87	81	98	4	
12763	12763	0	21002	21002	0	959	616	822	8	
9000	9000	0	12659	12659	0	518	315	439	4	
6013	6013	0	9011	9011	0	264	154	219	1	
15861	12611	3250	21185	17699	3486	681	292	402	9	

그림 4-1
마이크로소프트 엑셀의 기초 데이터 예시

가공 데이터

산업에서 참조하는 가공 데이터는 기초 데이터와 직접 관련이 있다. 가공 데이터 (cooked data)란 초기 데이터가 특정 세그먼트, 시사점 또는 정보의 완전성 측면을 강조하기 위해 어떤 식으로든 가공된 후 마케터가 확보한 데이터를 의미한다.

그림 4-2는 가공 데이터의 한 예를 보여준다.

소셜 미디어 사용자 데이터

소셜 미디어와 관련해서 말하자면 사용자 정보가 가득 담긴 이 보물 창고를 활용하여 마케팅 전략을 수립할 수 있다. 예를 들면 밀레니얼 세대는 소셜 피드에서 마케터가 전혀 예상하지 못했던 질문에 대한 답변을 공유할 수도 있다.

소셜 사용자 데이터를 분석하는 것은 페이스북 인사이트 데이터를 검토하는 것만큼 간단한 작업일 수 있다(그림 4-3 참조). 이 데이터가 결정적인 돌파구를 찾는 실마리가

그림 4-2
가공 데이터 예시

	A	B	C	D	E
1		Column 1	Column 2	Column 3	Column 4
2	Column 1	1			
3	Column 2	0.9801522	1		
4	Column 3	0.7005677	0.70967484	1	
5	Column 4	0.75343644	0.7648072	0.98399868	1

그림 4-3
페이스북 인사이트를 활용해 무료로 소셜 사용자 데이터를 찾을 수 있다.

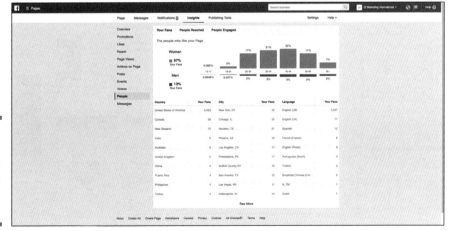

될 수 있다(페이스북 인사이트 데이터 수집 방법은 제3장에서 다룬다).

고객 생애주기별 참여 데이터

고객이 다양한 채널에서 브랜드와 관계를 맺을 때 스토리가 전달된다. 마케팅 활동을 개선하기 위해 모든 터치포인트마다 또는 스토리의 각 장에서 데이터를 수집하고 분석할 수 있다.

밀레니얼 세대는 통합인증 로그인 시스템, 즉 모든 계정, 도구, 웹사이트 또는 온라인 스토어에 로그인하기 위해 페이스북 또는 구글 프로파일을 사용할 수 있는 시스템을 선호한다. 통합인증 로그인을 통해 고객 여정에 대한 정보가 단계마다 수집되며, 그 데이터는 고객 경험을 개선하는 데 아주 소중한 정보가 된다.

브랜드 프로파일 데이터

브랜드 프로파일에서 보통 '대박' 사용자 데이터를 발견할 수 있다. 이러한 사용자 정보는 특히 회사와 관계가 있다. 추출된 정보 하나하나가 마케팅 활동, 판매 전술 또는 내부 조직운영에 어떤 변화를 줘야 하는지를 직접적으로 알려준다.

그림 4-4는 아마존 추천 시스템의 예시이다. 아마존은 사용자 프로파일과 검색 내역을 추적하고 사용자 취향과 선호도를 학습하는 고급 알고리즘을 활용하여, 각 고객

그림 4-4
마이크로소프트 엑셀의 기초 데이터 예시

에게 맞춘 상품을 추천할 수 있다. 시간이 흐르면 이러한 견고한 프로파일 데이터 덕분에 아마존과 같은 회사는 구매 프로세스의 모든 단계에서 각각의 고객에 대한 균형 잡힌 시각을 구축할 수 있을 것이다.

시각화된 데이터

가공 데이터와 같이 시각화된 데이터는 일종의 비주얼 프레임워크에서 가공된 대표적인 데이터이다. 데이터를 시각적 형태로 표현하기 위해 데이터 분석과 가공을 지원하는 도구가 많다.

그림 4-5의 타블로(www.tableau.com)가 그러한 기능을 하는 도구이다.

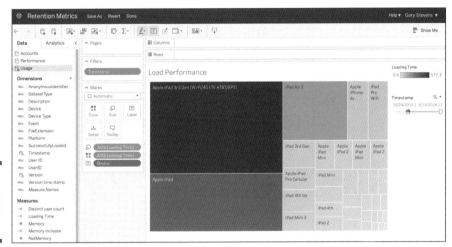

그림 4-5
타블로는 데이터의 시각화를 지원한다.

빅데이터

빅데이터란 단어를 듣고 누구나 떠올릴 수 있는 바로 그것을 의미한다. 빅데이터란 다양한 소스에서 수집한 엄청난 양의 데이터이다. 빅데이터 분석을 통해 예측하고, 트렌드를 찾아내고, 가격정책을 개선하고, 고객 구매 경로를 최적화하고, 제품을 최적화할 수 있다. 수없이 많은 영역에서 빅데이터를 활용할 수 있겠지만, 이것이 가장 많이 활용되는 영역이다.

빅데이터를 단지 보여주기만 하는 것은 중소기업의 마케팅 팀에게 폐를 끼칠 뿐이다. 마케터에게 있어서 진정한 가치는 어떻게 이 데이터를 세분화하여 작은 규모에서 활용하는지에 달려 있다.

스몰데이터

스몰데이터는 완전한 데이터 세트 중의 작은 부분을 심도 있게 분석할 경우 발생한다. 데이터가 작은 그룹으로 압축된다면, 훨씬 더 분석이 쉬워지고 더 많은 기회가 발견될 것이다. 스몰데이터로 구분하는 것이 다음과 같은 마케팅 활동 개선에 도움이 될 것이다.

> » **메시지 타깃팅** : 밀레니얼 오디언스의 작은 그룹을 겨냥해 맞춤 메시지를 개발하는 것은 참여도 및 전환율의 향상으로 이어진다. 스몰데이터는 타깃팅을 개선할 수 있는 기회를 제공한다.
>
> » **콘텐츠, 창의적인 분할 테스트, 그리고 최적화** : 스몰데이터에 몰두하면 캠페인을 최적화할 수 있는 세밀한 사항을 찾을 수 있다. 이로 말미암아 캠페인 결과가 극적으로 개선될 수 있다.
>
> » **롤링 광고 예산 최적화** : 예산의 성과를 개선한다는 것은 광고비를 더 여러 군데 사용되도록 한다는 의미이다. 스몰데이터를 분석하면 구체적인 부분을 변화시킬 수 있는 새로운 정보를 발견할 수 있다. 구체적인 부분이라고 하면 광고의 최대 입찰가 또는 배치 같은 것을 포함하며, 이러한 세부사항들이 캠페인 효과에 전체적으로 영향을 미칠 것이다.

데이터는 언제나 놀라운 잠재력을 지니고 있다는 사실을 인정하고 접근한다면 스몰데이터를 통해 훨씬 더 큰 기회를 포착할 수 있다. 열린 자세로 가능한 한 모든 각도에서 데이터를 분석해야 한다. 그렇게 하면 캠페인이 크게 개선될 것이다.

만약 전략이 있고, 타깃 오디언스, 콘텐츠, 그리고 일련의 목표가 있다면 스몰데이터 분석은 분석이 이루어지지 않았더라면 간과해버렸을 수 있는 시사점을 제시해줄 것이다. 그리고 이를 통해 온·오프라인에서 모두 상당 규모의 확장, 전략 개선 및 전반적인 비즈니스 성장을 이룰 수 있다.

경쟁사 데이터

공개적으로 사용 가능한 경쟁사 데이터를 분석해보면 배울 점이 상당히 많다. 경쟁사들 역시 동일한 목표를 달성하고자 노력하고 있을 가능성이 크다. 그들의 성공과 실패로부터 힌트와 교훈을 얻는 것이 자사에 도움이 될 것이다. 이 프로세스에서 배운 것은 보다 짧은 시간 내에 목표를 달성하고 경쟁사가 비싼 대가를 치른 함정에 빠지지 않도록 도와줄 것이다.

경쟁사 데이터 분석 및 추적을 위한 다양한 도구가 있다. 다음은 사용이 편리한 네 가지 분석도구이다.

» **알렉사** : 그림 4-6에서 알렉사 프로 버전을 사용해 경쟁사 웹사이트 및 모든 형태의 디지털 매체에서 끌어온 데이터를 볼 수 있다. 알렉사는 사용자 사이트가 웹 전반에 걸쳐 어느 정도 온라인 성과를 거두었는지에 대한 인사이트를 제공한다.

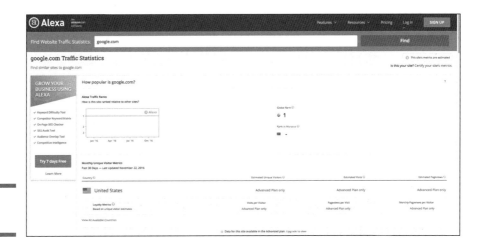

그림 4-6
알렉사

» **버즈스모** : 경쟁사의 사회적 존재감 추적과 관련해서는 수십 개의 옵션이 있다. 그림 4-7에서는 버즈스모를 소개한다. 버즈스모는 소셜 미디어에서의 콘텐츠 성과에 대한 인사이트를 제공하고 효과적인 콘텐츠 전략 개발을 지원한다.

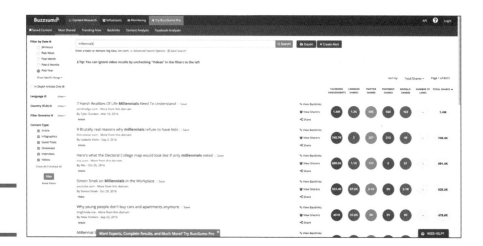

그림 4-7
버즈스모

» **트랙메이븐** : 그림 4-8에서 보듯이 트랙메이븐은 콘텐츠 최적화 역량, 유
료광고 최적화를 포함한 소셜 네트워크 통합, 그리고 마케팅 활동의 성과
에 대한 방대한 인사이트 제시 등의 몇몇 놀라운 기능이 있다.

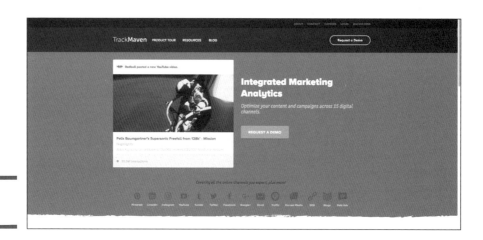

그림 4-8
트랙메이븐

이 외에도 괜찮은 제품으로는 시밀러웹(www.similarweb.com), 라이벌 IQ(www.rivaliq.
com), SEM 러시(www.semrush.com) 등이 있다.

앞서 소개한 모든 도구는 다음과 같은 도움을 줄 것이다.

>> **반응도가 높은 오디언스 파악** : 웹사이트 및 소셜 채널에서 경쟁사의 콘텐츠에 가장 반응을 잘 해온 오디언스를 찾아낸다.

>> **효과적인 콘텐츠 전략 수립** : 경쟁사 캠페인에서 이미 성공한 콘텐츠를 기반으로 목표로 삼은 오디언스의 참여를 가장 잘 이끌어낼 것 같은 콘텐츠 전략을 수립한다.

>> **취약점 파악** : 경쟁사가 시달렸거나 현재 처리 중인 과실 및 함정을 정확히 찾아낸다.

>> **산업에 대한 인사이트 발견** : 해당 산업에 대한 인사이트를 얻기 위해 몇 가지 도구를 활용할 수 있다(상세내용은 제3장 참조). 또 한 가지 산업 인사이트를 강조하는 보다 진보한 제품의 예로는 그림 4-9에서 보는 크림슨 헥사곤(www.crimsonhexagon.com)을 들 수 있다.

그림 4-9
크림슨 헥사곤은
진보된, 엔터프라
이즈급의 산업분
석 도구이다.

산업 인사이트의 전략적 활용을 통해 다음과 같은 목표를 달성할 수 있다.

>> 신규 콘텐츠 또는 콘텐츠 확장 전략의 개발
>> 타깃 오디언스의 참여를 기반으로 신규 미디어와 신규 플랫폼으로의 확장
>> 장단기 신규 목표 개발
>> 추가 투자가 어떤 점에서 이로울지를 보여주는 트렌드 파악

거래 데이터

거래 데이터(transactional data)는 고객의 거래 접점에서 모은 인사이트를 말한다. 만약 고객 기록을 디지털화했거나 전자상거래를 통해 제품을 판매한다면, 거래 데이터는 매우 유용할 것이다. 거래 데이터를 이용하고자 하는 가장 주목할 만한 이유는 구매 여정을 개선하여 전환으로 연결되는 거리를 단축하고, 고객 경험과 마케팅 일정에 들어가는 내부비용을 줄이기 위함이다.

거래 데이터는 또한 마케팅 예산을 분배할 때 큰 도움이 될 수 있다. 거래추적 방식 이 제대로 개발되어 실행되었다는 것을 전제로 한다면, 거래내역에서 고객의 마음을 움직인 터치포인트를 모니터할 수 있다. 수백 개 또는 수천 개의 거래내역 중에 가장 중요한 터치포인트를 찾아낸다면 예산 분배를 최적화할 수 있을 것이다.

데이터에서 주요 지표를 정확히 찾아내기

데이터의 형태는 모두 다르지만 모든 데이터가 어떤 보편적인 지표를 보여준다. 이 지표를 모니터링함으로써 데이터가 어떤 의미를 지니는지, 어떻게 데이터를 활용할 것인지를 잘 알게 될 수 있다.

다음 부분에서 몇 가지 공통된 지표들을 살펴보자.

이상치

이상치(outliers)란 참여와 같은 특정한 성과 지표를 점검할 때 예상할 수 있는 정상 범 위 밖에 있는 데이터 값을 의미한다. 예를 들어 일반적으로 링크를 10번 정도 클릭한 다고 기대하는데 특정 포스트를 50번 클릭했다면, 그 데이터 포인트는 클릭수 및 참 여와 관련해 정상 범위에서 훨씬 벗어나 있는 이상치일 것이다. 이상치는 아마도 데 이터 세트 중에서 가장 중요도가 높을 것이다. 그림 4-10은 이러한 현상을 그래픽으 로 표현한 것이다.

기초 데이터를 추출할 때 단순 선형회귀분석과 이상치 분석을 실시한다면 무엇이 효

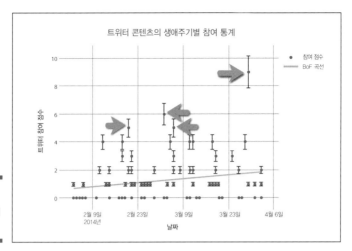

그림 4-10
데이터 세트에서
이상치의 예시

과가 있고 무엇이 효과가 없는지에 대해 훌륭한 인사이트를 갖게 될 것이다. 이상치 분석은 대개 5~10% 수준의 오차범위 내에서 이루어진다. 선형회귀분석은 통계분석 방법 중 하나로서 이 경우에 방정식 $y = ax + b$로 표현된 추세선이 계산되고, 계산된 추세선은 주어진 데이터 세트에 가장 적합한 선이다. 이 직선은 데이터 분포와 가장 근접한 선형 증가 추세를 표현한 것이다. 또한 이 직선(또는 곡선)과 데이터 포인트와의 근접도는 특정 포인트가 평균에 얼마나 가까운지를 나타낸다. 이 곡선과 멀리 떨어진 포인트가 바로 이상치이다.

스태티스틱스 솔루션(www.statisticssolutions.com)과 같은 도구를 활용하여 선형회귀분석을 수행할 수 있다. 또한 그림 4-11처럼 플로틀리(www.plot.ly)와 같은 무료 도구를 사용할 수도 있다. 이런 종류의 분석에 사용되는 데이터는 참여 척도에서부터 대화, 클릭수에 이르기까지 다양하다. 이러한 아주 강력한 방법을 활용해 사실상 어떤 특이한 데이터라도 분석할 수 있다.

고점과 저점

이상치와 더불어 데이터 세트에서 고점(봉우리)과 저점(골짜기)을 찾아내면 데이터의 변칙(특이사항)을 발견하게 될 것이다.

특정 소셜 네트워크의 트래픽과 같은 구체적인 성과지표의 고점과 저점을 들여다보

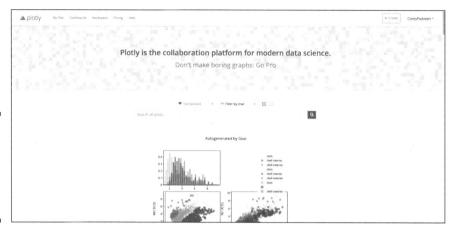

그림 4-11

플로틀리는 데이
터를 간단하게 분
석할 수 있도록
도와주는 효과적
인 무료 도구이다.

자. 그러면 고점과 저점마다 어떤 공통점이 존재하는지를 찾아낼 수 있을 것이다. 예를 들면 주 또는 월 단위로 기간 비교분석을 실시할 수도 있다. 알아낸 사실을 받아들이고, 그 시사점을 매일의 전략에 반영해보자. 가령 매월 첫째 날 페이스북에서 평소와는 달리 많은 양의 트래픽이 발생했고, 이를 심층분석한 결과 첫째 날 특별히 영감을 주는 인용구를 랜딩 페이지로 연결되는 링크와 함께 공유하는 경향이 있다는 사실을 알게 되었다면, 이 사실을 이용해서 해당 전략을 확장하여 이를 조금 더 자주 활용하라. 데이터 분석에서 발견한 고점과 저점마다 이 프로세스를 반복해서 활용할 수 있다. 적용할 수만 있다면 말이다.

상관관계

특정 형태의 데이터(고객 데이터일 수도 있고 또는 포스트 수준의 데이터일 수도 있다)를 분석할 때, 양의 상관관계이든 혹은 음의 상관관계이든 어떤 상관관계가 있다면 세심한 주의를 기울이게 될 것이다.

페이스북 페이지의 **포스트**(게시물) 수준의 데이터란 페이지 및 오디언스 전반에 대한 내용이라기보다는 개별 포스트에 대한 정보가 수집되어 전달된 것이다. 포스트 수준의 데이터 분석의 가치는 웹사이트 클릭수 또는 페이스북에서의 공유하기와 같이 가장 중요한 종류의 참여에 대한 인사이트를 종합한 내용이라는 점이다. 이는 탄탄한 콘텐츠 전략을 수립하는 데 필요한 정보를 제공할 것이다.

두 개의 변수 간의 상호 연관성을 측정하는 고도의 통계 기법인 피어슨 적률상관 테스트(Pearson product-moment correlation test)가 꼭 필요한 것은 아니고 이용 가능한 데이터를 기반으로 분석이 어려울 수도 있지만, 확실히 도움이 될 것이다. 분석이 불가능할 경우에는 어떤 부류에서 유사성이 발견되는지 확인하기 위해 데이터를 검토만이라도 하고 싶어질 것이다(그림 4-12, 4-13, 4-14 참조).

예를 들어 성과가 좋은 페이스북 포스트를 분석한다면 해당 포스트가 게시 시간, 많이 사용한 색깔, 또는 게시글의 길이 등 유사점을 갖고 있는지 자문해보자. 그럼 이러한 지표를 활용하여 향후 참여율 향상을 보장해줄 만한 새로운 콘텐츠를 개발할 수 있을 것이다.

산업 트렌드

산업 모니터링 기술을 활용하는 것(제3장 참조)은 몇 가지 이점이 있다. 가장 큰 이점 중 하나는 의심할 여지없이 해당 산업의 대화 트렌드를 경쟁자보다 먼저 파악할 수 있다는 점이다.

산업 모니터링 도구를 활용할 때에는 오디언스 세그먼트 내에서 증가 추세에 있는 대화 주제에 세심하게 주의를 기울여야 한다. 이러한 트렌드를 찾아내는 것은 향후 캠페인을 진행하고자 할 때 또는 새로운 연관 콘텐츠를 개발하고자 할 때 아주 유용하게 활용될 것이다.

낭비

예산을 최적화하고 운영 효율을 높이고 싶을 때 낭비는 강력한 지표가 될 것이다. 이런 경우에 낭비란 거의 어떠한 결과물도 내지 못한 광고에 지출한 광고비를 뜻한다. 아래 두 가지 주요 지표를 발견한다면 낭비요인이 있다는 사실을 알게 될 것이다.

» 특정 판매 사이클에서 평균보다 많은 터치포인트 : 판매 사이클 흐름이 비효율적임을 나타낸다.
» 현저히 높은 전환비용(cost-per-conversion) 또는 행동당 비용(cost-per-action) : 제품과 타깃 밀레니얼 오디언스 간에 결함 또는 불일치를 나타낸다.

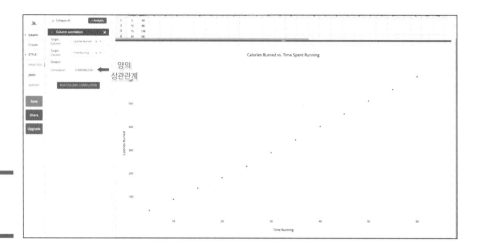

그림 4-12

양의 상관관계 예시

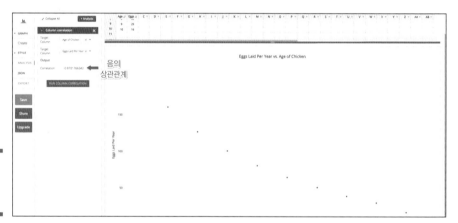

그림 4-13

음의 상관관계 예시

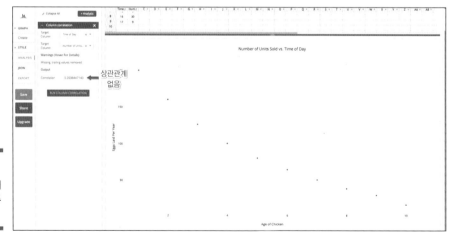

그림 4-14

어떠한 상관관계 도 없음을 보여주 는 예시

기본적으로 마케터는 이상치와 같이 어떤 두드러진 데이터 포인트를 분석하고자 할 것이다. 그와 같은 데이터를 통해 어떤 식으로 예산과 시간이 낭비되고 있는지 찾아내자. 그리고 나서 프로세스 최적화를 위해 필요한 조정을 해야 한다.

데이터를 전략의 토대로 사용하기

밀레니얼 세대는 끝이 없어 보이는 엄청난 양의 데이터로 웹을 가득 채우고 있다. 어떤 이전 세대보다도 더 그러하다. 결과적으로 오디언스 구축에서부터(제3장 참조) 사회적 광고 캠페인 개발에 이르기까지 마케터가 하고자 하는 모든 일은 오롯이 데이터에 기반을 두게 될 것이다.

다음은 어떤 전략을 실행하거나 캠페인을 시작하기 전, 모든 의사결정의 타당성을 입증해줄 데이터 확보를 위해 필요한 5단계이다.

1. **접근 가능한 데이터 소스 전부를 검토하라.**
   다음 부분에서 특정 소스에 대해 다루겠지만, 사용할 수 있는 데이터를 전부 찾아내기 위해 온드 미디어(owned media), 언드 미디어(earned media), 페이드 미디어(paid media) 데이터 소스를 모두 효과적으로 검토해야 한다.

2. **온전히 밀레니얼 세대에 집중하기 위해서 데이터를 세분화하라.**
   데이터에 접근하고 나면 밀레니얼 세대와 관련 없는 내용을 걸러내야 한다. 연령 범위에서 시작해서 밀레니얼 세대의 사고방식을 지닌 사람들을 포함시키는 쪽으로 확장할 수 있다(상세내용은 제2장 참조).

3. **목표를 수립하라.**
   목표를 수립하는 것은 캠페인 전개 시에 당연히 수행하는 표준 관행이다. 그러나 이 경우에는 실질적인 데이터로 목표의 타당성을 보여주는 것을 말한다.

4. **데이터를 활용하여 목표를 재정비하라.**
   특정 캠페인을 위해 윤곽만 그려두었던 다소 보편적인 목표를 정교하게 하거나 변경하기 위해 이제 필터링한 정보를 분석할 수 있다.

5. **벤치마크와 핵심성과지표를 설정하라.**

   이 단계에서 가장 중요한 것은 벤치마크와 지표 모두 측정할 수 있어야 한다는 것이다. 지속적인 데이터 분석을 통해 측정 가능성을 확보할 수 있을 것이다.

캠페인을 시행하기 전에 모든 목표의 측정기준을 설정하는 것은 중요하다. 목표 측정 방법을 정해두지 않았다면 결국 캠페인의 성공 여부를 어떻게 알 수 있겠는가?

데이터는 중립적이다. 다시 말하자면 어떤 캠페인을 수행하더라도 앞서 말한 간단한 5단계를 밟을 수 있다는 것이다. 숫자로 마케팅 활동 하나하나를 지원할 수 있고, 필요한 경우 통계를 활용해 모든 의사결정을 정당화할 수 있을 것이다. 새로운 것을 시작하려고 계획할 때마다 이 프로세스를 수행해보자. 그러면 전체 과정이 훨씬 더 간단해지고 결과도 보다 성공적으로 나타날 것이다.

데이터 소스 파악하기

데이터는 사실상 어디에서든 찾을 수 있다. 밀레니얼 세대는 자신들이 가는 곳이면 어디에서나 약간의 정보를 남긴다. 밀레니얼 세대를 겨냥한 마케팅 전략을 수립하기 위해 세 가지 형태의 데이터를 활용한다.

> » 브랜드 웹사이트와 같은 온드 미디어(채널의 데이터)
> » 페이스북, 트위터, 유튜브와 같은 소셜 미디어 채널의 데이터
> » 공개 채널의 데이터

온드 미디어 채널의 데이터

웹사이트의 백엔드에서 온드 데이터를 가장 풍부하게 사용할 수 있다. 대다수의 기업들이 구글 애널리틱스를 활용하여 자신들의 웹사이트를 추적하고 있다. 이 부분에서 필자가 강조하는 내용의 출처 역시 구글 애널리틱스이다(그림 4-15 참조).

구글 애널리틱스에서는 다양한 요소에 따라 데이터를 세분화할 수 있다. 그중 하나로 연령에 따른 세분화가 가능하다.

그림 4-15

구글 애널리틱스
오디언스 대시보드

심도 있는 분석을 위해 특정 데이터 집단을 분리하고자 할 때 세분화된 대시보드를 생성하면 된다. 아주 간단하면서도 유용한 방법으로 다음 단계대로 따라 하기만 하면 된다.

1. **해당하지 않는 데이터를 필터링하지 않기 위해 새 보기 페이지를 만든다.**
    마케터가 종종 실수하는 부분은 구글 애널리틱스 데이터 전체에 세그먼트 또는 필터링을 적용하는 것이다. 구글은 직접 수집하지 않은 데이터를 저장하지 않는다. 그래서 데이터를 전체 대시보드에서 필터링하여 제외하면 데이터는 영영 사라지게 된다. 그러므로 새 보기 페이지를 만들어서 밀레니얼 세대의 웹데이터와 같이 구체적 페이지 명을 붙여두면 좋다.
2. **오디언스 대시보드에서 세그먼트를 추가한다.**
    신규 세그먼트를 오디언스 대시보드에 추가하는 옵션을 선택한다(그림 4-16 참조).
3. **신규 세그먼트를 선택하고 연령에 따라 필터링한다.**
    다양한 기준에 따라 필터링할 수도 있지만 밀레니얼 세대 데이터를 필터링하기 위해서는 오직 연령 기준만을 추가해야 한다(그림 4-17 참조).

이 단계를 거치고 나면 해당 세그먼트 보기에는 적용된 필터에 맞는 데이터만이 들어온다. 이제 웹사이트 백엔드에서 분석하는 모든 데이터는 특별히 웹사이트를 방문하는 밀레니얼 세대의 행동과 관계된 정보인 셈이다.

그림 4-16

오디언스 대시보드에서 신규 세그먼트를 생성한다.

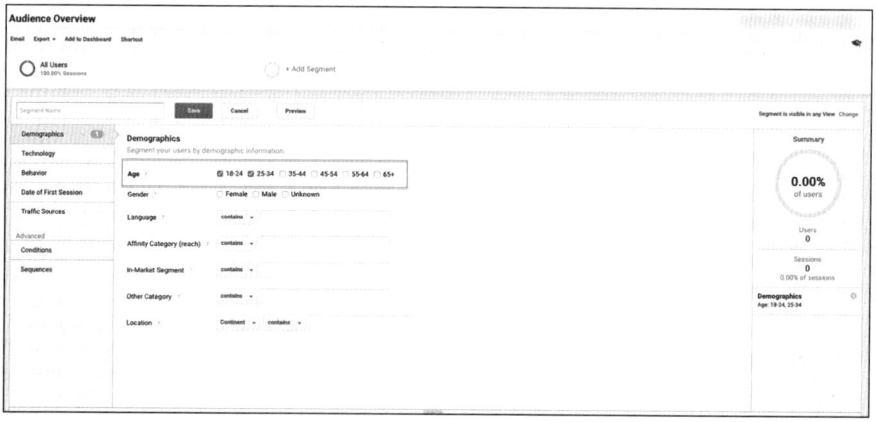

그림 4-17

연령 범위 필터를 선택한다.

수집한 정보를 활용하여 신규 콘텐츠 전략 또는 마케팅 전략을 수립할 수 있다. 이를 테면 웹사이트 콘텐츠를 분석할 때 어떤 포스트와 페이지가 밀레니얼 세대에게 이목을 끌었는지 알아볼 수 있다. 이러한 정보를 이용해서 밀레니얼 세대를 겨냥한 콘텐츠 전략을 수립할 수 있는 것이다. 만약 전자상거래 부문에서 일하고 있다면 밀레니얼 세대가 많이 보고 구입한 제품을 분석할 수 있다. 그러면 밀레니얼 세대에게 관심을 많이 끄는 제품에 마케팅 비용을 더 할애할 수 있고, 인기 없는 제품에 헛되이 낭비하는 비용을 없앨 수 있다.

구글 애널리스틱스의 백엔드에서 초점을 두어야 하는 또 다른 영역은 사용자 확보

(acquisition) 대시보드일 것이다. 여기에서 밀레니얼 세대의 참여를 가장 많이 이끌어 낸 채널과 캠페인을 확인할 수 있다. 이 정보를 통해 다양한 네트워크에서의 광고비 지출 및 마케팅 예산 분배를 최적화할 수 있다. 밀레니얼 세대의 트래픽이 충분하지 않은 채널에 돈을 쓰고 싶지는 않을 것이다.

소셜 미디어의 데이터

공공연하게 이용할 수 있고 접근 가능한 밀레니얼 소비자의 습관과 관심에 대한 데이터라면, 소셜 미디어만큼 광범위한 데이터를 제공하는 곳은 찾을 수 없을 것이다. 밀레니얼 세대는 모든 것을 공유하고, 마케터는 여러 가지 미디어 플랫폼에서 그 데이터에 접근해 활용할 수 있다.

- » 페이스북
- » 트위터
- » 유튜브

여러 가지 플랫폼에서 프로파일과 사용자 데이터를 추출할 수 있겠지만, 위의 세 가지 소셜 미디어 플랫폼이 가장 중요한 소스이고 사용자에 대한 가장 통찰력 있는 정보를 제공한다.

페이스북

페이스북 페이지의 백엔드는 오디언스에 대한 정보의 세계를 포함한다. 그림 4-18에서 보듯이, 인사이트(Insights) 탭을 클릭하기만 하면 페이지에서 전반적인 오디언스에 대한 풍부한 정보를 볼 수 있을 것이다.

페이스북에서는 웹사이트에서처럼 구체적으로 연령에 따라 오디언스를 세분화할 수 없을지도 모르지만, 오디언스는 대개 밀레니얼 사고방식을 지닌 사용자 카테고리에 속할 것이다. 이것은 백엔드에서 파악한 습관과 분석 내용을 페이스북 콘텐츠 전략에 적용할 수 있음을 의미한다.

페이스북 내에서 추가적인 심층 분석을 위해 페이지 및 포스트 수준의 데이터를 내보낼 수도 있다. 이 데이터는 유사 기초 데이터의 형태라고 할 수 있는데, 이는 세분

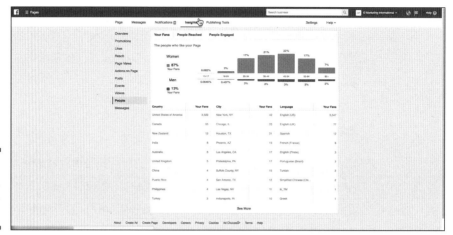

그림 4-18

페이스북에서 무료 페이지인 인사이트에 접속한다.

화된 데이터이기는 하지만 가공되지는 않았다는 의미이다. 이 정보를 다양한 전술 또는 도구를 이용해 가공하여 새로운 기회를 포착할 수 있다.

트위터

트위터 역시 인사이트를 모을 수 있는 상당히 견고한 백엔드를 제공한다. 그림 4-19 에서 그 예를 볼 수 있다. 광고 계정을 만들 때 이 대시보드를 사용할 수 있고 해당 데이터에 접근하기 위해 어떤 광고도 게재할 필요는 없다. 다음 웹사이트(https://

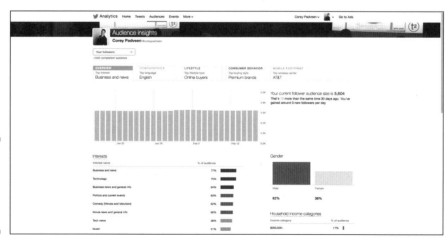

그림 4-19

트위터는 콘텐츠와 오디언스에 대한 좋은 인사이트를 제공한다.

analytics.twitter.com)를 방문하면 대시보드를 확인할 수 있다. 페이스북보다 데이터가 다소 제한적이지만, 오디언스의 관심사, 참여율에 대한 중요한 인사이트 및 콘텐츠에 대한 상세 정보를 모을 수 있다. 트위터 인사이트 데이터를 통합함으로써 콘텐츠 전략이 훨씬 더 정교해질 수 있을 뿐 아니라 행동을 이끌어내는 콘텐츠를 개발할 수 있을 것이다.

유튜브

구글 애널리틱스의 연령 및 사용자 데이터처럼 유튜브 역시 비디오를 시청한 사용자의 프로파일과 함께 콘텐츠를 연결한다. 이러한 강력한 접근방식 덕분에 오디언스의 습관을 보다 잘 이해하게 되어 훨씬 성공적인 비디오 콘텐츠를 개발할 수 있다. 또한 해당 비디오를 시청한 밀레니얼 세대의 흥미를 끌 만한 채널 전략과 콘텐츠 전략을 수립할 수 있다.

유튜브 영상시청 관련 데이터를 구체적으로 말하자면, 그림 4-20에서 볼 수 있듯이 시청 시각, 평균 시청 시간, 조회수 등이다.

공개 채널의 데이터

밀레니얼 세대와 연관된 공개 데이터는 웹 전반에 걸쳐 상당히 많고, 수십억 개의 공

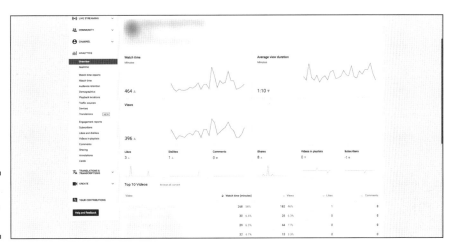

그림 4-20

유튜브의 사용자 시청 습관 데이터

개 포스트와 정보를 수작업으로 걸러내는 것은 불가능하다. 그래서 정보를 분류하는 도구를 활용하고자 할 것이다. 이런 종류의 제품들은 블로그, 포럼, 소셜 네트워크 및 전자상거래 웹사이트 등 수천 개 아니면 수억 개의 온라인 소스를 면밀히 살펴본다.

웹에서의 대화가 어떤 식으로 이루어지고 있는지 보다 정확한 시각을 제공하기 위하여, 이러한 도구들은 특정 키워드, 문구, 그리고 브랜드명과 관련된 것으로 웹상에서 쉽게 이용할 수 있는 데이터라면 무엇이든 샅샅이 찾아내도록 설계되어 있다. 그리고 나서 데이터 분석이 용이한 형태로 시각화하고, 이를 통해 브랜드 전략의 타당성을 통계적으로 입증할 수 있는 기회를 빠르고 효과적으로 찾을 수 있다.

다음은 사용자 만족도 리뷰에서 높은 점수를 받은 도구 리스트이다. 각 도구가 모두 사용 연령에 따른 사용자 데이터 필터링이 가능하기에 해당 산업의 밀레니얼 세대에 관한 공개 정보를 분석할 수 있다.

» **아고라펄스**(www.agorapulse.com) : 경영 인사이트에서 참여에 이르기까지 플랫폼에서 상당히 광범위한 서비스를 제공한다. 아고라펄스의 결과 보고는 최고 수준이며, 가격도 적정한 선이다(이 책 집필 당시 기준으로 월 49달러에서 시작).

» **브랜드워치**(www.brandwatch.com) : 여러 데이터 분석 도구 중에서 좀 더 비싼 축에 속하지만, 상세한 데이터 보고서를 제공하기에 그만한 가치가 있다. 다양한 관점에서 브랜드를 빠르게 분석하고 웹 전반에 걸친 경쟁사 대비 성과를 측정할 수 있다. 또한 데이터를 아주 깊이 파고들 수 있는데, 이는 특히 새로운 캠페인 기회를 찾아내는 데 유용할 수 있다.

» **멘션**(https://mention.com) : 간단하지만 강력한 의견 청취 도구로 산업 내에서, 그리고 브랜드와 관련해 일어나는 대화에 대한 인사이트를 제공한다. 키워드 수준으로 트렌드를 분석할 수 있고, 해당 데이터를 활용하여 새로운 기회를 모색할 수 있다.

도구 또는 테크놀로지에 대한 사용자 만족도가 높다는 것은 선택의 좋은 출발점이 될 수 있지만, 가장 중요한 것은 각지에게 맞는 도구를 찾는 것이다. 각각의 도구를 조사해보고 반드시 자신의 회사에 도움이 되는 테크놀로지에 투자하도록 하자.

이러한 경우에 키워드는 오디언스의 대화 주제와 관련된 의미 있는 용어이다. 예를 들어 테크놀로지 부문에서 일어나는 대화를 분석하고 있다면, 관심 키워드는 '머신 러닝(machine learning)'이 될 수 있는 반면, '부동산'과 같은 용어들은 중요하지 않을 것이다. 키워드는 무엇을 분석하고자 하는지에 달려 있다.

정기적으로 데이터 분석하기

데이터를 최대한 활용하기 위해 분석해야 하는 주요 지표들을 살펴보고 난 후에는, 데이터의 전략적 사용을 통한 이익을 극대화하는 데 필요한 단계가 무엇인지를 파악해야 한다(전략 및 세부전략의 전반적 검토에 대한 상세한 내용은 제11장에서 다루고 있다).

다음은 이번 장 초반부에서 언급한 도구와 프로세스를 활용해 정기적으로 쉽게 실행할 수 있는 단계별 감사 프로세스이다.

1. **감사 스케줄을 수립한다.**
   정기적으로 프로세스 진척상황을 점검할 수 있도록 감사 프로세스 초기에 스케줄을 수립해야 한다.
   일반적으로 좀 작은 조직이라면 월별 점검으로 충분하다. 그러나 만약 데이터를 기반으로 의사결정을 하는 조직이라면 2주마다 또는 매주라도 데이터, 벤치마크, 목표를 점검하고 싶을 것이다.

2. **기회를 나타내는 요인을 찾아낸다.**
   이상치 및 상관관계를 통해 밀레니얼 오디언스에게 다가갈 기회를 엿볼 수 있다. 또한 오디언스 세그먼트의 참여가 상승 추세에 있는 대화 주제나 갑자기 주목을 끌고 있는 주제 등을 파악할 수 있다.

3. **새롭게 창출된 기회의 성공 여부를 평가하는 벤치마크를 수립하고, 진행 중인 계획의 벤치마크를 검토한다.**
   감사를 수행할 때마다 새로운 벤치마크를 수립해야 할지 모른다. 밀레니얼 세대의 습관은 곧잘 변한다는 사실을 항상 기억하자. 콘텐츠 및 캠페인 관련해 반드시 한 가지에 오래 집중할 필요는 없다.

4. **새로운 기회를 찾아내기 위해 주요 지표를 검토한다.**

   벤치마크를 수립하고 필요한 사항을 조정하기 위해 주요 지표를 검토하는 것처럼, 새로운 기회를 발견하기 위해서도 데이터의 주요 지표들을 검토할 필요가 있다.

새로운 기회를 찾을 때 열린 자세로 평범한 것들 속에서 무언가를 찾아내야 한다. 데이터 포인트는 유기적으로 일어난다. 그래서 어떤 지침도 정확하고 상세하게 무엇을 찾아내야 하는지를 알려줄 수가 없다. 새롭거나 흥미로워 보이는 무언가는 연구해볼 가치가 있다. 무엇을 발견하게 될지는 아무도 모르기 때문이다.

05

전통 미디어에서
밀레니얼 세대와 연결하기

제5장　미리보기

- TV의 힘과 영향력 범위를 활용한다.
- 인쇄 미디어의 기회를 인식한다.
- 밀레니얼 세대와 연결하기 위해 이메일을 활용한다.

TV와 기타 전통 미디어는 이전 세대에게 엄청난 영향력을 미쳤다. 이러한 전통적 채널은 뉴미디어 테크놀로지의 출현과 함께 새로운 방식으로 활용된다. 전통적 채널은 더 이상 예전과 동일한 방식으로 기능하지 않지만, 도달 전략에 있어서 여전히 중요한 자산이 될 수 있다. 뉴미디어 전략 개선을 위해 밀레니얼 세대가 전통적 채널을 활용하는 방식을 이용할 때 특히 유용할 것이다(더 상세한 내용은 제6장 참조).

이번 장에서는 밀레니얼 세대에 다가가는 전략에서 전통 미디어를 어떻게 활용할 수 있을지 알게 될 것이다. 언뜻 보기에 전통 미디어는 밀레니얼 세대에게 많은 관심을 끌지 못할 것 같아 보이기도 하고 접근이 쉬워 보이지도 않는다. 어쨌든 밀레니얼 오디언스는 온라인에서 생활하고, 트위터와 페이스북처럼 주로 소통할 수 있는 채널을 통해 브랜드와 관계를 맺는다. 이것이 현실이기는 하지만 여전히 전통 미디어는 밀레니얼 세대 대상의 도달·참여 전략에 한자리를 차지하고 있다.

TV 이용하기(예산이 있든 없든 간에)

대부분의 마케터들에게 있어서 TV는 예산 범위에서 아주 벗어나 있다. 한때 높이 평가되었던, 엄밀히 말하면 아직까지 가치 있는 이 미디어에 광고를 하는 것은 여러 가지 이유에서 여전히 중요하다.

TV는 오늘날 다른 방식으로 가치를 창출한다. TV는 장벽이 높고, 중소 규모의 브랜드에게 이익보다는 과다소비와 저평가의 잠재적 위험이 더 크다.

게다가 TV 및 소셜 미디어와 연관된 지표들을 비교해보면, TV가 훨씬 제한적이다. 만약 목표가 밀레니얼 세대에게 다가가서 그들에게 특정 행동을 하도록 유도하고자 하는 것이라면, 당연히 처음부터 끝까지 그것을 추적할 수 있는 온라인에 비용을 투자하고 싶을 것이다. 그러나 TV 역시 전략적으로 활용한다면, 투자 대비 성과를 추적할 수 있다. 다음 부분에서 TV의 전략적 활용 방법에 대해 논의해보겠다.

밀레니얼 세대의 TV 시청 습관 확인하기

밀레니얼 세대가 이전 세대에 비해 전통적 TV를 덜 본다는 사실은 더 이상 비밀이랄 것도 없다. 마케팅 세계와 관련한 인사이트 및 차트를 제공하는 회사인 마케팅차트(http://marketingcharts.com)는 닐슨 TV 시청률 데이터를 분석하고, 그림 5-1에서와 같이 정보를 종합했다. 2011년 이래로 밀레니얼 세대가 전통적 TV를 보는 데 할애한 주당 시간은 점점 줄어들었다.

전통적 TV란 녹화 시청 또는 시간차 시청을 포함한 평균적인 생방송 TV 시청을 의미한다. 스트리밍과 같은 뉴미디어 및 연결장치 등은 포함되지 않는다.

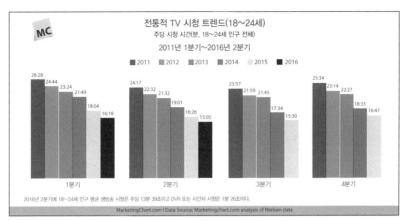

그림 5-1

밀레니얼 세대의
시청 시간은 지난
5년간 감소했다.

만약 다른 세대와 시청 시간을 비교하고자 한다면 2016년 데이터를 찾아볼 수 있다.

» 밀레니얼 세대는 주당 약 20시간 TV를 시청한다.

» X세대(1960년대 초반에서 1970년대 중반에 태어난 사람)는 주당 30시간을 시청하고, 밀레니얼 세대와 비교할 때 주당 9시간 이상 TV를 더 시청한다.

» 베이비붐 세대(1940년대 중반에서 1960년대 초반에 태어난 사람)는 주당 40시간 이상 TV를 시청하고, 이는 밀레니얼 세대의 TV 시청 시간의 2배이다.

밀레니얼 세대는 확실히 TV라는 매체에 참여도가 가장 낮다는 것을 알 수 있다. 그래서 마케터들이 TV 매체를 효과적으로 활용하기 위해서는 TV를 세컨드 스크린으로 활용하는 방법과 같은 창의적인 대책을 마련해야 한다.

세컨드 스크린으로 시청자에게 다가가기

가장 좋아하는 스포츠의 가장 좋아하는 팀 경기를 시청하는 도중에 경기에 대해 트윗하거나 좀 전에 벌어진 심판 오심에 대한 트윗을 읽은 적이 있는가? 만약 그런 적이 있다면 소위 세컨드 스크린 시청이라는 행위를 하고 있는 것이다.

글로벌 서비스 전문 회사인 액센추어(www.accenture.com/us-en/insight-digitla-video-connected-consumer)의 연구에 따르면, 87%의 소비자가 TV를 시청하면서 제2의 기기를 사용한다. 밀레니얼 세대에게 제2의 기기란 보통 스마트폰을 말한다(제10장에서 모바일 전략의 개발에 대해 다루고 있다).

기본적으로 다음과 같은 세 가지 방법을 통해 세컨드 스크린 시청을 활용할 수 있다.

» **총선 또는 올림픽과 같이 예정된 이벤트** : 예정된 이벤트의 성격이나 이벤트가 열리는 시기를 고려하여 이벤트 관련 세컨드 스크린 전략을 짜는 것은 아주 쉽다. 이벤트가 언제 열리는지를 알고 있기 때문에 미리 콘텐츠를 개발하고 철저히 준비할 수 있다. 물론 예정된 이벤트가 종종 실황인 경우가 있기 때문에 조정이나 변경의 여지를 남겨둬야 한다. 그러나 이벤트 시작 전에 콘텐츠 전략을 아주 견고하고 상세하게 설계할 수 있다.

» **뉴스 속보와 같이 즉흥적 이벤트** : 뉴스 속보가 나올 때는 세대를 막론하고 모두가 TV 앞에 딱 붙어 있는 경향이 있다. 밀레니얼 세대는 대개 소셜 미디어, 특히 트위터에서 업데이트 상황을 함께 지켜본다. 적절한 전략을 세우면 이러한 이벤트 발생 동안 세컨드 스크린 덕분에 유기적 도달률 및 참여율이 치솟을 수 있다.

» **정기적 프로그램** : 밀레니얼 세대가 이전 세대만큼 TV를 보지는 않지만, 여전히 매주 20시간 정도를 시청한다. 데이터 분석(제3장 참조)을 통해 오디언스의 취향과 선호도를 파악함으로써 특정 프로그램에 관여하고 있는 시청자들에게 효과적으로 접근할 수 있다.

예정된 이벤트와 즉흥적 이벤트, 두 가지 형태의 세컨드 스크린 시청을 활용하여 유기적 도달률과 참여율을 크게 향상시킬 수 있다.

계획된 이벤트 활용하기

계획된 이벤트를 어떻게 활용할 수 있을지 알아보기 위해서 올림픽을 한 예로 들어보자. 올림픽은 전 세계 밀레니얼 세대의 온라인 참여를 지속적으로 이끌어낸다. 올림픽 경기는 대화 및 브랜드 인지도를 늘리기 위해 세컨드 스크린을 활용할 수 있는 이상적인 환경을 제공한다. 사용자는 다양한 소셜 플랫폼에서 올림픽 이벤트에 대한 자신의 생각을 정기적으로 공유한다. 이 대화의 인기 속으로 뛰어드는 포괄적 콘텐츠 전략의 개발이 강력한 결과로 이어질 수 있다.

예정된 이벤트와 관련해서 캠페인이 반드시 성공을 거두는 데 도움이 되는 다음과 같은 조치를 취할 수 있다

» **오디언스의 마음을 크게 사로잡는 하나의 또는 일련의 이벤트를 찾아내라.** 올림픽의 예에서 사람들의 입에 가장 많이 오르내릴 이벤트 및 스포츠를 찾아내는 것은 간단한 일일 수 있다(제3, 4장에서 밀레니얼 세대의 대화 습관에 대해 다루고 있다).

» **콘텐츠 전략의 기반이 되는 주요 대화 주제를 수립하라.** 주요 이벤트 도중에는 틀림없이 여러 가지 대화가 발생할 것이다. 이러한 대화 중 어떤 것은 즉흥적일지도 모르지만, 또 어떤 대화는 충분히 예측할 수 있는 내용이다. 최선을 다해 일어날 법한 대화를 생각해내고, 이 주요 주제를 건드리는 콘텐츠 전략 개요를 작성하자.

» **밀레니얼 세대 중 타깃 오디언스가 가장 많이 논의를 진행할 것으로 예상되는 채널을 결정하라.** 일반적으로 세컨드 스크린과 관련해서 가장 인기 있는 대화는 밀레니얼 세대가 모바일 기기에서 접근할 수 있는 트위터 같은 플랫폼에서 이루어질 것이다. 그렇긴 하지만 오디언스가 TV로 이벤트를 시청하면서 스냅챗, 인스타그램 또는 페이스북에서 참여할 가능성도 언제나 존재한다. 전략을 실행하고 대부분의 마케팅 노력과 자원을 투자할 최고의 플랫폼을 결정하는 것은 마케터에게 달려 있다.

» **소통 시에 어떤 어조를 취할지 결정하라.** 대화에 참여하고 있는 모든 사람은 적어도 이벤트라는 공통점이 있다. 대화가 정말로 공통된 주제를 중심으로 이루어진다는 의미이다. 이는 마케터가 친밀도를 미리 결정하고 이벤트 기간 내내 그 정도의 친밀도를 유지해야 한다는 것을 의미한다.

뜻밖의 이벤트 활용하기

실황 이벤트 도중에는 언제나 예기치 못한 상황이 발생할 수 있다. 그러나 세컨드 스크린을 활용한 몇 가지 전략을 사용할 수 있다. 여기 기억해두면 좋은 몇 가지 팁이 있다.

» **생각할 수 있는 모든 시나리오 리스트를 구축한다.** 이렇게 함으로써 놀랄 만한 상황을 최대한 줄일 수 있다.

» **전달하고 싶은 스토리 종류를 정하고 너무 민감한 주제가 아닌지 판단한다.** 상당수의 마케터와 브랜드가 부적절하게 나서는 실수를 범한다. 예를 들어

2015년에 '세계 여성의 날'을 맞이하여 남아프리카공화국 빅(BIC)에서 다음과 같은 광고 캠페인을 전개했다. "소녀처럼 꾸며라. 숙녀처럼 행동하라. 남자처럼 생각하라. 상사처럼 일하라." 이 광고는 국제적인 비난을 샀고, 빅은 전략을 수정하기에 이르렀다.

» **맞닥뜨릴 수 있는 어떤 상황에서도 사용할 수 있도록 쉽게 수정 가능한 콘텐츠 템플릿을 개발한다.**

또한 아직 일어나지도 않은 이벤트에 맞추어 콘텐츠를 개발하는 것은 아주 어려운 일이다. 하지만 우선 이미지 파일, 비디오 템플릿, 그리고 기타 기본적인 디자인 작업들을 해두면 향후 중대한 뉴스가 터졌을 때 빠르게 대응할 수 있다.

밀레니얼 세대에게 접근하기 위해 트위터 TV 타깃팅 활용하기

밀레니얼 세대와 교감할 수 있는 좋은 기회를 제공하는 또 하나의 세컨드 스크린 경험은 전적으로 트위터에서 트위터 광고 백엔드를 통해 일어난다. 트위터 TV 타깃팅은 트위터를 하면서 특정 TV 이벤트에 참여하고 있는 소비자에게 광고 또는 스폰서 콘텐츠를 직접적으로 전달하는 방식이다.

'왕좌의 게임'이라는 유명한 HBO 시리즈를 예로 들어보자. 에피소드가 진행되는 동안 시청 중인 밀레니얼 오디언스는 트위터에서 해당 에피소드를 함께 즐기고 있는 팬들과 소통한다. TV 타깃팅은 브랜드가 후원하는 스폰서 콘텐츠를 그들의 피드에 내보내고, 그렇게 함으로써 브랜드는 확실하게 대화의 일부가 될 수 있다.

물론 광고 기제 외에도 유기적인 대화의 일부가 될 수 있도록 손쓸 방법은 있다. 예정된 이벤트 동안의 세컨드 스크린 참여라는 것이 결국 이런 모든 것을 포함한 것이기 때문이다. 하지만 트위터 TV 타깃팅의 경우에는 의도가 담긴 스폰서 콘텐츠를 직접 시청자의 피드에 보낼 수 있고, 대규모로도 가능하다.

규모 있는 캠페인을 실행한다는 의미는, 한계비용이 감소되면서도 훨씬 많은 오디언스에게 다가갈 수 있도록 캠페인을 확장할 수 있다는 것을 의미한다. 기본적으로 캠페인을 기획하면서 새롭게 한 단계 더 확장을 할 때 이전보다는 상대적으로 비용을 덜 투자해도 된다. 전통 미디어와 비교할 때 뉴미디어 광고에서는 이런 일이 훨씬 쉽게 일어난다.

트위터에서 TV 타깃팅을 활용하는 캠페인을 전개하는 일은 트위터 광고 백엔드에
접속하기만 하면 아주 간단하다.

1. **트위터 광고 대시보드에 접속한다.**
   페이스북과 같이 트위터 역시 광고 계정에 접근하기 위해 캠페인을 전개하지
   않아도 된다.
   다음 링크(http://ads.twitter.com)를 통해 광고 계정에 접근할 수 있다.
   트위터 광고 대시보드는 그림 5-2와 같다.

그림 5-2
트위터 광고
대시보드 미리보기

2. **전개하고자 하는 캠페인의 형태를 선택한다.**
   트위터에서 여러 가지 형태의 캠페인을 다양한 목적으로 진행할 수 있다(제10
   장에서 캠페인의 형태에 대해 더 자세히 다룬다).

3. **캠페인의 TV 타깃팅에 관한 구체적 사항들을 결정한다.**
   TV 타깃팅의 주요 세 가지 형태인 쇼, 네트워크, 장르 중에서 선택할 수 있다
   (그림 5-3 참조).

그림 5-3

TV 타깃팅의
세 가지 형태

참여 수준을 최고로 올리기 위해 오디언스가 시청 중인 쇼를 기반으로 타깃팅하고 싶을 것이다.

장르별 또는 아주 특별한 경우에는 네트워크별로 타깃팅하는 것도 강력한 영향력을 발휘할 수 있다. 그러나 특정 프로그램을 기반으로 오디언스를 거냥함으로써 훨씬 더 맞춤화된 콘텐츠를 개발할 수 있게 될 것이다. 이런 식으로 타깃팅한 콘텐츠를 보낸다면, 콘텐츠에 대한 수용성이 더 높은 오디언스에게 도달하게 될 것이다.

4. **성과 개선을 위해 타깃팅 세부사항을 추가적으로 포함시킨다.**

참여 수준을 훨씬 더 향상시키기 위해서 성별 구분, 지역 제한과 같이 몇 가지 타깃팅 요소를 추가하는 것 역시 도움이 될 것이다.

밀레니얼 세대는 상당히 개인화된 경험을 원한다. 그래서 오디언스의 범위를 좁히면 좁힐수록 좀 더 맞춤형 콘텐츠를 제작할 수 있고, 캠페인의 성공 가능성은 훨씬 높아질 것이다.

인쇄 미디어를 활용해 밀레니얼 세대 타깃팅하기

수세기에 걸쳐 인쇄 미디어는 대중에게 다가가는 주된 통로였다. 대부분의 사람들이 신문과 잡지에서 뉴스를 접했다. 저렴하고 쉽게 이용할 수 있는 새로운 테크놀로지의 개발로 말미암아 인쇄 미디어는 고전을 겪고 있다. 밀레니얼 오디언스에 관한 한 더욱 그러하다.

현재 밀레니얼 세대는 실시간 모바일 앱을 사용한다. 퓨리서치(www.pewinternet.org)의 보고서에 따르면, 사실상 밀레니얼 세대의 80% 이상이 뉴스 소비의 주요 원천으로 소셜 미디어를 활용하고 있다고 말했다.

그러나 인쇄 미디어를 활용해 밀레니얼 세대를 유인하기 위해 몇 가지 전술을 활용해볼 수 있다.

잡지를 통해 밀레니얼 세대에게 다가가기

현존하는 인쇄 마케팅 및 인쇄 광고의 다양한 형태 중에 잡지의 내용을 활용하는 것이 밀레니얼 세대에게 가장 쉽게 접근할 수 있는 방법이다. 놀랍게도 뉴욕 거점의 광고회사인 JWT(www.jwt.com)에 따르면, 밀레니얼 세대의 잡지 구독률은 X세대와 베이비붐 세대와 아주 비슷한 수준이다. 잡지의 인기를 활용한다면 진짜 기회를 포착할 수 있다는 의미이다. 특히 오디언스가 무슨 잡지를 읽고 있는지를 안다면 말이다.

페이스북 인사이트 프로그램을 운영하는 한 가지 이점(제4장 참조)은 밀레니얼 오디언스가 구독하는 인쇄 간행물을 알아낼 수 있다는 사실이다. 오디언스 분석의 좋아하는 페이지 부문에서 이러한 정보를 찾을 수 있는데, 그 안에 인쇄 간행물이 뚜렷하게 구별되어 들어가 있다. 밀레니얼 오디언스가 관심 있는 잡지를 알아내는 것은 우선적으로 인쇄 잡지의 활용 방안을 좁혀 나가는 데 도움이 될 것이다.

일단 타깃팅을 하고 싶은 간행물을 결정한 이후에는 몇 가지 옵션을 고려해야 한다.

> » **기사형 광고** : 글로 된 콘텐츠를 통해 브랜드를 소개하는 기사형 광고 (advertorial)를 작성하는 방법을 고려해보자. 광고와는 달리 기사형 광고는

제품 또는 서비스를 강조하는 브랜드가 스폰서하는 글로 된 콘텐츠로 사설 형식이다. 물론 기사형 광고가 무료는 아니지만 경우에 따라 아주 비용 효율적일 수 있다. 기사형 광고는 제품 또는 서비스를 제대로 설명할 수 있는 지면이 충분하고, 왜 자사의 제품/서비스가 경쟁사 대비 더 우수한지를 알릴 수 있다.

소규모 업계 간행물 또는 무역 간행물의 기사형 광고는 비용이 있다 해도 아주 적게 들 것이다. 어떤 무역 간행물의 경우에는 콘텐츠를 최대한 많이 수집하는 데 좀 더 관심이 있어서, 콘텐츠 확보를 위해 비용을 포기하기도 한다. 이런 옵션을 제공하는 잡지를 찾을 수 있다면, 노골적으로 판매 중심의 기사형 광고는 아니지만 자사 홍보의 의미를 내포한 유사 기사형 광고를 실을 수 있다. 이러한 옵션이 가능한지 알아보자. 마케터는 기사를 작성하는 시간 정도만 할애하면 될 것이다. 그러나 무료일 것이라는 가정하에서 이러한 전술에 접근해서는 안 된다. 무료라면 깜짝 선물이라고 생각하라.

» **기사에 포함시키기** : 자사제품 또는 서비스가 해당 주제에 관한 기사 내용에 포함되도록 기존 간행물 에디터와 전속 작가에게 연락을 취하자. 기사성 광고와는 달리, 특정 작가 및 에디터와의 관계가 크게 성공을 좌우할 것이다. 작가가 다음 기사로 한 브랜드를 특별히 포함시켜야겠다고 생각할 정도에 도달하기까지는 꽤 시간이 걸릴 것이다. 그러나 이런 형태의 언급이 완전히 유기적이고, 따라서 진정성을 지닌다는 사실 때문에, 이런 종류의 기사를 읽는 독자들은 작가의 이야기를 훨씬 더 잘 수용한다.

» **디스플레이 광고** : 소규모 간행물에서는 디스플레이 광고를 선택하자. 전 세계 유통망을 보유한 대규모 간행물은 그야말로 너무 비쌀 것이다. 소규모 간행물은 좀 더 합리적인 가격일 것이고 작은 회사라도 받아들일 만한 수준일 것이다. 이렇게 좀 더 지역에 국한되거나 타깃팅한 간행물을 통해 다가간 오디언스는 타깃을 포함한 아주 광범위한 오디언스라기보다 자사가 정의한 오디언스와 정확히 일치할 수 있다.

신문을 활용하여 밀레니얼 세대와 연결하기

미국신문협회(www.newmediaalliance.org)에 따르면, 18세에서 24세 사이 밀레니얼 세대의 64%가 종이 신문에 게재된 광고에 반응한다. 특별히 쿠폰은 더욱 그러하다. 그래서 밀레니얼 세대의 신문 독자수는 줄어들고 있을지 모르지만, 스폰서 콘텐츠에 대한 참여와 반응은 여전히 크다. 그렇다면 각 브랜드는 어떻게 스폰서 콘텐츠를 활용할 수 있을까?

종이 신문을 효과적으로 활용하는 것이 약간 까다로울 수 있지만, 가능성이 있는 영역은 광고 자리에 쿠폰을 사용하는 것이다. 지역 간행물에 광고를 한다면 훨씬 더 경제적일 수 있다. 그리고 밀레니얼 세대 관련 데이터는 그들이 신문에 딸린 쿠폰에 잘 반응한다는 사실을 보여주고 있다. 규모는 크지 않을지 모르지만 소규모 시장에서는 잠재력이 있다. 오직 오프라인 매장에서 현금 또는 상품으로 교환할 수 있는 것이 아니라 쿠폰이 온라인과 연계된다면, 잠재력은 훨씬 더 커질 것이다.

온라인 스토어 또는 온라인 전용 상품과 연결된 쿠폰과 관련해서는 반드시 특별코드를 사용하여 그 연결고리가 신문이라는 것을 구분할 수 있도록 하자. 이렇게 하면 다양한 마케팅 활동의 성과 측정 시에 도움이 될 것이고, 신문의 투자 수익도 확인할 수 있다.

마케터는 기꺼이 신문에 투자할 것인지 아닌지조차 평가할 필요가 있다. 쿠폰 제공 전략을 활용한다면 투자 수익을 측정할 수 있는 것은 맞다. 하지만 여전히 위험요소가 있다. 쿠폰 공유 모바일 앱 회사인 리테일(www.retale.com)의 조사에 따르면, 밀레니얼 세대의 거의 30%가 신문을 전혀 읽지 않는다. 이러한 사실을 염두에 두고 신문 투자 여부에 대해 신중하게 의사결정을 내려야 한다. 만약 해당 캠페인의 모든 측면을 측정할 수 있고 연구를 통해 발견한 가능성을 토대로 투자의 당위성을 입증할 수 있다면, 한번 해보자!

인쇄 미디어에 투자해야 하는 이유

인쇄 미디어는 밀레니얼 세대를 겨냥한 마케팅 세계에서 여전히 중요한 위치를 차지하고 있다. 온라인 미디어가 밀레니얼 세대의 핫스폿이 되기는 했지만, 이들은 여전히 다양한 인쇄 플랫폼에서도 적극적이다. 이러한 사실은 인지도 제고를 위해 인쇄 미디어에 투자하는 옵션이 몇 가지 이유에서 성공할 수 있다는 것을 의미한다.

>> 밀레니얼 오디언스에게 지속적으로 노출을 증대할 수 있다.

>> 오프라인 마케팅 활동을 온라인과 연계할 수 있다.

>> 온라인으로는 도달하지 못했을지도 모르는 새로운 잠재고객에게 접근할 수 있다.

인쇄 미디어를 포기해야 하는 이유

밀레니얼 세대가 여전히 다양한 인쇄 미디어를 활용하고 있기는 하지만, 인쇄 미디어는 그들이 선호하는 채널은 아니다. 밀레니얼 세대는 테크놀로지와 함께 성장해왔다. 밀레니얼 세대는 테크놀로지가 진화하는 속도로 소비자로서 진화해왔다. 이러한 점을 염두에 두고, 스스로에게 이렇게 질문해보자. "밀레니얼 세대를 대상으로 몇 년 있으면 유효성이 떨어질 수 있는 채널에 투자를 하고 싶은가?"

대규모 마케팅 및 광고 예산을 보유한 브랜드와 조직의 경우는 이 질문에 대답하기가 좀 더 쉽다. 대규모 예산을 쉽게 이용할 수 있다면, 실행 가능한 모든 옵션에 투자하기로 결정할 것이 확실하다. 또 그렇게 해야만 한다. 그러나 소규모 조직의 경우에 이것은 간단한 결정이 아닐 수 있다.

중소 규모의 조직, 즉 예산 분배가 인색하게 이루어지는 조직이라면, 인쇄 미디어를 제외하기가 십상이다. 인쇄 미디어는 엄청난 비용이 소요될 수도 있고, 측정이 어렵고, 예측하기도 힘들다. 이러한 문제들은 소셜 미디어와 뉴미디어에서는 거의 존재하지 않는다. 기본적으로 가용할 수 있는 예산을 기준으로 분석을 수행하고, 전통 미디어에 추가 예산을 투입할지 여부를 결정해야 할 것이다.

뉴미디어와 같이 보다 경제적이고 캠페인의 세부사항을 제어하기 더 쉬운 채널을 선택하는 쪽으로 우선순위를 두어야 한다.

이메일을 전략에 포함시키기

처음에는 다소 생소할지 모르겠지만 밀레니얼 세대에 관한 한 이메일은 뉴미디어로 간주되지 않는다. 이제 이메일은 전통 미디어로 분류되는 디지털 영역이다. 그러므로 밀레니얼 세대는 브랜드와 커뮤니케이션을 할 때 이메일을 아주 다른 방식으로 사용한다. 이러한 특이점이 어떤 의미를 지니는지 이해하고 밀레니얼 세대에게 특화된 맞춤형 이메일 마케팅 전략을 수립한다면, 이메일 플랫폼의 잠재력을 극대화할 수 있을 것이다.

이메일용 메시지를 별도로 제작하기

밀레니얼 세대를 겨냥한 이메일 메시지가 다른 채널의 밀레니얼 세대 대상 콘텐츠와 반드시 연계될 필요는 없다. 오히려 어떤 형태의 이메일에 밀레니얼 세대가 더 크게 반응하는지에 좀 더 주의를 기울여서 콘텐츠 전략을 수립해야 한다.

이메일 마케팅 회사인 아데스트라(www.adestra.com)의 조사에 따르면, 밀레니얼 세대가 브랜드로부터 이메일을 받고 싶은 가장 일반적인 이유는 쿠폰 또는 할인혜택 때문이다. 쿠폰이나 할인혜택에 대한 선호는 신문과 관련해 파악했던 밀레니얼 세대의 특징을 그대로 보여준다. 밀레니얼 세대는 극도로 가격에 민감하다(밀레니얼 세대의 사고방식에 대해서는 제2장 참조).

이러한 점을 바탕으로 이메일 투자의 정당성을 입증하고 밀레니얼 오디언스의 참여를 유지하기 위해 밀레니얼 세대의 관심을 끌 수 있는 방법이 무엇인지 자문해보아야 한다.

> » 이메일을 단절된 도구로 여기지 말고 전체 전략의 구성요소로 활용한다.
> » 즉시 밀레니얼 오디언스의 관심을 끌 만한 제목과 주제를 설정한다.

이메일을 전통 미디어 및 뉴미디어 전략과 연계하기

오디언스에게 이메일을 받는 것은 보통 고객이 브랜드와 한 단계 더 나아간 관계를 형성하고 싶다는 첫 번째 신호이다. 어떤 사람은 페이스북 페이지에 '좋아요'를 누르거나 트위터를 팔로우하더라도, 뉴스레터를 신청하거나 이메일 주소를 제공할 만큼 친밀하지 않은 경우가 있다. 밀레니얼 세대는 개인정보를 '통화'의 유형이라고 여긴다.

이메일은 다양한 방법으로 여러 밀레니얼 세대 마케팅 활동과 연계될 수도 있고, 연계되어야만 한다.

> **밀레니얼 세대 이메일 리스트를 가능한 한 좁은 범위까지 세분화한다.** 특정 행동을 하거나 특정 취향을 지닌 밀레니얼 세대에게 메시지 발송을 타깃팅하기 위해서 세그먼트를 좁혀라. 밀레니얼 세대는 개인화된 메시지에 반응한다. 전환율을 향상시키는 가장 좋은 방법은 고객 리스트를 세분화하고, 메시지 발송을 최대한 타깃팅하는 것이다.

> **다양한 형태의 이메일 캠페인을 활용한다.** 물론 밀레니얼 세대는 쿠폰과 할인혜택에 반응하지만, 콘스탄트 콘택트(www.constantcontact.com) 같은 이메일 리스트 구축 도구는 다양한 형태의 이메일 캠페인(그림 5-4 참조)을 제공한다. 설문조사 데이터를 수집하는 캠페인을 수행하거나 이메일 내에서 밀레니얼 세대에게 몇 가지 행동을 요구할 수도 있다. 이메일로 직접 티켓 또는 제품을 판매할 수도 있다. 이러한 예는 쉽게 활용 가능하고, 밀레니얼 세대가 이메일 확인에 활용할 가능성이 가장 높은 도구인 모바일에서 사용하기 편리하다.

그림 5-4
콘스탄트 콘택트에서 이용 가능한 다양한 형태의 캠페인

> **페이스북 및 트위터의 이메일 주소와 상호 매칭해본다.** 광고 타깃팅을 개선하기 위해 다양한 플랫폼의 이메일 주소를 상호 매칭해볼 수 있다. 이러한 작업을 수행함으로써 광고 타깃팅이 개선되면, 클릭률(CTR) 향상, 클릭당 비용(CPC) 감소, 궁극적으로 전환율 향상으로 이어진다.

이메일을 열게 하는 제목과 주제 설정하기

밀레니얼 세대가 하루에 얼마나 많은 양의 콘텐츠 공세를 받는지를 생각해보면, 밀레니얼 세대의 이메일 오픈율과 클릭률이 왜 지속적으로 감소하고 있는지를 이해하기 쉽다(오픈율과 클릭률은 전체 오디언스 중에 이메일을 연 사람의 수 그리고 이메일에 포함된 URL을 클릭한 사람의 수를 의미한다).

오픈율과 클릭률을 올리는 방법은 제목란에서 시작된다. 오디언스가 가장 먼저 보는 곳이 바로 제목란이고, 그렇기 때문에 정말 성패를 좌우하는 순간이 될 수 있다.

밀레니얼 세대의 오픈율이 급증하기를 원한다면, 다음 번 제목란을 작성할 때 다음의 몇 가지 팁을 기억하라.

» **제목은 가능한 한 짧게 쓰라.** 밀레니얼 오디언스의 대다수는 모바일 기기로 이메일을 확인하고 있다. 내용을 볼 수 있는 스크린 공간이 넓지 않다는 의미이다. 소설 같이 긴 제목은 오디언스가 핵심 내용을 읽기도 전에 화면에서 잘려버릴 것이다.

» **개인화 토큰을 활용해 제목란을 개인화하라.** 모든 마케팅 채널에 걸쳐 공통적인 주제는 개인화된 경험을 원한다는 점이다. 개인화는 이메일에서도 마찬가지이다. 만약 이메일 소프트웨어의 토큰을 사용하여 주제란을 개인화할 수 있는 옵션이 있다면 반드시 활용하자.
개인화 토큰(personalization tokens)은 이메일 소프트웨어 내에서 찾을 수 있는 코드 유형으로, 제목란 또는 이메일 본문 자체의 지정된 공간에 자동적으로 위치한다. 이메일을 받는 사용자의 프로파일에서 특정 개인적 요소를 뽑아낸다. 그래서 승기의 제목란은 "승기님, 안녕하세요! 지금 바로 리워드를 모으세요!"라고 작성될 것이고, 호선의 제목란은 승기의 이름이 호선으로 바뀌어 나갈 것이다.

» **이메일이 어떤 내용인지 수신자에게 명확하게 밝히라.** 이메일 콘텐츠를 명료하지 않게 또는 비밀스럽게 표현해서는 안 된다. 모호한 제목은 이메일을 바로 휴지통으로 보내버리는 지름길이다. 이런 식으로 이메일을 열고 클릭하도록 유인하는 테크닉이 이메일 초기 단계에는 효과가 있었지만, 요즘 더 똑똑하고, 더 바쁘고, 또 수동적인 밀레니얼 사용자는 더 이상 미

스터리한 이메일에는 관심이 없다. 그들이 이메일을 열도록 유인하는 모든 내용이 제목란에 있어야 한다.

» **제목란에는 행동 지향적인 또는 목적 지향적인 동사를 사용하라.** 바로 전 팁으로 제시한 주제의 명확성과 비슷한 이야기이다. 일단 이메일을 열었을 때 고객들에게 어떤 행동이 요구되는지를 확실히 알려주기 위해 제목란에 '구매하라' 또는 '등록하라' 같은 동작 동사를 사용하자.

뉴미디어에서
밀레니얼 세대와 관계 맺기

제6장 미리보기

- 페이스북을 뉴미디어 전략의 중심에 둔다.
- 밀레니얼 세대에게 반향을 불러일으키는 콘텐츠를 개발한다.
- 밀레니얼 세대를 겨냥한 페이스북 광고 캠페인을 운영한다.

뉴미디어에서 밀레니얼 세대에게 다가가기 위해서는 단순한 존재감 이상의 무언가가 필요하다. 존재감을 주는 정도는 모두가 하고 있다. 오디언스에 대해 깊이 이해하고 소셜 광고를 활용하여 그들에게 다가가기 위한 투자를 해야 한다. 또한 오디언스에 대한 이해를 바탕으로 종합적인 콘텐츠 전략을 수립할 수 있을 것이다.

오디언스 참여 소셜 플랫폼인 크라우드탭(http://crowdtap.com)이 2014년에 실시한 연구에 따르면, 밀레니얼 세대는 다양한 미디어를 소비하는 데 하루 평균 17.8시간을 사용한다. 이 시간이 전체 시간 혹은 실제 시간을 나타내는 것이 아니라, 여러 미디어를 소비한 누적 시간이라는 점을 유념할 필요가 있다. 밀레니얼 세대는 TV를 켜둔

채 페이스북 화면을 스크롤링하면서 문자 메시지에 회신할 수 있다. 이 연구에서 주목해야 할 중요한 사실은 밀레니얼 세대는 언제나 연결되어 있고, 거의 18시간 중 대부분을 뉴미디어에 참여하면서 보낸다는 점이다.

이번 장에서는 뉴미디어가 어떻게 전반적인 밀레니얼 세대 마케팅 전략에 중추적인 역할을 하는지에 대해 정확히 알 수 있을 것이다.

페이스북을 뉴미디어 전략의 중심에 두기

뉴미디어 연구소에 따르면 뉴미디어란 주로 디지털 미디어를 의미한다. 뉴미디어는 조작 및 맞춤화가 가능한 상호작용성이 높은 플랫폼을 제공한다. 뉴미디어는 밀레니얼 세대가 대부분의 시간을 소비하는 모든 종류의 플랫폼 및 소셜 네트워크를 포함하는 포괄적 용어이다. 마케팅 전략에 반드시 포함시키고 싶은 뉴미디어 중 하나는 페이스북이다. 만약 페이스북에서 특정 마케팅이나 광고 간행물의 팬 또는 팔로어라면, 틀림없이 뉴스피드를 스크롤하는 중에 페이스북의 종말 그리고 밀레니얼 세대가 어떻게 페이스북을 떠났는지 논하는 헤드라인을 본 적이 있을 것이다. 이렇게 쇼킹한 헤드라인에 속지 마라. 페이스북은 살아 있고, 특히 전 세계의 밀레니얼 세대와 함께하고 있다. 이렇게 오해를 불러일으키는 이유는 페이스북이 일상생활 속 어디에나 있어서, 페이스북을 사용한다 해도 이를 특별하게 사건으로 생각하지 않기 때문이다. 요컨대 우리는 페이스북과 연결되어 있고, 그 어느 때보다도 많이 활용하고 있다.

페이스북 기능 활용하기

페이스북은 소셜 네트워크에서 이루어지는 뉴미디어 마케팅의 기반이 될 수 있도록, 지난 몇 년에 걸쳐 자사제품을 확장해 브랜드 및 페이지를 위한 다양한 기능을 포함시켰다. 다음은 페이스북이 페이지 사용자들에게 제공하는 많은 특징 중 중요한 몇 가지를 뽑은 리스트이다.

> » 팬 및 팔로어와 콘텐츠를 공유한다.
> » 타깃 오디언스에게 광고한다.
> » 이벤트를 만들고 홍보한다.
> » 리치 미디어에 대한 도달률 향상을 위해 페이스북 오디언스 네트워크에 접속한다.
> » 사용자 데이터를 수집한다.
> » 자사의 페이스북 숍에서 물건을 판매한다.
> » 대회 운영 또는 경품 마케팅, 여론조사 등을 실시한다.

리치 미디어 콘텐츠는 단순히 텍스트 이상의 것을 포함한다. 이미지, gif, 비디오 파일을 포함할 수도 있다.

그림 6-1에서 볼 수 있듯이 우박스(http://woobox.com) 같이 편리한 도구를 활용하여, 대회 운영, 경품 마케팅 그리고 기타 고객 참여형 마케팅 활동을 새로 개발하거나 원하는 대로 변경할 수 있다.

그림 6-1
우박스

페이스북 오디언스 분석하기

오디언스를 세분화해서 사용자 상호 매칭 및 두드러진 특징을 파악하는 페이스북 프로그램을 실행하고 나면, 각각의 세그먼트 유형에 맞는 콘텐츠 전략 개발을 위해 유형 분석을 시작할 수 있다(세분화된 이메일 리스트와 페이스북 오디언스 제품을 활용한 페이스북 밀레니얼 오디언스 유형 구축 프로세스는 제3장에서 자세히 다루고 있다).

다음 단계에 따라 페이스북 오디언스 유형을 분석해보자.

1. **분석하고자 하는 오디언스를 지칭하는 이름을 알기 쉽게 짓는다.**

   이 단계가 하찮게 보일지 모른다. 그러나 페이스북에서 관계를 형성한 오디언스를 놓치는 일이 자주 발생한다. 오디언스의 명칭을 짓지 않으면 분석이 더 어려워진다. 광고 캠페인 전략을 수립하는 것도 더욱 힘들다. 오디언스를 세분화하고 분석할 준비를 할 때, 우선 그들을 지칭하는 이름을 짓도록 한다. 오디언스 명칭이 '오디언스 1'처럼 단순한 형태여서는 안 된다. 오디언스에 대한 상세내용을 포함해야 한다. 이를테면 '여성 밀레니얼 세대 백서, 2016년 6월 다운로드'와 같은 이름을 보자. 해당 사용자들을 제일 처음에 어느 카테고리에서 가져왔는지를 알 수 있다. 오디언스 이름은 분석 과정에서 특정 오디언스에 대한 특징을 파악했을 때 언제든지 바꿀 수 있다. 그러나 처음에는 주저하지 말고 분명하고 뚜렷한 이름을 정하고 시작하자.

2. **구체적인 통계를 기초로 시작한다.**

   페이스북은 오디언스 인사이트 대시보드에서 성별 및 연령을 넘어서는 개인적 특징에 관한 상세내용을 많이 제공한다(그림 6-2 참조). 교육 수준, 취업 분

그림 6-2
통계 데이터는 분석된 오디언스 세그먼트를 나타낸다.

야 또는 결혼 상태 등과 같은 특징을 점검하는 것에서부터 분석을 시작하자. 모든 것이 명확히 나타나 있어서 통계 데이터가 오디언스에 대해 알려주는 내용을 판단하는 데 추측이 개입할 여지는 거의 없다. 오디언스 인사이트 대시보드는 가장 간단한 시작점이고, 오디언스에 대해 좀 더 확실한 그림을 그릴 수 있도록 즉각적인 도움을 준다.

3. **라이프스타일 카테고리를 점검하되 너무 신봉하지는 말자.**

오디언스와 연관된 통계를 점검하고 나면, 페이스북 라이프스타일 카테고리(그림 6-3 참조)를 검토할 시간이 필요할 것이다. 라이프스타일 카테고리는 선택한 오디언스가 어떤 삶을 사는지 감을 잡는 데 도움이 된다. 그러나 이 카테고리에만 완전히 의존하는 것은 큰 실수이다. 시간을 투자해 적절한 페르소나를 구성해보자. 그렇게 하면 혹시 놓칠 수 있는 새로운 세부사항을 발견할 기회가 생길 것이다. 라이프스타일 카테고리는 좀 더 구체적인 오디언스를 구축하고자 할 때 참조할 만한 기틀 및 전제를 제공해줄 수 있다.

4. **페이지의 '좋아요' 현황을 통해 초기 관심사를 파악한다.**

오디언스 인사이트에서 '좋아요' 페이지 상세내역을 자세히 살펴보자(그림 6-3 참조). 카테고리에 따라 세분화되어 있다는 것을 알게 될 것이다. '좋아요' 페이지의 종류를 밀레니얼 세대의 통계 데이터 및 사전분석한 행동 데이터와 연계하여 카테고리를 분석하자. 경력, 교육 수준과 같은 측면과 연관된 데이터 포인트를 관심 분야 카테고리와 연계함으로써 상당히 더 간단하고 효과

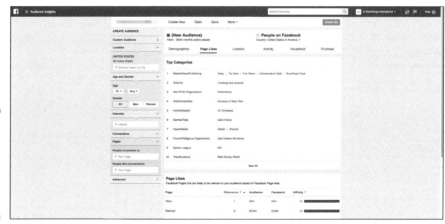

그림 6-3
페이스북은 라이프스타일 카테고리에 따라 자동으로 오디언스를 세분화한다.

적으로 콘텐츠 및 수사학적 관점에서 메시지를 조정할 수 있다.

페이스북이 카테고리 항목별로 페이지를 나열할 때 개별 페이지들의 연관성 점수도 함께 보여준다. 그 지표는 해당 페이지 또는 브랜드가 얼마나 인기 있는지 알 수 있을 뿐만 아니라 또한 전반적 프로파일에 기초하여 오디언스와 얼마나 연관되어 있는지도 알 수 있기 때문에(페이스북이 파악한 연관도) 중요한 정보가 된다.

5. **사용자 활동 내역을 분석해서 참여를 이끌어내는 전략을 세운다.**

   그림 6-4에서 보듯이 오디언스 인사이트 대시보드의 액티비티 탭에서 선택한 사용자 집단이 자신이 팔로우하는 페이지 및 브랜드와 어떻게 상호작용하는지 세부 내용을 확인할 수 있을 것이다. 밀레니얼 세대가 브랜드가 공유하는 콘텐츠에 어떻게 참여하는지를 이해하면, 그들의 습관에 맞추어 콘텐츠 전략을 개발하는 일이 보다 쉬워질 것이다.

그림 6-4
액티비티 탭은 오디언스가 페이스북 페이지에 어떻게 참여하는지를 보여준다.

6. **오디언스의 가계 구조를 파악한다.**

   오디언스의 소득, 돈을 소비하는 방식, 가계 규모 등에 대해 감을 갖고 있으면, 타깃팅 메시지를 작성하는 것이 훨씬 더 수월해진다. 밀레니얼 세대의 마음 상태를 이해하면 할수록 아주 개인적인 수준에서 그들과 연관된 콘텐츠를 작성하는 일이 점점 쉬워질 것이다.

7. 오디언스의 구매 행동을 탐구한다.

이 단계는 오디언스의 소비 습관 및 구매 행동을 보다 심층적으로 분석하도록 도와준다. 그림 6-5에서 보듯이, 구매 탭에서 선택한 오디언스의 온라인 및 소매 거래점 상세 소비내역을 확실히 파악할 수 있다. 이 소비내역을 통해 오디언스가 재정적으로 어디에 우선순위를 두고 있는지 인사이트를 얻을 수 있다. 또한 참여도를 크게 올리기 위해서 콘텐츠를 어떻게 구조화하고 어느 포인트를 강조해야 할 것인지를 결정할 수 있도록 도와줄 것이다.

그림 6-5

페이스북 오디언스 인사이트의 구매 탭에서 구매 습관을 분석한다.

8. 고객에 대한 페르소나를 글로 구성한다.

선택한 오디언스 유형을 분석하기 위해 사용할 수 있는 가장 좋은 방법은 페르소나를 작성하는 것이다. 페르소나(persona)는 타깃 고객과 연관된 성격을

【가상 이야기 형식으로 글쓰기】

가상 이야기란 캐릭터 묘사를 서술하는 방식을 나타내는 용어이다. 하나의 캐릭터를 명확히 규정하기 위해 각각의 특징을 이전 내용을 토대로 만들어내면서, 완전한 문장으로 표현하자. 학교와 직장 관련 개별 항목을 나열하지 말고, 학교 자체에 대해, 학위에 대해, 그리고 그것들이 어떻게 현재의 직업으로 이어지게 되었는지에 대해 적어보자.

글로 표현한 상세 묘사이다. 콘텐츠를 효과적으로 개발하고 오디언스에게 다가가기 위해서 구체적인 페르소나를 기술하는 것은 중요한 작업이다. 페르소나는 가상 이야기 형식으로 써야 하고 주인공에게 특징을 부여해줄 수 있도록 상세하게 규정해야 한다.

페르소나를 개성과 활발한 성격을 지닌 살아 있는 인격체라고 생각하라. 고객을 단지 데모그래픽스 모음으로 여겨서는 안 된다. 콘텐츠 전략 개발은 실제 개인의 이미지가 커뮤니케이션을 북돋울 때 더 쉬워진다.

뉴미디어와 소셜 상호작용에 관한 한 밀레니얼 세대는 브랜드와 대화하며 관계를 형성하고 싶어 한다는 사실을 유념하자. 밀레니얼 세대가 이렇게 관계 형성을 원한다는 것은 브랜드가 오디언스와 개인적 수준으로 대화해야 한다는 의미이기도 하다. 콘텐츠 전략을 개발하기 전에 살아 있는 페르소나를 만드는 일은 진정한 관계를 구축하는 데 크게 도움이 될 것이다.

오디언스를 분석하는 데에는 시간이 걸린다. 오디언스 유형을 만들 때, 집단별로(제3장에서 다루었던) 오디언스 분석을 거쳐야 할 것이다.

타깃팅한 콘텐츠 전략 수립하기

페이스북에서 고도로 타깃팅한 콘텐츠 전략을 수립하기 위해서 각 오디언스 유형이 무엇에 반응하는지를 알아야 한다. 그러기 위해서 각 유형의 공개 데이터를 살펴보고 다양한 페르소나 프로파일을 구성해야 한다.

다음은 이러한 과정을 용이하게 진행하기 위한 몇 가지 간단한 팁이다.

» **오디언스 분석 시에 페이스북 평균을 계속해서 주시한다.**
   페이스북 오디언스 평균은 그림 6-6과 같이 제시된다. 페이스북 평균을 통해 오디언스가 특별히 무엇에 친밀감이 높은지, 특히 무엇을 싫어하는지, 또는 오디언스의 어느 정도가 특정 카테고리 또는 유형에 속하는지를 알 수 있다. 이러한 정보는 특정 오디언스에 대한 맞춤형 콘텐츠 전략을 수립하는 데 상당히 도움이 될 것이다.

» 모든 정보가 오디언스의 윤곽을 결정하는 요소는 아니라는 점을 기억한다.
선택한 오디언스에 대해 많은 양의 데이터를 찾게 되겠지만, 해당 정보 모
두를 즉시 사용할 필요는 없다. 예를 들어 페이스북이 모은 데이터에 선택
한 오디언스가 자전거 구매에 관심이 있는지에 대한 정보가 포함되어 있을
수 있다. 하지만 그 정보가 관련 없는 내용일 수 있고, 그렇다면 무시할 수
있다는 것이다.

» **스스로 구성한 페르소나를 실제 사람이라고 생각한다.**
스스로 만든 캐릭터에 이름을 부여하고 약간의 창의적인 배경 이야기를 만
들어보자. 페르소나 마케팅은 유사한 특징을 지닌 그룹을 겨냥한 마케팅 시
에 효과적이지만, 기계적인 어조를 띨 수가 있다. 그런데 만약 대화하는 상
대를 진짜로 마음속에 그려본다면, 어조가 훨씬 자연스러워질 것이고, 고객
의 호응도는 크게 높아질 것이다.

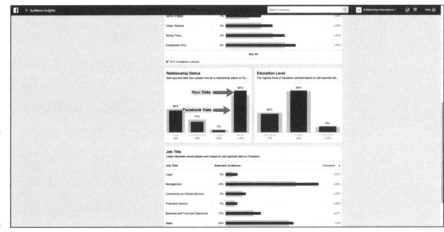

그림 6-6

오디언스 데이터
와 페이스북 평균
을 어떻게 비교할
지 생각해보자.

밀레니얼 세대에 맞는 페이스북 콘텐츠 전략 수립하기

밀레니얼 세대 오디언스 유형을 구축하고 면밀히 분석한 이후에는 그들의 참여와 행
동을 이끌어낼 수 있는 콘텐츠 전략 개발 프로세스를 시작할 수 있다. 콘텐츠 전략이

전체를 아우르는 주제를 갖고 일정한 어조를 유지할 수 있지만, 세밀한 부분은 개략적인 윤곽을 그려둔 오디언스 집단별로 달라질 수 있다. 지속적으로 고객 참여도를 페이스북 평균을 훨씬 상회하는 수준으로 유지하는 것은 바로 이러한 세밀한 부분 덕분일 것이다.

페이스북에서 브랜드 페이지 및 콘텐츠의 평균 참여도가 얼마인지 의견이 분분하지만, 마케팅 산업에서 통용되는 표준(이 책 집필 당시 기준)은 0.5~1% 사이이다. 한때 페이스북에서의 유기적 도달과 참여가 훨씬 더 높았다. 그런데 그 비율이 감소해오다가 0.5~1% 범위 내에서 변동이 없는 상태이다. 한 가지 이유는 소셜 네트워크가 공격적으로 유료 모델로 전환했고, 유기적 도달을 체계적으로 감소시켜 페이지 소유자에게 광고비를 지불하도록 유도하기 때문이다.

페이스북에서 밀레니얼 세대를 타깃팅한 콘텐츠 전략은 많은 요소를 담고 있는데, 다음 부분에서 살펴보도록 하자.

전체적인 '목소리'의 색깔

밀레니얼 세대가 온라인 활동 시간의 대부분을 소비하는 페이스북에서 로열티가 높은 밀레니얼 세대 팔로어를 구축하고자 한다면, 브랜드 목소리(브랜드의 고유한 정체성을 의미하는 것으로, 브랜드 고유의 포지셔닝에 대한 모든 비주얼 요소와 언어적 표현이자 고객을 위해 제공하는 모든 서비스까지 포함-역주)를 통해 차별화할 필요가 있다. '목소리'를 형성하는 데에는 시간이 걸린다. 이 프로세스를 시작할 때 한 가지 아이디어가 있었다고 하더라도, 콘텐츠 전략을 실행하기 시작하면 그 아이디어는 변한다는 것을 알게 될 것이다. 그건 염려할 필요가 없다. 모든 것이 과정의 일부이다.

다음 몇 가지 질문에 답을 해보자. 각 질문에 차례차례 답을 해나가면 첫 브랜드 목소리를 형성할 수 있을 것이다.

> » **페이스북 오디언스 분석은 보편적인 공통성을 드러내주었는가?** 밀레니얼 오디언스 유형을 분석할 때 밀레니얼 오디언스 대다수가 보유한 특징 한 가지 또는 어쩌면 여러 가지를 발견하게 될 수 있다. 이러한 특징은 일관되게 교육 수준이 높은 것부터 각 그룹의 직업적 공통점에 이르기까지 다양

하게 나타날 수 있다. 작성해둔 각 페르소나에 대한 개략적 설명을 들여다보고, 서술된 내용 속에서 공통된 특징을 찾아보자.

» **전문가 목소리를 내고 싶은가, 아니면 이웃사람처럼 편안하게 다가가고 싶은가?** 오디언스의 공통점과 관련된 이전 질문에 답하기 전에, 이 질문에 대해 사전적으로 답을 선택할 수 있다. 하지만 일단 오디언스의 공통점을 확인하고 나면 답변을 수정할 수 있다. 페이스북은 대화 형식이고, 밀레니얼 세대는 로봇 같은, 정형화된 그리고 때로는 지루하기까지 한 콘텐츠는 무시해버릴 것이다. 그러나 단지 페이스북에서는 대화 형식을 취하도록 되어 있기 때문에 해당 네트워크에서 전문가적 접근법을 취하지 말라는 것은 아니다. 물론 마케터는 그와 같은 전문가 목소리가 오디언스와 관계를 맺고 커뮤니케이션할 수 있는 대상이 되기를 원할 것이다. 전문적인 어조를 통해 신뢰도를 쌓을 수도 있고 좀 더 높은 수준의 참여를 이끌어낼 수도 있다.

전문가의 어조와 친구 같은 어조 사이에서 어느 쪽을 선택하느냐는 오디언스가 어떤 공통점을 보이느냐에 달려 있다. 오디언스의 성숙도를 결정하는 가계 구성 및 경력과 같은 요소에 주목하자. 또한 밀레니얼 오디언스가 팔로잉하는 페이지를 면밀히 살펴보고, 페이스북에서 해당 조직이 어떠한 목소리를 사용하는지 메모해두어야 한다.

» **자신에게 집중할 것인가 혹은 커뮤니티 중심으로 운영할 것인가?** 공유 콘텐츠 및 포스트에 단 코멘트와 관련해서 브랜드의 목소리 색깔은 마케터가 어느 방향을 선택하는지에 따라 크게 달라질 수 있다. 이 경우에는 특별히 자신에게 집중한다는 용어가 부정적인 뜻이 아니다. 그것은 대화의 방향과 관계가 있다. 브랜드의 전문성을 강조하기 위해 포스트와 코멘트를 브랜드 웹사이트와 연계하여 브랜드의 본질에 집중하고자 하는가? 그렇지 않으면 추가적인 코멘트를 이끌어내기 위해 밖으로 시선을 돌려 페이스북에서의 대화에 집중하고자 하는가? 이 질문에 대한 답이 콘텐츠 개발을 이끄는 데 도움이 될 것이다.

편집 일정의 구조

콘텐츠는 빠르게 움직인다. 언제라도 주요 뉴스 스토리 또는 브랜드 위기상황을 다루기 위해 즉시 새로운 콘텐츠를 개발해야 하는 상황이 올 수도 있다. 그러나 실시간으로 상황이 변화한다고 해서, 잘 구성된 편집 일정에 맞춰 적절한 콘텐츠를 준비할 수 없는 것은 아니다.

제대로 구축된 브랜드 '목소리'란 콘텐츠에 알아볼 수 있는 어떤 특징이 포함되어 있는 것을 의미한다. 밀레니얼 오디언스가 눈 깜짝할 사이에 어느 브랜드의 포스트인지 알아볼 수 있어야 한다. 결국 그것은 오디언스가 접하는 콘텐츠 각각에 얼마만큼의 할애하는 시간에 관한 이야기이다. 꾸준하게 특정 형태의 콘텐츠, 테마, 주요 상품에 대한 포스트를 주 또는 월 단위로 생산하는 방식은 브랜드 인지도를 형성하는 데 도움이 될 것이다. 물론 그렇다고 해서 편집 일정이 매달 똑같다는 이야기는 아니다. 오디언스의 취향과 선호도는 꽤 정기적으로 변화할 것이고, 편집 일정 역시 그에 맞추어 변화해야 할 것이다. 이러한 과정은 오디언스 분석 및 감사와 긴밀하게 연계되어 있다(제3장 참조).

편집 일정의 구조가 아주 복잡할 필요는 없다. 그림 6-7에서 마이크로소프트 엑셀에서 디자인한 아주 기본적인 형태의 편집 일정 예시를 볼 수 있다.

반드시 매일매일의 콘텐츠를 계획해야 하는 것은 아니지만, 매주 또는 매월 콘텐츠

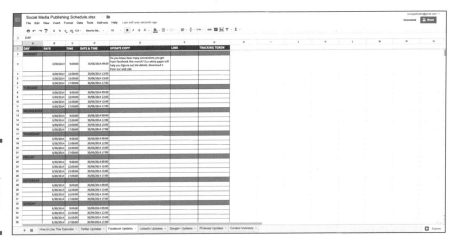

그림 6-7
마이크로소프트 엑셀에서 디자인한 간단한 형태의 편집 일정 예시

주제를 생각해보는 작업은 중요한 일이다. 이렇게 페이스북에 정기적으로 포스팅하는 것은 참여도를 제고하는 원동력이 되는데, 밀레니얼 오디언스 집단이 관심을 표한 것으로 파악된 내용에 기반한다면 특히 그럴 것이다. 다음 부분에서는 고려해볼 만한 포스팅의 형태에 대해 알아보겠다.

오디언스 활성화

오디언스 활성화 포스트는 페이스북 오디언스와의 소통을 증진시키기 위해 제작된다. 해당 포스트는 물론 모두에게 보일 것이다. 밀레니얼 세대만이 보이는 것이 아니다. 그러나 특별히(페이스북의 저장된 오디언스에 있는) 밀레니얼 세대를 타깃팅한다면, 마케터가 활성화하고자 하는 사용자가 해당 콘텐츠를 반드시 보게 될 것이다.

근본적으로 오디언스 활성화 포스트는 사용자가 행동을 취하도록 만드는 콘텐츠이다. 간단한 질문, 주간 여론조사, 페이스북 자체에서 참여를 독려하기 위한 또 다른 형태의 포스트일 수도 있다. 이는 다음 두 가지 목적을 달성하는 데 기여할 것이다.

» 브랜드 페이지에서의 참여 및 밀레니얼 오디언스와의 소통 향상(보다 명확한 목표)

» 참여율이 높은 페이지의 콘텐츠에 상당히 유리한 페이스북 알고리즘을 자신에게 유리하도록 게이밍(gaming) 혹은 조작

밀레니얼 오디언스가 정기적으로 콘텐츠에 참여할수록 브랜드 페이지 콘텐츠가 유기적으로 뉴스피드에 올라갈 가능성이 높아진다. 페이스북의 이러한 현실은 유기적 참여가 점진적으로 증가함에 따라 초기에 투자하던 소액 광고비용이 완전히 필요 없어짐을 의미한다.

스포트라이트

스포트라이트 포스트는 특정 분야를 포함하고 있는 보다 자사 홍보용 마케팅 콘텐츠 형식의 포스트를 말한다.

스포트라이트 포스트는 드물게 사용해야 한다. 밀레니얼 오디언스를 타깃팅할 때 한 달에 두 번 이상은 활용하지 않는 것이 좋다.

【 페이스북 알고리즘 】

페이스북 알고리즘이 사용자가 뉴스피드에서 무엇을 볼지를 결정한다. 페이스북에서 보게 되는 콘텐츠는 일차원적으로 또는 연대순으로 보이지 않는다. 여러 가지 요인을 바탕으로 사용자와 연관된다고 여겨지는 콘텐츠가 보인다. 사실 예전에는 페이스북 알고리즘을 분석하기가 상대적으로 간단했는데, 지금은 계속 늘어나서 100개 이상의 요인을 포함하고 있다. 많은 요인들 중에서, 어떻게 이 요인들이 처리될 수 있는지에 대한 오직 몇 가지 힌트를 얻을 수 있다. 실제로 딱 맞아떨어지지는 않지만, 참여도 요인이 페이지의 뉴스피드에 보이는 내용에 상당한 영향을 미친다는 사실은 널리 알려져 있다.

밀레니얼 세대는 마케팅 메시지 전달에 이전 세대 집단과는 다르게 반응할 수 있다. 이것은 확실하게 밀레니얼 세대를 겨냥한 마케팅 기회가 존재할 수 있다는 의미이다. 마케터가 해야 할 일은 밀레니얼 세대가 메시지 공세를 받는다는 느낌을 받지 않도록 또는 메시지 때문에 짜증이 나지 않도록 하는 것이다. 페이스북에서 전략적으로 스포트라이트 포스트를 게시함으로써 브랜드와 제품을 알릴 수 있다. 한 회사의 밀레니얼 오디언스는 해당 회사의 콘텐츠 전략과 편집 일정에 익숙해 있기 때문에 메시지를 선뜻 받아들일 것이다.

스포트라이트 콘텐츠는 고객이 행동하게끔 공격적으로 밀어붙여야 한다는 말은 아니다. 소셜 미디어와 뉴미디어는 대화 형식이라는 점을 기억하자. 스포트라이트 포스트는 이번 장에 실린 다른 콘텐츠 형태보다 다소 자사 홍보성이 강할 수 있지만, 메시지의 초점은 판매 소비자에게 어떠한 가치를 제공할 수 있는지에 맞춰야 한다. 사욕을 부려 판매에 집중해서는 안 된다.

뉴미디어에 관해 말하자면, 밀레니얼 세대를 대상으로 성공을 거둘 수 있는 가장 쉬운 방법은 소비자들에게 긍정적인 정서를 유발하는 감성 소구 판매(soft sell)이다. 소비자가 누릴 수 있는 혜택에 초점을 두자. 감성 소구 판매는 단순히 브랜드를 노출하는 정도부터 바로 전에 언급한 약간 더 공격적인 스포트라이트까지 여러 단계가 있지만, 참여를 이끌어내는 것은 바로 감성 소구 판매이다. 더욱이 브랜드 또는 제품이 어떻게 고객에게 가치를 더하는지를 강조한다면 단순히 제품의 특징을 설명하는 것보다 관계 형성에 크게 도움이 될 것이다. 문제를 간단히 보여주고 그 해결책을 포함해보자.

유쾌한 주말

주말이 시작되기 전 팔로어에게 즐거운 주말을 보내기를 바란다는 포스트를 매주 보내는 것이 좋다. 한 단계 더 나아가서 주말에 무슨 계획이 있는지를 질문함으로써 참여를 유도할 수도 있다. 이러한 주간 포스트를 통해 점점 더 많은 팔로어와 지속적인 소통을 촉진할 수 있다. 이 포스트는 오디언스 활성화 콘텐츠로서 기능을 한다. 그리고 이는 팔로어의 유기적 도달 및 참여로 이어진다. 그림 6-8은 여성 블로깅 네트워크인 쉬새비(www.shesavvy.com)가 'PuppyFriday'라는 해시태그로 금요일 오후마다 주간 포스트를 어떤 식으로 공유하는지를 보여준다.

이런 형태의 콘텐츠는 특성상 매주 공유되어야 한다. 유쾌한 주말 콘텐츠는 정기적으로 페이스북에 포스팅할 수 있는 주간 콘텐츠의 포괄적인 형태 중 하나일 뿐이다. 이런 콘텐츠는 매일 일어나는 주제를 담고 있고, 한 주의 요일마다, 혹은 특정 기간에 기억에 남을 만한 이름을 붙여줄 수도 있다.

'화요일에 전하는 꿀팁'과 같은 느낌의 이름을 사용해서 매주 화요일 산업 관련 팁 또는 우수사례를 공유할 수 있다. 예를 들어 'Fun Fridays'라는 콘텐츠는 산업 또는 브랜드 관련 우스운 문화 요소 또는 동영상을 페이스북 채널에 공유한다.

그림 6-8
여성 블로깅 네트워크인 쉬새비는 매주 금요일 주간 포스트를 공유한다.

이렇게 주제가 있는 아이디어들은 일관성이 있다. 밀레니얼 오디언스의 취향과 선호도에 기반을 두어 친숙한 콘텐츠를 정기적으로 공유하는 것은 참여를 촉진시킬 것이다.

팁과 요령

밀레니얼 오디언스와 연관된 팁과 요령을 정기적으로 공유하는 것은 참여를 촉진하는 또 하나의 확실한 방법이다. 스포트라이트 부분에서 간단히 설명했던 주제를 가지고서, '화요일에 전하는 꿀팁' 같은 이름으로 매주 포스팅한다면 오디언스에게 가치를 제공한다.

어느 산업에 속해 있든지 간에 팔로어가 유용하게 느낄 만한 팁과 요령을 공유할 기회는 반드시 생길 것이다.

팁을 제공하는 것이 좋은 이유는 두 가지이다.

» **팁은 활발하게 소통하는 콘텐츠 형태이다.** 온라인에서 의도적으로 검색하거나 무언가를 원할 때 종종 팁을 우연히 발견해서 보거나 읽고, 또는 클릭하게 된다. 예상치 못한 콘텐츠에도 마음이 끌릴 수 있다.

» **팁은 아주 강력한 감성 소구 판매 방식의 예시이다.** 브랜드나 제품을 드러나게 권유하지 않고도 팁을 통해 전문성을 강조할 수 있다. 예를 들어 다양한 종류의 컴퓨터 저장장치 및 휴대용 플래시 드라이브를 판매한다고 가정해보자. 매주 화요일에 전하는 팁에서 자신의 컴퓨터에 적합한 드라이브를 선택하는 방법, 디스크를 분리하는 방법, 또는 손상된 저장장치를 수리하는 방법 등을 보여주는 짧은 비디오와 이미지를 공유할 수 있다. 이러한 형태의 유용한 콘텐츠를 제공함으로써 특정 분야의 리더로서 자리매김할 수 있다.

어떤 브랜드가 주간 포스트를 정기적으로 보냄으로써 브랜드가 독자의 마음에 각인되어 갈 것이다. 그래서 구매할 시기가 되었을 때, 해당 브랜드가 마음속에 떠오르는 첫 번째 회사가 될 가능성이 아주 커지는 것이다. 그들이 해당 브랜드를 고려하는 이유는 오랜 시간에 걸쳐 형성된 관계와 신뢰 때문이다.

시간이 제한된 혜택

아마도 베스트 바이가 뉴미디어를 활용하여 시간이 제한된 혜택을 제공하는 가장 유명한 브랜드가 아닐까 한다. 트위터 초기에 베스트 바이는 열정이 가득하고 아주 참여도가 높은 사용자 집단에게 한정된 시간 또는 한정된 수량의 혜택을 제공함으로써 단기적으로 상당한 판매 증대를 이룰 수 있다는 사실을 인지했다. 페이스북에서 역시 편집 일정을 사용해 뉴미디어에서와 같은 목적을 달성할 수 있다.

'토요 할인'이라는 이름으로 매주 토요일 주간 스페셜, 제한시간 혹은 제한수량 혜택을 공유한다고 생각해보자. 이러한 혜택은 밀레니얼 세대에게는 아주 매력적이다. 밀레니얼 세대가 브랜드를 팔로우하거나 신문을 구매하는 주된 이유 중 하나가 혜택, 특별할인 및 프로모션이라고 언급했다. 정기적으로 예정된 혜택을 제공함으로써 가격에 민감하면서 자신이 팔로우하는 브랜드에 혜택이나 특별할인을 기대하는 집단의 유기적 참여를 유도할 수 있다. 그림 6-9는 밀레니얼 세대의 참여를 정기적으로 유도하기 위해 제공된 간단한 혜택의 예시이다.

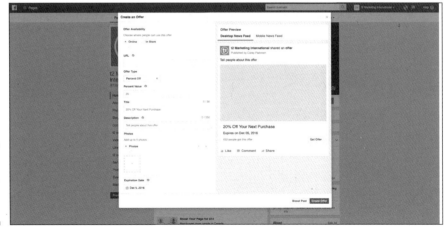

그림 6-9
이와 같은 기본적인 혜택 제공이 큰 도움이 된다.

비하인드 스토리 영상

비하인드 스토리 자료는 밀레니얼 세대 사이에서 인기가 아주 많은데, 스냅챗이 등장한 이후 더욱 그러하다. 편집 일정을 구성할 때 최종 결과물이 나오기까지의 과정을 보여주는 짧은 콘텐츠를 이따금 포함시키는 방법을 생각해보자. 이러한 방법은 밀레니얼 오디언스 대상 마케팅에서 두 가지 목적을 이룰 수 있다.

> » 오디언스에게 작업 과정과 전문성에 대한 인사이트를 전달하고, 이를 통해 사용자가 브랜드와 보다 친근해질 수 있다. 보기에도 재미있다.
> » 이러한 종류의 스페셜 콘텐츠는 브랜드와 사용자를 연결하는 데 두드러진 역할을 한다. 이 콘텐츠는 사용자들에게 내부자의 시선을 보여준다. 한 예로 유명 셰프 소유의 레스토랑을 떠올려보자.

당신은 그 유명 셰프와 그녀가 운영하는 레스토랑 그리고 그 레스토랑의 대표 요리가 무엇인지 잘 알고 있을 수 있지만, 잘 알고 있다고 해서 그 업체 또는 개인과 사적으로 연결되었다고 느끼는 것은 아니다. 그렇다면 매달 한 번씩 이 셰프가 페이스북 라이브에 로그인해서 인기메뉴 중 하나를 요리하는 법을 차근차근 설명해준다고 생각해보자. 반드시 그 요리법을 따라하지는 않더라도, 이러한 경험은 밀레니얼 세대에게 연결된 느낌을 준다.

어느 사업 분야에서라도 비하인드 스토리 콘텐츠는 밀레니얼 세대의 충성도를 향상하는 데 효과적이다. 이 콘텐츠를 콘텐츠 전략의 일부로 활용하여 계획 중인 편집 일정에 포함시킬 수 있다.

시기별 콘텐츠

편집 일정은 계속 변화하고 진화해야 한다. 밀레니얼 세대는 주의 지속시간이 그리 길지 않다. 편집 일정의 변경 시기를 좀 더 빠르게 할수록 참여도는 훨씬 올라갈 것이다. 계획된 콘텐츠를 다른 달, 다른 시즌에 활용하는 것도 더 수월해질 것이다.

휴일, '신학기 시즌' 같은 1년 중 특정 시기, 또는 '10월은 유방암 홍보의 달' 같이 특별한 명분이 있는 시기와 관련된 콘텐츠를 기획하는 등 시기별 콘텐츠를 기획하는 일은 아주 중요한 업무이다.

연관성은 타깃 오디언스의 페이스북 뉴스피드에서 가장 중요한 요소이다. 만약 메시지가 밀레니얼 세대가 관심을 갖는(최근의 화젯거리나 핼러윈과 같은 이벤트 등) 대화와 관련되어 있다면, 메시지가 더 많은 오디언스에게 유기적으로 도달할 가능성이 커진다.

테마별 콘텐츠 개발 고려하기

테마별 콘텐츠를 개발하는 것은 페이스북에서 밀레니얼 세대를 겨냥한 콘텐츠 전략을 세울 때 유용한 전술이다. 밀레니얼 세대가 이 콘텐츠를 자주 그리고 정기적으로 보게 된다면 시간이 지나면서 유기적 도달 및 참여가 이루지는 데 도움이 될 것이다. 여러 가지 형태의 테마별 콘텐츠는 어떤 브랜드 또는 산업에 맞게 쉽게 조정할 수 있다. 콘텐츠 전략 수립 시에 다음과 같은 형태의 테마별 콘텐츠를 고려해보자.

» **Q&A** : 오디언스에게 질문을 던지는 것은 참여를 유도하면서 취향과 선호도가 어떻게 진화해 나아가는지 감을 잡기에 좋은 방법이다. 질문을 통해 오디언스에 대해 실시간 인사이트를 수집할 수 있기에 지속적으로 콘텐츠 전략을 최적화하는 데 도움이 될 것이다.

» **여론조사** : Q&A와 마찬가지로 오디언스에게 의견을 구하는 것 역시 페이스북에서 밀레니얼 세대의 관심이 진화해 가는 속성을 이용할 수 있는 훌륭한 방법이다. 여론조사와 페이스북 서베이 콘텐츠는 사용하기 편리한 도구이기도 할 뿐 아니라, 서베이 결과가 편집 일정에 새로운 콘텐츠를 기획하는 데 소중한 영감을 주기도 한다.

» **팁과 요령** : 팁과 요령은 브랜드로서 전문성을 보여줄 뿐 아니라 오디언스에게 부가가치를 제공한다. 두 가지 이점 덕분에 이런 형태의 콘텐츠를 주제 관련 콘텐츠에 포함시킬 만한 가치가 있다. 테마별 콘텐츠와 관련한 보다 상세한 내용은 132쪽 '팁과 요령'을 참조하자.

» **사용 안내** : 지침을 제공하는 콘텐츠는 항상 인기가 많고 팁과 비슷한 역할을 한다. 그러나 팁과 사용 안내 콘텐츠의 차이점은 자료의 깊이에 있다. 팁은 오디언스가 아주 빠르게 흡수할 수 있도록 쉽게 요약한 짤막한 정보이다. 사용 안내 콘텐츠는 훨씬 더 구체적인 내용을 제공하면서 프로세스와 전문지식을 전달한다. 사용 안내 콘텐츠는 또한 목적을 갖고 검색해서 클릭한다. 사용 안내 비디오를 보거나 사용 안내글을 읽는 밀레니얼 사용자는 훨씬 의욕적으로 행동을 취한다.

» **맛보기/비하인드 스토리** : 밀레니얼 오디언스에게 맛보기 자료를 많이 제공할수록 브랜드와 더욱 가깝다고 느낄 것이다. 이러한 테마를 가지고 콘텐츠를 제작하거나 스트리밍할 수 있는 선택권이 있다면, 진지하게 고민

그림 6-10
페이스북 라이브
비디오에서 오디
언스의 실시간 참
여 예시

해보도록 하자. 비하인드 스토리 콘텐츠는 아주 매력적이고, 그림 6-10에서 보듯이 페이스북 라이브와 같은 플랫폼에서는 더욱 그러하다.

» **영감/동기부여** : 긍정의 힘은 페이스북에서 크게 도움이 된다. 영감을 주는 콘텐츠는 영향력이 큰 테마이다. 이러한 콘텐츠는 긍정적인 글귀와 같이 철학적 동기부여의 형태가 될 수도 있고, 또는 오디언스가 프로젝트를 시작하는 것을 도울 수 있는 아이디어의 형태로 영감을 불어넣을 수도 있다.

대부분의 테마별 콘텐츠는 보편적이다. 밀레니얼 오디언스의 더 획일적인 특징 몇 가지를 활용해서 일반 대중과도 공유할 수 있다. 이 콘텐츠의 목적은 오디언스가 지속적으로 참여하도록 독려하고 광범위한 유기적 도달을 이끌어내는 일이다. 제한적으로 초점을 맞춘 콘텐츠를 사용하는 것은 마케터가 좀 더 행동 지향적인 캠페인 및 콘텐츠에 광고비를 쓰도록 한다. 페이스북의 밀레니얼 세대 대상 콘텐츠 전략에 있어서 이러한 캠페인과 콘텐츠는 가장 중요한 요소를 이룬다.

고도로 타깃팅한 콘텐츠 개발하기

밀레니얼 오디언스에게 행동을 이끌어내고자 할 때 개인화가 필수적이다. 관계는 밀레니얼 세대에게 상당히 중요하다. 개인화된, 고도로 타깃팅한 콘텐츠를 전달하는 것이 충성도, 평균보다 높은 수준의 참여도, 그리고 대화를 이끌어내는 가장 좋은 방법이다.

고도로 타깃팅한다(hypertargeting)는 것은 콘텐츠를 한 단계 더 맞춤형으로 만드는 과정이다. 단순히 초기 분석에서 확인한 일반적인 오디언스의 특징에 맞추어 콘텐츠를 특화하는 것이 아니라, 세분화된 오디언스 집단을 좀 더 깊숙이 살펴보는 것이다. 이렇게 철저하게 살펴보는 과정은 세그먼트별로 가장 고유한 특징을 찾아내는 데 도움이 될 것이다. 또한 각 오디언스 집단을 차별적으로 보여주는 미세한 사항에 중점을 둘 수 있도록 캠페인 콘텐츠를 조정하는 데도 도움이 될 것이다.

밀레니얼 오디언스 집단 전체에게 보내는 전반적인 메시지는 동일할 수 있지만 전달 방식, 구조, 그리고 창의적 접근방식은 달라질 수 있다. 그 차이라는 것은 정기적으로 높은 오디언스 클릭률을 자랑하는 특정 키워드의 사용과 같이 비교적 사소한 것일 수도 있다. 아니면 어떤 오디언스에게는 짧은 영상을 사용하고 어떤 오디언스언스에게는 행동 개시를 요청하는 내용을 담은 이미지를 사용하는 것과 같이 큰 차이를 둘 수도 있다. 또한 캠페인의 타깃 오디언스 기준에 맞는 오디언스 집단을 찾아내는 때가 올 수 있고, 그렇지 않은 경우도 있을 수 있다.

오디언스 집단은 여러 가지 측면에서 특별하다. 밀레니얼 세대라는 카테고리와는 별도로, 서로 극명하게 차별화된 사용자로 구성된다. 오디언스 집단의 오직 절반에만 적합한 캠페인을 론칭하게 될 수도 있다. 그러므로 목적, 메시지, 캠페인 구조에 맞지 않는 대상에게 광고비용을 낭비하지 않도록 하기 위해 각 집단의 특징을 분석하는 것이 중요하다.

캠페인마다 고도로 타깃팅한 콘텐츠를 개발하기 위해서 다음 단계를 따라보자.

1. **캠페인에 맞는 오디언스 집단을 찾는다.**
   모든 오디언스 집단이 모든 캠페인에 적합하지는 않다는 사실을 기억하자. 광범위한 오디언스를 모든 캠페인에 결부시키기 위해 애쓴다면 자멸의 길을 걷게 될 것이다. 이러한 접근으로 말미암아 광고 예산이 부족해질 수 있다. 처음에는 가장 가능성이 있는 오디언스 세그먼트에 집중하고, 가장 중요한 오디언스 집단의 가능성을 소진한 이후에 또 다른 오디언스를 포함시킬 기회가 있는지를 살피는 것이 더 낫다.

2. **각 집단을 정의할 수 있는 특징을 정하고, 그 특징을 콘텐츠 개발의 안내자로 삼는다.**

   오디언스 집단의 작은 세부사항들이 그들을 중요한 존재로 만드는 요소이다. 캠페인에 가장 적합한 오디언스를 찾아낸 이후에, 그들만의 고유함을 찾아내기 위해 오디언스 페르소나를 검토해보자. 이러한 고유한 특징들이 콘텐츠 개발을 이끄는 힘이 될 것이다.

3. **중요도에 따라 오디언스의 우선순위를 정한다.**

   개략적으로 생각했던 목적을 고려할 때, 특정 오디언스가 다른 집단에 비해 더 가치 있는 특징을 보유하고 있을 것이다. 2단계에서 이끌어낸 특징을 철저히 검토해서 어느 것이 가장 중요한지를 결정하는 것이 바로 마케터가 할 일이다.

   콘텐츠 개발 프로세스 초기에는 질적 점수를 기반으로 짧은 설명을 포함한 수치 척도를 만들고 싶을지도 모른다. 아마 1부터 5까지의 척도 정도가 아닐까 한다. 이러한 스케일이 있으면 각 오디언스 집단의 성공 가능성을 빠르게 결정할 수 있게 되기 때문에 집단의 성공 가능성을 결정하는 프로세스가 훨씬 간단해질 것이다.

4. **캠페인에 사용할 보편적인 메시지와 콘텐츠를 만든다.**

   특정 집단에 특화되지 않은 일련의 메시지를 만들어둠으로써 해당 메시지를 사용자에 맞게 조정하는 프로세스가 훨씬 더 간단해질 수 있다. 맞춤화 과정이 훨씬 더 용이해지는 이유는 이 단계에서 이미 메시지의 기반을 세웠기 때문이다.

5. **2단계에서 찾아낸 고유한 특징에 맞게 보편적 메시지를 특화한다.**

   마지막으로 미리 작성해둔 보편적 메시지를 각각의 밀레니얼 오디언스 세그먼트에 맞게 특화하자.

위 다섯 단계를 모두 거치면, 캠페인에서 반드시 사용해야 하는 개인화된 메시지가 완성될 것이다. 개인화는 사용자들과 오랜 관계를 형성하는 중요한 부분이다.

페이스북에서 밀레니얼 오디언스와 관계 구축하기

밀레니얼 세대에게 관계는 충성도의 뿌리이다. 밀레니얼 세대 내에서 한결같은 오디언스 기반을 구축하기 위해서는, 시간을 두고 관계를 가꾸고 형성해 나아갈 필요가 있다. 밀레니얼 세대에 대한 공통된 비판도 있긴 하지만, 그들은 상당히 충성도가 높고 스스로 브랜드와 개인적인 관계를 맺고 있다고 느낄 때는 제품을 더 비싼 가격에 구입하려고도 한다. 많은 브랜드에 있어서 이러한 연결을 만들어내는 과정은 어려운 일이다.

페이스북은 관계를 키우고 가꾸는 이상적인 시작점이다. 밀레니얼 세대가 그 공간에서 상당한 시간을 보내기 때문이다. 데스크톱과 모바일 기기 모두에서 사용이 가능한 폭넓은 선택 범위는 오디언스의 참여가 여러 가지 형태로 지속적으로 이루어질 수 있음을 시사한다. 이러한 특징은 페이스북의 고유한 점이라고 말할 수 있다. 관계 구축을 위해 다음과 같은 몇 가지 참여 전략을 채택할 수 있다.

- » 고도의 타깃팅
- » 특권의식
- » 대응력
- » 일관성
- » 가치

고도의 타깃팅

고도의 타깃팅은 오디언스와의 관계를 수립하는 데 가장 효과적인 방법 중 하나이다. 이는 해당 브랜드가 팬과 팔로어를 신경 쓰고 있다는 것을 보여주고, 이것이 그들로 하여금 제품 또는 서비스의 진가를 인정하는 것 이상의 수준으로 브랜드와 관계를 맺도록 한다. 이러한 연결은 팔로어와 훨씬 더 오랜 기간 지속 가능한 관계를 수립하는 중요한 것이다.

고도의 타깃팅과 관련해 좀 더 자세한 내용은 136쪽 '고도로 타깃팅한 콘텐츠 개발하기'를 참조하자.

특권의식

특별혜택, 콘텐츠, 정보를 브랜드 팬 및 팔로어와 공유하게 되면 그들은 특별대우를 받는다는 느낌을 받는다. 이는 팬과 팔로어가 브랜드가 공유하는 내용에 좀 더 관심을 갖도록 부추긴다. 특정 고객 한정 이벤트에 초대하거나, 오직 팬에게만 특별혜택을 제공한다든지, 혹은 일반 대중보다 앞서 콘텐츠에 접근할 수 있도록 한다든지, 특별한 무언가를 제공함으로써 오디언스를 개발하는 방법은 브랜드와 긴밀하게 연결되었다는 느낌을 자아낸다.

대응력

충성도가 가장 높은 오디언스들이 대답을 기다리도록 하지 마라. 팬, 팔로어 또는 고객이 페이스북을 통해 연락을 취했을 때(메신저를 통해서든, 포스트 또는 코멘트를 통해서든), 바로 대응해야 한다. 작은 행동들이 관계 구축에 큰 역할을 한다. 단지 코멘트에 '좋아요'를 누르거나 질문에 답하는 행동이 팬 또는 팔로어에게 지대한 영향을 미칠 수 있다.

위기가 닥쳤을 때에는 분명히 참여 및 대응 전략을 크게 바꾸어야 할 것이다. 그러나 보통 때라면 이러한 행동은 긍정적인 브랜드 경험으로 인식될 것이고 정기적으로 활용해야 한다.

일관성

편집 일정이 반드시 매일매일의 콘텐츠 계획을 포함하는 것은 아니다. 전략상 매일 포스팅할 필요가 없다면, 억지로 해야만 하는 일은 아니다. 바라는 바는 오디언스의 뉴스피드에 지속적으로 콘텐츠가 흘러들어 가는 것일 것이다.

간헐적 포스트는 두 가지 측면에서 성장 가능성을 저해한다.

> » 임의로 콘텐츠를 공유하게 되면 오디언스가 새로 올라올 자료를 기대하지 않게 된다. '화요일에 전하는 꿀팁'과 같이 무언가가 나온다는 것을 알고 있다면, 유기적 참여가 크게 올라갈 것이다. 그러한 일관성이 없다면 유기적 도달은 정체될 수 있고, 도달률을 향상시키기가 아주 어려울 것이다.

> 일정이 고르지 못하다면 오디언스는 언제 콘텐츠가 공유되었는지 알기가 어렵다. 그러므로 정기적으로 콘텐츠를 공유하는 경쟁자들에 가려 브랜드 가시성이 약해질 것이다.

일관성은 브랜드 목소리에도 영향을 미친다. 페이스북에서 쉽게 구별할 수 있는 색깔의 목소리를 개발하면, 사용자들은 그 특정 스타일의 글쓰기 또는 디자인에 익숙해진다. 이러한 일관성과 오디언스 친숙도 덕분에 유기적 성장을 이룰 수 있고, 필수적으로 지불해온 광고비용도 줄일 수도 있다.

가치

밀레니얼 세대는 경험을 아주 가치 있는 것으로 생각한다. 그들이 브랜드와 연결되었다고 느낄 때에는, 단순한 교류보다는 참여를 통해 더 많은 것을 얻고자 한다. 그러므로 밀레니얼 소비자와 브랜드의 관계는 더 깊어진다. 이런 신뢰를 향상시키는 가장 좋은 방법은 공유하는 콘텐츠에 언제나 손에 잡히는 가치를 제공하는 것이다. 가치라는 것은 여러 가지 형태가 될 수 있다. 예를 들면 생활의 지혜, 팁 또는 장사의 비결 등 생활을 편리하게 해주는 소소한 정보를 공유하는 간단한 무언가일 수도 있다. 그렇지 않으면 사용자 매뉴얼 비디오에서 설명하는 복잡한 프로세스와 같이 좀 더 구체적이고 강력한 내용일 수도 있다.

이번 장에서 다룬 여러 가지 콘텐츠의 형태들은 오디언스의 일상생활을 개선하기 위한 것이다. 사용자 매뉴얼 비디오 또는 간단한 팁은 밀레니얼 세대와의 관계를 강화할 수 있는 훌륭한 방법이다. 그러한 콘텐츠는 공공연하게 자기 홍보를 하지는 않지만, 해당 브랜드가 그 분야에서 전문성이 있음을 분명하게 강조한다. 또한 오디언스가 계속해서 브랜드와 소통하도록 유도하기도 하는데, 판매 권유를 넘어선 내용을 공유할 때에 특히 그러하다.

페이스북에서 밀레니얼 세대에게 광고하기

콘텐츠 전략, 브랜드 목소리, 오디언스 집단, 그리고 편집 일정을 개발하고 나면, 페

이스북의 견고한 광고 플랫폼을 이용할 준비가 된 것이다. 트위터, 핀터레스트, 스냅챗 등의 네트워크 역시 광고 옵션을 제공하고 있지만, 세분화된 밀레니얼 오디언스에게 다가가는 데에는 아마도 페이스북이 가장 중요할 것이다. 페이스북 광고의 타깃팅 메커니즘, 대시보드 구조, 구체적인 실시간 리포트 데이터들 사이에 마음에 드는 점을 많이 찾을 수 있을 것이다.

캠페인 론칭하기

페이스북 광고 대시보드를 사용해 밀레니얼 세대에게 다가가기 위해서 따라야 할 몇 단계가 있다. 물론 캠페인마다 목적이 변할 수는 있지만, 마케터가 이미 세분화된 오디언스를 만들었다는 점을 고려하면, 훨씬 간단한 과정을 거쳐 평균 이상의 결과를 낼 수 있다.

페이스북에서의 유기적 참여와 똑같이 광고 캠페인의 참여율은 오디언스, 목적, 오디언스에게 기대되는 행동에 따라 보통 1~3% 정도가 될 것이다.

밀레니얼 세대에게 초점을 맞춘 페이스북 광고 캠페인을 론칭하기 위해서 다음 단계를 따라보자.

1. **페이스북 광고 관리자 대시보드에 접속하여 새로운 캠페인을 생성한다.**
   광고 관리자 대시보드의 오른쪽 위에 있는 초록색 아이콘을 클릭하면, 새로운 광고 캠페인을 생성할 수 있다.

2. **이번 캠페인에서 달성하고자 하는 바를 가장 잘 표현한 마케팅 목적을 선택한다.**
   마케팅 목표로 선택 가능한 항목이 상당히 많다(그림 6-11 참조). 선택 가능한 항목이 모든 캠페인에 이상적으로 들어맞지는 않을 것이고, 아마도 더 중요한 것은 밀레니얼 세대가 페이스북에서 취하는 행동의 종류에 관해서라면 모든 내용이 딱 부합하지는 않을 것이라는 사실이다. 페이스북에서 자사 캠페인 목적에 부합하는 목표를 주의 깊게 선택하자.

   캠페인의 성공과 프로그램의 성과를 어떻게 측정할지 캠페인 시작 전에 미리 계획하자. 페이스북에서 사업 성과로 직접 연결될 수 있는 캠페인 성과에 대한 깊이 있는 인사이트를 제공하기는 하지만, 브랜드만의 측정 방법 역시 설

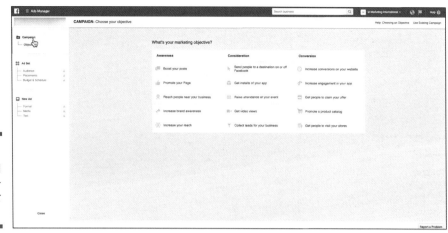

그림 6-11

페이스북 광고 캠페인에서 여러 가지 목표를 선택할 수 있다.

계하고 싶을 것이다. 명확하게 성공의 기준을 정의해 두지 않는다면, 결국 어떤 일이 성공했는지 여부를 어떻게 알 수 있겠는가?

페이스북에서 제시된 목적의 대부분은 유사하게 구조화된 캠페인으로 이어지지만, 주요 차이점은 페이스북이 각 브랜드 계정에 비용을 부과하는 방식이다. 페이스북은 행동당 또는 클릭당 과금하거나, 노출수와 클릭수를 혼합하여 또는 대화를 기반으로 비용을 청구할 수도 있다. 어떻게 비용을 부담할 것인지를 사전에 반드시 확인하도록 하자.

3. **세분화된 밀레니얼 집단에서 저장된 오디언스를 선택한다.**

   캠페인을 실행할 때 흔히 하게 되는 작업인 신규 오디언스를 만들지 않고, 브랜드의 페이스북 계정에서 고도로 타깃팅한 오디언스 집단 중에 선택하고자 할 때가 있다. 광고 세팅을 설정할 때, 그림 6-12에서와 같이 풀다운 메뉴에서 저장된 오디언스를 선택할 수 있다.

4. **광고 위치를 수동으로 찾는다.**

   페이스북은 그림 6-13에서와 같이 두 가지 형태의 광고 게재 방식을 제공한다.

   - 광고 서버에 의해 자동으로 페이스북과 인스타그램, 페이스북 오디언스 네트워크에 광고 게재하기
   - 광고하고 싶은 위치를 수동으로 선택하기

그림 6-12

더 많은 타깃 캠페인을 펼치기 위해 저장된 오디언스를 선택하라.

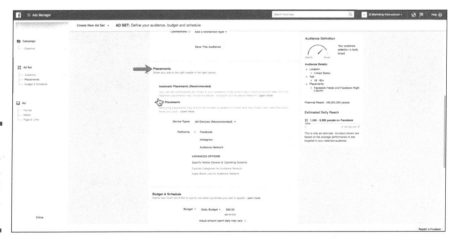

그림 6-13

캠페인의 모든 측면을 최적화할 수 있도록 광고의 위치를 개별적으로 선택하라.

더미를 위한 팁

- 이러한 과정을 자동으로 수행하면 더욱 간편하겠지만, 밀레니얼 세대에게 접근하고자 할 때에는 수동으로 처리하기를 권한다. 그 이유는 간단하다. 밀레니얼 세대는 플랫폼마다 그리고 네트워크마다 고유한 방식으로 소통한다. 한 명의 사용자가 데스크톱에서 페이스북 콘텐츠에 참여하는 방식과 모바일 기기에서 인스타그램 콘텐츠에 참여하는 방식은 상당히 다를 것이다. 콘텐츠는 이러한 차이를 고려하여 달라져야 한다. 광고 위치뿐 아니라 구체적인 오디언스 선정을 위해 캠페인 내에서 광고 세팅을 체계적으로 설정한다면, 기대 이상의 성과를 거둘 가능성이 더욱 커진다.

5. **가격 책정 프로세스를 어떻게 구조화할지 결정한다.**

4단계 광고 게재와 똑같이 가격 결정 역시 자동 또는 수동으로 조정할 수 있다. 자동 가격 책정은 쉽고 효과적이지만, 자칫 클릭수에 비해 과다하게 비용을 지출하게 될 수도 있다. 수동 가격 책정을 활용하면 해당 광고의 클릭률 및 클릭당 비용을 주의 깊게 모니터링하여 필요 시 조정할 수 있다. 수동 가격 책정 방식이 시간이 더 걸리기는 하지만, 가격 수준(클릭당 0.1달러 또는 1달러)별 클릭수를 도출하여 이를 극대화할 수 있다. 스스로에게 질문해보자. "얼마 안 되는 금액일지라도 비용을 줄일 수 있는데 왜 굳이 더 지불해야 하는가?"

6. **오디언스 세그먼트에 특화된 크리에이티브 디자인을 올린다.**

콘텐츠 전략은 특정 테마를 기반으로 한 고도로 타깃팅한 콘텐츠 개발을 포함한다. 이러한 콘텐츠는 더 정교하고 상세한 오디언스 개성을 고려하여 각 오디언스 집단에 전달된다.

보다 성공적인 캠페인 만들기

각 오디언스 집단에 적합한 콘텐츠를 만들고 나면, 광고 캠페인의 메시지를 담은 유사 콘텐츠를 만들고 싶을 것이다.

이러한 과정을 거칠 때 콘텐츠를 특별하게 만들어줄 수 있는 다음 몇 가지 팁을 기억하자.

» 모든 캠페인 목표가 밀레니얼 오디언스에게 적절한 것은 아니다.
» 광고 세팅마다 특정 오디언스를 선택한다.
» 페이스북과 인스타그램 광고 캠페인을 분리한다.
» 광고의 크리에이티브 디자인을 선택할 때 모바일을 우선으로 생각한다.

모든 캠페인 목표가 밀레니얼 오디언스에게 적절한 것은 아니다

브랜드 인지도를 제고하기 위한 캠페인을 전개할 때, 밀레니얼 오디언스에게만 초점을 두기보다는 지역 사용자에게 다가가는 옵션을 선택하는 방안을 고려하게 될지도 모른다. 주변의 밀레니얼 세대는 모바일 기기를 활용하고 페이스북에 접근한다. 만약 오프라인 상점을 방문하는 고객의 수를 늘리고자 한다면, 지역 사용자에게 다가가는 것이 가장 좋은 방법이다.

해당 브랜드의 구매 고려도를 상승시키기 위한 캠페인을 전개하고 사람들이 웹사이트에 방문하도록 하고자 할 때 아주 명확한 랜딩 페이지(landing page : 클릭 시 이동하는 페이지-역주)를 선택할 필요가 있다. 캠페인 담당 마케터가 저지르는 최악의 실수 중 하나는 사용자들을 복잡한 페이지 또는 정보가 너무 많은 페이지로 이동하도록 하는 것이다. 이보다 더 안 좋은 실수는 사용자를 홈페이지로 보내는 일이다. 광고 콘텐츠 및 크리에이티브 디자인과 매칭되는 페이지를 선택하여 오디언스가 브랜드 사이트에 도달했을 때 '제대로 왔구나'라고 인식할 수 있도록 하자.

광고 세팅마다 특정 오디언스를 선택한다

사용자를 세분화했던 이유가 있다. 사용자들 간에 몇몇 공통적 특징이 있겠지만, 사소한 차이가 서로를 구별한다. 그러한 사소한 차이 중 상당수가 눈부신 참여도 향상으로 이어질 수 있다.

페이스북과 인스타그램 광고 캠페인을 분리한다

광고 게재는 보통 생각하는 것보다 캠페인의 성공에 있어서 더 중요하다. 만약 페이스북 광고 모두 또는 대부분을 한군데에 게재하기로 했다면(예컨대 데스크톱 뉴스피드, 오디언스 네트워크에서 오른쪽 칼럼에) 적어도 인스타그램의 광고는 차이를 두자.

인스타그램과 페이스북 광고를 동일한 대시보드에서 관리하지만, 그 두 가지를 하나의 같은 네트워크로 여겨서는 안 된다. 그 두 개의 네트워크는 다른 방식으로 활용되고 있고, 그래서 콘텐츠 역시 다르게 보여야 한다. 사용자의 특성이 네트워크마다 변하고 브랜드의 목적 역시 네트워크마다 동일할 수 없다. 이러한 이유들로 인해 광고 세팅 시에 페이스북과 인스타그램을 하나로 분류해서는 안 된다.

광고의 크리에이티브 디자인을 선택할 때 모바일을 우선으로 생각한다

모바일은 밀레니얼 세대가 사는 세상이다. 페이스북 광고 캠페인을 개발할 때, 모바일은 최우선 고려사항이 되어야 한다. 크리에이티브 디자인은 눈에 띄어야 하지만, 너무 복잡하거나 불명확하면 사람들이 지나쳐버릴 것이다.

대다수 캠페인의 목적은 타깃 오디언스가 어떤 형태의 행동을 취하도록 이끄는 것이다. 한 방향으로 전달된 콘텐츠를 아주 빠르게 스크롤 다운하게 되는 모바일 기기에서, 크리에이티브 디자인은 해당 오디언스의 관심을 끌 만한 형태여야 한다(모바일 중심의 마케팅 전략 개발은 제10장에서 다룬다).

한 방향으로 전달되었다는 용어가 여기서 사용된 이유는 페이스북 또는 인스타그램과 같은 소셜 네트워크는 모바일 기기에서 단일 칼럼으로 콘텐츠를 배치하기 때문이다. 그러므로 콘텐츠는 아주 빠르게, 수시로, 거의 한 번에 한 개 아이템씩 전달된다.

평균 대비 결과를 테스트하기 위해 일반 오디언스 중 통제집단을 구성해보자

일반 콘텐츠에 대한 평균 참여도 및 전체 밀레니얼 오디언스와의 평균 소통 정도를 테스트하기 위해 캠페인 초기에 광고 예산의 일부를 사용하는 것은 아무 문제가 없다. 이러한 접근방법을 통해 불특정한 밀레니얼 오디언스가 평균적으로 얼마나 콘텐츠에 참여하는지를 알 수 있고, 그에 맞춰 벤치마크를 설정할 수 있다. 그리고 나서 각 집단에 고도로 특화된 요소가 가미된 캠페인을 운영하고 평균 대비 성과를 측정해보자. 이렇게 꼼꼼하게 진행하면 캠페인이 어느 지점에서 미션을 달성했는지 그리고 특별히 어떤 캠페인이 조정되어야 하고 중단되어야 하는지를 찾아낼 수 있을 것이다.

트위터와 비디오를 활용하여
밀레니얼 세대와 커뮤니케이션하기

제7장 미리보기

- 트위터 오디언스를 이해한다.
- 트위터용 콘텐츠를 개발한다.
- 비디오 콘텐츠를 활용해 밀레니얼 세대에게 다가간다.

사람들이 현대의 뉴미디어 커뮤니케이션에 대해 거의 틀림없이 떠올리는 특징들 중 하나는 '한입 크기' 속성, 즉 간단히 이해할 수 있도록 한 점이다. 마케터들이 자주 하거나 받는 질문이 "브랜드를 잘 나타내는 140자 문구는 무엇입니까?"이다(트위터 커뮤니케이션은 글자수를 140자로 제한한다). 다양한 플랫폼에 초간단 미디어 예시가 많이 있지만 밀레니얼 세대 마케팅 전략에 가장 딱 들어맞는 예는 트위터이다.

이번 장에서는 트위터를 활용하여 밀레니얼 오디언스에게 다가가는 법을 살펴보겠다. 더불어 밀레니얼 세대의 관심을 끌기 위해 제작할 수 있는 비디오 콘텐츠의 형태도 알아보고자 한다.

밀레니얼 세대가 어떻게 트위터를 사용하는지 알아보기

트위터는 한때 유명인들이 자신의 일상을 공유하는 매개체로 사용하였다..지금은 사용자의 63%가 트위터를 주요 뉴스 원천으로 참조한다고 주장하고 있다(퓨 리서치 센터). 트위터를 사용하는 밀레니얼 세대의 81%가 매일 체크인을 하고, 15%가 하루에 10번 이상 체크인을 한다(트위터).

다음은 트위터를 사용하는 밀레니얼 세대에 대해 알아두어야 할 몇 가지 특성이다.

>> 밀레니얼 세대는 주로 브랜드를 지지하기 위해 그리고 할인 및 특별혜택을 받기 위해 브랜드 트위터 계정을 팔로우한다.
>> 트위터는 불만이 있는 밀레니얼 고객이 종종 가장 먼저 들르는 곳이다.
>> 밀레니얼 세대가 뉴스를 접하는 주요 원천은 뉴미디어, 특히 트위터이다.
>> 밀레니얼 세대가 말하기를 트위터를 가장 많이 사용하는 이유 중 하나는 지루함을 달래기 위해서이다.
>> 밀레니얼 세대는 스포츠 경기 또는 주요 뉴스 스토리 등 특정 이벤트 관련 참여도가 상당히 높다.
>> 트위터를 사용하는 밀레니얼 세대 대다수가 모바일 기기를 통해 네트워크에 접속한다.

트위터는 밀레니얼 세대에게 중요한 장소이고, 트위터 콘텐츠의 속성은 대체로 마케터마다 고유하다. 공유하는 내용은 아주 간략하다. 사용자 피드 공간에 대한 수요가 높고, 따라서 빠르게 지나간다. 사용자 피드에 콘텐츠가 쏟아진다는 것은 사용자들이 피드에 나오는 내용에 거의 주의를 기울이지 않는다는 의미이다. 밀레니얼 세대에 중점을 둔 트위터의 이점을 활용하기 위해서는, 정교한 전략과 타깃 광고에 대한 투자 의지가 있어야 한다.

트위터에서의 콘텐츠 전략 수립하기

트위터는 유사 방송 네트워크이다. 그래서 사용자들이 어느 정도까지는 자기 홍보성 콘텐츠를 참아주지만, 그것을 기대하는 것은 아니다. 즉, 현실적으로 트위터 사용자들이 브랜드 계정에서 공공연하게 드러나는 공격적인 판매 광고를 계속 보고 싶어 하지는 않는다는 의미이다. 단지 브랜드가 콘텐츠나 제품을 좀 더 정기적으로 보여 주고 사용자들이 네트워크를 떠나 랜딩 페이지로 넘어가도록 유도한다는 사실을 예기치 못하는 것은 아니라는 의미 정도이다.

그러나 트위터에서 콘텐츠 전략을 수립하는 것은 페이스북 전략 수립과는 차이가 있다.

» **페이스북과 달리 트위터는 훨씬 더 일차원적이다.** 페이스북은 이벤트, 사용자 지정 부가기능 및 기타 기능들이 있는 브랜드 페이지와 같은 통합 기능을 제공하는 반면, 트위터는 제공하지 않는다. 이를 보완하기 위해서는 트위터 네트워크에서 푸시(push) 전략을 사용할 경우 조금 더 공격적으로 나아가야만 손에 잡히는 결과를 얻을 수 있다(여기서 '조금'이라는 단어에 강조점이 있다). 이 모든 특성은 트위터의 콘텐츠 전략의 구조 관련 요소로 고려된다.

» **페이스북과 같이 트위터 콘텐츠 전략은 상당히 많은 요소를 포함한다.** 그러나 단계마다 들어가는 깊이는 페이스북과 같은 수준이 아니다. 페이스북은 밀레니얼 세대 전략의 중추적 역할을 하게 될 것이다. 특히 데이터 관련해서는 말이다.

» **트위터 콘텐츠 전략에 포함된 요소는 트위터에 국한된다.** 트위터에서 팔로잉을 구축하고 나면, 밀레니얼 세대에 대해 조금 더 잘 알게 될 수 있을 것이다.

» **트위터에서 수행한 오디언스 분석은 특정 오디언스 내에서 이루어질 것이다.** 예를 들어 이메일 데이터베이스에서 사용자 지정 오디언스 리스트를 트위터에 업로드하는 것이 가능하지만, 그 리스트는 오직 광고에만 활용될 수 있다. 페이스북에서는 특정 오디언스 집단에 대한 분석을 완벽하게 할 수 있었다. 반면 트위터에서는 전체 팔로어에 대한 분석만이 이루어질 수 있다.

» **분석 데이터는 대개 트위터에서 추론한 내용으로 구성된다.** 추론 내용을 오디언스의 참여 통계, 팔로우한 계정, 공유한 콘텐츠에 기초하여 엄격하게 검토한다. 그러나 어떤 데이터는 사용자의 자기 보고 데이터이고 매우

정확한 반면, 어떤 데이터는 전적으로 자기 보고 정보를 포함하고 있는 프로파일만큼 정확하지 않을 수 있다는 점에 유의해야 한다.

트위터에서는 사용자 데이터 전부가 분석된다. 왜냐하면 페이스북과 달리, 데이터 수집과 관련해 사용자의 트위터 계정 내에서 발생하는 모든 일은 공개적으로 일어나기 때문이다. 그래서 팔로어에 대한 어떤 정보를 보면, 선택적으로 정보 공개를 허용한 계정에서만 데이터를 끌어오는 네트워크와 비교했을 때, 트위터의 정보가 아주 정확하다는 것을 알게 될 것이다.

트위터 오디언스 분석하기

앞서 설명한 중요한 세부내용을 이해했다면, 이제 트위터 오디언스 분석 프로세스를 시작해볼 수 있다. 다음은 주요 분석 단계이다.

1. **트위터 애널리틱스 대시보드에 접속하여 오디언스 탭을 선택한다.**

   트위터 애널리틱스 대시보드는 http://analytics.twitter.com으로 접속하며, 오디언스 접속 버튼은 대시보드 상단 메뉴바에 포함되어 있다. 해당 탭에 접속하여 분석을 시작하자.

   이 프로세스는 트위터 팔로어가 있고 애널리틱스 계정에 접속한 적이 있는 경우에만 실행할 수 있다. 분석을 통한 인사이트는 최대 48시간 정도가 지나야 이용할 수 있지만, 계정에는 언제라도 무료로 접근할 수 있다. 오디언스가 많으면 많을수록 인사이트가 더 구체적이고 정확해질 것이다.

2. **밀레니얼 오디언스의 규모를 확인한다.**

   그림 7-1에서 보는 것처럼 데모그래픽스 탭에 접속하여, 브랜드의 트위터 오디언스 중 밀레니얼 세대 집단의 규모를 확인하자. 대부분의 경우 밀레니얼 오디언스는 전체 오디언스의 대다수를 차지할 것이다. 트위터에서 분석한 데이터는 전체 사용자, 즉 전체 오디언스를 기반으로 한 내용이다. 그러나 가장 활동적이고 규모가 큰 집단은 밀레니얼 세대일 것이고, 그렇기 때문에 그들의 특성을 정확하게 확인할 수 있다.

   밀레니얼 오디언스가 가장 큰 인구집단이 아닌 경우에는 전체 사용자(포화율 100%) 또는 적어도 대부분의 사용자(포화율 70% 이상)에 해당되는 특징까지만

그림 7-1

오디언스 대시보드의 데모그래픽스 탭에 나타난 밀레니얼 오디언스

분석을 제한해야 한다.

3. **라이프스타일 카테고리를 분석한다.**

   그림 7-2에서와 같이 라이프스타일 및 소비자 행동 탭에서 오디언스와 연관된 관심사항을 검토하는 것으로 시작해서 구매 스타일, 마지막으로 그들이 즐겨 보는 TV 장르를 검토하자.

4. **간단한 페르소나 개요를 작성한다.**

   페이스북에서 이야기 형식으로 작성한 페르소나와는 달리, 트위터용 페르소나는 훨씬 간단해야 할 것이다. 오디언스에 대한 세부내용이 더 일반적이기 때문에, 페르소나는 관심사에 더 집중하도록 한다. 또한 데모그래픽스 탭에서 끌어온 가계의 순자산 및 소득에 관한 추가정보를 고려하자.

   오디언스를 정의할 수 있는 몇 가지 특징을 찾아내고 나면, 그들을 마케터가 원하는 행동을 유도하는 콘텐츠 작업을 시작할 수 있다. 전체 프로세스를 훨씬 단순하게 진행할 수 있도록 도와주는 다음 몇 가지 지침을 기억해두자.

» **선호도가 높은 관심사에 초점을 두어라.** 60%가 넘는 사용자가 관심사로 등록한 사항을 찾아보자. 트위터는 좀 더 일차원적 속성을 갖기 때문에, 오디언스에게 강한 흥미를 불러일으킬 수 있는 방식으로 콘텐츠를 만들어야 한다. 관심 포화율이 높은 부분을 알아내는 것은 선호도가 높은 관심사에 초점을 두는 데 좋은 방법이다.

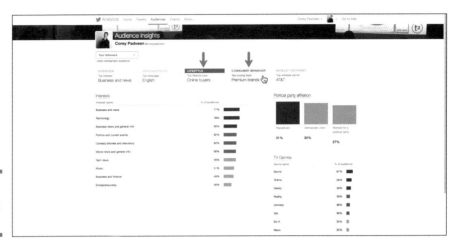

그림 7-2
라이프스타일 및
소비자 행동 탭

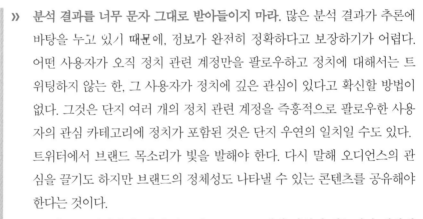

» **분석 결과를 너무 문자 그대로 받아들이지 마라.** 많은 분석 결과가 추론에 바탕을 두고 있기 때문에, 정보가 완전히 정확하다고 보장하기가 어렵다. 어떤 사용자가 오직 정치 관련 계정만을 팔로우하고 정치에 대해서는 트위팅하지 않는 한, 그 사용자가 정치에 깊은 관심이 있다고 확신할 방법이 없다. 그것은 단지 여러 개의 정치 관련 계정을 즉흥적으로 팔로우한 사용자의 관심 카테고리에 정치가 포함된 것은 단지 우연의 일치일 수도 있다. 트위터에서 브랜드 목소리가 빛을 발해야 한다. 다시 말해 오디언스의 관심을 끌기도 하지만 브랜드의 정체성도 나타낼 수 있는 콘텐츠를 공유해야 한다는 것이다.

» **TV 장르를 기억하라.** 어떤 장르의 TV 프로그램에 관심이 있는지가 매일매일의 콘텐츠 전략에 중요하지 않을지도 모르지만, 광고 계획 수립 시에는 중요한 요소가 될 것이다. 트위터 TV 타깃팅은 강력한 도구이다. 이 주제에 대해서는 제5장을 좀 더 참조할 수 있다.

콘텐츠 전략의 세분화 기획하기

일단 트위터 오디언스를 구성하는 사용자에 대해 제대로 이해하고 나면 편집 일정을 채울 수 있는 콘텐츠 개발을 시작할 수 있다. 트위터는 실시간 플랫폼이고 콘텐츠의 반감기는 페이스북보다 훨씬 더 짧다는 사실을 기억하자. 그렇기 때문에 콘텐츠 전략에서 여러 가지 스타일의 콘텐츠, 메시지 전달 구조 및 테마를 활용해야 한다.

어떠한 목소리를 사용할지 결정하기 위해서 페이스북에서 개발했던 어조 및 개성을 트위터에서도 그대로 살리고 싶은지를 자문해보자. 아마도 그럴 확률이 높다. 페이스북에서 상당량의 데이터 분석을 통해 근간이 되는 목소리를 구축했다. 오디언스 페르소나는 네트워크마다 약간씩 변화하지만, 미디어 간에 어느 정도의 일관성을 유지하는 것은 중요하다. 그래서 트위터에서 약간 더 대화하는 형식 혹은 전문적 접근 방식을 취할 수 있지만, 분명 페이스북에서 구축했던 목소리의 메아리일 것이다.

편집 일정을 채울 콘텐츠 세그먼트를 세심하게 기획하기 위해 트위터에서 브랜디드 콘텐츠, 제3자 콘텐츠, 네트워크 콘텐츠의 비율을 설정해야 한다.

» **브랜디드 콘텐츠** : 브랜드가 만들고 관리하는 브랜드 소유의 콘텐츠이다. 이것은 브랜드가 전달하는 메시지이고 브랜드의 목소리이다. 이러한 콘텐츠는 웹사이트 링크, 유사 자기 홍보성 자료 그리고 콘텐츠 전략에서 사용하기로 결정했던 메시지를 포함하고 있을 것이다.

» **제3자 콘텐츠** : 다른 사람의 콘텐츠를 공유한 내용이다. 이것은 단순히 브랜드 오디언스에게 가치를 제공하기 위해 공유한 것으로 자기 홍보의 성격이 없다. 다른 출처에서 찾은 통계 혹은 수치를 공유할 수도 있고, 사용자를 흥미로운 인터넷 기사가 있는 사이트로 연결할 수도 있다. 오디언스에게 무언가 혜택을 제공하는 데 초점을 두고, 브랜드와 관계를 맺는 이유를 부각시킨다.

» **네트워크 콘텐츠** : 리트윗, 멘션 그리고 댓글의 형태를 말한다. 이것은 훨씬 더 대화 형식을 띠고 있고 브랜드의 네트워크 규모를 키우는 가장 쉬운 방법 중 하나이다. 마케터로서 반드시 아주 공격적으로 리트윗을 하고 싶거나 팔로어의 피드를 가득 채우고 싶지 않을 수도 있지만, 참여의 유용한 형태이다. 브랜드의 사소한 제스처에 크게 무게를 두는 밀레니얼 세대를 겨냥한다면 더욱 그러하다.

이렇게 세 가지 형태의 콘텐츠를 어떤 비율로 공유하고자 하는지를 결정하는 일이 아주 중요한 단계이다. 브랜디드·제3자·네트워크 콘텐츠 비율로서 좋은 길잡이가 되는 것은 40-40-20이다. 물론 마케터가 어떻게 트위터를 활용하기로 했느냐에 따

콘텐츠 반감기란 주로 콘텐츠가 확보한 참여도를 의미한다. 기본적으로 반감기란 하나의 콘텐츠의 참여도가 평생 확보하게 될 참여 수준의 절반이 될 때까지 걸리는 시간이라고 정의한다. 그래서 만약 하나의 콘텐츠(좋아요, 공유, 코멘트 등의 형태로)가 참여도 100점을 받는다면, 반감기는 참여도 50점에 도달할 때까지 걸리는 시간을 계산한다. 만약 20분 내에 참여도 50점을 받고 100점이 될 때까지 6시간이 더 걸린다면, 참여도는 20분이 된다는 의미이다.

라 비율이 달라질 수 있지만, 이는 좋은 출발점이 될 것이다. 일단 이 비율을 따르면서 결과물을 면밀히 분석해보고, 참여도가 구체화되기 시작하면 비율을 조정할 수 있다.

밀레니얼 세대에게 맞는 콘텐츠 선택하기

다음 단계의 기획은 콘텐츠 세그먼트 자체와 관련되어 있다. 콘텐츠의 어조와 비율을 결정한 후에는, 이것을 공유하고자 하는 다양한 형태의 콘텐츠에 적용할 수 있다. 특정 형태의 콘텐츠가 트위터에서 밀레니얼 세대에게 훨씬 크게 반향을 일으킬 수 있다. 다음은 고려할 만한 콘텐츠 형태 몇 가지를 제시한 것이다.

» **유머** : 밀레니얼 세대는 먹는 걸 좋아한다. 이는 주류로 편입된 뉴미디어 트렌드를 보면 명확해진다. 이러한 트렌드는 밈(meme, 인터넷상에 재미난 말을 적어 넣어서 다시 포스팅한 그림이나 사진-역주), GIF, 비디오를 포함한다. 유머를 주제와 관련지어 적절한 콘텐츠에 포함하는 것을 생각해보고 싶을 수 있다. 그렇다고 해서 기존에 구축한 목소리를 변화시켜야 한다는 말은 아니다. 만약 유머가 브랜드와 잘 어울리지 않는다면, 억지로 사용하지 않는 것이 좋다. 트위터는 본질적으로 간단하고 희극적인 콘텐츠에 적합하다. 유머를 콘텐츠에 더할 수 있다면 그렇게 하자.

» **비주얼** : 만약 트윗에 GIF 또는 이미지와 같은 비주얼 요소를 곁들일 수 있다면 고려해봐야 한다. 밀레니얼 세대는 비주얼 요소가 보다 두드러지는 모바일 기기에서 트위터를 주로 사용한다. 그래서 비주얼 요소를 넣으면

사용자가 피드를 스크롤할 때 눈에 띌 확률이 훨씬 더 높아진다.

» **전문성** : 전문성을 공유하는 것은 성공적인 콘텐츠 전략의 핵심적인 부분이고 콘텐츠 구성 시에 포함되어야 한다. 이런 형태의 콘텐츠는 오디언스에게 유용할 뿐 아니라 브랜드가 산업을 선도하는 전문성을 보유하고 있음을 부각시켜준다.

» **혜택 제공** : 밀레니얼 세대가 트위터에서 활동하는 분명한 한 가지 이유는 일반 대중보다 앞서서 특별혜택과 할인혜택을 받고 싶어서이다. 가능할 때마다 혜택을 나누자.

» **주제 관련 정보** : 트위터는 간단하고 실시간이라는 속성이 있기에 온라인에서 광범위한 대화가 이루어질 경우 오디언스가 그 대화의 일부가 될 수 있다. 자사 네트워크에서 유행하는 해시태그를 사용해서 대화에 뛰어들자. 오디언스 분석을 통해 유행하는 주제를 알아낼 수도 있다. 유행하는 주제와 관심사를 간단하게 상호 참조하여 적시에 대화에 참여할 수 있는 기회를 찾아보자.

» **대의명분과 관련된 정보** : 사회적 이슈 및 대의명분은 밀레니얼 세대의 대화의 근간이라고 할 수 있다. 브랜드가 어떤 이슈에 지지를 표하는 것이 오디언스와 연결되는 강력한 수단이 될 수 있다. 그러나 많은 주제들이 분열을 초래할 수 있다. 이슈별로 해당 대화에 참여할지 여부를 결정하자.

» **고객 서비스** : 소셜 미디어에서의 소셜 케어 또는 고객 서비스는 트위터를 통해 대중화되었다. 물론 이제는 전 미디어에 걸쳐 소셜 케어가 이루어지고 있다. 그러나 트위터는 여전히 성공적인 소셜 케어 전략의 중요한 디딤돌 중 하나로 인식된다. 트위터를 통해 도움을 주고 서비스를 제공하는 것은 전통적인 형태의 고객 서비스보다 뉴미디어를 통한 지원을 선호하는 밀레니얼 세대에게 수용도가 높을 것이다.

편집 일정 개발하기

트위터 편집 일정은 페이스북과 상당히 다를 것이다(제6장 참조). 네트워크 콘텐츠와 시사성이 있는 콘텐츠는 계획할 수가 없다. 그러므로 그런 종류의 콘텐츠는 편집 일정에 포함하기 어렵다. 그러나 기획 가능한 내용은 브랜디드 콘텐츠이고 제3자 콘텐츠도 어느 정도까지는 계획할 수 있다.

그림 7-3에서는 트위터용으로 제작된 편집 일정의 예시를 볼 수 있다. 트위터에서 공유될 모든 측면의 콘텐츠를 넣을 수 있도록 테이블이 나누어져 있다. 편집 일정이 그림 7-3과 같이 아주 상세할 필요는 없지만, 브랜디드 트윗은 포함되어야만 한다. 브랜디드 트윗은 공유할 수 있고, 다시 사용할 수도 있고, 지속적으로 용도에 맞게 수정할 수도 있다. 만약 계속해서 특정 백서나 블로그 포스트를 홍보하고 싶다면, 자사 네드워그에서 공유할 수 있는 일련의 트윗을 만들어야 한다.

콘텐츠를 포스팅했을 때 오직 오디언스의 일부만이 내용을 보게 될 것이다. 콘텐츠를 본 사용자 중에서 훨씬 더 적은 오디언스만이 실제로 그 내용에 관심을 갖게 될 것이다. 그렇기 때문에 정기적으로 같은 내용의 트윗을 월별 편집 일정에 포함시켜야 한다.

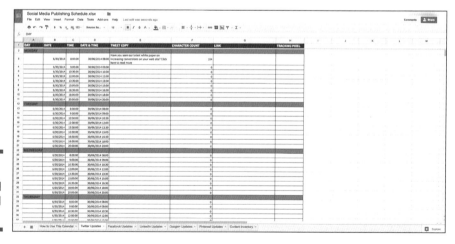

그림 7-3

트위터용으로 제작된 편집 일정의 예시

콘텐츠를 수시로 용도에 맞게 수정하기

예전에 한 번 포스팅했던 콘텐츠라고 해서 편집 일정에서 빠져야 할 이유는 없다. 해당 콘텐츠가 여전히 연관된 내용이라면, 가능한 한 자주 용도에 맞게 바꾸어주자. 오디언스를 특정 포스트 또는 랜딩 페이지로 연결시키는 트윗을 쉽게 재작업할 수 있다. 똑같은 메시지를 반복할 필요 없이 사용자의 클릭을 유도하기 위해서는 다른 종류의 미디어 및 구조를 활용할 수가 있다. 예를 들면 어떤 오디언스가 특정 제목의 콘텐츠는 넘어가 버릴 수 있지만, 똑같은 기사를 이미지, 통계를 포함해서 또는 그밖에 다른 미디어 형태로 공유하면 관심을 기울일 수도 있다. 아주 조금만 재작업을 거치면 많은 변화를 줄 수 있다.

스케줄을 유연하게 관리하기

트위터에서 편집 일정은 규정집이라기보다는 안내책자와 같은 기능을 해야 한다. 어떤 테마는 변경될 수도 있고, 새로운 콘텐츠를 활용할 수도 있다. 몇 시간, 며칠, 심지어 몇 주간의 계획을 포기할 수밖에 없는 이벤트가 발생할 수도 있다.

편집 일정의 목적은 신규 콘텐츠 개발을 돕고 트윗이 끊임없이 공급되도록 하는 데 있다. 편집 일정을 돌에 새겨진 문서처럼 생각해서는 안 된다.

테마가 있는 콘텐츠 기획하기

편집 일정에 테마가 있는 포스트 및 기간을 포함시키는 것을 기억하자. 테마는 해당 주 또는 해당 월 동안 계속해서 반복 사용할 수 있고 페이스북 콘텐츠와도 중복될 수도 있다.

인사이트 활용하기

그림 7-4에서 보듯이 트위터 애널리틱스 대시보드를 사용하여 참여도가 가장 높은 경우가 언제인지를 알아볼 수 있다. 특정 시점에 참여도가 높다는 것이 콘텐츠 반응도가 낮을 때 트윗을 하지 않아도 된다는 의미는 아니다. 단지 참여도가 가장 왕성한 시점에 가장 중요하고 목적 지향적인 트윗을 편성해야 한다. 또한 트위터에서는 확

가장 최근 트위터에 업데이트된 것 중 하나는 연대순 시스템과 상반되는 알고리즘 기반의 시스템을 시행한 것이다. 신규 시스템에서는 개인 피드에 보이는 트윗이 반드시 최근 공유받은 트윗을 기반으로 나타나는 것이 아니다. 트위터는 사용자의 관심도가 높다고 판단한 트윗을 나타내기 위해 개발한 알고리즘을 기반으로 한다.

이러한 변화는 네트워크 내에서의 참여도를 제고하기 위해 시행되었다. 다시 말하면 연대순으로 콘텐츠가 보였던 과거만큼 시간별 트윗 일정이 더 이상 중요하지 않다는 의미이다. 그러나 아직도 참여도는 사용자 피드에 트윗이 등장하는지에 영향을 받는다. 그래서 참여도가 올라가는 시점에 최초로 콘텐츠를 공유하는 일은 여전히 따를 만한 가치가 있는 방법이다.

인되지 않은 또 다른 기회가 있는지를 파악하기 위해 여러 가지 시점을 스스로 테스트해보자.

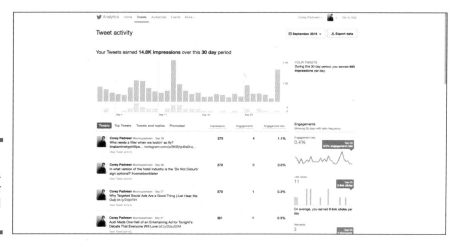

그림 7-4
트위터 오디언스와 공유하기 가장 좋은 시간을 분석한다.

에버그린 콘텐츠 가려내기

가까운 미래와 관련 있는 콘텐츠가 있다면, 그 콘텐츠는 에버그린 콘텐츠(사철 푸른나무처럼 시간이 지나도 읽게 되는 유용한 콘텐츠-옮긴이)라고 생각할 수 있다. 에버그린 콘텐츠는 어느 주기라도 항상 공유할 수 있고, 오디언스로부터 계속해서 클릭과 참여를 이끌어낸다. 이러한 콘텐츠를 찾는다면 트위터의 참여도와 트래픽을 높이는 데 도움이 될 것이다.

홍보성 콘텐츠에 시간 할애하기

홍보성 콘텐츠를 공유하고자 할 때에는 특정 시점을 선택해야 한다. 자기 홍보성 콘텐츠는 조금만 공유해야 하고, 비교적 부드러운 어조를 띠어야 한다. 편집 일정에 홍보성 콘텐츠를 간간히 섞되, 다른 종류의 콘텐츠를 압도할 만큼 자주 넣어서는 안 된다.

트위터 콘텐츠 개발하기

콘텐츠 전략의 나머지가 준비되었다면, 트위터 콘텐츠를 개발할 차례이다. 물론 콘텐츠 모두를 미리 준비해둘 수는 없다. 제3자 콘텐츠와 네트워크 콘텐츠는 즉흥적으로 만들게 될 것이다. 트위터 콘텐츠로 미리 작성하고자 하는 콘텐츠는 다음과 같다.

- » 에버그린 콘텐츠
- » 홍보성 콘텐츠
- » 제3자에게 공급받은 콘텐츠

에버그린 콘텐츠

에버그린 콘텐츠는 주로 브랜드 웹사이트 및 블로그 등 온드 미디어에서 공급될 것이고, 그것을 계속 번갈아 가면서 사용할 수 있다. 물론 트윗은 바뀌어야 하고, 전달하고자 하는 메시지도 변할 수 있다. 하지만 랜딩 페이지 또는 콘텐츠는 동일할 것이다.

에버그린 콘텐츠는 다음과 같이 여러 가지 형태로 작성할 수 있다.

- » 오디언스 대상의 질문
- » 조직의 프로세스 또는 역사에 대한 재미있는 사실
- » 변화가 있을 경우 업데이트가 필요한 산업 관련 정보
- » 백서, 전자책, 시의성이 없는 블로그 포스트와 같은 브랜디드 콘텐츠와 연결

에버그린 콘텐츠는 언제라도 사용할 수 있기에 편집 일정의 구멍을 아주 빠르게 메울 수 있다.

홍보성 콘텐츠

에버그린 콘텐츠 일부는 사용자를 브랜드 웹사이트와 브랜디드 콘텐츠로 연결하지만, 과도하게 자기 홍보를 하지 않는다. 밀레니얼 세대는 소셜 미디어에서 공격적 영업을 하는 데 거부감이 있다. 그러나 웹사이트로 트래픽을 유도하거나 트위터에서 특정 상품이나 서비스를 팔기 위해 제작된 방송 콘텐츠를 보다 잘 받아들인다.

브랜드를 홍보하기 위해 사용할 수 있는 감성 소구 판매 콘텐츠를 개발하자. 하지만 이러한 콘텐츠를 단지 참아주는 것이지 즐기지는 않는다는 사실을 기억해야 한다. 그림 7-5는 특별히 공격적이지 않은 홍보성 트윗의 예시이다. 이와 같은 틀에 맞는 콘텐츠를 만들어 이따금 사용하도록 하자.

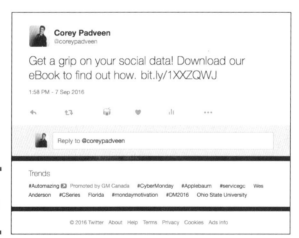

그림 7-5
트위터에서의 홍보성 콘텐츠 예시

제3자에게 공급받은 콘텐츠

개발해둘 필요가 있는 콘텐츠의 마지막 유형은 사실 콘텐츠는 아니다. 트위터 리스트일 것이다. 그 리스트에는 리트윗하거나, 댓글이나 멘션을 달기 위해 콘텐츠를 끌

그림 7-6

트위터에서 사용
자를 리스트에 추
가하기

어올 주요 계정을 포함한다. 그러나 훌륭한 콘텐츠를 공유하는 계정 리스트를 사전에 작성해두면 프로세스가 훨씬 간단해질 것이다.

트위터에서 리스트를 작성하기 위해 프로파일 사진 아이콘을 클릭하고 메뉴에서 리스트를 선택한다. 그리고 나서 새로운 리스트 작성하기 옵션을 선택하고, '제3자 콘텐츠 제공업체'와 같은 느낌으로 해당 리스트에 이름을 붙여 주도록 하자. 이후 리스트에 담을 만한 계정을 찾으면, 사용자 프로파일에서 작은 톱니바퀴 아이콘을 선택하고 사용자를 신규 리스트에 추가하도록 하자(그림 7-6 참조).

트위터를 사용하는 밀레니얼 세대에게 다가가기

콘텐츠 전략을 수립하고 나면 트위터 광고 플랫폼을 충분히 활용해야 한다. 트위터 데이터는 페이스북과 같이 밀레니얼 세대에 초점을 맞추고 있지 않기 때문에, 트위터 광고 대시보드에 접속하여 특정 트윗을 홍보하기 시작해야 한다. 또한 밀레니얼 세대를 대상으로 한 타깃 캠페인을 운영하기 시작해야 한다.

트위터 광고에서 밀레니얼 세대 타깃팅하기

광고 규제 때문에 트위터에서는 연령 집단에 따라 타깃팅하는 것이 불가능하다. 그러므로 밀레니얼 세대의 사고방식을 목표로 삼는 데 중점을 두어야 한다. 대개 관심사 및 행동 특성을 통해 밀레니얼 세대를 겨냥할 수 있다. 간단하게 다음 단계를 따라보자.

1. **트위터 광고 대시보드(http://ads.twitter.com)에 접속하여 신규 캠페인을 만든다.**
   그림 7-7과 같이 스크린 오른쪽 상단 코너에 신규 캠페인 만들기 버튼이 나타난다.

2. **운영하고자 하는 캠페인 형태를 선택한다.**
   트위터에서 여러 가지 종류의 캠페인을 운영할 수 있다. 각 캠페인은 참여를 촉진하거나 성과를 향상시키기 위해 구축된다.

3. **밀레니얼 세대에게 접근하고 싶은 위치를 선택한다.**
   광고가 어디에 보였으면 하는지 위치를 선정한다.

4. **일련의 관심사를 선택하는 것으로 시작한다.**
   연령에 기반하지 않은 밀레니얼 세대의 사고방식을 가진 오디언스를 구축하고 있다는 사실을 기억하자. 따라서 관심사와 행동이 가장 중요한 고려요소이다. 두 가지 기준은 보통 서로 바꾸어 사용할 수 있다. 그러나 타깃 오디언스가 특정 형태의 콘텐츠를 보았을 때 예상되는 참여 수준을 좀 더 잘 나타

그림 7-7
신규 캠페인 만들기 버튼을 클릭

그림 7-8
밀레니얼 오디언
스의 관심사를 선
택한다.

낸다는 점에서 관심사가 행동보다 약간 우세하다.

그림 7-8은 선택 가능한 관심사 리스트의 예시이다. 리스트는 자동차, 비즈니스, 게임, 건강, 영화, 테크놀로지, 그 밖에 다양한 내용을 포함할 수 있다.

5. **오디언스 특성을 선택한다.**

   다음으로 타깃 사용자에게 어울리는 행동에 집중하자. 이 단계는 밀레니얼 세대의 사회 경제적 지위를 겨냥할 수 있는 부분이다. 그림 7-9에서와 같이 주택 보유와 관련된 보기를 찾을 수 있다.

6. **트위터에서 사용자가 팔로우하는 계정을 선택하고 그리고/또는 그들이 사용했던 키워드를 선택한다.**

   원한다면 브랜드의 콘텐츠 및 목소리와 잘 맞는 팔로어와 키워드를 선택하는 것도 고려해볼 수 있는데, 이렇게 하면 구체적으로 타깃팅할 수 있다. 구체적으로 타깃팅하면 브랜드가 사용하는 수사법과 사용자가 과거에 썼던 용어들이 분명 일치할 것이다.

트위터에서 캠페인 운영하기

트위터에서 여러 가지 다양한 캠페인을 운영할 수 있다. 다음 목록은 아홉 가지 형태의 캠페인 전술과 목표를 설명한 것이다.

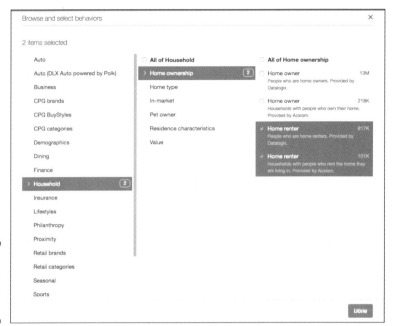

그림 7-9

주태을 소유하지
않고 임차 중인 사
용자 타깃팅하기

» **트윗 참여** : 참여를 끌어올리기 위해 지금까지 공유된 혹은 캠페인용으로 제작된 트윗을 선택하여 미리 선정해둔 사용자의 피드 내에서 홍보한다.

» **비디오 조회수** : 타깃 사용자 집단에서 네이티브 비디오 조회수를 올린다.

» **웹사이트 방문/전환** : 선택한 랜딩 페이지에 미리보기를 제공하여 트윗을 좀 더 눈에 띄게 함으로써 웹사이트 클릭률 또는 전환율을 올린다.

» **앱 설치/재참여** : 트위터에서 직접 앱을 설치하도록 하거나, 앱을 열지 않았을 경우 잠시 후 앱을 다시 활용하도록 한다.

» **팔로어** : 특정 선택 조건을 가진 팔로어 기반을 형성한다.

» **트위터에서 리드** : 상품, 서비스 혹은 기타 혜택에 관심이 있는 트위터 타깃 사용자에게 사용자 데이터를 수집한다.

» **인지도** : 1,000회 노출당 비용에 대한 브랜드 및 메시지 인지도를 올린다.

트위터 광고 우수사례 이용하기

트위터에서 광고 캠페인을 운영할 때 특정 우수사례를 기억해둘 필요가 있다. 밀레니얼 세대는 일정한 조건에 부합하는 콘텐츠에 훨씬 더 많이 참여한다. 유기적 참여를 빠르게 끌어올리고 광고 예산을 극대화하기 위해서 다음 우수사례를 참조해보자.

» **메시지를 간략하게 구성한다.** 우선 트윗은 원래 짧지만, 트윗이 짧으면 짧을수록 오디언스의 눈길을 사로잡을 가능성이 커진다. 직관적으로 와 닿지 않을 수도 있지만, 밀레니얼 세대는 장문의 트윗 및 메시지를 건너뛰고, 짧고 간단명료한 트윗을 읽는 경향을 보이는 게 현실이다. 만약 140자 이내로 메시지를 전달할 수 있다면 그렇게 하자.

연구 결과에 따르면 이상적인 트윗 길이는 100자 정도이다. 메시지의 초점을 흐리지 않으면서 숫자를 맞추는 것을 목표로 해야 한다.

» **수수께끼 같거나 불길한 트윗은 피한다.** 밀레니얼 세대가 즐겨하지 않는 한 가지가 있다면 바로 알아맞히기 게임이다. 궁금증을 유발하는 마케팅 및 광고 접근법이 이전 세대에는 통했을지 모르지만, 밀레니얼 세대는 많은 양의 콘텐츠와 미디어를 접하고 있다. 대다수의 밀레니얼 오디언스가 명확하게 내용이 명시되지 않은 트윗 또는 링크는 완전히 무시해버릴 것이다.

» **문제를 다루고 해결할 수 있는 링크를 제공한다.** 메시지에 상품 또는 서비스를 보여주고 그것이 타깃 오디언스에게 왜 가치가 있는지를 보여주자. 링크를 클릭하거나 데이터를 공유했을 때 얻을 수 있는 이점을 강조함으로써, 사용자 의도에 기반을 둔 참여 수준이 향상될 것이다.

» **메시지의 포인트를 설명하는 그래픽을 포함한다.** 사용하고자 하는 그래픽은 메시지를 구축하는 데 도움이 되어야 한다. 만약 트윗을 통해 사용자에게 전자책으로 보낸다면, 표지 이미지가 이상적이다. 만약 자동차 부품 딜러로서 소음기 영업을 하고 있다면, 소음기 이미지로 장식하자. 이러한 조언이 상식처럼 들릴 수 있지만, 실제로 트윗에 득이 되지 않는 일반적인 이미지 또는 엉뚱한 이미지가 쓰이는 경우가 아주 많다. 이것은 기회를 허비하는 일이다.

» **해시태그를 과도하게 사용하지 않는다.** 간단하게 표현하면 해시태그는 하나로 충분하다. 해시태그를 사용해야 할 특별한 이유가 없는 한 해시태그는 광고에서 설 자리가 없다. 오늘날 해시태그는 특정 이벤트 또는 주제를

경고메시지

태그하는 데 훨씬 더 유용하다.

트윗에 '마케팅'이라는 단어를 포함하고 있으면, 그 단어 앞에 해시태그를 넣지 말자. 해시태그는 구시대적 방식이고, 해시태그를 남발하는 것은 밀레니얼 세대 사용자들에게 스팸이라고 소리치는 격이다.

» 메시지를 타깃 오디언스에 맞게 특화한다. 앞서 알아낸 특성에 맞는 콘텐츠를 개발하는 데 시간을 쓰자. 밀레니얼 세대에 관한 한 개인화는 필수불가결하고, 따라서 콘텐츠를 가능한 한 개인화하도록 해야 한다.

비디오를 사용하는 오디언스와 소통하기

밀레니얼 세대는 근본적으로 비주얼 요소를 중시하는 세대이다. 최근 몇 년간 가장 빠르게 성장한 소셜 네트워크는 인스타그램, 핀터레스트, 스냅챗과 같은 비주얼 플랫폼이다. 그럼 이토록 빠른 성장의 기반을 구성하는 사용자는 누구인가? 두말할 나위 없이 밀레니얼 세대이다. 전부는 아니더라도 뉴미디어 콘텐츠의 대부분에 비주얼 요소를 덧붙이는 것은 좋은 방안이 될 것이다. 그리고 비디오만큼 참여를 이끌어내는 매력적이고 효과적인 비주얼 매체는 없다.

밀레니얼 세대는 왜 그렇게 비디오에서 눈을 떼지 못하는 것일까? 초보자에게 비디오는 가장 쉽게 이해할 수 있는 매개체이다. 시청자는 비디오가 자신이 관심이 있는 콘텐츠인지 아닌지를 순식간에 판단할 수 있다. 만약 관심이 없다면, 많은 투자를 하지 않고 다음 콘텐츠로 넘어간다. 비디오는 또한 재미있고, 상호적인 미디어 형태이다. 1895년 뤼미에르 형제가 영화를 소개한 이래로 지금까지 오디언스를 사로잡아 왔다. 영화에 대한 관심도는 시간이 지날수록 높아지기만 했다. 또한 밀레니얼 세대는 비주얼 테크놀로지가 아주 발달한 시기에 성장했다.

한 세대 전에 비디오는 영화와 TV에만 존재했다. 오늘날 밀레니얼 세대 중에서 가장 나이가 많은 사람들조차 그러한 시대를 경험하지 못했다. 휴대용 비디오는 1989년 이후 휴대용 게임기기 형태에서 이용할 수 있었다. 그리고 이것이 지난 수십 년간 확장되어 스마트폰과 태블릿이 포함되었다. 밀레니얼 세대는 비디오 콘텐츠가 지식

전이 및 콘텐츠 전달의 주요 원천인 세계에서 소비자로 진화해왔다. 그렇기 때문에 밀레니얼 세대는 정보를 받을 때 비디오 콘텐츠를 선호할 수밖에 없다. 간단히 표현하자면 밀레니얼 세대를 끌어들이기 위해서 비디오는 반드시 전략의 일부가 되어야 한다.

밀레니얼 세대에게 반향을 일으키는 비디오 콘텐츠 만들기

밀레니얼 세대는 비디오 형태로 정보를 받는 것을 선호하지만, 단지 비디오를 제작하는 것만으로 밀레니얼 세대를 브랜드에 끌어들이는 것이 보장되지는 않는다. 비디오 전략을 수립할 때 고려해야 할 밀레니얼 세대의 특징이 몇 가지 있다.

» **밀레니얼 세대는 주의 지속시간이 짧다.** 2015년 마이크로소프트가 캐나다인을 대상으로 진행한 '주의 지속시간'에 관한 연구에 따르면, 성인의 평균 주의 지속시간은 약 8초이다. 일반적인 소비자의 삶에 많은 양의 콘텐츠가 흘러들어오기 때문에 주의력이 여러 방향으로 분산된다. 밀레니얼 세대는 매일 수천 개의 브랜디드 콘텐츠에 노출되고, 각 브랜드의 비디오 콘텐츠는 잠깐의 시간을 확보하기 위해 경쟁하고 있는 것이다.

많은 양의 콘텐츠와 짧기로 악명 높은 주의 지속시간 때문에, 밀레니얼 세대는 무의식적으로 비디오의 가치를 판단하는 프로세스를 개발했다. 순식간에 어떤 비디오가 그다지 흥미롭지 않다고 판단하면, 다음 콘텐츠로 가버린다. 오프닝 콘텐츠를 개발하고 있다면 이 점을 반드시 기억하자.

» **비디오는 실질적 가치를 제공해야 한다.** 시청자가 효용을 얻지 못한다면, 그 비디오는 브랜드에 득보다는 실이 될 것이다. 만약 오래 지속되는 관계를 형성하고자 한다면, 밀레니얼 시청자에게 어떤 혜택을 제공해야 한다. 그 혜택은 유머가 될 수도 있고, 정보가 될 수도 있고, 또는 이 부분에서 다루었던 또 다른 가치 중 하나가 될 수도 있다.

» **대부분의 시청자는 끝까지 보지 않을 것이다.** 밀레니얼 세대의 대다수가 가장 오래 머무르는 시청자조차도 비디오를 맨 끝까지 보지는 않을 것이다. 일단 비디오의 클라이맥스가 끝나면, 오디언스가 다른 콘텐츠로 이동할 가능성이 충분하다.

> » **품질이 결정적인 요소는 아니지만 중요하기는 하다.** 밀레니얼 세대는 자라면서 작은 휴대용 단말기에 비디오 영상을 수집해왔다. 고품질로 만들면 소장하기에 좋을 테니 선택권이 있다면 고품질을 택하자. 그러나 밀레니얼 세대는 스냅챗 비디오, 페이스북 라이브 비디오 그리고 기타 모바일 및 휴대용 비디오 콘텐츠를 몇 시간씩 시청한다. 비디오 콘텐츠가 스튜디오 수준이 아니라고 해서 꼭 밀레니얼 세대가 실망하고 콘텐츠에 참여하지 않는 것은 아니다. 그렇기는 하지만 전문성은 밀레니얼 세대가 신경 쓰는 부분이다. 그러니 가능한 한 전문성을 유지하도록 하자. 형편이 되는 한도 내에서 최고 품질의 비디오를 사용해야 한다. 게다가 네이티브 비디오를 언제나 선호한다. 밀레니얼 세대는 피드에 덧붙인 외부 링크보다는 해당 네트워크에 올린 비디오에 훨씬 더 많이 참여한다. 유튜브 비디오는 유튜브에서 가장 많이 보고 페이스북 비디오는 페이스북 자체에서 가장 많이 보는 식이다.

비디오가 링크로 올라가지 않고 네트워크에서 직접 공유되었을 때 네이티브(native)라고 한다. 페이스북에 올려서 앱에서 혹은 데스크톱 버전에서 재생된 비디오가 네이티브 비디오이다. 반면 유튜브에 올리고 페이스북 포스트에 링크된 비디오는 네이티브라고 간주하지 않는다.

콘텐츠 형태 살펴보기

밀레니얼 세대가 뉴미디어상의 비디오 콘텐츠를 어떻게 바라보는지에 대해 충분히 이해한 다음에, 자신만의 콘텐츠 개발을 시작할 수 있다. 물론 브랜드 및 전략에 어울리는 콘텐츠를 개발하는 것을 목표로 해야 한다. 그러나 특정 형태의 콘텐츠가 밀레니얼 세대에게 더욱 공감을 얻을 수 있다.

> » **정보** : 사용 안내 비디오, 교육용 비디오, 생활 팁 및 기타 정보가 풍부한 비디오는 참여를 촉진하는 훌륭한 방식이고, 밀레니얼 세대가 가장 많이 검색하는 내용이다. 이러한 검색은 관심에서 비롯되고, 이러한 경우에 비디오는 콘텐츠를 쉽게 이해할 수 있는 형태이다. 마케터는 정보성 비디오를 통해 전문성을 보여주고 브랜드를 소개함으로써 혜택을 입을 수 있다.

» **유머** : 유머는 항상 시청자들이 모여드는 주제이지만, 유머는 주관적이라는 사실을 기억하자. 풍자는 참여율을 향상시킬 수 있는 하나의 영역이지만, 동시에 어떤 시청자에게는 아주 민감한 주제일 수도 있다. 그러므로 유머는 신중하게 활용해야 한다.

» **비하인드 스토리 콘텐츠** : 밀레니얼 세대와 관계를 형성하는 가장 좋은 방법 중 하나는 조직의 프로세스 및 내부 작업을 보여주는 비하인드 스토리 콘텐츠를 활용하는 것이다. 이러한 형태의 콘텐츠는 시청자와 브랜드를 보다 강력하게 연결하고 충성도를 쌓는 데 도움이 된다.

» **리뷰와 의견** : 구매 사전조사를 실시할 때 밀레니얼 세대는 온라인 비디오 리뷰에 의존하는 경우가 많다. 그들은 비디오 리뷰가 글로 된 리뷰에서는 찾기 힘든 수준의 정직성을 보여준다고 생각한다. 밀레니얼 세대는 어떤 상품의 실제 사용자가 해당 상품의 장점과 단점을 하나하나 보여줄 때, 편파적이지 않은 의견을 전달받고 있다는 믿음을 갖는다.

» **인터뷰** : 업계의 선두주자 또는 영향력자와 인터뷰를 하면 확실히 밀레니얼 오디언스의 관심을 얻을 수 있을 것이다. 인터뷰가 라이브로 방송되고 질문을 할 수 있는 시간이 주어진다면, 아마도 상당히 많은 수가 참여할 것이다. 그렇기 때문에 잠재고객 오디언스를 구축하기 위해서 업계의 영향력자가 누구인지 파악하고 그들의 영향력을 활용해야 한다.

원하는 효과를 낼 수 있는 콘텐츠 만들기

밀레니얼 세대가 비디오 콘텐츠와 얼마나 익숙한지 이해하고 그들이 좋아하는 콘텐츠의 형태에 대해 파악했다면, 거의 비디오 콘텐츠를 개발에 착수할 준비가 된 셈이다. 성공적인 비디오 콘텐츠 제작을 위해 다음의 몇 가지 조언을 기억해두면 좋을 것이다.

» **콘텐츠는 짧게 만든다.** 밀레니얼 세대는 시간을 허비하고 싶어 하지 않는다. 학교 과제 또는 프로젝트 업무와 같이 전체 비디오를 봐야 하는 절대적인 필요성이 있지 않는 한, 비디오가 너무 질질 늘어진다면 그만 볼 가능성이 크다. 2분짜리 비디오가 이상적이다. 그보다 길게 제작한다면, 사용자 유지비율이 하락하기 시작할 공산이 크다. 짧은 시간 내에 의미를 전달

할 수 있다면, 그것이 훨씬 낫다.

» **비디오에 브랜드 정보를 넣을 때는 가볍게 전달한다.** 비디오 콘텐츠에 브랜드 정보를 넣을 때, 공공연하게 드러나는 판매 전술을 사용하고 싶지는 않을 것이다. 비디오 하단에 작은 로고나 웹사이트 URL이 포함된 플로팅 배너(스크롤 이동 시 따라다니는 막대 형태의 광고-역주) 정도로 충분하다. 비디오의 처음과 끝에 브랜드 정보를 노출하면 약간 더 분명히 보이겠지만, 핵심은 비디오 중간에 콘텐츠를 공유할 때의 미묘함이다.

» **콜 투 액션을 마지막에 넣지 않는다.** 콜 투 액션 공유를 마지막까지 미룬다면, 이미 그 전에 떠나버린 밀레니얼 세대 시청자의 대다수가 그 내용을 놓치고 말 것이다. 그림 7-10과 같이 비디오 중간에 해당 내용을 넣거나 덮어씌우는 방법이 참여도를 훨씬 더 향상시킬 수 있다. 그 이유는 단순하게 이렇게 했을 때 더 많은 잠재고객이 볼 것이기 때문이다.

콜 투 액션(call-to-action)은 오디언스에게 즉각적인 반응을 유도하기 위한 기법이다. 콜 투 액션은 '지금 구매하세요', '여기를 클릭하세요' 또는 '좀 더 자세히 알아보기'와 같이 행동을 유도하는 문구를 활용하여 오디언스가 현재 페이지에서 나가도록 밀어붙인다.

» **소리가 영상보다 더 중요하다.** 밀레니얼 세대가 비주얼에 집중하기 때문에 영상의 품질이 소리보다 더 중요하다고 생각할 수도 있다. 그러나 그렇

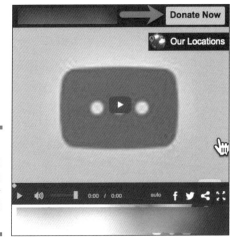

그림 7-10
유튜브 비디오에 콜 투 액션을 덮어씌우면 반응률 향상으로 이어질 수 있다.

지 않다. 밀레니얼 세대는 주로 모바일 기기의 카메라를 통해 촬영하고 보는 모바일 비디오와 함께 성장해왔다. 그래서 그들은 영상의 품질보다는 소리의 품질에 좀 더 관심을 기울일 것이다. 그래서 투자에 관해 말하자면, 비디오 장비보다는 고품질 오디오 녹음 장비에 투자하는 것이 더 나을 것이다.

» **콘텐츠의 가치를 빠르게 드러낸다.** 2분짜리 비디오에서 가치를 전달하는 본론에 들어가기 전 개념을 설명하는 데 45초를 써버려서는 안 된다. 오디언스가 본론에 들어갈 때까지 너무 오래 걸린다고 느끼게 되면, 다른 콘텐츠로 넘어가 버릴 수가 있다. 밀레니얼 세대는 콘텐츠에 적극적으로 참여할 때 효용을 추구한다. 그러므로 그 효용이 무엇인지 빨리 보여주자.

비디오 콘텐츠를 활용한 감성 소구를 통해 판매하기

브랜드 인지도를 제고하고 가치를 제공하기도 하는 비디오 콘텐츠를 제작하는 것은 도전적인 일일 수 있다. 중요한 것은 어느 한쪽의 관점을 잃지 않고 두 가지 목표의 균형을 유지하는 것이다. 만약 초점이 가치 제공 쪽으로 너무 기울어진다면, 밀레니얼 세대는 브랜딩을 간과해버릴 가능성이 있고 해당 브랜드의 비즈니스와 전혀 연결되지 않을 것이다. 만약 브랜딩에 너무 초점을 두게 되면, 밀레니얼 세대는 마케터가 제공하는 것이 무엇인지 보려고 머무르지 않을 수 있다. 다음의 유용한 조언들은 균형 있는 비디오 콘텐츠를 제작하는 데 도움이 될 것이다.

» **시작과 끝에 브랜드 정보를 넣는다.** 비디오의 처음과 끝에는 브랜드가 확실히 드러나는 표시를 해야 한다. 처음과 끝은 회사에 대한 공공연한 언급이 적절한 유일한 장소이다. 영상이 진행되는 내내 스크린 상단 또는 하단에 플로팅 배너를 활용해 브랜드가 살짝 드러나게 할 수도 있지만, 콘텐츠의 시작과 마무리로 전체 화면에 브랜드 정보를 노출하는 것은 유용할 것이다.

» **적절한 시기에 자사 브랜드, 제품 또는 서비스를 언급한다.** 예를 들면 사용안내 비디오에서 프로세스를 논할 때, 제품 또는 서비스에 대해 설명하는 데 공을 들여야 한다. 예를 들어 운동장비를 제조업체가 비디오에서 특정운동을 효과적으로 하는 방법을 공유하고자 한다고 하자. 운동하는 시범

영상을 보여줌으로써 자신의 장비를 사용하면서 해당 장비에 대해 언급할 기회가 생기는 것이다.

» **음성을 통한 콜 투 액션으로 마무리한다.** 비디오에 덮어씌운 형식의 콜 투 액션을 활용하거나 비디오 마지막에 포함된 콜 투 액션 등을 사용할 수도 있지만, 비디오를 마무리하는 일부로써 음성을 통한 콜 투 액션을 넣어야 한다. 삽입된 버튼 및 콜 투 액션은 효과적일 수 있지만, 사용자들은 비디오 자체에 몰입해 있다. 만약 콜 투 액션이 비디오의 일부라면, 밀레니얼 세대가 해당 내용에 집중해서 행동할 가능성이 훨씬 더 커질 것이다.

» **성공사례를 강조한다.** 가능하다면 자사가 가진 독특한 접근방식을 강조하고, 자사의 방식이 어떻게 고객을 성공으로 이끌어 왔는지를 설명하자. 이러한 감성 소구 방식을 통해 경쟁사 대비 자사의 브랜드를 선택하는 것이 왜 더 나은 선택인지를 보여주는 것이다.

08

네이티브 모바일 소셜 미디어 활용하기

제8장 미리보기

- 인스타그램에서 활동하는 밀레니얼 세대에게 다가간다.
- 인스타그램을 활용한 전략을 개발한다.
- 스냅챗에서의 우수사례를 검토한다.

만약 소셜 미디어를 활용해서 밀레니얼 세대를 사로잡기를 기대한다면, 우선적으로 모바일에 중점을 두어야 한다(포괄적인 모바일 마케팅 전략 개발의 단계는 제10장에서 다루고 있다).

이번 장에서는 모바일에서만 사용 가능한 것은 아니지만 주로 모바일에서 활용되는 소셜 네트워크를 좀 더 확실하게 이해하게 될 것이다. 밀레니얼 세대를 효과적으로 참여시키기 위해 이러한 애플리케이션 및 네트워크를 어떻게 전략적으로 활용할 수 있을지를 알아보자.

인스타그램과 스냅챗을 철저히 연구하기

모바일 경험만을 제공하는 두 개의 네트워크는 인스타그램과 스냅챗이다. 이 두 개의 네트워크 모두 폭발적인 성장세를 보였다. 인스타그램은 페이스북이 인수했고 페이스북의 여러 가지 마케팅 도구 및 비즈니스 도구를 공유하고 있지만, 인스타그램에서는 완전히 다른 마케팅 접근방법이 필요하다.

다음 특징을 이해하면 이 두 가지 네트워크에서 전략을 수립하는 데 도움이 될 수 있다.

» **인스타그램과 스냅챗 사용자들은 굳이 앱을 종료하려고 하지 않는다.** 이 두 개의 네트워크 중 하나에서 밀레니얼 세대를 참여시키기 위해서 그들이 앱에 그대로 머물면서 참여할 수 있도록 해야 한다.(인스타그램은 사용자가 클릭을 하면 랜딩 페이지로 넘어가는 기능이 있기는 하지만, 그대로 남아 있는 것을 압도적으로 선호한다.)

» **스냅챗은 아주 개인적인 경험이다.** 개인적인 정보를 공유하는 사람들이 늘어나면서, 그런 유의 정보를 공유하기 위한 친밀한 환경, 즉 자신 및 클로즈업 사진을 공개한 자신의 네트워크를 제공하는 제품이 등장하는 게 당연해 보인다. 이러한 구조 덕분에 스냅챗은 밀레니얼 세대와 관계를 형성할 때 사용하기에 이상적인 네트워크가 될 수 있다.

» **인스타그램의 '좋아요'가 반드시 관심사를 나타내지는 않는다.** 밀레니얼 세대는 인스타그램에서 본 포스트에 '좋아요'를 누를 수 있다. 그러나 그것이 그 상품 또는 브랜드에 관심이 있다는 것을 의미하지는 않는다. 인스타그램에서 '좋아요'는 관심의 표시라기보다는 "정보를 공유해주서서 감사합니다."와 동일시된다. 이러한 특징으로 말미암아 마케터는 사용자의 관심사 및 오디언스의 잠재력을 측정하기가 더 어렵다.

» **밀레니얼 세대는 비주얼 스토리텔링 방식에 끌린다.** 인스타그램과 스냅챗은 순수한 비주얼 미디어이다. 인스타그램에 설명을 추가하는 옵션, 스냅챗에 캡션을 다는 옵션이 있기는 하지만 중심은 비주얼이다. 밀레니얼 세대는 비주얼을 중시하는 사람들이고, 브랜드 이야기를 시각화한 형태로 전달받고 싶어 한다.

인스타그램의 밀레니얼 세대에게 접근하기 위한 전략 수립하기

인스타그램 전략을 개발하기 시작하기 전에, "이 네트워크가 자사의 브랜드에 맞는가?"를 자문해볼 필요가 있다. 조직들이 쉽게 그냥 뛰어들 수 있기 때문에 이 질문을 던져보는 것은 중요하다. 그러나 만약 비주얼이 잘 맞지 않는 브랜드에 비주얼을 콘텐츠 전략을 포함시키려고 한다면, 브랜드도 밀레니얼 오디언스도 득을 보지 못할 것이다. 마케터의 노력은 주목받지 못한 채 지나가고 쓸데없이 투자한 셈이 되는 것이다. 그러나 만약 브랜드에 맞는 의미 있는 비주얼 전략을 수립할 수 있다면, 인스타그램은 밀레니얼 세대를 참여시키는 가장 효과적인 네트워크가 될 것이다.

효과적인 인스타그램 마케팅 전략을 수립하기 위해 스스로에게 다음과 같은 질문을 차례로 해보자(각 질문에 대한 답이 다음 단계로의 넘어가는 데 도움이 될 것이다).

» **인스타그램의 밀레니얼 오디언스 중 어느 세그먼트에 접근하고자 하는가?**
이 질문에 답하기 위해 페이스북에서 진행한 오디언스 분석을 살펴보고, 인스타그램에서 가장 소통하고 싶은 밀레니얼 오디언스 유형을 선택할 수 있다.
밀레니얼 세대에게 드러나는 몇 가지 특징을 검토하고 약간 더 독창적인 사항을 찾아내자. 인스타그램의 속성은 이러한 오디언스 집단이 콘텐츠를 훨씬 선뜻 받아들일 것임을 암시한다.

» **이러한 오디언스 세그먼트를 참여시키는 강력한 특성은 무엇인가?** 선택한 오디언스 사이의 공통점을 찾아보자. 공통분모를 찾음으로써 인스타그램 콘텐츠 개발이 상당히 용이해질 것이다.

» **이러한 강력한 특징을 어떻게 창의적으로 해석할 것인가?** 오디언스 집단에서 몇 가지 공통분모를 찾고 기준을 정의하고 나면, 그 세부내용을 어떻게 창의적으로 활용할 것인지를 결정해야 한다. 인스타그램은 사진과 짧은 비디오 콘텐츠를 모두 올릴 수 있는 옵션을 제공한다는 사실을 기억하자. 그래서 콘텐츠 전략은 선택한 오디언스를 사로잡기 위해 두 가지 중 하나 또는 두 가지 모두를 활용할 수 있다.

» **얼마나 자주 인스타그램 콘텐츠를 공유하고자 하는가?** 다른 소셜 미디어 플랫폼에 필요한 편집 일정을 만들었던 것과 똑같이 인스타그램용 편집 일정도 만들고 싶을 것이다. 얼마나 자주 콘텐츠를 공유할 예정인지 다음을 바탕으로 미리 생각을 정리해보자.

- 공유하고자 하는 콘텐츠 형태
- 타깃팅하고 있는 오디언스
- 계획하고 있는 인스타그램 광고의 양

» **인스타그램에서 광고에 투자하고자 하는가?** 인스타그램 광고는 페이스북보다 약간 더 비싸지만, 오디언스의 참여도는 높다. 정확히 얼마의 예산을 쓸지 당장 결정할 필요는 없지만, 일단 캠페인을 시작할 준비가 되면 전체 광고 예산 중 어느 정도의 비율을 인스타그램에 할당할지 결정을 내려야 한다.

밀레니얼 세대에게 다가가기 위해 인스타그램이 중요하기는 하지만, 페이스북만큼 확실한 영향력을 미치지는 않는 것 같다. 인스타그램에서의 마케팅 노력 대부분은 결국 브랜드 인지도 및 관계 형성으로 이어지게 될 것이다. 스냅챗에서와 마찬가지로 밀레니얼 세대 사용자들은 인스타그램에서 빠져나오지 않으려고 하기 때문이다. 그러나 인스타그램 광고 캠페인을 운영하는 것은 분명 이점이 있고, 브랜드 인지도 제고 및 관계 강화를 위해서 인스타그램 자체를 활용할 수 있다.

인스타그램에서 영향력자 마케팅 활용하기

인스타그램은 영향력자를 활용하기에 특히 효과적인 플랫폼이다. 인스타그램의 몇몇 영향력자는 밀레니얼 세대 팔로어가 엄청 많고 충성도도 상당히 높다. 사실상 영향력자 아웃리치(outreach, 찾아가기) 캠페인을 시작할 때 이러한 영향력자에게 다가가기 위해 다음 몇 가지 일반적인 단계를 거치게 될 것이다.

1. 인스타그램에서 활동하는 업계 최고의 영향력자 리스트를 정리한다.
이 단계에서는 마케터가 직접 조사한 결과를 정리하고자 한다. 물론 그림 8-1에서 보듯이 닌자 아웃리치(https://ninjaoutreach.com)와 같은 인스타그램 영향력자 아웃리치 도구가 있다. 이런 형태의 도구들이 마케터의 삶을 단순

그림 8-1
닌자 아웃리치는
인스타그램 영향
력자를 찾는다.

하게 해줄 수 있지만, 오디언스에게 중요한 영향력자를 정확히 선발하기 위해서 일정 정도의 수작업이 필요할 것이다.

2. **밀레니얼 세대 타깃 오디언스와 연결되어 있는 영향력자 리스트의 범위를 좁힌다.**

   영향력자 리스트를 구축한 이후에 약간 더 깊이 파고들기 시작해야 한다. 오디언스의 유형및 영향력자의 팔로어 소통 방법을 점검하자. 메시지를 전달하기에 적합한 밀레니얼 세대가 맞는가? 브랜드가 해당 오디언스에게 어울리는가?

3. **타깃 오디언스에게 미칠 수 있는 영향력에 따라 영향력자의 우선순위를 결정한다.**

   업계에서 있으면서 타깃 잠재고객에게 닿아 있는 영향력자를 찾아내고 나면, 이제 오디언스의 가치를 기반으로 이 계정들의 우선순위를 설정할 때이다. 이 단계가 어려운 작업이다. 각각의 영향력자가 주고받는 소통의 종류를 파악하고 가장 참여도가 높은 것, 타깃 그룹과의 실행 가능한 소통에서부터 우선순위를 정한다.

   영향력자 소통을 평가할 때 오디언스가 콘텐츠를 즐기고 있으며 구체화된 행동을 취하기로 계획한다는 것을 암시하는 의미로 많이 사용되는 키워드 또는 문구를 찾아보면 좋다. 예를 들어 사용자가 친구들을 태그할 수도 있고 어떤 행동에 대해 "정말 멋져요!"라고 코멘트를 달 수도 있다. 그렇지 않으면

"나도 이거 해야겠어요."와 같이 의지를 나타내는 문장의 형태를 띨 수도 있다. 영향력자들의 우선순위를 설정할 때, 이렇게 구체적인 종류의 소통에 주의를 기울이자.

4. **논리적으로 브랜드와 가장 잘 어울리는 영향력자가 누구인지 찾는다.**

   영향력자가 인스타그램에서 많은 팔로어를 보유하고 있을 수 있지만, 그렇다고 해서 그들이 제품과 짝을 이루기에 이상적이라는 의미는 아니다. 선택한 영향력자가 공유한 콘텐츠와 메시지를 검토하고 가장 적합한 사람을 찾아야 한다. 가장 먼저 연락해야 할 영향력자는 우선순위를 매긴 팔로어 리스트 중에서 최우선 순위의 사람이어야 한다.

5. **선택한 영향력자 각각에게 특화된 아웃리치 전략을 개발한다.**

   영향력자에게는 정기적으로 연락을 취해야 한다. 그들과 관계를 맺을 기회를 얻고자 한다면, 아웃리치 방식을 개인화해야 한다. 단순한 통계를 넘어 영향력자를 알아가는 시간을 좀 갖고 그들의 특성, 특색에 맞게 아웃리치 방식을 특화시키도록 하자. 영향력자에게 전달하는 맞춤형 메시지를 도출하는 방법은 각 오디언스 집단에 맞는 메시지를 고도로 타깃팅하는 방법과 동일하다.

6. **아웃리치 프로세스를 시작한다.**

   맞춤형 메시지를 작성하고 영향력자 우선순위 리스트를 조정한 이후라면, 이제 연락을 취하기 시작할 때이다.

7. **각각의 영향력자가 보유한 독특한 스타일에 맞는 캠페인을 만든다.**

   영향력자 각 개인에게 적합하게 캠페인을 바꿀 준비를 하자. 이들 중 많은 수가 공통된 팔로어를 보유하고 있다는 점을 기억해야 한다. 아마도 그들의 팔로어들이 자신의 여러 개 계정에서 똑같은 콘텐츠를 접하게 하고 싶지는 않을 것이다.

8. **시차를 두고 아웃리치 캠페인을 전개한다.**

   동일한 측면에서 시차를 두고 캠페인을 진행하자. 영향력자 모두에게 동시에 보냄으로써 브랜드 인지도 캠페인의 효과를 약화시키고 싶지 않을 것이다. 만약 여섯 명의 영향력자가 동시에 콘텐츠를 공유한다면, 캠페인의 효과가 떨어질 것이다. 모든 콘텐츠가 사용자 피드에 바로 밀려들어갔다가 그냥 사라질 것이다. 인스타그램 알고리즘에 따라 콘텐츠가 개인 사용자 피드에 여러 번 나타날 수도 있지만, 그것 때문에 위험을 감수할 만하지 않다.

인스타그램에서 우수사례 광고하기

인스타그램의 콘텐츠 전략은 대개 밀레니얼 세대의 창의적인 측면을 사로잡는 쪽으로 맞추어져 있다. 이러한 유기적 프로세스는 시간이 걸리는데, 브랜드 인지도에는 크게 도움이 된다. 사용자들이 행동을 개시하도록 하고 싶다면, 인스타그램 광고 캠페인에 투자할 때이다.

인스타그램 광고 캠페인은 페이스북과 동일한 광고 대시보드에서 관리하지만, 두 개의 플랫폼을 동일시하는 것은 잘못이다. 양쪽에서 정확히 똑같이 진행된 광고 캠페인의 사례를 찾는 것은 아주 힘들 것이다. 플랫폼이 다르고, 미디어가 다르고, 그리고 사용자 베이스가 다르다. 아마 가장 중요한 것은 각각의 네트워크가 내건 가치 및 목표가 다르다는 사실이다. 그림 8-2는 페이스북 광고 관리자에서 인스타그램 캠페인을 선택하는 방법이다.

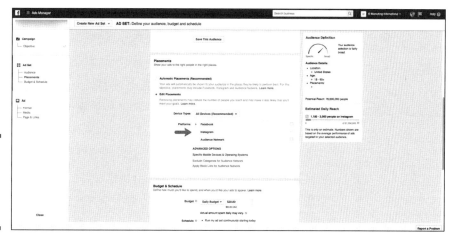

그림 8-2

페이스북에서 독자적인 옵션으로 인스타그램 캠페인 운영하기

인스타그램 캠페인을 운영할 때 업계 우수사례에 의존하고 싶은 마음이 들 것이다. 다음은 가장 중요한 성공 포인트를 정리한 것이다.

> » **이미지 또는 비디오에 가능한 한 많은 정보를 전달한다.** 크리에이티브 디자인을 선택할 때, 반드시 진정으로 말하고자 하는 내용을 강조하는 디자인을 선택하도록 하자. 비디오 혹은 슬라이드쇼와 같이(그림 8-3 참조) 여

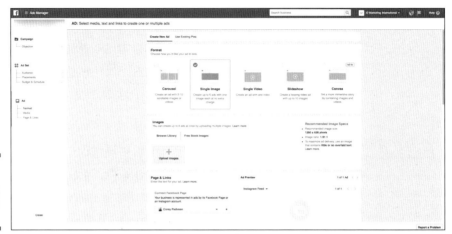

그림 8-3

인스타그램 광고
를 위한 비주얼
선택

러 가지의 디자인 옵션이 있다. 설명만 포함해서 인스타그램 광고를 완성
할 수도 있다. 그러나 인스타그램은 전적으로 비주얼 네트워크이기 때문
에, 대다수의 밀레니얼 사용자는 시간을 내어 비주얼 콘텐츠를 감상할 뜻
이 있다. 만약 비주얼 미디어를 활용하여 메시지를 전달할 수 없다면, 콘셉
트 자체가 인스타그램 광고 캠페인과는 맞지 않을 수 있다.

» **즉각적인 행동을 이끌어내는 목표를 선택한다.** 인스타그램 캠페인을 전개
할 때 브랜드 웹사이트 클릭, 웹사이트에서 대화 시작, 앱 설치 독려, 비디
오 조회수 향상, 도달률/인지도 또는 페이지 포스트 참여 촉진 등 여러 가
지 목표 중에서 선택할 수 있다. 대부분의 사용자는 앱에 머무르려고 하고,
이러한 이유 때문에 다수의 옵션은 사용자가 인스타그램에 그대로 머물러
있을 수 있도록 하고 있다. 인스타그램에서 진정한 효용을 끌어내기 위해
서는 인지도 또는 포스트 참여를 넘어서서 실행 가능한 캠페인에 노력을
집중하도록 하자.

» **짧은 비디오의 힘을 활용한다.** 크리에이티브 콘텐츠가 가능한 한 많은 정
보를 전달해야 한다는 점을 고려하면, 짧은 비디오는 가장 공유할 만한 가
치가 있는 형태일지 모른다. 만약 조리도구를 판매하는 비즈니스를 하고
있다면, 제품이 사용되는 모습을 보여주면서 시청자들을 결제 페이지로
이끄는 콜 투 액션이 포함된 비디오를 생각할 수 있다.

> » **선택한 오디언스 집단에 맞게 광고를 특화한다.** 다른 네트워크의 콘텐츠
> 와 광고 캠페인 관련해서 했던 것처럼, 인스타그램 광고 콘텐츠와 타깃 오
> 디언스가 밀접하게 일치하기를 원할 것이다. 인스타그램은 특별히 개인적
> 경험이기 때문에 광고 역시 개인화되어야 한다. 그렇지 않으면 일반 밀레
> 니얼 오디언스에게 맞는 일반적인 캠페인을 내보내는 데 귀중한 광고비를
> 낭비하게 될 것이다.

스냅챗 항해하기

스냅챗은 모든 사람을 위한 네트워크가 아니다. 사실상 대부분의 브랜드가 스냅챗
을 사용하는 가장 좋은 방법을 찾지 못했다. 광고 옵션이 있기는 하지만, 어떤 옵션
들은 비용이 많이 발생한다. 접근할 수 있는 옵션들은 주로 브랜드 인지도 제고를 겨
냥하고 있다. 스냅챗에서 가시성을 확보하는 것이 브랜드에 반드시 필요한지를 확인
하기 위해서 스스로에게 다음 질문 체크리스트를 던져보도록 하자.

> » 특별히 비주얼이 중요한 브랜드인가?
> » 흥미로운 프로세스 또는 팀이 있는가?
> » 콘텐츠를 개발하고 공유하는 데 시간을 들일 수 있는가?
> » 브랜드 인지도 및 오디언스 참여는 우선순위 리스트에서 높은 편에 속하
>   는가?
> » 꾸준히 공유할 수 있는 콘텐츠가 있는가?

위의 모든 질문에 '예'라면 당신의 브랜드는 스냅챗에 들어맞는다.

참여 독려하기

스냅챗의 효과적인 사용을 위해서는 효용성을 측정할 수는 없더라도 기꺼이 시간을
들여 정기적으로 콘텐츠를 공유해야 한다. 페이스북, 트위터 및 기타 소셜 네트워크
와 달리 스냅챗은 현재 성공과 실패를 평가할 수 있는 인사이트 대시보드가 없다. 스
냅챗은 참여를 독려하기 위해 만들어진 앱이고, 아래 세 가지 방법으로 가능하다.

» 스냅
» 스토리
» 광고

스냅

스냅챗 기능의 뿌리는 개인의 스냅 그 자체이다. 일대일 또는 일대소수에게 전달하는 프로세스가 이 수명이 짧은 사진 공유 앱의 핵심 기능이다. 브랜드는 스냅챗 앱의 채팅 부분에서 개인 사용자와 이미지나 텍스트 기반의 대화에 참여할 수 있고, 이를 통해 브랜드와 좀 더 개인적인 연결을 이끌어내는 역량을 활용한다.

일대일, 일대소수, 또는 일대다수 같은 말은 특정 콘텐츠 계획의 도달 범위와 관계가 있다. 일대일 소통은 한 명의 사용자(이 경우에는 마케터)와 한 명의 개인 간의 소통을 말한다. 일대소수 소통은 한 명의 사용자와 제 손으로 고른 선택적 소수 간에 일어난다. 일대다수 소통은 콘텐츠가 대중 또는 공유자의 통제 범위 밖에 있는 오디언스에게 공유될 때 발생한다. 그 예로는 페이스북 공개 포스트, 트윗, 또는 스냅챗의 경우엔 스토리 등을 들 수 있다(다음 부분 참조).

페이스북 메신저 및 트위터 다이렉트 메시지와 같은 소비자와 브랜드 간의 개인 채팅 서비스가 존재하지만, 스냅챗의 속성이 훨씬 더 인간적인 경험에 적합하다. '스토리' 같은 스냅챗의 다른 기능을 정기적으로 활용하는 만큼 다이렉트 스냅 대화에 참여하지는 않을지도 모르지만, 브랜드 페르소나를 구축하고 밀레니얼 세대 팬과 팔로어들의 충성도를 형성하도록 도와줄 수 있는 중요한 기능이다.

스토리

'스토리'는 일대다수 마케팅 카테고리에 들어간다. 스냅을 '스토리'에 공유할 때, 일련의 공개 공유 스냅을 구성하는 선형적 내러티브를 만들어 가고 있는 것이다. '나의 스토리'는 자연스럽게 팔로어에게 공유된다. 스냅챗에서 팔로어는 자신의 네트워크를 추가한 사람 또는 자신의 네트워크에 추가한 사용자로 구성된다. 그러나 브랜드로서는 스냅챗 설정에 접근해서 '나의 스토리'를 대중에게 빠르게 퍼트림으로써 훨씬 더 많은 사람들에게 접근했으면 할 것이다(그림 8-4 참조). '스토리'는 브랜드를 인

그림 8-4
'나의 스토리' 공
유 설정을 공개로
변경하면 보다 많
은 스냅챗 사용자
들에게 접근할 수
있다.

간화할 수 있고 모바일 기기에 직접 콘텐츠를 공유할 수 있는데, 이는 전통 미디어보다 훨씬 더 개인적인 소통으로 해석된다.

광고

개인들과 브랜드는 스냅챗에서 필터라고 하는 인기 있는 기능을 활용할 수 있다. 개인 및 기업 사용자 모두 자신만의 지오필터를 만들 수 있다. 스냅이 찍히면 사용자들은 위치 표시부터 온도 스탬프에 이르는 다양한 필터를 스크롤해서 그중 하나를 이미지에 적용한다. 커뮤니티 지오필터 그리고 주문형 지오필터를 만들 수 있다.

예술가와 디자이너들은 도시, 대학, 랜드마크 또는 공공장소를 소개하기 위해 무료로 커뮤니티 지오필터를 생성할 수 있다. 이러한 경우 브랜드 로고 또는 개인 식별 표시는 포함될 수 없다. 일단 스냅챗에서 승인을 받으면 지오필터를 사용자 스냅에 적용할 수 있다. 주문형 지오필터의 경우 사용자와 브랜드는 비용을 지불하고 이벤트, 사업, 지역 등등에 따른 개인화된 작품을 만들 수 있다. 이 경우에 로고를 사용할 수 있고, 특정 지역을 선택해서 필터를 적용해 타깃팅할 수도 있다.

필터는 특별히 비싸지 않다. 개인 사용자와 기업 사용자 모두에게 비슷하게 가격이 책정되어 있고, 특정 지역을 타깃팅할 수 있다. 주문형 지오필터 대시보드의 예시는 그림 8-5와 같다.

스냅챗의 측정 기준은 제한적이다. 그래서 만약 이 전략을 활용하기로 했다면 구체적인 리포트를 받지 못해도 개의치 않아야 한다. 추가적인 형태의 광고의 경우 대부분의 브랜드는 엄두도 못 낼 정도로 가격이 비싸다. '맞춤형 렌즈(Custom Lenses)'와 '디스커버(Discover)' 광고 기능은 대규모의 미디어 회사들만이 사용 가능하다. 2015년 1월 스냅챗 광고는 하루에 약 75만 달러로 시작했다. 비용이 상당히 내렸지만 여전히 다른 형태의 소셜 광고보다 훨씬 더 비싸다.

그림 8-5
주문형 지오필터는 브랜드 정보를 포함하기에 좋은 방법이다.

스냅챗에 가장 적합한 콘텐츠 활용법

스냅챗에서 밀레니얼 세대를 사로잡기 위해서 다음 콘텐츠를 참조함으로써 팔로잉을 구축하는 데 도움이 될 것이다.

» **쉽게 찾을 수 있는 이름을 선택한다.** 사용자가 스냅챗에서 브랜드를 찾으려면 정확한 명칭을 입력해야 한다. 그래서 쉽게 알 수 있는 사용자명을 선택해야 하고, 필요하면 짐작하기 쉬운 이름을 선택하는 것이 좋다. 사용자는 브랜드명을 가장 먼저 검색해보기 때문에, 브랜드명이 '존의 상점 (John's Store)'이라면 사용자명을 '조니의최고가게(johnniestopshop)'라고 써서는 안 된다. 브랜드명을 쓸 수 없다면 보편적인 것, 예를 들면 최고의 매장(thebeststore) 또는 이런 느낌의 사용자명을 써보도록 하자.

» **'나의 스토리'를 공개한다.** 일단 브랜드 계정을 설정하고 나면, 스냅챗 프로파일을 가능한 한 찾기 쉽게 설정한다. 스냅챗 화면 오른쪽 코너에 있는 작은 위젯을 클릭해 설정으로 들어가서 공개 범위(Who Can) 부분까지 아래로 스크롤하자. 거기에 디폴트로 내 친구로 설정된 두 가지 옵션을 모두로 바꿔주면 된다.

» **깔끔하게 관리한다.** 이 팁은 당연하게 들릴 수도 있지만, 브랜드가 얼마나 자주 PR 악몽에 겪는지 놀라운 일이다. 일반적으로 검토했어야 하는 콘텐츠를 한 번 더 생각해보지 않고 공유하는 경우가 많다.

스냅챗에서의 콘텐츠 공유와 관련한 이 간단한 규칙을 따르자. 만약 자신이 공유한 내용이 적절한지를 자문해볼 필요가 있다면, 그 콘텐츠는 공유하지 않는 편이 낫다. 그런데 이 규칙은 소셜 미디어 전반에 걸쳐 적용할 수 있다. 브랜드 목소리를 구축하고 앱에서 콘텐츠를 공유하는 동안 그 목소리를 계속 유지해야 한다.

» **순간을 선택한다.** 스토리에 사소한 모든 내용을 공유하고 싶은 유혹이 있을 수 있지만 사용자들은 빨리 지루해한다. 브랜드 목소리 및 콘텐츠 전략에 맞는 짧고 이해하기 쉬운 콘텐츠로 사용자의 관심을 끌 수 없다면, 사용자들은 공유하는 내용을 보지 않을 것이다. 천천히 시간을 들여 콘텐츠를 다듬고, 세련된 전략을 토대로 공유할 순간을 선택하자. 예를 들면 회사의 '캐주얼 프라이데이'에 직원 스냅 두세 개를 공유하는 것은 괜찮다. 하

지만 너무 오버하지 말자. 모든 직원의 옷차림을 공유해서는 안 된다. 스냅챗에서는 반복적인 콘텐츠가 훨씬 더 두드러지고, 지나치게 열성적으로 공유하는 전략을 취하면 오디언스는 금방 등을 돌릴 것이다.

» **자기 홍보를 피한다.** 브랜디드 지오필터 또는 사진에 포함된 로고는 괜찮지만, 트위터 또는 심지어 페이스북과 달리 스냅챗은 광고 네트워크가 결코 아니다. 오디언스를 쫓아버리는 가장 쉬운 방법 중 하나가 바로 계속해서 노골적인 홍보 자료를 공유하는 일이다.

자기 홍보를 넘어 개성이 없는 또는 오디언스와 연결하려는 시도를 하지 않는 차가운 느낌을 주는 냉정한 브랜디드 스냅을 공유하는 것은 팔로어와 조회수를 떨어뜨리는 확실한 방법이다. 팔로잉을 통해 브랜드와의 연결은 이미 구축되었다. 이제 콘텐츠를 기반으로 충성도를 쌓는 일은 바로 마케터의 몫이다.

09

멀티채널 미디어 전략 수립하기

- 다양한 플랫폼에서 하나의 비전을 수립한다.
- 미디어 형태별로 맞춤형 전략을 수립한다.
- 밀레니얼 세대의 관심을 끌 수 있는 콘텐츠를 통합한다.

밀레니얼 오디언스 마케팅에서 성공의 목표는 브랜드의 개성을 잃지 않으면서 밀레니얼 세대의 차별성을 포용하는 것이다. 때로 이 두 가지가 조화를 이루기 어렵다. 타깃 오디언스의 독특함뿐 아니라 네트워크의 특수성에 맞게 조정할 수 있는 전략이 필요하다. 이 모든 것을 하는 동안 어렵게 일궈온 브랜드 페르소나를 유지하고 싶을 것이다(전통 미디어와 뉴미디어를 정의하는 차별적 특징은 제5~6장에서 다루고 있다).

이번 장의 테마는 통일성이다. 밀레니얼 오디언스를 확보하고 유지하는 데 있어서 중요한 핵심은 식별할 수 있고, 연관되고, 일관성 있는 브랜드 존재감을 형성하는 일이다. 브랜드 존재감이 이 정도 수준에까지 다다르기 위해서 참여하고 있는 네트워크, 플랫폼, 애플리케이션 각각에서 브랜드 페르소나를 통합해야 한다.

미디어 전체에 흐르는 통일성 이해하기

인쇄매체, TV 타깃팅, 소셜 또는 모바일 등 어느 미디어를 통하든 마케터가 취한 모든 활동은 브랜드 페르소나 및 명성에 도움이 되거나 혹은 방해가 될 것이다. 밀레니얼 세대가 다양한 형태의 미디어에서 얼마나 활동적인지를 생각해보자. 미국 언론 연구소(www.americanpressinstitute.org)에 따르면 밀레니얼 세대는 7개의 주요 소셜 네트워크(페이스북, 트위터, 유튜브, 인스타그램, 핀터레스트, 레딧, 텀블러) 중에서 평균 2.9개에서 3.7개의 네트워크에서 활동하며, 이것은 왜 모든 형태의 미디어가 긴밀하게 연계되어 있는지를 설명하는 데 도움이 된다. 만약 다양한 미디어에서 밀레니얼 세대와 관계를 맺고 그들에게 다가가기 위해 노력하고 있다면, 밀레니얼 오디언스는 플랫폼마다 브랜드를 찾아 팔로우하려고 할 것이다. 전 플랫폼에 걸쳐 브랜드를 쉽게 찾을 수 있도록 하기 위해서 생태계를 이해하고 생태계 각 부분의 가치를 이해해야 한다. 그러고 나서 그 상호 연관성을 고려하여 전략을 세울 필요가 있다.

다음은 몇 가지 두드러진 미디어의 특성으로 알아두면 전략 수립 시에 도움이 될 것이다.

> » **모든 것이 연결되어 있다.** 적절한 전략이 수립되었을 때 활동 중인 모든 네트워크가 서로 연결되어 있다는 사실을 금방 알아차리게 될 것이다. 밀레니얼 세대는 전체 플랫폼 생태계에서 활동을 한다.

> » **생태계와 관련하여 각 플랫폼의 세부 전략을 수립해야 한다.** 제5~6장에서 다루었듯이 개별 미디어 전략은 여러 가지 목표와 세부 전략을 포함한다. 옴니채널 전략을 사용할 때 활동 중인 각 미디어 타깃이 상당히 좁아진다는 사실을 알게 될 것이다. 각 미디어를 활용해 비슷한 목적을 달성하고자 하지 말고, 더 큰 생태계 관점에서 각 미디어의 특별한 강점에 초점을 두어야 한다.

옴니채널 경험은 각 미디어가 독립적으로 활동하는 게 아니라 다양한 미디어에서 일관된 사용자 경험을 만들어내는 것이다.

» **전통 미디어와 뉴미디어가 공조한다.** 온라인과 오프라인 미디어가 함께 작동할 수 없다고 생각할 이유가 없다. 두 미디어 세계를 연결하는 방법이 있고, 그 여러 가지 방법을 이번 장에서 다룰 것이다. 크로스채널 마케팅에서 생기는 기회를 활용하기 위해서는 이 방법들을 자세히 살펴봐야 할 것이다. 밀레니얼 세대는 이전 세대와 같은 방식으로 전통 미디어를 사용하지 않을지도 모른다. 그렇다고 해서 전통 미디어가 포괄적인 멀티채널 마케팅 전략에 적합하지 않다는 의미는 아니다. 전통 미디어의 힘에 대해 보다 상세한 내용은 제5장을 참조하자.

모든 것을 추적할 수 있고 추적해야만 한다. 목표, 선택한 미디어, 타깃 오디언스 집단 또는 콘텐츠 전략과 관계없이 현재 수행 중인 모든 마케팅 활동을 추적할 수 있는 방법이 있다는 사실을 알게 될 것이다. 미디어가 진화함에 따라 정확성과 측정 가능성에 대한 요구도 커져왔다. 그러한 트렌드가 강력해지면서 추적 가능성이 모든 형태의 미디어의 중점사항이 되었다.

통일된 옴니채널 커뮤니케이션 전략 수립하기

마케팅 전략의 목표는 밀레니얼 세대가 있는 곳으로 다가가는 것이다. 마케터는 그들에 대해 아주 자세하게 알게 되길 바라고 그들과 지속적인 관계를 맺고 싶어 한다. 이러한 목표는 하나의 채널 또는 하나의 미디어에만 집중해서는 달성할 수 없다. 전체 플랫폼에 걸친 밀레니얼 세대의 구매 프로세스 및 충성도 형성 과정을 무시하는 것은 치명적인 실수이다.

필자가 고안한 미디어 터치포인트 생태계의 예시는 그림 9-1과 같다. 밀레니얼 세대의 충성도를 형성하기 위해서는 밀레니얼 세대가 정기적으로 사용하는 여러 가지 플랫폼을 연계해야 한다. 이러한 채널을 효과적으로 연결하기 위해 세심하게 구성된 커뮤니케이션 전략을 개발해야 한다.

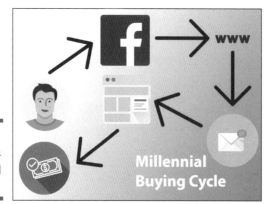

그림 9-1
밀레니얼 세대 구매 사이클에서의 터치포인트

미디어 형태별로 기회 파악하기

기회를 정확히 찾아내는 것은 마케팅 목표를 수립하는 데 중요한 역할을 할 것이다. 모든 채널에 적용되는 포괄적인 전략을 개발한다면, 이미 한 일을 다시 사용하고자 할 것이고 잠재적으로 얻을 수 있는 성과의 일부만을 실현하게 될 것이다. 밀레니얼 세대가 활동하는 플랫폼, 제5~6장에서 다룬 플랫폼의 대다수는 구매 여정에서 제각기 역할을 한다. 다음은 기회를 포착하고자 하는 구매 여정의 세 단계이다.

» **인지** : 밀레니얼 세대 구매 프로세스의 인지 단계는 노출이 전부이다. 쉽게 비용이 비싸지 않게 또는 무료로 대규모 밀레니얼 오디언스에게 다가갈 기회를 찾고 싶을 것이다. 이러한 기회는 광고 형태일 수도 있고, 콘텐츠 공유 또는 공개 포럼에서의 직접 커뮤니케이션의 형태가 될 수도 있다. 브랜드 초기 단계에는 광고에 어느 정도 투자할 준비를 해야 한다.

소셜 네트워크가 광고 투자 의향이 있는 경우에만 광범위한 접근성을 확보할 수 있는 유료 모델로 전환해 가고 있어서, 일반 대중에게 유기적으로 도달하는 것이 점점 어려워져 가고 있다. 그렇다고 해서 유기적 도달이 불가능하다는 말은 아니다. 그러나 브랜드와 관계를 맺고 있지 않는 밀레니얼 오디언스에게 접근할 때 광고가 가장 쉬운 방법일 것이다.

» **고려** : 이 단계에서 마케터들은 밀레니얼 세대가 경쟁사가 아닌 자사 브랜드를 고려하도록 독려하고 싶다. 이것은 주로 오디언스의 취향 및 선호도

를 파악함으로써 가능하다. 이러한 사례는 제3장에서 다루고 있다. 기본적으로 페이스북에서 밀레니얼 오디언스 유형을 세분화하고 분석함으로써 밀레니얼 세대의 행동을 유도하는 몇몇 특징을 찾아낼 수 있다. 이러한 프로세스를 거치고 나면 다양한 형태의 미디어에서 콘텐츠, 그룹, 대화를 지켜보면서 구매 사이클의 중요한 이 단계에서 밀레니얼 세대와 연결될 수 있는 기회를 포착할 수 있다.

» **행동** : 구매 프로세스 행동 단계에서는 기회를 활용할 때이다. 이 단계에서는 보다 공격적인 접근을 고려하게 된다. 또한 공공연한 마케팅 또는 판매 기술에 초점을 둘 수도 있다. 물론 밀레니얼 세대와 관련해서는 공공연하다의 말이 원래 의미와는 다르다. 밀레니얼 세대는 어떤 형태로든 구매하도록 강요받는 것을 좋아하지 않는다. 그러나 이전 구매 단계에서 수립된 강력한 관계가 바탕이 된다면 좀 더 타깃팅한, 판매 지향적 메시지를 공유했을 때 밀레니얼 세대가 귀 기울일 가능성이 훨씬 더 크다.

모든 미디어의 대화를 점검하고 밀레니얼 소비자가 의사결정 또는 구매할 준비가 되었다는 사실을 암시하는 주요 용어 또는 문구를 확인하는 것이 도움이 될 것이다.

목적에 적합한 미디어 선택하기

어떤 미디어를 활용할 것인지는 대개 스스로 생각한 마케팅 목표가 무엇인지에 달려 있을 것이다. 목표는 앞에서 설명한 인지, 고려, 행동의 세 단계 구매 여정 중 하나에 들어갈 것이다.

인지의 경우 목표는 브랜드가 현재 밀레니얼 세대가 있는 곳으로 가서 그들 앞에 서는 것이다. 물론 이러한 사용자가 어떤 종류의 행동을 취하도록 할 수 있다면 이상적이지만, 목표는 타깃 오디언스 사이에서 브랜드 이름을 알리는 일이다.

고려 단계에서는 경쟁 브랜드 대비 자사의 장점을 강조하고자 한다. 자사 브랜드가 제공할 수 있는 부가가치를 강조하고 경쟁사가 부족한 부분을 보여주도록 하자. 이 단계의 목표는 관계를 형성하고 자사 브랜드의 가치를 알리는 것이다. 오디언스가 브랜드와의 기본적 소통을 넘어서 한 단계 더 나아갈 수 있도록 하자.

브랜드 참여를 부추기기에 적합한 미디어를 선택하는 것은 두 가지 이유에서 중요하다.

>> 마케터는 자신의 작업이 반복되는 것 그리고 불필요한 중복을 야기하는 것을 원하지 않는다.

>> 마케터는 오디언스에게 맞지 않는 채널에서 기회를 발굴하기 위해 시간, 노력, 자원을 투자하기를 바라지 않는다.

그러므로 목표에 따라 적합한 미디어가 무엇인지 파악하는 것이 옴니채널 전략 수립 프로세스의 중요한 단계이다.

인지 : 브랜드 인식시키기

구매 프로세스이 인지 단계에서 페이스북 및 인스타그램 광고 플랫폼은 오디언스를 찾는 데 도움이 된다. 페이스북에서는 브랜드 페이지에 대한 익숙함을 기반으로 타깃 오디언스를 필터링할 수 있는데, 페이스북의 해당 기능은 인지도를 형성하는 데 이상적이다. 광고비 지출에 정당성을 부여하기 위해 콜 투 액션을 추가할 수 있다. 다만 절대 판매 지향적 광고를 만들지 않도록 하자. 그런 형태의 광고는 이 단계에서 밀레니얼 세대가 잘 받아들이지 않을 것이다.

인지 단계에서는 이미 자사 브랜드를 '좋아요' 하거나 팔로우한 사람들이 아닌 신규

그림 9-2
신규 사용자를 기준으로 타깃 오디언스 필터링하기

사용자에게 접근하고자 할 것이다. 그래서(이미 자신의 정보를 해당 브랜드와 공유한 사용자들로 구성된) 기존 페이스북 사용자 지정 오디언스를 선택하기보다는 유사 오디언스(Lookalike Audiences)를 생성하자. 이를 통해 기존 사용자 지정 오디언스의 기준에 맞는 페이스북 사용자 중 고유한 집단에게 다가갈 수 있다. 페이스북 사용자 지정 오디언스 생성에 대한 상세한 내용은 제3장을 참조하자.

고려 : 자사 브랜드의 가치 알리기

인지 단계에서 오디언스와 처음 관계를 맺은 이후에 사용자들이 자사 웹사이트 또는 블로그에 와서 추가적으로 관계를 공고히 하기를 바랄 것이다. 이러한 목표를 달성하기 위해 타깃팅한 밀레니얼 세대의 취향 및 선호도에 맞추어 콘텐츠를 개발해야 한다.

구매 프로세스의 고려 단계는 전통 미디어를 활용하기에 좋은 시기이다. 제5장에서 다룬 전략들 중 한 가지는 트위터의 TV 타깃팅을 활용하는 것이다. 마케터는 공통점을 찾고 싶다. 만약 장기적으로 충성도를 형성하고자 한다면, 사용자와 사적인 수준까지 관계를 맺는 것이 중요하다. 사용자들이 TV 및 TV 이벤트에 열중하고 있는 동안 트위터에 콘텐츠를 공유하면, 진행되고 있는 대화의 일부가 될 수 있다.

행동 : 행동 이끌어내기

목표에 다다르기 위해서 측정 가능한 데이터를 제공해주는 미디어를 사용하는 것이 중요하다. 자사 웹사이트에서처럼 데이터를 수집하고 평가하는 것은 해당 프로세스를 완벽하게 통제할 수 있는 가장 쉬운 방법이다. 페이스북과 같은 뉴미디어는 모든 마케팅 활동이 포지티브섬 결과로 이어지고 있음을 확인하도록 도와주는 방대한 양의 데이터를 제공한다.

포지티브섬 결과(positive-sum end result)는 전환 단계의 매 단계에서 얻는 이익을 의미한다. 마케터가 투자하고 있는 모든 활동이 궁극적인 목표와 관련된 목적을 달성하는 데 효과가 있음을 확인하는 것은 중요하다.

미디어별로 참여 목표 설정하기

참여(engagement)란 마케터가 적절한 정의 없이 자주 던지는 용어이다. 참여는 여러 가지 의미를 지닐 수 있다. 만약 마케터가 의미를 명확히 해두지 않는다면 오디언스의 특정 행동이 지니는 가치를 결정하는 것이 어려워진다. 자신이 올린 포스트 중 하나에 '좋아요'를 누르는 행위는 사용자가 양식을 작성하고 전자책을 다운로딩하는 것과 동일한 가치를 지니지 않지만, 종종 마케터들은 이 두 가지 행위를 똑같이 취급한다.

밀레니얼 세대 구매 사이클의 단계마다 참여가 어떤 의미인지를 정의하자. 그러고 나서 마케터가 선택한 미디어에서 정한 목표를 달성하기 위해, 밀레니얼 세대가 할 수 있는 것들의 우선순위를 매겨보자.

밀레니얼 세대 구매 여정의 각 단계에서 효과적으로 목표를 달성하기 위해 다음 6단계 프로세스를 따르도록 한다.

1. **성공적인 전환의 정의를 내린다.**
   어떻게 하면 신규 잠재고객을 확보했다고 생각할 수 있을까? 구매를 해야 할까, 아니면 양식을 작성하면 될까? 선택한 각 채널과 관련해 목적을 설정할 때 전환의 정의는 수립하고 반드시 기억해야 한다.

2. **최종 전환에 도달하기 위한 다양한 경로를 작성한다.**
   어떠한 목표를 달성해야 하는지 설정하고 나면 목표에 도달하기 위해 밀레니얼 잠재고객이 선택할 수 있는 경로를 알아내야 한다. 물론 옴니채널 캠페인 구조는 그들이 사실상 끝없는 터치포인트 경로를 거칠 수 있다는 것을 의미한다. 이 단계에서 마케터가 할 일은 글로벌 목표 달성을 위해 밀레니얼 세대가 선택할 공산이 가장 크고/크거나 가장 선호하는 전환 경로를 그리는 작업이다.

3. **행동을 이끌어내는 이상적인 경로를 정확히 찾아낸다.**
   이상적인 경로란 기본적으로 가장 손쉬운 경로로서 마케터의 입장에서 최소한의 노력과 투자로 전환이 일어나는 경로를 의미한다. 거의 확실하게 2단계에서 추린 경로 중 첫 번째 경로일 것이다.

4. **전환 경로에서 각각의 매체가 지니는 최고의 강점을 파악한다.**

   전반적인 전략에서 활용하는 모든 미디어는 강점과 약점이 있다. 이 단계에서는 보편적인 목표를 살펴보고, 자신이 선택한 미디어 하나하나가 잠재고객을 전환시키는 데 어떠한 역할을 하는지 알아내야 한다.

5. **프로세스의 각 단계에서 잠재고객이 취할 수 있는 포지티브섬 행동을 알아낸다.**

   자신이 선택한 미디어의 강점을 파악하고 나서는 단계마다 잠재고객에게 바라는 행동이 무엇이지 분명하게 정의해두자. 이 단계는 경로의 각 단계에 필요한 콘텐츠를 개발하는 데 도움이 될 것이다.

6. **전환 경로의 각 단계에서 잠재고객이 다음 단계로 진행한다고 생각할 수 있는 미시 목표를 세운다.**

   밀레니얼 오디언스를 대상으로 소비자 사이클에서 사용하고자 경로와 미디어에 대해 확실히 이해하고 나면, 이제 전환경로의 각 단계에서 미시전환(반드시 장기적 목적과 연관되지는 않는 작은 캠페인에 특화된 전환)을 어떻게 정의할 것인지 개략적으로 작성해볼 수 있다.

미시전환을 했다고 해서 평생고객을 확보했다고 보기는 어렵다. 그것은 단순히 물망에 있던 잠재고객이 정해진 단계에서 원하는 행동을 했다는 것을 의미할 뿐이다. 그러나 이 지점에 도달했다는 것은 각 매체가 독립적으로 작동하고 있고 결합된 매체의 일부로도 기능을 하고 있음을 의미한다. 이러한 결합력이 일어나고 있음을 확인하기 위해서 경로의 각 단계에서 참여 및 전환지표를 수립하는 것이 중요하다.

각 채널에서 밀레니얼 세대에게 관심을 끄는 콘텐츠 만들기

활동 중인 채널에서 밀레니얼 세대에게 관심을 끄는 콘텐츠를 만드는 방법을 상세하게 알기 위해서는 제5~6장을 참조하자. 그러나 다양한 미디어에서 콘텐츠를 개발할 때 활용할 수 있는 몇 가지 보편적인 팁을 소개하겠다.

> » **각 채널의 오디언스를 파악한다.** 밀레니얼 세대는 채널마다 다른 방식으로 브랜드와 관계를 맺고 콘텐츠에 참여한다. 오디언스 분석에서 파악한 내용을 받아들이고 그것을 밀레니얼 오디언스 대상의 마케팅을 위한 보편적

모델로 활용하자. 데이터에 나타난 각각의 미디어별 미묘한 차이에 반드시 주의를 기울이도록 하자.

» **선택한 채널별로 고유한 콘텐츠를 만든다.** 선택한 미디어별 미시 목표에 적합할 뿐 아니라 각 채널의 구체적인 특성에도 맞는 고유한 콘텐츠를 만들도록 하자.

» **콘텐츠는 각 채널에서 의도한 행동을 이끌어내는 데 초점을 둔다.** 이렇게 고유한 콘텐츠를 만들 때 각 채널의 콘텐츠가 달성하고자 하는 목적과 반드시 연결되도록 한다. 그것이 인지와 연관되었든지, 고려 혹은 행동과 연관되었든지 간에 마케터가 만든 모든 것은 밀레니얼 오디언스를 전환 경로가 제시하는 방식으로 참여하도록 설계되어야 한다.

» **콘텐츠의 목적을 재빨리 보여준다.** 콘텐츠를 왜 공유하는가? 밀레니얼 세대는 주의 지속시간이 짧고 선택할 수 있는 콘텐츠는 다양하다. 콘텐츠를 간단명료하게 하고, 왜 밀레니얼 세대가 그 콘텐츠에 참여해야 하는지를 강조하자. 오디언스는 콘텐츠에 참여함으로써 어떤 이득이 있는가?

» **가능하다면 비주얼을 활용한다.** 비주얼 자료를 활용할 수 있다면, 그렇게 하자. 콘텐츠에 시각 자료가 포함되면 이해하기가 더 쉽고 데스크톱과 모바일 기기 뉴스피드 모두에서 눈에 더 잘 띈다.

» **어떤 경우라도 모바일을 우선으로 생각한다.** 밀레니얼 세대는 일반적으로 모바일 기기를 통해 대부분의 미디어 플랫폼에 접속한다. 가능하면 비주얼을 사용하고 모바일 기기에서 콘텐츠가 어떻게 보일지 생각하자.

KPI 설정하기

선택한 미디어별로 목표를 정하는 것과 마찬가지로 결과를 측정하는 데 사용할 KPI(key performance indicators, 핵심성과지표)를 설정해야 한다. 결국 만약 무엇이 성공인지를 명시하지 않는다면, 마케팅 활동이 성과를 냈는지 여부를 어떻게 알 수 있을까?

KPI의 형태는 다양하다. 크게 아래 두 가지 형태로 구분해볼 수 있다.

» **유형 KPI** : 유형 KPI는 정의하기가 쉽다. 이것은 선택한 매체에서의 성장률 또는 참여율과 같이 명확한 수치로 나타낼 수 있다.

» **무형 KPI** : 무형 KPI는 정의하기가 약간 더 어렵다. 모니터할 수 있는 무형 KPI는 많지 않은 반면, 선택된 무형 KPI는 캠페인의 성공을 측정하는 데 중요할 가능성이 크다. 브랜드 인지도 또는 재인을 생각해보자. 이 개념들은 추상적이지만 마케팅 활동의 성공에 상당한 영향을 미친다.

캠페인에서 활용하기 위해 또는 장기적인 커뮤니케이션 전략으로서 선택한 특정 매체의 성장 및 성공을 측정하는 가장 일반적인 KPI는 다음과 같다.

오디언스 성장률

오디언스 성장률은 아래 두 가지를 나타낸다.

» 특정 매체에서의 콘텐츠의 화제성이 정점에 도달했는지 여부를 알려주며, 이는 변화가 필요한 시기임을 암시하기도 한다.
» 측정 기간별로 오디언스 성장률의 급격한 변화가 있을 때 알려준다. 이것은 콘텐츠, 신규 오디언스 또는 기타 요인과 관련한 주된 위험 또는 엄청난 기회를 나타낼 수 있다.

화제성은 콘텐츠가 제2차, 제3차 오디언스에게 얼마나 공유되었느냐와 관련된 측정 용어이다. 그것은 공유할 만한 수준의 콘텐츠를 의미한다.

주요 오디언스 세그먼트 성장률

선택한 미디어별 오디언스 성장률을 모니터링하는 것과 더불어 중요한 특정 오디언스 세그먼트의 성장률을 세심하게 주의를 기울이고 싶을 것이다.

MQL 생성비율

잠재고객이 어떤 행동을 취함으로써 자사의 상품 또는 서비스에 일종의 관심을 표했을 때 해당 잠재고객을 MQL(marketing qualified lead, 실질적으로 수요가 예상되는 고객)이라고 간주한다. 이 잠재고객은 특히 가치가 높다. 전반적인 리드 생성 노력의 일환으로 MQL 리드가 얼마나 발생했는지를 알아보는 것은 유용한 지표일 것이다.

CPL

리드를 확보하는 데 비용이 얼마나 드는가? CPL(cost per lead, 리드당 비용)은 사용자 데이터를 수집하는 모든 매체에 적용할 수 있는 지표이다. 궁극적인 목표는 시간이 지날수록 CPL 수치가 줄어드는 것이고, 이는 타깃팅 및 콘텐츠 전략이 개선되고 있음을 의미한다.

CPA

CPL보다 한 단계 더 나아가서 CPA(cost per acquisition, 1인당 유입비용)에 주목하자. 만약 낮은 비용으로 리드를 많이 확보하고 있다면 좋은 일이지만, 만약 리드를 전환하지 못하고 유입비용은 점점 늘어나고 있다면 관심과 행동 사이에 어디 문제가 있는지 알아내야 할 것이다.

CPC

애드워즈, 페이스북, 트위터 또는 그밖에 다른 광고 플랫폼이든, 전통 미디어 혹은 뉴미디어에 상관없이 광고 캠페인을 운영할 때에는 특정 캠페인과 관련된 클릭당 비용(cost per click, CPC) 또는 콜당 비용(cost per call)은 중요한 지표이다.

CPM

많은 광고 캠페인이 1,000회 광고 노출당 비용 모델을 사용하지 않고 있다. 그러나 이 비용 모델을 사용하는 캠페인을 운영하지 않더라도 여전히 CPM(cost per thousand impressions, 1,000회 광고 노출당 비용)을 모니터링할 수 있다. 1,000회 노출당 비용을 추적하면 타깃팅이 얼마나 정확한지를 볼 수 있다. 이를 통해 광고 콘텐츠와 타깃 오디언스 간의 연계가 얼마나 잘 이루어졌는지를 알 수 있다.

웹사이트 신규 방문자 규모

트래픽 창출 캠페인이 제대로 돌아가고 있는가? 웹사이트 방문비율을 살펴봄으로써 성공 여부를 판단할 수 있다. 브랜드 노출이 올라감에 따라 사이트 신규 방문이 늘어나기 시작해야 한다. 신규 방문자 관련하여 '규모'에 더 관심을 기울여야 한다.

웹사이트 재방문자 비율

웹사이트 신규 방문과 관련해서는 방문자 규모가 중요한 반면, 재방문의 경우 비율이 중요하다. 이 지표는 콘텐츠를 활용해 오디언스 세그먼트를 얼마나 잘 타깃팅하고 있는지를 알려준다. 만약 밀레니얼 세대에게 접근하려고 노력하고 있지만, 콘텐츠, 혜택 또는 랜딩 페이지를 적절하게 준비하지 못했을 경우 이 KPI를 모니터링하면 그 사실을 깨닫게 도와줄 것이다.

웹사이트 목표 전환율

웹사이트 목표 전환율은 아주 간단한 KPI이다. 목표 전환율이 높을수록 성과가 더 크다. 그러나 목표에 대해 기억해야 하는 중요한 사항은 목표가 반드시 구매 또는 금전적 전환일 필요는 없다는 것이다. 만약 구글 애널리틱스를 사용하고 있다면, 목표는 '자사 웹사이트에서 행동하기 전에 특정 경로를 따르는 방문자'와 같이 간단한 것으로 정할 수도 있다. 그러나 어떤 목표를 모니터링하든지 간에 그 비율이 떨어지지 않도록 유지하고 벤치마크 수준을 뛰어넘는 것이 가장 중요하다.

사이트 내 상호작용률

그림 9-3에서 보는 것처럼 구글 애널리틱스에서 상호작용률은 평균 세션 체류시간, 세션당 페이지 수, 이탈률 데이터 포인트로 구성되어 있다. 상호작용률은 오디언스가 콘텐츠에 보이는 관심 정도 및 오디언스를 자사 웹사이트로 끌어들이는 전략의 성공 가능성을 보여준다. 구글 애널리틱스의 전체 세션 또는 고유 세션이 끝났지만 상호작용률이 떨어진다면 콘텐츠와 타깃 오디언스가 조화를 이루지 못했을 수 있다.

구글 애널리틱스 대시보드 내의 다양한 측정 기준이 방문자 참여도를 보여준다. 평균 세션 체류시간(average session duration)은 평균 방문자가 웹사이트에서 소비하는 시간의 양을 의미한다. 세션당 페이지 수는 주어진 세션에서 평균 방문자가 보는 페이지 수와 관계가 있다. 마지막으로 이탈률(bounce rate)은 한 페이지, 즉 처음 도달한 페이지만 보고 나서 웹사이트를 떠나버리는 방문자의 비율이다. 시간이 갈수록 평균 세션 체류시간 및 세션당 페이지 수가 올라가야 하는 반면, 이탈률 관련 목표는 떨어져야 한다. 세션당 페이지 수는 이탈률과 음의 상관관계에 있기 때문에 세션당 페이지 수

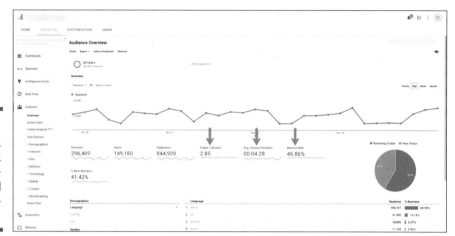

그림 9-3
구글 애널리틱스 오디언스 대시보드에 나타난 평균 세션 체류시간, 세션당 페이지 수 및 이탈률

가 증가함에 따라 이탈률은 감소할 것이다. 실질적으로 세션당 페이지 수 점수가 올라가면 다른 지표는 내려가는 것이 당연한 이치이다.

유기적 클릭률

페이스북 페이지와 같은 외부의 뉴미디어 플랫폼 중 하나에 콘텐츠를 공유할 때, 이미 도달했던 오디언스가 클릭해서 웹사이트의 랜딩 페이지로 이동하는 비율에 주목하게 될 것이다. 주요 소셜 네트워크에서, 특히 연대기순 피드가 아닌 알고리즘 기반 피드를 사용하도록 업데이트된 트위터와 인스타그램 같은 네트워크에서, 유기적 도달이 감소되어 왔다. 비용을 들이지 않고 자사 웹사이트로 트래픽을 발생시키는 역량은 예전보다 더 중요한 강점이 되었다. 각 플랫폼의 오디언스를 이해함으로써 유기적 클릭률을 유지하고, 특별히 해당 사용자에게 맞는 콘텐츠를 공유하는 것은 중요한 일이다.

유료 클릭률

콘텐츠가 얼마나 유기적으로 작동하고 있는지와 관계없이, 마케터는 분명 대부분의 타사 플랫폼에 브랜드를 노출하기 위해 투자하고 싶을 것이다. 전부는 아니더라도 말이다. 유료 캠페인 클릭률은 유기적 클릭률만큼 중요하다. 클릭률이 낮다는 것은 클릭당 비용의 상승 그리고 타깃팅 전략에 오류가 있음을 의미하기 때문이다.

콘텐츠 참여 반감기

콘텐츠 참여 반감기(content engagement half-life)란 콘텐츠가 평생 확보하게 될 참여 수준의 절반이 될 때까지 걸리는 시간이다. 오디언스의 참여 반감기는 상당히 중요한 지표이다. 그것은 콘텐츠 각각에서 얼마나 가치를 뽑아낼 수 있는지를 나타낸다. 또한 얼마나 자주 콘텐츠를 개발하고 편집 일정을 늘려야 하는지를 알 수 있다.

예를 들면 자사의 오디언스가 각 콘텐츠에 평균적으로 100번 참여한다면, 오디언스 참여 반감기는 오디언스가 해당 콘텐츠에 50번 참여할 때까지 걸리는 시간이다. 참여는 클릭, 코멘트 '좋아요'가 될 수도 있고 자사에서 정한 어떤 다른 형태의 상호작용이 될 수도 있다. 100 참여 포인트에 도달할 때까지 일주일이 걸리고 50 포인트까지 한 시간이 걸린다면, 콘텐츠 참여 반감기는 한 시간이다.

검색엔진 순위

시장에서 제공하는 무료 옵션들을 통해 특정 키워드가 검색엔진에서 차지하는 순위를 모니터링할 수 있다. 그러나 검색엔진 순위라는 KPI를 모니터링하고 여기서 파악한 내용을 활용해서 순위를 향상시키고자 하는 마음이 있다면, 그림 9-4에서 보듯이 모즈(Moz)와 같은 SEO(search engine optimization, 검색엔진 최적화) 도구에 투자하는 방법을 고려해볼 수 있다. 이 유료 제작 도구들은 검색엔진 최적화 진행과 관련된 정보를 제공하며, 데이터의 상세 정보가 무료 도구가 제공하는 내용을 크게 뛰어넘는 수준이다.

이메일 참여율

이메일은 소비자 구매 사이클에서 아직까지 여러 가지 목적에 기여할 수 있는 도구이다. 이메일은 개인적이고, 이는 사용자가 콘텐츠에 참여할 때 어떠한 방해 요소도 없음을 의미한다. 소셜 네트워크에서는 꼭 그렇다고 말할 수 없다. 이메일의 개인적인 속성 때문에 이것은 모바일 기기에서 밀레니얼 세대를 겨냥할 때 이상적이다.

이메일 캠페인 참여율은 이메일 오픈율, 클릭률을 말하며, 이메일 이후에도 측정이 이루어진다면 전환율도 포함될 수 있다.

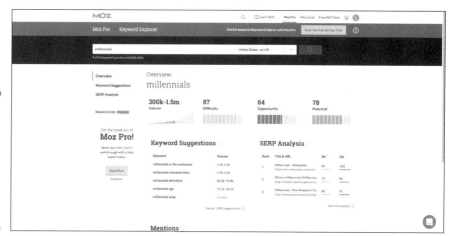

그림 9-4

모즈 SEO 소프트
웨어는 검색엔진
최적화 노력을 돕
기 위해, 특정 키
워드 및 기타 여러
도구에 대한 인사
이트를 제공한다.

NPS

자사 브랜드의 NPS(net promoter score, 순 추천고객 지수)는 1부터 100까지 범위의 지표이다. 자사 고객 및 자사 브랜드와 상호작용을 하는 사람들이 브랜드를 자신의 지인들에게 추천할 의향을 추정한다. NPS는 기본적으로 고객만족과 충성도의 합이고 잠재적 성장을 가늠할 수 있는 좋은 지표이다.

그 숫자가 음수이면 비난론자, 양수라면 옹호론자와 관계가 있다. 만약 비난론자가 옹호론자보다 많다면, NPS가 음수가 될 것이다. 그리고 비난론자보다 옹호론자가 많으면, NPS는 양수가 될 것이다.

궁극적으로 목표는 100에 도달하는 것, 즉 완벽한 시장 만족도이다. 순 추천고객 점수 산정을 위해 www.npscalculator.com에서 NPS 계산 무료 도구를 사용할 수 있다(그림 9-5 참조).

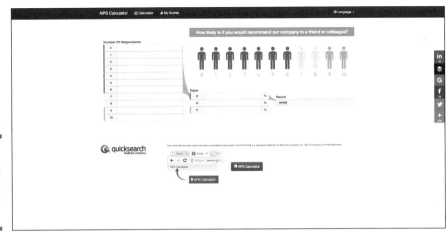

그림 9-5

NPS 계산기를 활용해 자사 브랜드의 순 추천고객지수를 산정한다.

브랜드 인지도

브랜드 인지도는 단순히 알아보는 것 이상의 가치를 지닌다. 브랜드 인지도가 그 자체로는 유형의 지표가 아니지만, 매체 점유율(share of voice) 및 오디언스 정서와 같은 요소를 기반으로 측정할 수 있는 KPI이다. 대화의 대다수를 통제할 수 있거나 자사 브랜드가 경쟁사보다 자주 긍정적인 관점에서 언급된다면, 그로 인한 혜택은 클 수 있다.

대화는 어디에서나 일어날 수 있기 때문에 이 지표는 미디어 형태를 초월한다. 궁극적으로 브랜드 인지도 향상은 대화로 더 빠르게 이어질 수 있음을 의미한다. 브랜드 인지도가 높아지면 잠재고객에게 브랜드를 소개하는 데 필요한 과정이 단축될 수 있고, 오디언스의 친숙도 덕분에 결과적으로 1인당 유입비용(CPA)이 줄어든다.

매체 점유율(share of voice)은 자사 브랜드와 관련된 사회적 대화가 얼마나 이루어지는 지를 보여주는 지표이다. 예를 들어 자사 또는 경쟁사에 대해 논의가 100번 일어났는데, 그중 40번이 자사 이야기라면 자사의 매체 점유율은 40%이다. 매체 점유율이 높아질수록(긍정적이든 부정적이든), 브랜드 인지도는 올라간다. 물론 브랜드 관련 모든 대화 및 언급이 긍정적으로 이루어지도록 하는 것을 목표로 해야 한다.

브랜드 옹호비율

순 추천고객 지수(NPS)를 계산할 때 브랜드에 대해 긍정적으로 이야기하는 고객 및 참여 사용자의 비율을 분석한다. 브랜드 옹호비율을 살펴볼 때 분석을 한 단계 더 진행할 수 있다. 브랜드에 대해 긍정적으로 말한 사람들뿐만 아니라 경쟁사보다 자사 브랜드를 지지해주는 사람들을 살펴본다. 이는 비난론자들에 맞서 브랜드를 적극적으로 옹호하고 있는 사람들을 포함한다. 이 비율이 높아질수록 오디언스의 브랜드 충성도는 점점 더 커진다.

충성도 향상은 고객 생애 가치(customer lifetime value, CLTV)의 증가, 고객이 다시 오도록 하는 고객 유지비용의 감소 및 1인당 유입비용(CPA)의 잠재적 감소를 의미한다. 이것은 대가 없이 자사제품을 자진해서 홍보하는 브랜드 옹호자들의 지지 작업 덕분이다. 브랜드 지지 노력을 기울이는 옹호자 및 수호자를 주목하고 그들이 자사 브랜드를 위해 하는 일에 감사를 표하는 충성도 프로그램 또는 인센티브 구조에 투자할 만한 가치가 있다.

마케팅 브랜드 가치

브랜드 자산을 측정하는 것은 아주 어려운 과제일 수 있다. 브랜드 가치는 무형이고 다양한 원천에서 나올 수 있다는 사실을 생각하면 더욱 그렇다. 브랜드 자산 측정이 쉬운 과제가 아닐 수는 있지만, 다음 프로세스를 따라 진행해볼 수 있다. 이 프로세스는 전 미디어에 브랜드를 구축하는 비용, 가격 책정, 오디언스의 특징 등을 고려한다.

마케팅 투자 수익

모든 마케팅 미팅에서 반드시 논의되는 한 가지 주제는 투자 대비 수익이다. 사업주, 임원 또는 마케터라면 캠페인이나 전략에 투자하고 있는 자원이 원하는 결과를 창출하고 있는지를 알고 싶을 것이다. 이것이 바로 마케팅 투자 수익지표가 가장 중요한 KPI인 이유이다.

ROI를 계산하는 일반적인 방법은 다음과 같다.

$$[(수익-비용)/비용] \times 100$$

위 등식은 비율을 구해준다. 비율이 높을수록 수익이 높다.

계산된 숫자가 음수라면 비용이 수익을 초과했다는 것이고, 해당 계획에서 돈을 잃고 있다는 의미이다. 이런 경우에 즉시 변화를 꾀하거나 캠페인을 종료해야 한다.

본 KPI를 추적하면서 지속적으로 수익이 오르기를 기대할 것이다. 시간이 지나면서 고정된 비용을 쓰면서 수익을 증대시키거나 그렇지 않으면 특정 캠페인 또는 전략 실행에 드는 한계비용을 감소시키는 것에 초점을 두어야 한다. 두 가지 모두 마케팅 투자 대비 수익의 향상으로 이어질 것이다.

기회 식별률

데이터 분석 또는 오디언스 세그먼트 분석 수행 시 해당 프로세스 중 초점을 두어야 하는 부분 중 하나는 새로운 기회를 찾아내는 것이다. 기회 식별은 신규 오디언스 유형이 될 수도 있고, 콘텐츠 변형, 또는 기타 여러 가지 수익성에 도움이 되는 데이터 포인트의 형태일 수 있다.

데이터 분석 프로세스가 정교해지면서 신규 기회의 포착은 더 잦아지게 될 것이다. 무엇을 찾아야 하는지 알면 더 분명하게 보일 것이다.

전략 감사를 수행할 때마다 이 지표가 계속 상승하는 것을 목표로 삼자. 관련 내용은 제11장에서 다루고 있다.

투자 대비 수익률 변화

감사와 분석의 각 단계에서 마케팅 투자 수익률을 계산해보고자 할 것이다. 이 말은 초기 감사 이후 추가 감시 진행을 할 때마다 ROI 비율의 변화를 확인할 수 있다.

시간이 지남에 따라 이 비율이 올라가기를 바랄 것이다. 만약 비율이 오른다면 자사의 투자가 훨씬 높은 수익을 창출하고 있음을 보여준다. 투자 대비 수익률의 증가는 캠페인 및 전략에 들어가는 모든 것이 높은 비율로 잘 돌아가고 있음을 의미한다.

선의 기반 브랜드 가치 성장률

대의명분과 협력관계를 맺거나 매출에 따른 수익의 일부를 기증하고 있다면, 선의를 창출하고 있는 것이다. 선의 및 이러한 종류의 대의명분과의 연계는 브랜드에 가치를 더해준다. 정기적으로 추적하지 않더라도, 어떤 종류의 대의명분 지향적인 계획에 참여할 때마다 이 지표를 분석하고 싶어질 것이다. 긍정적인 정서 및 브랜드 옹호론자들의 대화에 미치는 영향력을 파악함으로써 브랜드 자산에 부여된 가치가 어느 정도인지 알 수 있다.

밀레니얼 세대에게 전략 타깃팅하기

옴니채널 커뮤니케이션 전략을 수립하는 것은 밀레니얼 세대를 대상으로 한 마케팅에만 국한된 사항은 아니다. 오늘날 미디어 환경은 마케터가 단절된 상태로 각 미디어에 집중하기보다는 다중채널의 관점에서 생각할 것을 요구한다. 옴니채널 커뮤니케이션 전략은 장기적 프로그램이 성공을 거둘 수 있는 유일한 방안이다.

밀레니얼 세대 마케팅에 관한 한 몇 가지 고유 요소가 있다. 밀레니얼 세대 마케팅 전략의 고유한 측면은 구매자가 구매 여정에서 만나기를 기대하는 새로운 표준의 산물이다.

끊임없는 콘텐츠 경험 만들기

고객 여정의 터치포인트마다 브랜드의 페르소나 타깃을 찾아야 한다. 브랜드를 강조하는 콘텐츠가 명확히 알아볼 수 있게 제작된다면, 밀레니얼 오디언스가 해당 브랜드를 주목할 가능성이 커질 것이다.

다음은 끊임없는 콘텐츠 경험을 만들어내고자 할 때 기억해야 하는 몇 가지 중요한 포인트이다.

> » **메시지를 표준화하라.** 오디언스가 즉시 콘텐츠를 알아볼 수 있도록 해야 한다. 몇 가지 방법을 통해 콘텐츠 인식을 향상시킬 수 있다. 가장 중요한

방법 중 하나는 메시지의 일관성을 통해서이다. 공유하는 메시지가 플랫폼마다 변할지라도 표현하는 방식은 대체적으로 일관되어야 한다. 메시지를 표준화하게 되면, 밀레니얼 오디언스가 플랫폼을 이동할 때 콘텐츠를 확실히 상기할 수 있다. 오디언스가 콜 투 액션에 반응할 때까지 메시지를 반복하고 중간/높은 수준의 빈도로 메시지를 노출해야 한다.

» **표준화된 색채 배합을 유지하라.** 메시지를 표준화한 것과 똑같이 크리에이티브 디자인에 사용한 색깔도 미디어 간에 일치를 이루어야 한다. 이렇게 표준화된 색채 배합을 사용하면 오디언스가 플랫폼을 이동할 때 콘텐츠를 인지하는 데 도움이 된다.

» **콜 투 액션을 강조하라.** 콜 투 액션은 앞쪽 중간에 위치해야 하고 콘텐츠의 다른 부분과 차별화되어야 한다. 메시지가 보이는 위치마다 콜 투 액션이 두드러지게 눈에 띄어야 한다. 콜 투 액션을 강조한다는 것은 스티커나 스타버스트 효과(별 모양의 발광 효과)를 이용해 강조하거나, 광고 캠페인 중 하나에 버튼을 사용하거나, 오디언스에게 어떤 행동을 기대하고 있다는 것을 명확하게 나타내기 위해 다른 색깔, 폰트, 크기를 사용하는 것을 말한다.

마케터가 저지를 수 있는 최악의 실수는 콜 투 액션이 크리에이티브 디자인 또는 포스트에 섞여버리도록 하는 것이다. 마케터는 밀레니얼 세대가 콘텐츠에 쏟는 짧은 순간에 자신의 요청 메시지가 다른 내용보다 돋보이길 원할 것이다.

밀레니얼 세대에 맞게 콘텐츠 경험을 개인화하기

브랜드와 잘 어울리는 콘텐츠를 끊임없이 만드는 것과 더불어, 가능한 한 개인화에 초점을 두어야 한다. 일반적으로 똑같은 메시지 또는 콜 투 액션에 중점을 둔 캠페인에서는 대부분 고도로 타깃팅한 개인화가 제한적일 수밖에 없다. 그러나 이메일이나 타깃팅한 광고를 통해서는 타깃 오디언스의 특징에 맞게 캠페인의 요소를 좀 더 면밀히 특화시킬 수 있다.

캠페인을 특화시킨다는 것은 오디언스의 특정 세그먼트에서 찾아낸 관심사 및 행동에 호소하기 위해 콘텐츠나 메시지를 조정할 수 있다는 의미이다. 경우에 따라서는 개인화가 개인별로 메시지를 특화하는 것까지 갈 수도 있다. 다음은 개인화 수준을 높일 수 있는 몇 가지 사례이다.

» **소셜 광고** : 소셜 광고의 가장 큰 혜택 중 하나는 광고 대시보드에서 콘텐츠를 특별히 타깃팅한 그룹에게 맞출 수 있다는 점이다. 페이스북과 트위터에서는 특히 그러하다. 페이스북과 트위터의 도구를 통해 오디언스를 구축하고, 그들을 분석해서 찾아낸 특정에 맞는 광고 콘텐츠를 제작할 수 있다. 개인화 기법은 어떤 유형의 특성에 맞추어 메시지를 특화하는 데 국한되지만, 세그먼트 분석은 견줄 수 없이 다양한 방법으로 할 수 있다. 오디언스에 대한 이해를 높이고 나면(제3장 참조), 특정 세그먼트의 관심을 끌수 있는 다양한 콘텐츠 세트를 만들 수 있다.

» **이메일** : 이메일은 개인별, 세그먼트 수준별 맞춤형 제작이 모두 가능하다. 콘스탄트 콘택트 또는 메일 침프와 같은 최신 이메일 클라이언트는 제목란 및 메시지 일부를 개인에 맞게 특화할 수 있는 기능을 제공한다. 사용자들이 구독한 리스트나 가입한 플랫폼을 기반으로 참여 유도 이메일을 제작하고 싶은 것은 당연하다. 한 단계 더 나아가 구독자 또는 가입자의 이름 및 몇 가지 고유 정보(이메일 클라이언트 기능을 사용해서 자동으로 할 수 없는 것)를 바탕으로 메시지를 개인화한다면 밀레니얼 오디언스에게 깊은 인상을 남기게 될 것이다.

» **검색 리마케팅** : 검색엔진 마케팅 및 디스플레이 네트워크의 유료광고는 행동을 촉진하고 브랜드 재인을 제고하는 훌륭한 방법이다. 리마케팅은 사용자들이 자사 웹사이트에서 이미 보았던 콘텐츠를 제3의 웹사이트를 살펴보는 동안 다시 보여줌으로써 광고 경험을 철저하게 개인화한다.
예를 들면 한 사용자가 자사 웹사이트의 특정 상품 랜딩 페이지에 방문했다면, 리마케팅 캠페인을 통해 웹사이트에서 사용자를 따라다니며 특화된 메시지 및 해당 상품을 포함한 맞춤형 광고를 전달한다. 리마케팅 캠페인은 사용자가 광고를 클릭하지 않더라도 자사 브랜드를 계속 떠올리도록 한다. 브랜드 재인은 구매 프로세스에서 고려해야 하는 중요한 요인이고, 리마케팅은 구매 여정 내내 자사 브랜드가 계속 잠재고객의 눈앞에 어른거리도록할 수 있는 좋은 방법이다.

밀레니얼 세대에게 특화된
모바일 전략 수립하기

제10장 미리보기

- 모바일 캠페인 목표 및 콘텐츠를 개발한다.
- 모바일 데이터를 수집하고 분석한다.
- 모바일 광고 기법을 활용한다.

밀레니얼 세대는 정신없이 바쁜 삶을 살며 온라인에서 활동한다. 그렇기 때문에 마케팅 노력이 결실을 맺기 위해서는 모바일에 심도 있게 집중해야 한다. 스마트폰이 상용화되면서 모바일은 진입 및 사용 측면에서 모두 폭발적인 성장을 이루었다.

이번 장에서는 밀레니얼 세대에게 다가가기 위한 모바일 마케팅 전략 구성요소 전반에 대해 알아보고자 한다.

모바일의 본질은 말 그대로 '모바일', 즉 이동하는 데 있다. 다른 플랫폼과 마찬가지로 마케팅의 디지털 측면을 행동으로 연결하기 위해서는 초기 참여와 물리적, 사이트 내 상호작용 사이에 훨씬 더 많은 단계가 필요하다. 이번 장에서는 이 중요한 모바일 채널을 통해 밀레니얼 세대에게 다가가는 전략을 어떻게 준비할 것인지 설명하겠다.

모바일 목표 수립하기

오디언스가 쉽게 산만해질 수 있는 다른 미디어와 달리 모바일 기기의 콘텐츠는 대개 단일한 형태로 제공된다. 이것은 모바일 기기에서 밀레니얼 세대와 관계를 맺을 기회가 더 많다는 것을 의미한다. 사용자가 자사 콘텐츠만을 보고 있기 때문이다.

단일하다는 용어는 사용자 참여를 묘사하기 위해 사용될 때 콘텐츠가 흡수되는 유형을 의미한다. 예를 들어 데스크톱에서 콘텐츠가 스크린의 여러 가지 영역에 나타나고, 콘텐츠 여러 개가 페이스북 피드에 동시에 보일 수 있다. 모바일 기기에서는 콘텐츠가 단일하게 전달되는데, 한순간 동안 사용자가 마주하게 되는 전부는 그 사람이 보고 있는 단 하나의 콘텐츠뿐이라는 뜻이다.

모바일은 다른 미디어에서는 불가능한 기회를 제공하기 때문에 모바일이 아니었다면 계획하기 어렵거나 비용이 많이 드는 목표를 달성할 수도 있다. 모바일에서 훨씬 더 쉽게 달성 가능한 목표 주제 중 하나는 다음과 같은 카테고리이다.

>> 데이터 수집
>> 온라인 대 오프라인 전환
>> 고객 서비스
>> 행동별 세그먼트 및 타깃팅
>> 경험의 개인화

다음 부분에서는 카테고리 각각에 대해, 그리고 모바일 전략에서 설정할 수 있는 세부 목표에 대해 좀 더 자세히 살펴보겠다.

데이터 수집

데이터는 전체 전략의 중심에 있다. 모바일 기기에서 수집된 데이터는 사용자 측면에서 관여한 참여 수준 때문에 특히 더 가치가 크다. 퓨 리서치 센터의 연구 결과에 따르면 밀레니얼 세대의 86%가 스마트폰을 소유하고 있다고 하며, 닐슨의 추가 연구는 미국의 밀레니얼 세대는 모바일 기기에서 하루 4.7시간을 보내고 있다고 밝혔다. 두 가지 통계 모두 그다음으로 참여도가 높은 미디어를 큰 차이로 앞섰다. 그렇다면 "데이터 수집과 관련해 어떤 종류의 목표를 설정할 수 있을까?"라는 질문을 해볼 수 있다. 다음은 질문에 대한 몇 가지 답이다.

» 개인정보 양식 제출 및 콘텐츠 다운로드 늘리기
» 밀레니얼 방문자들의 행동 습관을 기반으로 모바일 기기에서의 전환 경로 단순화하기
» 비콘 기술을 통해 매장 내 인기 장소와 삼각망을 형성함으로써 소매점 디자인 개선하기

일찍이 이러한 목표를 설정한다는 것은 지속적으로 데이터를 수집할 수 있고 해당 데이터를 활용하여 온라인과 오프라인에서 전반적인 고객 여정을 개선할 수 있다는 의미이다.

데이터에 관해 좀 더 상세한 정보가 필요하다면 제4장을 참조하도록 하자.

온라인 대 오프라인 전환

다시 한 번 강조하지만, 모바일 기기는 고객과 함께 이동하기 때문에 온라인 경험과 물리적 경험을 연계한 목표를 수립해야 한다. 물론 온라인과 오프라인에서 모두 비즈니스를 하고 있다고 전제할 때이다. 밀레니얼 방문자들의 추천을 통해서 모바일 특별 프로모션 및 혜택을 제공하는 모바일 웹사이트 유입을 늘리는 것이 목표이다.

고객 서비스

밀레니얼 세대는 그들이 가장 익숙한 플랫폼에서 브랜드와 관계를 맺고 싶어 한다. 세일즈포스 컴퍼니의 데스크닷컴(Desk.com, 고객지원 서비스 시스템)의 연구에 따르면,

밀레니얼 세대의 25%가 자신이 소셜 미디어에서 브랜드에 관심을 보였을 때 10분 내에 반응을 얻기를 바란다고 한다. 소셜 케어 제공 시의 목표는 10분 이내에 반응하기로 설정되어야 한다. 소셜 케어는 마케팅 산업에서 소셜 미디어에서의 고객 서비스를 일컫는 용어이다.

또한 고객 서비스 팀이 시간당 해결할 수 있는 건수를 늘리기 위해 노력하는 것을 목표로 해야 한다.

행동별 세그먼트 및 타깃팅

밀레니얼 세대가 모바일 기기에서 얼마나 많은 시간을 쓰는지를 고려한다면, 밀레니얼 세대에 대해 알게 되는 사소한 내용을 바탕으로 오디언스의 취향과 선호도에 맞게 타깃팅한 캠페인을 만들 수 있다(제3장 참조). 주로 밀레니얼 오디언스에 대한 이해 방식의 개선을 중심으로 목표를 삼는다. 다음은 목표의 두 가지 예시이다.

» 테스트한 콘텐츠 및 메시지에 대한 참여율을 기반으로 전환 경로 줄이기
» 밀레니얼 오디언스 중 좀 더 소규모인, 보다 이해를 잘하고 있는 세그먼트를 타깃팅한 콘텐츠 캠페인의 참여율 늘리기

경험의 개인화

밀레니얼 세대는 개인화된 경험을 좋아한다. 개인화를 실현시킬 수 있는 무언가를 실행하면 참여율, 전환율, 아마도 가장 중요한 충성도가 급격히 향상될 것이다. 이러한 목표들은 밀레니얼 오디언스를 겨냥해 온라인 및 오프라인 경험을 개인화하려는 자사의 노력이 성공적이었음을 나타내준다.

» 밀레니얼 오디언스의 소셜 미디어 참여율 향상시키기
» 구글 애널리틱스의 측정지표인 사이트에 머문 시간, 이탈률, 세션당 페이지 수, 평균 세션 지속시간을 측정함으로써 밀레니얼 오디언스의 사이트 내 참여율 향상시키기
» 소셜 플랫폼에서 자사 브랜드 또는 조직에 대한 긍정적인 정서가 담긴 언급 늘리기

브랜드 웹사이트용 모바일 콘텐츠 만들기

모든 조직이 밀레니얼 세대와 관계를 맺기 위해 네이티브 모바일 앱을 보유한다면 아주 이상적일 것이다. 모바일이 밀레니얼 세대가 브랜드와 소통할 때 선호하는 수단이기 때문이다. 그러나 대부분의 회사가 네이티브 모바일 앱을 운영하고 있지 않기에 모바일 콘텐츠는 안전하고 유용한 대안이 될 것이다.

대응력이 뛰어난 사이트 또는 브랜드 웹사이트의 모바일 버전 만들기

대응력이 뛰어난 사이트 또는 브랜드 웹사이트의 모바일 버전을 만들 수 있다면—요즘은 두다(www.dudamobile.com)와 같은 도구 및 서비스를 통해 큰 비용을 들이지 않고 할 수 있다(그림 10-1 참조)—다음 몇 가지 사항을 기억해야 한다.

» 밀레니얼 세대는 주의 지속시간이 짧고 불필요한 글을 스크롤하지 않기 때문에 문장을 간단명료하게 쓰도록 한다.

» 이미지(실제 사이즈 및 파일 사이즈 모두)를 줄이고, 성능 향상을 위해 필요하거나 유튜브에 올라가 있지 않은 한 비디오 사용을 피하도록 한다.

» 모든 양식이 모바일에서 사용 가능한지 확인한다.

» 다운로드할 수 있는 콘텐츠가 모바일에 적합한지 확인하기 위해 검토한

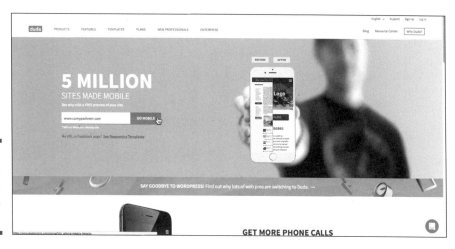

그림 10-1

두다는 간단하게 네이티브 웹사이트를 만들 수 있는 기능을 제공한다.

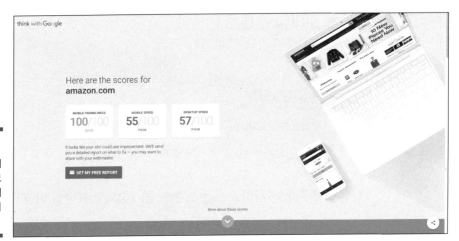

그림 10-2

테스트 마이 사이
트를 활용해서 모
바일 웹사이트의
로딩 시간을 모니
터링한다.

다. 특히 PDF 문서는 신경 써야 한다.

» 밀레니얼 오디언스에게 좀 더 강력한 데이터를 수집하기 위해서 소셜 로
  그인 기능을 통합한다. 밀레니얼 세대는 대체로 전통적인 계정 설정보다
  소셜 로그인을 선호한다.

» 모바일과 데스크톱 캠페인을 보다 차별화하기 위해 모바일에서만 경험할
  수 있는 혜택을 제공한다.

» 그림 10-2처럼 구글 테스트 마이 사이트(https://testmysite.thinkwithgoogle.
  com/)와 같은 도구를 활용해서 사이트 로딩 시간에 세심하게 주의를 기울
  인다.

» 밀레니얼 세대가 선호하는 모바일에 특화된 아웃리치 방식을 제공하도록
  한다. 트위터, SMS 문자 메시지, 또는 페이스북 메신저나 왓츠앱 등의 네이
  티브 챗팅 기능이 그 예이다.

현재 웹페이지를 모바일에 맞추어 조정하기

만약 대안적으로 단순히 기존 웹페이지를 모바일 기기에 맞게 조정한 모바일 특화
웹사이트를 운영하고 있다면, 해당 사이트가 다음과 같은 기준을 충족하는지 콘텐
츠를 점검해보자.

그림 10-3

컴프레스 JPEG
에서는 사용자가
용량이 큰 이미지
파일을 무료로 압
축할 수 있다.

» 페이지가 너무 장황하거나 불필요한 콘텐츠가 많아서는 안 된다.

» 웹사이트의 기존 이미지를 압축하자. 압축은 그림 10-3에서와 같이 컴프
레스 JPEG(http://CompressJPEG.com)와 같은 무료 도구를 활용할 수 있다.

» 구글의 무료 모바일 친화적 테스트 도구(그림 10-4 참조)를 활용하여 웹사이
트 페이지를 점검해보자. 모바일 사이트 방문자들이 겪을 수 있는 이슈를
파악할 수 있을 것이다.

» 모바일 기기에서 제대로 체제를 갖추지 못했을 수도 있는 모든 통합 내용
을 테스트한다. 정보 입력 양식 및 워드프레스 플러그인과 같은 제3자 웹

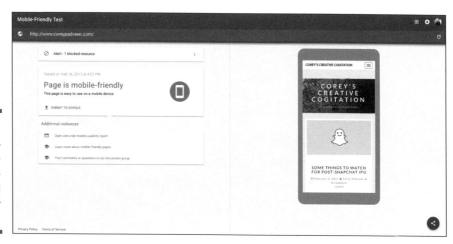

그림 10-4

구글 모바일 친화
적 테스트는 모바
일 웹사이트의 등
급을 매겨 개선이
필요한 영역을 나
타낸다.

사이트 부가기능은 특히 그렇다.

» 웹사이트에 플래시(flash) 사용을 삼가는 것이 좋다. 플래시를 사용하면 로 딩 시간이 느려지고 모바일 기기에서 제대로 작동하지 않아서 모바일 검 색 랭킹에 손해를 입을 수 있다.

» 동영상이 있다면 해당 동영상을 유튜브 또는 비메오와 같은 제3자 웹사이 트에 올리는 것이 브랜드 사이트 속도에 영향을 미치지 않을 수 있는 좋은 방법이다.

소셜을 모바일 전략의 중심으로 사용하기

소셜 미디어는 밀레니얼 세대의 일상의 근본을 이루고 있다. 모바일 애드버타이징 왓치의 연구에 따르면, 밀레니얼 세대는 평균적으로 하루에 17번 소셜 계정을 확인 하며, 대부분 스마트폰으로 확인한다. 소셜이 모바일 전략에서 엄청난 역할을 하게 된 것이 현실이다.

몇몇 형태의 소셜 로그인을 통합하는 기능은 데이터 수집의 굉장한 잠재성을 열어준 다. 그러나 소셜은 모바일 측면에서 어떤 다른 활용도를 지니는가? 활용도는 페이스 북과 트위터 같은 소셜 네트워크 내에도, 밖에도 존재한다. 다음은 소셜과 모바일을 같이 활용할 때 얻을 수 있는 몇 가지 장점이다.

» **네이티브 앱을 활용한다.** 밀레니얼 세대는 브랜드 웹사이트보다 휴대전화 로 소셜 네트워크에 참여하는 데 더 많은 시간을 보낸다. 그래서 캠페인 운영 시 네이티브 앱을 활용할 수 있을 때마다 그렇게 해야 한다. 이벤트 및 혜택을 제공하고 페이스북 자체에서 데이터를 수집하자. 모바일에서 페 이스북 페이지 탭과 같은 제3자 소프트웨어를 활용할 수 없지만, 페이스북 내에서 만든 것, 즉 이벤트와 같은 페이스북 자체 서비스인 경우는 모바일 기기에서도 보일 것이다.

» **사진을 깔끔하게 하고 브랜드 정보를 넣는다.** 이러한 접근방식은 전반적으 로 소셜 미디어에 적용하기에 좋지만 모바일을 최우선으로 생각하는 경우

에는 특별히 그렇다. 오디언스는 모바일 기기에서 뉴스피드를 빠르게 훑고 지나가려고 한다. 한눈에 봤을 때 콘텐츠가 복잡해 보일수록 스크롤해서 넘어갈 때 관심을 끌지 못한다. 더욱이 브랜딩을 명확하게 하지 않는다면, 대부분의 밀레니얼 오디언스에게 거의 버려지는 포스트가 될 것이다.

그렇다고 해서 모든 포스트에 브랜드 정보를 넣으라는 말은 아니다. 언제나 브랜디드 콘텐츠, 홍보용 콘텐츠 그리고 절충형 콘텐츠를 적절하게 혼합하는 방식을 장려한다. 그렇기는 하지만 지금까지 일궈온 브랜드 목소리를 거의 즉시 알아차릴 수 있도록 해야 할 것이다. 밀레니얼 세대는 그렇지 않으면 빠르게 콘텐츠를 지나쳐 버릴 것이다.

» **콘텐츠는 간결하고 명료하게 하고, 페이스북에서 특히 그래야 한다.** 밀레니얼 오디언스가 가장 싫어하는 행동은 뉴스피드 설명에서 더 보기(see more) 버튼을 클릭하는 것이다. 밀레니얼 세대는 콘텐츠를 빠르게 흡수하고, 추가적인 내용 확인 없이 그 자리에서 모든 필요한 정보를 받고 싶어한다. 그와 같이 뉴스피드에서 다음 아이템으로 넘어가기 전에 콘텐츠를 클릭할지 말지 순간의 결정을 내릴 수 있다.

» **각 미디어의 의도대로 이해할 수 있게 네트워크별로 모바일 특화 콘텐츠를 제작한다.** 밀레니얼 세대는 네트워크마다 고유의 특성을 지닌다. 페이스북에서 반응하는 방식은 트위터에서의 참여방식과는 아주 다르다. 만약 그들의 행동을 유도하고자 한다면, 모바일 메시지를 사용자의 특성뿐 아니라 우수사례에서 나타난 네트워크 고유의 특성(제6장 참조)에 맞게 조정해야 한다.

모바일 광고를 활용해 밀레니얼 세대 타깃팅하기

최근 광고는 여러 가지 형태와 규모로, 공공연하게 또는 미묘하게 드러낼 수도 있으며, 우리가 생각할 수 있는 거의 모든 매장에서 발견할 수 있다. 아마도 밀레니얼 세대에게 가장 중요한 공간은 모바일이다. 모바일 기기에서 광고는 여러 가지 형태로 가능하고, 제대로 집행되었을 때 브랜드를 확실하게 기억할 수 있도록 도와주면서 브랜드에 엄청난 가능성을 줄 수 있다.

> » 구글 검색 광고
> » 디스플레이 광고
> » 페이스북 오디언스 네트워크 광고
> » 트위터 광고
> » 인스타그램 크리에이티브 캠페인
> » 스냅챗 광고 옵션

구글 검색 광고

빙(www.bing.com)과 같은 경쟁사와 달리 구글에서는 왜 중점사항을 명시해야 하는 가? 빙이 최근 몇 년간 시장 점유율 확보 관점에서 비약적인 발전을 이루어왔지만, 사용자 연령대가 대체로 높고 주로 인터넷 익스플로러를 사용하고 있어서 그들의 디폴트 검색엔진이 빙인 경우가 대부분이다. 밀레니얼 세대는 대개 구글을 사용하고 있고, 그래서 밀레니얼 세대를 붙잡으려고 한다면 구글에 모바일 광고비용을 투자해야 할 것이다.

2016 구글 애드워즈가 업데이트되면서, 그림 10-5와 같이 광고주들이 광고, 가격, 캠페인, 미디어별 전략을 세분화할 수 있는 기회가 열렸다. 그래서 만약 데스크톱, 모바일 그리고 태블릿 사용자를 겨냥한 캠페인을 운영하려고 한다면, 각 미디어에 독립적으로 집중할 수 있다. 목표가 모바일에서 검색하는 밀레니얼 세대에게 다가가

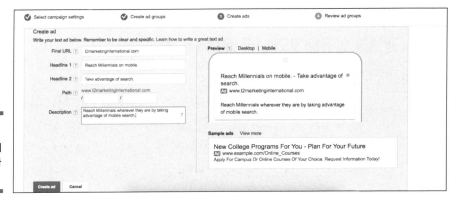

그림 10-5
구글 애드워즈의 검색 광고용 모바일 레이아웃 예시

는 것이라면, 플랫폼 각각에 개별적으로 집중하고 별도로 조정하는 것이 마케터가 원하는 일일 것이다.

모바일에서 구글 애드워즈를 사용해 클릭수를 극대화하기 위해서 다음 중요한 포인트를 기억해두자.

» **사용자가 열심히 검색 중일 가능성이 크기 때문에 사용자에게 홈페이지 주소를 보내지 않는다.** 검색은 즉각적인 필요에 의해 목적을 갖고 이루어지는데 홈페이지에는 그 정보가 담겨 있을 가능성이 거의 없다. 그들을 검색 쿼리와 연관성이 높은 랜딩 페이지로 연결해야 한다.

» **모바일 검색을 위해 긴 꼬리 검색어를 사용한다.** 이 기법을 사용하면 타깃 오디언스의 클릭이 자사에게도, 광고를 클릭한 사용자에게도 관련성이 높을 것이다.

긴 꼬리 검색어(long-tail search terms)는 보다 일반적인 용어를 찾고 있는 사용자보다는 아주 구체적인 결과를 찾고 있는 사용자를 타깃팅하기 위해 세 단어 이상을 사용한다. 예를 들면 일반 검색어 '파워 드릴'이라는 용어로 검색할 수도 있지만, 긴 꼬리 검색어는 '직각의 코드 없는 8볼트 파워 드릴'과 같은 식이다.

» **광고 콘텐츠를 구체화한다.** 광고를 클릭하는 사용자가 정확히 그들이 어디로 가게 될 것이고, 랜딩 페이지에 도달했을 때 무엇을 얻게 될 것인지를 확실히 알 수 있게 해야 한다. 그렇지 않고 광고 콘텐츠가 모호하거나 너무 광범위하면 둘 다 마음에 안 드는 상황에 처하게 될 것이다. 오디언스 입장에서는 검색하고자 했던 콘텐츠를 찾지 못하게 되고, 마케터는 원하는 결과를 창출하지 못하는 클릭에 비용을 쓰게 되는 것이다.

» **모바일 캠페인에 일반적인 용어를 사용하지 않는다.** 일반적인 산업 용어가 데스크톱 검색에서는 유용할 수 있지만, 밀레니얼 세대는 목적을 가지고 모바일 검색을 사용한다. 밀레니얼 세대는 자신의 의문이나 걱정에 대한 해답을 주는 쉽게 이해할 수 있는 콘텐츠를 원한다.

디스플레이 광고

디스플레이 광고의 경우 구글, 빙, 야후!가 밀레니얼 세대에게 다가가기 위해 비슷하게 활용할 수 있는 네트워크이다. 이 세 가지 검색엔진은 구글 또는 빙처럼 검색 기능을 뛰어넘는 네트워크를 갖추고 있다. 사실상 이 세 개의 네트워크는 그림 10-6에서 나타난 것처럼 지정된 공간에 광고를 게재함으로써 웹의 모든 디스플레이 속성을 사용할 수 있다.

그림 10-6

디스플레이 네트워크 광고가 구글 네트워크 내에 보일 수 있는 자리

다음은 디스플레이 캠페인의 결과를 극대화할 수 있는 몇 가지 중요한 팁이 있다.

» **콘텐츠를 깔끔하게 유지한다.** 모바일 기기에서 광고가 복잡할수록 밀레니얼 세대는 해당 광고에 집중하지 못할 가능성이 크다는 사실을 기억하라. 타깃 오디언스의 주의를 끌기 위해서는 반드시 광고를 깔끔하게 하나의 메시지에 초점을 맞추도록 해야 한다.

» **브랜드 인지도에 주력하는 것을 고려한다.** 클릭에만 집중할 것이 아니라 규모와 노출 증대를 위해 디스플레이의 힘을 활용하자. 밀레니얼 세대는 구글 디스플레이 네트워크 혹은 기타 검색엔진 네트워크 내에서 웹페이지를 서핑하면서 브랜드를 등록하고 해당 브랜드의 활동을 지켜본다. 그러나 아직 관계를 맺지 않은 브랜드 광고에 반드시 클릭하지는 않을 것이다.

» **웹사이트를 방문했던 밀레니얼 세대에게 리마케팅을 함으로써 디스플레이 캠페인의 클릭을 촉진시킨다.** 리마케팅 리스트를 구축하면 적어도 1,000명의 방문자를 해당 페이지로 보낼 수 있다. 그러나 일단 그 정도가 진행되

면 해당 페이지로 떨어진 리마케팅 픽셀이 가동해서 이미 자사 콘텐츠에 익숙한 오디언스에게 디스플레이 광고를 내보내기 시작할 수 있다. 이는 타깃 오디언스의 두 번째 방문을 유도하는 훌륭한 방법이다.

리마케팅(remarketing)은 이미 자사 웹사이트를 방문했던 오디언스 앞에 타깃팅한 디스플레이 광고를 게재하는 방식이다(오디언스의 콘텐츠 상호작용을 기반으로). 광고를 개인 맞춤형으로 만들 수 있고, 이를 활용하여 추가 방문을 이끌어낼 수 있다.

페이스북 오디언스 네트워크 광고

페이스북 광고를 페이스북 사용자의 모바일 기기에 게재하는 데 중점을 둔 페이스북 오디언스 네트워크를 활용하는 것은 페이스북의 최대 사용자 집단인 밀레니얼 세대에게 접근할 수 있는 최고의 방법이다. 페이스북은 광고주들이 새로운 캠페인을 론칭할 때 모든 배치 옵션을 포함하고 있는 페이스북 광고 캠페인을 만들도록 유도하지만, 그림 10-7에서 보듯이 독립형 캠페인과 같은 페이스북 오디언스 네트워크 광고를 만드는 것이 더욱 적합할 것이다.

기본적으로 오디언스 네트워크는 외부 파트너사 영역 내의 웹사이트에서 페이스북이 게재한 제3자 광고이다. 밀레니얼 세대가 직접 페이스북과 소통하지 않고 다른 미디어와 관계를 맺고 있다. 이런 경우 밀레니얼 세대는 기사를 읽거나, 비디오를 보

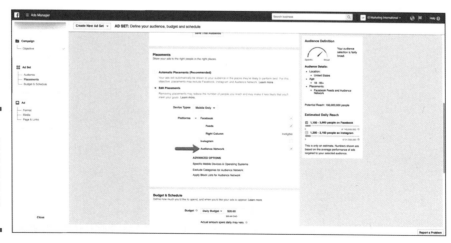

그림 10-7

모바일의 잠재력을 극대화하기 위해 전적으로 오디언스 네트워크에 초점을 둔 캠페인을 만든다.

거나, 페이스북 오디언스 네트워크 범위에 들어가는 앱을 사용하고 있을 것이다. 예를 들면 구글 디스플레이 네트워크의 디스플레이 광고에 참여하는 방식으로 광고 콘텐츠에 참여하고 있을 것이다. 물론 리마케팅은 페이스북에서 약간 다르게 이루어지지만, 오디언스 네트워크 캠페인을 구조화하는 특성은 대개 동일할 것이다.

트위터 광고

트위터 사용자의 80% 이상이 모바일 기기로 소셜 네트워크에 접속하고 있으며, 트위터 사용자 전체의 35%는 밀레니얼 세대이다. 이러한 통계가 의미하는 바는 모바일 기기를 사용하는 밀레니얼 세대에게 다가가기 위해 전략을 세울 때 트위터 광고가 성공에 상당히 큰 영향을 미칠 것이라는 점이다.

트위터에서는 여러 가지 목적과 상황에 적합한 다양한 캠페인을 운영할 수 있다.

> » 트위터 카드(네 종류)
> » 홍보성 트윗
> » 홍보 계정 캠페인
> » 앱 설치
> » 리드 생성 및 데이터 수집 캠페인
> » 웹사이트 방문 및 전환

위의 광고 형태는 모두 고유의 기능을 제공한다. 여러 가지 목표를 달성하는 데 아주 적절하게 다양한 용도로 사용된다. 트위터에서 적절한 광고 형태를 선택함으로써 큰 차이를 이끌어낼 수 있다.

트위터 카드

트위터 카드는 일반 광고 또는 트윗보다 더 크다. 크기가 커서 오디언스의 눈에 잘 띄기 때문에 모바일 기기에서 특히 유용하다. 기억해야 할 점은 밀레니얼 세대는 콘텐츠를 빠르게 스크롤하고, 모바일 기기 스크린을 많이 차지하는 아이템이 오디언스의 관심을 사로잡을 기회가 더 크다는 사실이다.

트위터 카드는 아주 다양하고 각각의 형태는 고유의 기능을 제공한다.

더미를 위한 팁

» **요약 카드** : 이것은 자사가 공유하고자 하는 기사 또는 콘텐츠를 강조하고
자 할 때 사용된다(그림 10-8 참조).

» **대형 이미지가 포함된 요약 카드** : 개념은 일반 요약 카드와 같지만 그림
10-9에서 보듯이 좀 더 크고 눈의 띄는 이미지를 포함한다.

모바일 기기에서는 가능한 한 스크린을 가득 채우고자 하기 때문에 대형
이미지가 포함된 요약 카드를 선택할 가능성이 크다. 그러나 원하는 결과를
이끌어내기 위해서는 이미지가 깔끔해야 하고 메시지 역시 명확해야 함을
명심하자.

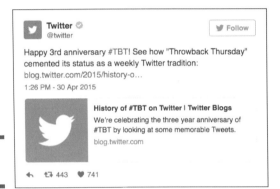

그림 10-8
요약 카드

그림 10-9
대형 이미지가 포
함된 요약 카드

그림 10-10
앱 카드

그림 10-11
플레이어 카드

> » **앱 카드** : 만약 모바일 앱을 다운받도록 하고 싶다면, 그림 10-10처럼 앱 카드를 활용해 사용자가 직접 다운로드 링크로 연결되도록 할 수 있다.

> » **플레이어 카드** : 플레이어 카드는 타깃 사용자의 트위터 피드 내에서(오디오 또는 비디오 등의) 다채로운 미디어를 자동 재생할 수 있도록 제작되었다. 이 기술은 밀레니얼 세대에게 비디오를 통해 특정 주제를 교육하고자 하는 캠페인을 운영할 때 아주 적합하다. 그림 10-11은 플레이어 카드 사용의 예시이다.

홍보성 트윗

밀레니얼 세대의 눈앞에 특정 메시지를 전달하고 싶다면 홍보성 트윗 캠페인을 선택하라. 특정 오디언스에게 트윗을 홍보한다면, 특히 그 메시지가 밀레니얼 세대를 겨냥하고 있다면 상당히 참여도가 높아질 것이다. 그림 10-12는 홍보성 트윗 캠페인이 모바일 기기에서 어떻게 나타나는지 보여주는 예시이다.

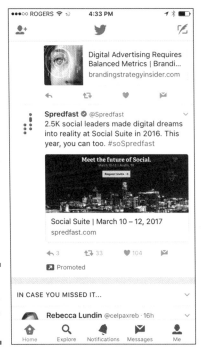

그림 10-12
홍보성 트윗이 사용자 피드에 나타났다.

홍보 계정 캠페인

트위터에서 밀레니얼 오디언스의 기반을 구축하고자 한다면 홍보 계정 캠페인 운영을 고려해보자. 스폰서 계정 캠페인은 그림 10-13에서와 같이 타깃 사용자에게 자사 계정을 트위터 팔로잉 추천 계정으로 보이도록 하는 간단한 형태의 오디언스 개발 캠페인이다.

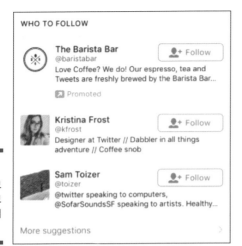

WHO TO FOLLOW

The Barista Bar
@baristabar
Love Coffee? We do! Our espresso, tea and
Tweets are freshly brewed by the Barista Bar...
Promoted

Kristina Frost
@kfrost
Designer at Twitter // Dabbler in all things
adventure // Coffee snob

Sam Toizer
@toizer
@twitter speaking to computers,
@SofarSoundsSF speaking to artists. Healthy...

More suggestions

그림 10-13
스폰서 계정이 모바일 기기에서 보일 수 있는 여러 가지 방식

앱 설치

만약 브랜디드 앱 또는 게임 설치를 유도하는 것이 목적이라면 그림 10-14에서 보는 것처럼 트위터 앱 설치 캠페인을 활용하면 좋을 것이다. 트위터 광고 플랫폼 내의 픽셀을 사용하여 브랜드 웹사이트를 방문했던 밀레니얼 오디언스에게 리마케팅을 한다면, 이러한 종류의 캠페인에서 행동을 이끌어내는 데 도움이 될 수 있다.

만약 아직까지 브랜드 웹사이트를 방문하지 않은 신규 오디언스를 대상으로 앱 설치 캠페인을 진행하고자 한다면, 제품의 가치를 충분히 알릴 수 있도록 광고 내용을 자세하게 구성해야 한다. 신규 오디언스는 해당 브랜드가 어떠한 가치를 제공하는지 잘 알지 못한다. 따라서 마케터는 이 부분을 명확히 하는 것이 중요하다.

리드 생성 및 데이터 수집 캠페인

자사상품 또는 서비스에 관심이 있는 잠재고객에게 사용자 정보를 수집할 목적으로 설계된 캠페인인 리드 생성 캠페인(그림 10-15 참조)은 트위터에서 사용자 데이터를 모으는 가장 간단하고 효과적인 방법 중 하나이면서, 소셜 미디어 광고 플랫폼 대부분과 비교할 때에도 더 효과적인 방법 중 하나에 속한다. 리드 생성은 목적이 밀레니얼 세대의 사전 동의를 얻는 것일 때 사용하기에 이상적인 캠페인이다.

그림 10-14
앱 설치 캠페인

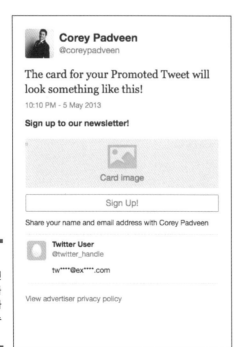

그림 10-15
트위터에서 개인
사용자 데이터를
수집하는 것은 아
주 효과적일 수
있다.

또한 리마케팅이 혜택을 제공하거나 다운로드 링크를 포함한다면 훨씬 더 높은 참여율로 이어지겠지만, 첫 혜택 제공에 대한 제대로 된 설명은 그 혜택이 사용자에게 가치를 더해준다면 특히 더 아주 긍정적인 결과를 가져올 것이다. 밀레니얼 세대는 자신의 정보를 공유하는 대가로 일정한 혜택을 받기를 원한다. 리드 생성 캠페인은 그로 인한 혜택을 어느 정도 제공해야 한다.

웹사이트 방문 및 전환

밀레니얼 세대가 웹사이트의 특정 페이지에서 또는 특정 요소에 대해 행동을 취하도록 하는 것이 목표라면 웹사이트 방문 캠페인을 고려해볼 수 있다. 그 예를 그림 10-16에서 확인할 수 있다.

그러나 검색 광고와 똑같이 사용자에게 홈페이지 주소를 보내서는 아무것도 얻을 수 없다는 것을 명심하자. 트위터는 검색보다 훨씬 더 일차원적 환경이다. 사용자가 특히 빠르게 움직이는 밀레니얼 사용자가 콘텐츠를 클릭한다면 그들은 메시지를 보고, 이해하고, 곧바로 행동할지 말지를 결정하고자 한다. 만약 랜딩 페이지가 특별히 한 가지 목적을 달성하기 위해, 신속한 의사결정 방식을 고려하여 제작된 경우에 한해 이러한 형태의 캠페인을 활용하자.

그림 10-16
웹사이트 방문 캠페인

인스타그램 크리에이티브 캠페인

밀레니얼 세대와 인스타그램은 함께 간다. 인스타그램 광고는 페이스북 광고 생태계 내에 존재하는데, 그렇기 때문에 이미 페이스북 백엔드에 익숙하다면 인스타그램 광고 캠페인을 운영하는 것은 아주 쉬울 것이다.

밀레니얼 세대는 하루 종일(아침에 일어나면서 시작해서 잠자리에 들기 위해 끝내야 할 때까지) 인스타그램을 확인하고 콘텐츠 참여 비율도 상당히 높다.

이 모든 것을 고려하면 인스타그램이 밀레니얼 세대를 겨냥한 모든 모바일 캠페인에 가장 확실한 선택인 것으로 보인다. 밀레니얼 세대를 대상으로 한 모바일 마케팅 전략에서 인스타그램을 효과적으로 활용하기 위해서는 해당 매체에 대한 좀 더 확실한 이해가 필요하다.

> » **인스타그램은 상당히 매력적이지만 주로 외부와 단절된 상태로 활용된다.**
> 사용자들은 일정 수준의 가치가 부여되지 않는 한 앱을 빠져나가야 하는 링크를 클릭하려고 하지 않을 것이다. 인스타그램 광고 캠페인을 기획할 때에는 클릭을 했을 때 사용자에게 어떠한 혜택을 제공할 것인지와 디자인을 통해 그 혜택이 잘 드러나 보이도록 하는 데 집중하자.
>
> » **독립형 캠페인으로서 인스타그램 전략을 수립한다.** 오디언스 네트워크 캠페인과 아주 유사하게 뭔가 다른 채널을 선택하지 않은 인스타그램 캠페인을 만들고 싶을 것이다. 해당 환경 설정 예시는 그림 10-17에서 볼 수 있다. 인스타그램 사용자와 페이스북 사용자가 동일한 사람이기는 하지만, 인스타그램 사용자는 다른 개성을 지니고 있고 차별화된 방식으로 콘텐츠에 참여할 것이다.
>
> » **브랜드 인지도 제고를 위해 인스타그램 활용을 고려한다.** 만약 좀 더 확실한 페이스북 광고 캠페인에서 인스타그램을 사용하고자 한다면, 페이스북 광고 캠페인 내에서 브랜드 재인 및 브랜드 형성 도구로써 쉽게 활용할 수 있다. 그러나 만약 어떤 가치를 더해주지 못한다면 밀레니얼 세대의 클릭을 많이 유도하지 못한다는 것을 알아두자. 하지만 인스타그램에서 브랜드를 보는 것이 확실히 페이스북 캠페인에 도움이 될 수 있다.

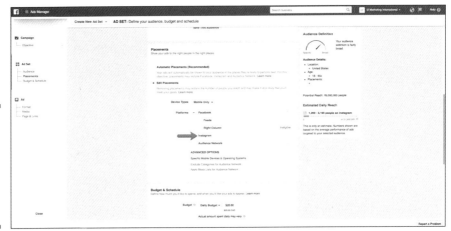

그림 10-17

페이스북에서의 모든 옵션과 달리 인스타그램에서 오직 콘텐츠를 보여주는 옵션을 선택한다.

» **콘텐츠는 깨끗하고 눈길을 끌어야 한다.** 몇 초 이상은 주목하지 않는 밀레니얼 세대의 관심을 끌기 위해 경쟁하고 있다는 사실을 기억하자. 페이스북 및 트위터와는 달리 글로 된 콘텐츠와 콜 투 액션은 이미지를 따라잡지 못한다. 다시 말해 이미지가 마음을 사로잡지 못한다면 완전히 무시될 것이라는 의미이다. 그림 10-18과 같이 이미지 안에 텍스트가 담긴 광고를 제작한다면 이러한 위험을 피할 수 있다.

인스타그램에서는 이미지 위에 텍스트를 원하는 만큼 넣을 수 있다. 이미지가 허용되지 않거나 텍스트 양이 너무 많다면 보이지 않을 수도 있는 페이스북과는 다르다. 자체가 콜 투 액션인 이미지 샘플을 테스트해보자. 그러면 오디언스가 어떻게 반응하는지 알아볼 수 있을 것이다. 그러나 이러한 방법이 항상 효과가 있는 것은 아니라는 사실과 콜 투 액션은 클릭 시에 타깃 사용자가 어떠한 부가가치를 얻을 수 있는지를 강조해야 한다는 점을 기억하자.

스냅챗 광고 옵션

스냅챗은 밀레니얼 세대에게 또 하나의 안식처이다. 스폰서 렌즈와 같이 하루에 만 달러가 넘는 광고 옵션들은 이 시점에서 비용 부담이 되지만, 브랜드가 스냅챗 플랫폼 및 참여율이 높은 오디언스를 이용할 수 있는 옵션들이 존재한다.

그림 10-18
이미지 안에 텍스트를 포함한 인스타그램 광고

스냅챗은 전적으로 네이티브 경험을 제공하고, 사용 가능한 광고 옵션은 브랜드가 오디언스와의 관계를 형성하고 유지하는 데 도움을 주도록 설계되었다. 만약 직접적으로 웹사이트 트래픽을 늘리고 대화를 이끌어내는 것이 목표라면 그것은 불가능하다는 말이다. 그러나 팔로어의 요청에 따라 단기할인 특별코드를 제공하는 반짝 세일과 같은 트렌드를 이용할 수 있다.

브랜드가 오프라인 점포가 있거나 무역박람회 또는 회의와 같은 행사에서 브랜드 인지도를 향상시키고자 한다면, 사용자 지정 지오필터가 활용 가능한 방법이다. 이 필터를 브랜드화할 수 있고, 스냅챗 사용자들이 브랜드 로고가 담긴 필터를 자신의 스냅에 적용해서 특정 장소에서 정해진 시간에 사용할 수 있다. 이것은 브랜드 인지도 캠페인의 형태이지만 확실히 밀레니얼 세대의 모바일 습관과 연계되어 있다.

만약 광고 예산이 많은 조직에서 일하고 있고 스냅챗의 보다 견고한 광고 네트워크 활용을 고려하고 있다면, 일단 직접 스냅챗에 연락을 취해보는 것이 시작하기 좋은 방법이다.

밀레니얼 세대를 겨냥한 일관된 모바일 캠페인 운영하기

모든 캠페인이 고유의 변수와 요소를 갖고 있지만 거의 모든 산업의 모든 마케터에게 적용되는 몇 가지 보편적인 측면이 있다. 다음은 밀레니얼 세대에게 다가가서 그들을 전환시키는 모바일 캠페인을 개발하고 실행하는 단계별 가이드이다.

1. **목표를 수립한다.**

   목표는 단순 데이터 수집과 같이 아주 간단한 것부터 오디언스 세그먼트 및 콘텐츠 타깃팅 개선과 같은 조금 더 복잡한 것에 이르기까지 아주 다양하다. 모바일에서 밀레니얼 세대에게 다가가는 것에 관한 한 그 목표가 무엇이든지 간에 바로 목표를 수립해야 한다.

2. **독립적인 모바일 측정 기준을 설정한다.**

   마케터들이 가장 흔히 저지르는 실수 중 하나는 다양한 미디어를 활용할 때 미디어별 측정 기준을 수립하지 않는 것이다. 데스크톱 캠페인의 성공 여부를 어떻게 측정하고 결정할 것인지가 모바일 캠페인의 성공 여부를 측정하는 방식과 반드시 동일하지 않을 것이다. 일단 목표를 수립하고 나면, 모바일과 관련한 목표별 기준 및 핵심성과지표(KPI)를 설정하자. 핵심성과지표와 관련한 보다 상세한 정보는 제9장을 살펴보도록 한다.

3. **오디언스를 명확하게 정의한다.**

   모든 밀레니얼 세대가 똑같지 않고 모든 밀레니얼 세대가 브랜드의 모바일 캠페인에 참여하지는 않을 것이다. 목표와 기준을 수립하고 나면 시간을 두고 타깃팅하고자 하는 오디언스를 만들라. 이러한 계획이 선행되면 다음 단계가 훨씬 쉬워진다.

4. **캠페인의 단계마다 사용할 수 있는 모바일 콘텐츠를 개발한다.**

   이러한 모든 일이 모바일에서 일어나지만 밀레니얼 세대는 미디어마다 다른 방식으로 콘텐츠에 참여할 것이라는 사실을 다시 한 번 기억하라. 그에 맞춰 미디어별 우수사례를 참조하여 콘텐츠를 계획하고 제작하자.

밀레니얼 세대 마케팅을
점검하는 전략 감사 실시하기

제11장 미리보기

- 주요 전략적 요소를 확인한다.
- 벤치마크 수준 대비를 평가한다.
- 개선이 필요한 기능을 알아낸다.

새로운 기회 발굴은 모든 성공적 마케팅 전략의 초석이다. 마케터가 의사결정하는 데 지침이 될 수 있도록 감사를 계획적으로 빈번하게 실시해야 한다. 또한 주요 요인이 갑자기 변했을 경우에는 계획하지 않았던 감사도 고려해야 한다.

이번 장에서는 오디언스를 구축하기 위해 실행한 전략을 분석하고 변경하는 방법에 초점을 두겠다.

전략 감사의 초석

모든 감사가 같은 요소로 구성되는 것이 아니고, 모든 감사가 포괄적으로 수행되지도 않을 것이다. 그러나 어떤 주요 요소들은 감사에서 정기적으로 역할을 하게 될 것이다. 역할이 크든 작든 말이다.

» 마케팅 프로그램의 기초 분석하기
» 목표 달성을 위한 진척도 검토하기
» 핵심성과지표를 기준으로 평가하기
» 데이터에 기초해 새로운 기회 찾아내기

전략의 기초 점검하기

밀레니얼 세대 마케팅 전략을 만들어낼 때에는 몇 가지 기초적인 요소를 고려해야 한다. 다음 부분에서 설명하는 요인들은 캠페인을 제작하는 데 지침이 되고 미디어 선택에도 영향을 줄 것이다.

목표

목표 하나하나를 주의 깊게 생각해보지 않고는 효과적인 전략을 개발할 수 없다. 모든 단계 및 모든 계획이 장단기 목표를 달성하는 데 도움을 줄 것이다. 밀레니얼 세대 마케팅 전략에 대한 감사를 수행할 때 두 가지 사항에 중점을 두어야 한다.

» 현재 목표를 달성하는 데 시간이 얼마나 더 걸릴지 판단하기 위해 목표를 검토한다. 목표는 아직 현실적인가? 변화가 필요한가? 기 수립한 목표가 여전히 타당한가?
» 신규 데이터를 통해 전에 없던 성장 기회를 발견할 수 있는지 판단해야 한다. 감사를 할 때마다 새로운 기회가 생김으로써 현재의 전략에 추가할 목표가 생길지를 분석해야 한다.

핵심성과지표

각 목표와 관련된 적절한 지표를 선택했는가? 만약 전략의 실행시기가 가까워질 즈음 첫 번째 감사를 실사한다면 이 질문에 대한 답을 찾게 될 것이다. 이를 통해 다시한 번 정해놓은 성공 측정 기준이 올바른지, 핵심성과지표(KPI)를 선택하는 데 있어서 바른 결정을 내렸는지를 확인할 수 있다(제9장에서 KPI 주제에 대해 상세히 다루고 있다).

몇몇 일반적인 KPI는 성장과 연관된다. 성장 관련 KPI라고 하면 특정 미디어에서의 오디언스 규모 또는 콘텐츠 참여 반감기 등을 포함할 수 있다(제9장 참조). 브랜드 인지도 또는 브랜드 마케팅 가치와 같은 요소를 분석할 때에는 정확하게 평가하는 것이 매우 어려울 수 있다. 이러한 측면을 정확히 평가하기 위해 약간의 '교묘한 조작'이 필요할 수 있기에 초반에 분석 기법의 오류를 잡아내는 것이 제일 좋다.

벤치마크

마케터가 종종 저지르는 실수가 있다면 초기에 눈높이를 너무 높이 설정하는 것이다. 이러한 실수를 하지 않도록 벤치마크에 대한 초기분석을 수행하는 것이다. 처음에 상당히 소박한 벤치마크를 설정했더라도, 여전히 기준이 너무 높거나 너무 낮을 가능성이 있다. 첫 번째 감사에 이어서 성과를 분석할 벤치마크를 검토하여 새로운 목표를 설정하자.

목표 달성을 위해 얼마나 잘 해나가고 있는지를 측정하기 위해 벤치마크를 설정한다. 단기적이고 주로 특정 캠페인에 연관되어 있는 벤치마크도 있다. 또한 몇몇 벤치마크는 지속적이고 캠페인 전반에 걸친 성과를 측정한다. 간혹 성과 때문에 실망하는 경우가 있다. 이러한 경우 벤치마크가 너무 높게 설정되었거나, 아니면 목표를 달성하는 데 몇 가지 실책을 범한 것이다. 그렇다면 조금 낮은 수준으로 벤치마크를 재설정하자.

벤치마크를 검토하는 또 다른 이유는 프로그램의 성과에 따라 새로운 프로그램을 계획하기 위해서다.

(캠페인의 타 요소를 변경하는 것과 달리) 벤치마크를 하향조정하고자 하는 유일한 경우는 벤치마크가 비정상적인 성과 기간에 맞추어 설정되어 있을 때다. 시간이 지나면서

입증된 정상적인 성장 경로에 부합하도록 다음 번 감사의 벤치마크를 낮추자.

데이터

데이터 감사는 아마도 모든 검토 중 가장 중요한 요소일 것이다. 완벽한 전략의 토대를 제공하고 모든 의사결정에 영향을 미친다. 그렇기 때문에 감사를 수행할 때마다 데이터가 첫 번째 고려요소가 되어야 하고, 사실상 다른 어떤 분석보다도 데이터 분석을 철저하게 해야 한다.

데이터와 관련해 항상 염두에 두어야 하는 점은 목표, 벤치마크, KPI 또는 기타 감사 항목과는 달리 데이터는 어디에나 존재한다는 사실이다. 구조화되지 않은 또는 반구조화된 데이터의 출처를 찾아내는 일은 바로 마케터에게 달려 있다. 그러고 나서 데이터를 모아 철저하게 분석해야 한다. 데이터 분석은 다양한 형태를 띨 수 있고, 그중 몇 가지를 246쪽 '데이터를 활용해 신규 기회 발굴하기'에서 좀 더 자세히 다루도록 하겠다.

오디언스 세그먼트

감사 기간마다 마케터는 자신이 타깃팅했던 밀레니얼 세그먼트를 이상적으로 조직했는지를 확인하고 싶을 것이다. 오디언스 타깃을 자주 수정함으로써 타깃팅 기제를 최적화할 수 있다. 그것은 실제로 오디언스의 변화하는 니즈에 더 잘 부합하는 신규 콘텐츠를 개발하는 데도 도움이 될 수도 있다.

특히 신규 미디어의 경우 오디언스는 계속해서 진화하고, 감사 기간마다 새로운 특성이 나타난다는 점을 명심하자. 오늘 효과가 좋았던 계획이라고 해서 일 년 후, 심지어는 한 달 후에도 효과가 있으리라는 보장은 없다. 그러므로 제3장에서 기술했던 기법을 사용해 오디언스 세그먼트를 점검하자. 이를 통해 밀레니얼 오디언스가 어디 방향으로 진화해 가는지를 알아내고 이에 대응할 수 있을 것이다. 열심히 구축한 관계를 잃고 싶지 않은 심정은 다 같지 않겠는가!

선택한 미디어

빠르게 목표를 달성하는 한 가지 방법은 가능한 한 기름기를 쫙 빼고 전략을 실행하는 것이다. 이것은 정확히 어떤 의미일까? 감사를 통해 특정 미디어 요소를 제거할 수 있다고 판단될 때에는 언제든지 해당 요소를 버려야 한다.

군더더기를 제거함으로써 시간과 비용을 절약할 수 있다. 특정 기간에 선택한 미디어가 계속해서 사용하기에 이상적이지 않을 수 있다. 그렇다고 해서 하나의 미디어를 완전히 없애야 한다는 말이 아니다. 단지 예상보다 실적을 내지 못하는 영역에 대한 투자를 줄이고, 해당 자원을 훨씬 더 나은 결과를 창출할 수 있는 곳에 재할당하자는 것이다.

목표 평가하기

목표는 언제나 밀레니얼 마케팅 전략에 대한 감사의 시작점이다. 목표분석은 다양한 형태를 띨 수 있다. 데이터 분석을 위해 다음 사항을 파악하고자 할 것이다.

> » **전반적인 진척도** : 감사를 통해 전반적인 진척도를 점검해야 한다. 표준진척보고서는 자사가 올바른 방향으로 움직이고 있는지를 파악하려는 노력의 일환으로 장단기 목표를 평가한다.

> » **구체적인 단기 목표의 재구조화** : 분석의 두 번째 형태를 통해서는 현재 데이터를 기반으로 목표를 제거하거나 재조정할 필요가 있는지를 알 수 있다. 만약 데이터를 통해 목표가 비현실적이라거나 또는 더 이상 브랜드의 성공과 관련이 없다고 판단된다면 해당 목표를 제거하라.

> » **신규 목표의 창출** : 마지막으로 데이터가 새로운 목표를 찾아낼 수 있다. 신규 목표는 특정 기간과 또는 특별히 어떤 핫이슈와 연관된 단기 목표가 될 수도 있고, 보편적인 전략의 일부를 조정하는 장기 목표가 될 수도 있다. 어느 쪽이든지 간에 데이터를 통해 활용 가능한 새로운 기회를 찾을 수 있다.

진척도

목표 달성이 반드시 일정한 속도로 이루어지는 것은 아니다. A지점에서 B지점까지의 표준 모델에서 지정된 경로를 따라 얼마나 진행되었는지를 기반으로 진척도를 측정한다. 그러나 지속적인 관계 수립과 같이 목표가 추상적일수록 측정하기가 아주 쉽지 않다.

브랜드 인지도 및 친숙도와 같은 무형 목표의 경우에는 KPI를 면밀히 살펴보고자 할 것이다(다음 부분 참조). 그러나 전환 및 성장과 같은 유형의 목표는 전통적인 방법으로 측정할 수 있다. 그림 11-1에서 페이스북 오디언스 성장의 예를 볼 수 있다. 이것은 상향 추세선의 간단한 예시이다.

그림 11-1
정해진 기간의 오디언스의 성장

재구조화

모든 목표가 타깃을 달성하고 있는가? 목표 중 일부를 제외시킬 필요는 없는가? 감사 시에 다음과 같은 세 가지 경우에 목표를 제외할 수 있다.

» **목표에 압도되는 경우** : 전략을 세울 때 다양한 기회를 찾아 이를 곧바로 활용하는 계획을 세울 수도 있다. 그러나 얼마 지나지 않아 전략의 모든 측면을 효과적으로 실행하는 데 필요한 업무량이 너무 많아 주체할 수 없

다고 느끼기도 한다. 이러한 경우 가장 관련성이 높고 성과가 좋은 목표를 유지하고, 야심에 차서 역량을 고려하지 않고 포함시켰던 관련성 낮은 목표를 제외하라.

» **목표가 비현실적인 경우** : 장단기 목표 수립 시 계획한 것이 결국에는 비현실적이라고 판명될 수도 있다. 잘못 계획했다고 해서 반드시 목표에서 제외되어야 하는 것은 아니다. 벤치마크를 재구조화하거나 조정할 수도 있다. 그러나 어떤 경우에는 기술된 목표가 사실상 맞지 않을 수도 있다. 예를 들어 목표했던 시장의 규모가 생각했던 바와 다를 수 있다. 이러한 오류는 계산 착오 또는 **통계적 예외**(표준에서 벗어나는 데이터) 때문에 발생할 수 있다.

» **자원을 보다 적합한 곳에 사용할 수 있는 경우** : 자원은 유한하다. 현재 마케팅 예산의 많은 부분을 밀레니얼 세대를 확보하고 유지하는 데 할당할 수 있다. 그러나 이것은 때로 어느 지점에서 자금을 끊어야 하는 어려운 결정을 하게 될 수 있다는 의미이기도 하다. 만약 수립한 목표가 전환 및 유지율 향상으로 이어진다면, 해당 목표에 배팅해도 좋다. 단 그렇지 않은 목표라면 제외하라.

창출

감사를 수행함으로써 새로운 목표 창출로 이어질 만한 데이터를 찾을 수 있다. 단기적 목표가 새롭게 생겨나는데, 이를 달성하기 위해 고도로 타깃팅한 캠페인을 운영할 수 있다. 중요한 것은 다음과 관련된 기회가 있다는 것을 보여주는 지속 가능한 성장/성과 영역을 찾아내는 것이다.

» 특정한 참여 형태
» 특정 오디언스 세그먼트가 취하는 행동
» 특정 주제 또는 기간과 관련된 행동

어떤 경우가 될 수도 있는데 이러한 행동과 데이터 포인트가 전략 전반과 관련된 신규 목표를 창출할 수 있는 기회를 보여준다.

KPI 점검하기

목표분석과 함께 KPI 분석을 실시할 수 있다. 감사를 진행하는 동안 분석하고 싶은 요소를 구할 수 없는 경우가 있을 수 있는데, 이는 KPI를 빠뜨렸기 때문이다. 사실상 지표 또는 정보의 누락은 전체 감사에서 주의를 기울여야 하는 부분이다. 때로 누락된 데이터가 찾을 수 있는 데이터만큼 감사에 있어서 중요하기 때문이다.

데이터가 누락되었을 때 다음 중 한 가지를 해야 한다는 알림 메시지를 받는다.

- » 데이터를 수집할 방법 찾기
- » 새로운 KPI 수립하기
- » 수집되고 있지만 분석되지 않는 데이터 측정하기

KPI 감사를 수행할 때 몇 가지 요인에 세심한 주의를 기울여야 한다. 다음의 일련의 질문을 스스로에게 던져본다면 이번 단계를 쉽게 완수할 수 있을 것이다.

- » **모든 목표를 추적하고 있는가?** 목표와 관련된 성과를 추적하는 것은 상식처럼 보이지만 초기에 KPI를 수립할 때 사용 가능한 데이터인지를 간과할 수 있는 게 현실이다. 또한 현재의 데이터로는 측정할 수 없는 무형의 KPI를 설정할 수도 있다. 그러나 그러한 KPI를 완전히 잊지는 말자. 추후에 사용 가능한 데이터를 찾을 수 있다(제9장에서 유무형의 KPI 종합 리스트를 확인할 수 있다).
- » **감사에서 설명할 수 없는 것이 있는가?** 데이터를 보면 굉장히 성공했거나 심각하게 문제가 있다는데, 그것이 무엇과 관련이 있는지 판단할 수 없다면, 그것을 측정할 수 있는 새로운 지표를 창출해야 할지도 모른다. 그림 11-2에서 보듯이 특정 목표 또는 평가에 속할 수 없는 아웃라이어 또는 영향력 포인트가 발견될 때 그 필요성이 분명해질 것이다.
- » **진척도를 얼마나 제대로 측정할 수 있는가?** 대충 측정하거나 또는 불완전하게 측정하면 오히려 성공의 적이 될 것이다. 실 데이터를 사용해서 의사결정을 뒷받침해야 한다. 만약 미디어, 캠페인 혹은 특정 전략 요소의 성공 여부를 측정하는 데 문제가 생긴다면, 새로운 KPI를 포함시키고 의사결정

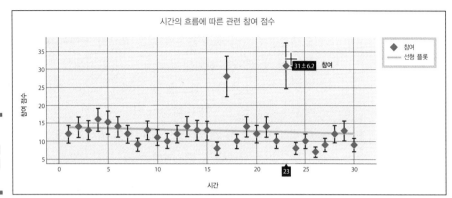

시간의 흐름에 따른 관련 참여 점수

그림 11-2

데이터 세트에서 발견된 아웃라이어의 예

을 다음 감사 기간까지 미루어 두도록 하자.

>> **새로운 기준은 유의미한가?** 감사 도중에 하나의 기준 또는 개념의 중요성이 커질 수 있다. 이러한 경우 새로운 KPI를 만들고, 이후 감사에서 이를 측정하자. 감사 초기에 무언가를 누락했다고 해서 걱정하지 않아도 된다. 모든 일은 계속해서 변하기 마련이기 때문이다.

감사의 속도 조절하기

마케터만이 적합한 감사 수행의 주기를 결정할 수 있다. 그러나 마케터가 어떤 리듬을 유지하고자 하는지와 관계없이 지켜야 할 몇 가지 규칙이 있다.

>> **실행 즉시 첫 번째 감사를 수행해야 한다.** 전략이 처음으로 실행되었기 때문에 첫 번째 감사의 중요성은 배가 된다. 과거 데이터보다는 직접 수집하고 분석한 데이터가 막 실행한 캠페인과 관련성이 높을 것이다. 매월 또는 격월로 종합감사를 수행하는 것이 편할 수 있겠지만, 첫 번째 감사는 캠페인 론칭 몇 주 이내에 이루어져야 한다.

너무 서둘러서 분석을 돌리지 않도록 주의하라. 프로그램이 안정을 찾고 관련 데이터를 수집할 시간이 필요하다. 이러한 데이터는 다음 감사에서 보다 현실적인 벤치마크의 기반이 될 것이다. 그리고 초기 결과를 바탕으로 프로

경고메시지

그램의 몇 가지 요소를 변경할 수도 있다.

» **개별 캠페인 단위로 보다 짧은 주기로 감사를 진행할 수 있다.** 장기 캠페인을 진행할 때 캠페인 단위의 소규모 감사를 진행할 수도 있다. 장기 프로그램에서 고려하는 모든 요소를 넣을 필요는 없다. 어떤 캠페인은 광고 예산과 같은 중요한 요소가 포함되어 있다. 이러한 캠페인은 필요 이상의 비용을 쓰지 않기 위해 개별적으로 분석하여 최적화해야 한다.

» **감사 활동을 스케줄에 포함시켜야 한다.** 정기적으로 많은 일이 진행되고 있어 업무량이 많을 때 밀레니얼 세대 마케팅 캠페인에 대한 감사를 쉽게 잊을 수 있다. 몇 달에 한 번 종합감사와 더불어 기본감사가 이루어져야 한다는 사실을 상기시킬 수 있도록 매달 특정 날짜에 표시해두자. 감사는 중요한 역할을 하며, 정기적인 감사 시행을 통해 최대한 빠른 시간 내에 목표를 달성할 수 있을 것이다.

» **비즈니스 관련 프로젝트와 타이밍을 맞추어 동시에 평가를 진행한다.** 감사의 속도를 유지하는 좋은 방법은 예산분석 또는 판매실적 검토 등의 다른 기업 평가와 연계하는 것이다. 자사에서 특정감사를 정기적으로 수행한다면, 밀레니얼 마케팅 캠페인의 감사를 해당 감사 시기와 맞추면 일이 한결 수월해질 것이다.

» **감사 주기를 표준화할 필요가 없다.** 감사 수행 비율을 표준화하는 것은 쉬울지도 모르지만 반드시 고정된 스케줄에 얽매일 필요는 없다. 밀레니얼 세대와 관련해 기억해야 할 한 가지는 그들이 존재하는 생태계는 살아 움직이고 있고, 계속해서 변한다는 점이다. 다시 말하면 마케터가 조금 더 깊이 파고들어야 하는 이상 데이터 또는 통계적 예외를 언제든 발견할 수 있다는 의미이다. 몇 주 전에 감사를 시행했고, 한 달 동안 추가감사 계획이 없더라도 언제든지 감사를 수행하고 필요한 경우 프로그램 요소 또는 프로그램 전반에 걸친 변화를 꾀할 수 있다.

» **벤치마크를 변경할 필요는 없다.** 단지 감사를 진행했기 때문에 프로그램의 모든 것을 변화시켜야 하는 것은 아니다. 벤치마크와 관련해서 명심해야 할 사항이 있다. 만약 성장률 벤치마크를 1%로 설정했고, 감사를 진행하는 동안 목표를 겨우 맞추었다는 사실을 알게 되었다고 하자. 그렇다고 해서 벤치마크를 상향 조정해야 한다고 생각할 필요는 없다. 기 수립된 벤치

마크가 목표를 향해 나아가는 데 있어 타당한 수준이고 마케팅 노력과도 부합한다면 같은 수준으로 유지해도 좋다.

» **감사가 매번 똑같은 구조를 따를 필요는 없다.** 감사를 진행할 때마다 전략의 다양한 측면이 강조되어야 한다. 만약 특정 이슈 또는 특정 오디언스 세그먼트에 초점을 두고자 한다면 그렇게 할 수 있다. 종합감사는 전략의 전반적 측면을 다룰 수 있다. 하지만 역시나 엄격한 구조를 따를 필요는 없다. 전략분석 및 최적화의 장점 중 하나는 감사 구조의 지침은 데이터에 따르면 된다는 것이다. 그 반대가 아니다.

너무 여유 있게 감사 시기를 정할 수도 있고 시간이 빠듯해서 준비가 허술해질 수도 있다는 점을 생각하면, 언제 감사를 수행하는 것이 적절한지를 결정하는 것이 어려울 수 있다. 다음은 밀레니얼 마케팅 전략의 감사 속도를 결정할 때 알아두면 도움이 되는 몇 가지 포인트이다.

» **참여율의 선형 감소에 주목한다.** 이러한 참여율 하락이 발견되었다면, 왜 이러한 변화가 일어났는지를 알아내기 위해 전략분석을 고려하게 될 것이다. 찾아냈던 기회를 모두 써버렸을 수도 있고 아니면 좀 더 심각한 문제가 있을 수도 있다. 아마도 이를 조기에 발견할 수 있기를 바랄 것이다. 그림 11-3은 이러한 선형 감소의 예시이다.

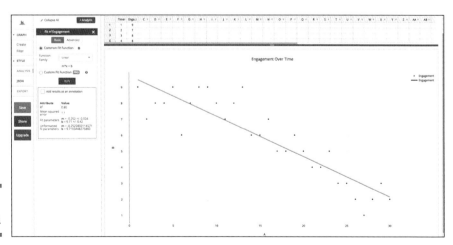

그림 11-3
참여율 감소 트렌드

» **적어도 2주간의 데이터 수집 기간이 필요하다.** 데이터는 바로 모이기 시작하지만 추가감사 전에 변화가 정상화되는 데까지 적어도 2주 정도 시간은 기다리고 싶을 것이다. 더 빨리 의사결정을 내리기에는 너무 많은 요소들이 작용한다. 2주의 기간이라면 더 정확하게 데이터를 분석할 수 있고, 보다 현명한 의사결정에 이를 것이다.

» **유료 캠페인의 예산감사를 좀 더 자주 실시한다.** 금전적 투자를 할 때의 주요 목표는 분명 수익이다. 수익을 극대화하는 최고의 방법은 최적화 프로세스를 실행하는 것이고, 최적화는 효과적인 감사에서 비롯된다.

» **이슈가 발견되었을 때 주저하지 말고 감사를 실시한다.** 이슈 발견 시 진행되는 감사가 완벽할 필요는 없다. 무엇 때문에 이슈가 발생했는지를 알아내기 위해 간단한 분석을 수행할 수 있다. 예외가 분명할 때에는 이슈를 키우기보다는 즉각적인 감사를 실시하는 것이 더 낫다.

데이터를 활용해 신규 기회 발굴하기

데이터 분석에서 얻을 수 있는 가장 중요한 시사점 중 하나는 신규 기회의 발굴이다(데이터 분석 방법과 관련한 상세내용은 제4장 참조).

다음 부분에서는 데이터 내에서 이러한 기회를 찾아낼 때 세심하게 살펴야 하는 요소 몇 가지를 알아보도록 하겠다.

아웃라이어 및 영향력 포인트

데이터 세트를 분석할 때 표준편차 범위 밖에 있거나 데이터 세트에 적용했던 최적 맞춤 원곡선을 변형시키는 통계 아웃라이어 또는 영향력 포인트를 주의해서 살펴봐야 한다(좀 더 자세한 내용은 상자글 '최적 맞춤 원곡선' 참조).

급격한 변화율

주의 깊은 검토가 필요한 또 하나의 데이터 포인트는 변화율이다. 일반적으로 시간

참고하기

【 최적 맞춤 원곡선 】

최적 맞춤(best fit) 원곡선은 수집한 데이터 샘플에 가장 잘 맞는 선형 곡선이다. 이 분석을 수행하는 가장 쉬운 방법은 함수 $y = ax+b$에 맞는 최적의 선형 곡선, 기울기가 a인 곡선을 찾는 것이다. 오차범위 또는 표준편차 추정을 위해 데이터 분석을 할 때, 최적 맞춤 원곡선보다 훨씬 위에 또는 아래에 있는 데이터 및 오차범위 내에 들어오지 않는 데이터를 보게 될 것이다. 이러한 경우 곡선 위에 있는 데이터 포인트에 관심이 갈 것이다. 곡선 위 데이터가 신규 미디어, 콘텐츠 또는 오디언스를 발굴할 수 있는 잠재적 기회에 대한 정보를 쥐고 있기 때문이다. 이 주제에 대한 상세내용은 제4장을 참조하도록 한다.

이 지나면 오디언스, 참여율, 트래픽이 서서히 증가할 것이다. 약간의 변동이 있을 수 있지만 대부분의 경우 비율은 거의 변함이 없을 것이다.

그러나 만약 프로그램의 특정 측면에 있어서 성장률이 갑작스럽게 뛴다면, 그 이유를 파악하고 싶을 것이다. 그 상태를 계속 유지하고 장기적으로 비율 변화를 유지하기 위해 변화의 원천이 무엇인지를 알아내고자 할 것이다. 그림 11-4는 변화율이 급등한 예다.

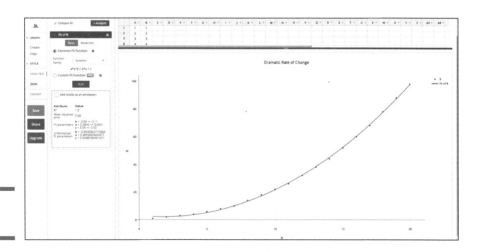

그림 11-4
급격한 변화율

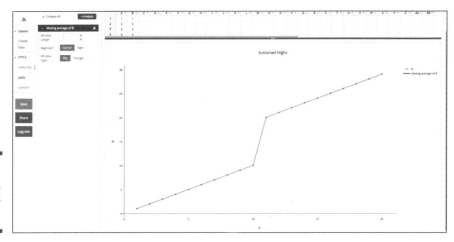

그림 11-5
변화가 일어나는
지점에 초점을 맞
춘다.

최고 수준의 지속 상태

아웃라이어 및 영향력 포인트도 중요하지만 특정 데이터 세트에서 '뉴노멀(new normal, 시대 변화에 따라 새롭게 떠오르는 표준-역주)로 이어지는 중요한 급증세가 발견된다면 무슨 일이 일어난 것인지, 어떻게 뉴노멀 상태를 유지할 수 있을지를 알아내야 할 것이다. 최고 수준의 지속 상태가 급격한 변화율과 다른 점은 초기의 변화율 급증으로 말미암아 변화율 변동 없이 단지 평균이 조정되는 데 있다. 그림 11-5를 참조하자. 변화율로 인해 선형이 아니라 지수적 성장이 이루어진다.

가치가 높은 상관관계

밀레니얼 오디언스에게 행동을 이끌어낸 주요 포인트를 분석할 때 데이터 간의 상관관계를 주의 깊게 살펴야 한다. 특정 집단 내의 밀레니얼 세대는 서로 비슷하게 움직이는 경향이 있다. 따라서 오디언스와 콘텐츠 특징 사이의 상관관계를 파악하는 것은 콘텐츠 개발 프로세스를 개선하는 데 도움을 줄 것이고, 콘텐츠를 특정 오디언스 집단에 맞게 고도로 타깃팅할 수 있다.

개별 캠페인 계획에 대한 감사 수행하기

캠페인 감사는 전략 전반에 대한 감사와 차별화되는 몇 가지 특징이 있다. 규모가 더 작고 캠페인 고유의 요소를 고려한다. 예를 들면 단일 목표에 집중하고 개별적으로 분석할 수 있는 평가지표를 설정한다.

설정된 벤치마크를 기준으로 평가하기

일반적으로 마케터는 벤치마크를 맞추거나 벤치마크 수준을 넘어서기를 희망한다. 그러나 예산 벤치마크의 경우는 피하고 싶은 한계점이다. 예산 벤치마크는 특정 목표를 달성하기 위해 기꺼이 쓰고자 하는 최대 비용 수준이다. 해당 벤치마크는 캠페인 비용, 특정 오디언스의 행동을 이끌어내기 위한 비용이 될 수도 있고, 그 밖에 캠페인의 예산과 관련된 측면이 될 수도 있다.

예산 벤치마크의 예시로 1인당 유입비용 벤치마크를 들 수 있다. 신규 유입당 최대 비용을 100달러로 설정했다면, 비용이 해당 수치 이하로 내려가야 성공하는 것이다. 만약 고객 유입 시 비용이 벤치마크 수준보다 높다면 한계치 아래로 비용을 줄이기 위해 변화를 꾀해야 할 것이다.

캠페인, 특히 전략과 연계된 재정적 벤치마크와 관련이 있는 캠페인의 경우 벤치마크와의 차이를 크게 내며 목표를 달성하고 싶을 것이다. 마케터가 캠페인의 예산을 완전히 통제하기 때문이다. 증분 비딩과 같은 특정 예산 조치를 적용함으로써 모든 캠페인에서 벤치마크를 능가할 기회가 커질 수 있다.

 증분 비딩(incremental bidding)이란 클릭, 다운로드부터 구매에 이르는 행동에 대해 단계를 늘려가면서 수동으로 비딩하는 프로세스이다. 마케터가 비드의 각 단계에서 확보한 행동의 수가 표준 평균 비드와 똑같은 규모가 아닐 수 있지만(예산을 소진하는 데 시간이 더 오래 걸릴 수도 있다), 모든 비드 단계에서 잠재력을 뽑아낼 것이다. 또한 특정 비드에 과도하게 비용을 지불하는 것을 피할 수 있다. 요컨대 1달러에 확보 가능한 행동에 왜 10달러는 지불해야 하는가?

타깃 밀레니얼 오디언스 세그먼트 재평가하기

캠페인 초기 단계에서 명확해지는 한 가지가 있다면 적절한 콘텐츠를 활용해 적합한 오디언스를 타깃팅하고 있느냐 하는 것이다. 캠페인 감사를 수행할 때, 특히 첫번째 감사의 경우에는 선정한 오디언스의 참여율에 주의를 기울이고 추정해서 수립해둔 벤치마크 대비 결과를 평가하고자 할 것이다. 만약 추정치 또는 벤치마크에 도달하지 못했다면 오디언스, 혜택 제공 또는 콘텐츠의 변화를 고려해볼 필요가 있다.

오디언스 선정의 경우 다수의 오디언스를 대상으로 캠페인을 운영할 때 오디언스에 따라 콘텐츠 형식의 변화를 주는 것이 현명하다. 특정 오디언스 세그먼트를 염두에 두고 캠페인을 기획하거나 혜택을 제공할 수도 있지만, 그 밖의 세그먼트의 관심을 불러일으킬 수 있는 기회가 언제나 있다. 초기 단계에 일련의 테스트를 거치면서 어느 부분이 관심을 끌 수 있을지 분명해질 것이다.

멈춰야 하는 이유 깨닫기

밀레니얼 세대는 예측할 수 없는 소비자 기반이기에 때로는 손해를 줄이고 캠페인의 실패를 인정하는 것이 현명할 때도 있다. 밀레니얼 세대가 상당한 데이터를 제공하기는 하지만, 왜 그들의 취향과 선호도가 갑자기 변했는지 항상 이유를 찾기는 어려울 수 있다. 데이터가 오랫동안 유효할 것이라는 보장이 없기에 데이터를 기반으로 신속하게 행동해야 한다. 찾아낸 기회를 이용할 수 있는 짧은 시기를 확보했을 뿐이기 때문이다. 이것이 감사와 최적화가 아주 중요한 이유이다.

때로는 캠페인이 더 이상 투자할 가치가 없음을 깨달아야 한다. 이러한 결정을 내리기 위해서는 캠페인을 지속할 필요가 없음을 명백히 나타내는 다음과 같은 징후를 잘 살펴보아야 한다.

» 참여율이 40% 수준에 머무르거나 첫 번째 및 두 번째 감사의 평균치 아래로 떨어짐
» 행동당 비용이 25% 수준에 머무르거나 첫 번째 및 두 번째 감사의 평균치를 훨씬 상회
» 전환비용이 40% 수준에 머무르거나 첫 번째 및 두 번째 감사의 평균치를

훨씬 상회

» 첫 번째 감사에서 40% 이상의 오디언스가 본능적으로 부정적 반응을 보이고 있음을 파악

밀레니얼 세대에게만 해당되는
참여기회 분석하기

제3부 미리보기

- 공유경제의 등장과 힘, 그리고 브랜드가 이를 어떻게 활용할 것인지 자세히 살펴본다.

- 오디언스를 사로잡는 브랜드 경험을 만들어 친밀하고 지속적인 관계를 형성한다.

- 온디맨드 상품 및 서비스에 대한 밀레니얼 세대의 욕구를 아웃리치 및 브랜드 전략에 활용한다.

- 밀레니얼 세대 고유의 소비 습관을 맞추는 데 브랜드의 모든 활동을 집중한다.

- 밀레니얼 세대와 보다 깊은 수준으로 연결되기 위해서 대의명분과 마케팅 활동을 통합한다.

chapter

12

공유경제 활용하기

제12장 미리보기

- 공유경제를 활용할 수 있는 기회를 파악한다.
- 공유와 관련된 커뮤니케이션 전략을 수립한다.
- 공유경제에 초점을 둔 캠페인을 구축한다.

밀레니얼 세대는 참을성이 있다. 웹의 온디맨드 속성을 밀레니얼 세대의 즉각적 성향을 드러내는 증거라고 여기는 이들에게 이 말은 아이러니하게 들릴 수 있다. 그러나 밀레니얼 세대가 즉각성 및 단기적 이익을 선호하기는 하지만, 공유경제는 밀레니얼 세대의 참을성을 드러낸다. 예를 들어 에어비앤비 및 우버와 같은 서비스의 폭발적 성장은 공유가 소유의 중요성을 넘어섰음을 보여준다. 밀레니얼 세대는 감당할 수 없는 자동차를 사기보다는 공유할 것이다.

이번 장에서는 공유경제의 중요성을 강조하고 상품, 서비스 또는 콘텐츠 공유에 참여하기 위해 사용할 수 있는 전략을 제시하고자 한다. 공유경제를 활용하는 것은 브랜드의 친숙도를 높이고 새로운 소비자와 지속적인 관계를 형성하는 좋은 방법이다.

공유를 중심으로 브랜드 포지셔닝하기

공유경제를 활용하는 것이 모든 브랜드에 적합한 전략은 아닐 것이다. 어떤 브랜드는 자사의 상품 또는 마케팅 전략에 공유의 요소를 유기적으로 통합시킬 방법이 없을 수도 있다. 효과적으로 공유경제를 활용하기 위해서는 자사 브랜드가 해당 전략을 사용할 수 있는지를 결정하는 데 도움이 되는 체크리스트를 훑어보아야 한다. 다음 사항 중 몇 가지에 체크 표시를 할 수 있는지 알아보자.

> » 활발하게 운영 중인 커뮤니티 포럼이 있다.
> » 다자간 파일 공유(peer-to-peer)의 기회가 있다.
> » 단기 기회비용을 충당할 수 있다.
> » 상품 및 서비스가 온라인 요소를 지니고 있다.

다음 부분에서 각 항목에 대해 차례로 알아보겠다.

활발하게 운영 중인 커뮤니티 포럼이 있다

공유경제에 참여하고 싶다면 커뮤니티에 초점을 두고 있어야 한다. 브랜드, 상품 또는 산업 관련 대규모 커뮤니티에 참여하는 것이 고객 경험에 포함되지 않았다면, 공유경제를 충분히 활용하기가 어렵다.

커뮤니티 포럼은 다양한 형태를 띨 수 있다. 브랜드에서 직접 포럼을 운영할 수도 있는데, 이런 경우 참여자 대다수가 고객이거나 강력한 잠재고객이다. 그렇지 않으면 산업 기반의 포럼일 수도 있다. 예를 들어 전략 도구를 제조하는 회사라면, 커뮤니티 포럼은 종합건설업자 또는 건축업자로 구성된 오디언스를 대상으로 주택 개조와 같은 주제를 다룰 수 있다. 중요한 것은 특정 오디언스를 참여시킬 수 있는 온라인 논의가 진행되는가 하는 부분이다.

다자간 파일 공유의 기회가 있다

사람들이 클라우드 서비스를 통해 온라인으로 접근하는 소프트웨어와 같이 무한한 디지털 상품을 활용하는 것과 반대로, 콘텐츠를 공유할 수 있는 기능은 개인의 소비에 의존하는 여러 산업에는 취약점이 되었다. 브랜드에서는 시장 수요에 맞서 싸우는 것은 소용없는 일이라는 것을 인식하면서 이에 적응해왔다. 그러나 이러한 수요에 적응하는 대신 수요에 맞추어 공급을 창출해야 한다. 브랜드의 디지털 콘텐츠는 공유할 수 있어야 하고 실제로 사용자로 하여금 서로서로 브랜드 정보를 공유하도록 유도할 만한 어떤 특성을 지녀야 한다.

단기 기회비용을 충당할 수 있다

단기 기회비용을 충당할 수 있다는 것은 공유경제 캠페인 체크리스트에서 표시하기 가장 어려운 포인트일 가능성이 크다. 우버 또는 에어비앤비와 같이 공유 플랫폼을 제공하는 서비스 기반의 조직은 직접 플랫폼을 보유하고 있기 때문에 다른 브랜드처럼 기회비용을 지불하지 않는다.

공유경제를 활용한다는 것은 상품을 무료로 또는 몇몇 사용자에게 단일 수수료로 제공하는 것을 의미할 수 있다. 예전에는 각 사용자에게 개별적으로 비용을 부과했을 수도 있다. 밀레니얼 세대와 이런 종류의 공유를 함으로써 단기적으로는 브랜드를 노출하고 장기적으로는 충성도를 확보하는 혜택을 입을 수 있다.

대부분의 마케터 혹은 사업가들이 스스로에게 던져야 하는 질문은 이러한 혜택이 공유경제 전략을 실행하는 데 드는 기회비용보다 더 큰가 하는 점이다.

상품 및 서비스가 온라인 요소를 지니고 있다

온라인 요소는 두 가지 목적에 기여한다. 온라인 콘텐츠 또는 로그인을 보유한 브랜드에 있어서 온라인 요소는 공유가 보다 간단하게 이루어지게 하고, 제품 및 서비스를 빠르게 받아들일 수 있도록 해준다. 또한 온라인 상품 또는 서비스가 있는 브랜드 및 오프라인에서 운영 중인 브랜드 등 모든 브랜드에 있어서, 온라인 논의는 캠페인의 인지도를 높이고 단기 기회비용을 줄일 수 있다.

더미를 위한 팁

자사 브랜드, 상품 또는 서비스가 이러한 조건을 충족한다면, 밀레니얼 세대의 소유를 뛰어넘은 접근 욕구를 이용해 공유경제를 기회로 삼기에 유리한 위치에 있다.

'목소리' 수립하기

공유경제에 개입한다고 해서 반드시 비즈니스 운영방식을 변경해야 한다는 의미는 아니다. 공유경제는 다른 전략적 도구와 마찬가지로 특정 오디언스 세그먼트에 적용할 수 있는 사항이다. 특정 오디언스에게 맞는 목소리 창출은 전략의 중요한 일부다.

특별히 공유경제를 위한 브랜드 목소리를 창출한다는 것은 두 가지 우선사항에 초점을 두어야 한다는 의미다.

» **타깃 오디언스 설정** : 콘텐츠에 맞는 아주 구체적인 오디언스 세그먼트를 타깃팅하자.
» **콘텐츠 전략 수립** : 비즈니스에서 공유와 관련된 요소에 집중하자.

타깃 오디언스 구성하기

공유경제를 활용한 캠페인 론칭의 첫 단계는 성공 가능성이 있는 오디언스를 찾는 일이다. 오디언스는 기존 고객으로 구성될 수도 있지만, 해당 산업과 연계된 오디언스일 수도 있다. 어느 쪽이든지 간에 타깃팅한 오디언스가 적절한지를 확인하기 위해서는 어떤 특징이 있는지를 파악해야 한다.

타깃 캠페인을 준비하면서 대다수의 오디언스 발굴 프로세스가 뉴미디어 광고 플랫폼에서 일어난다는 사실을 알게 될 것이다. 오디언스의 범위를 좁혀나가는 데 있어서 가장 중요한 플랫폼은 역시 의심할 여지없이 페이스북이다. 다음은 오디언스를 줄여나가는 데 도움이 되는 단계이다.

1. **특정 연령대를 기준으로 저장하거나 세분화한 일반 밀레니얼 오디언스를 선택한다.**
   범위를 넓게 시작해서 점점 좁혀나가도록 하자. 이런 경우에는 특별히 일반

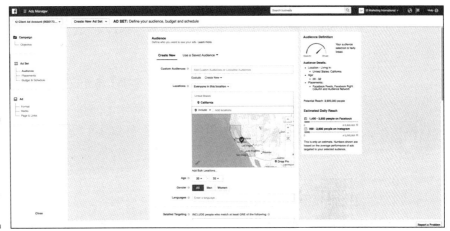

그림 12-1

페이스북의 광범
위한 밀레니얼 세
대 사용자를 선택
하는 것으로 시작
한다.

적인 밀레니얼 오디언스로 시작하거나(제3장 참조), 그림 12-1과 같이 연령 범
위만 선택해야 한다.

2. **구체적으로 공유 기반의 관심사들을 타깃팅하는 것으로 시작한다.**
   공유 기반의 관심사가 무엇인지 그림 12-2에서 몇 가지 예시를 볼 수 있다.
   그러나 마케터는 공유경제 관련 관심사가 모두 포함될 수 있도록 관심사를
   확장해 나아가야 한다.

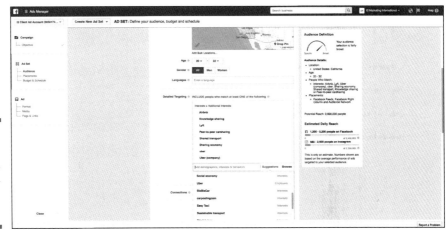

그림 12-2

초기에 일반적인
공유경제 관련 관
심사를 타깃팅함
으로써 사용자 범
위를 좁힌다.

3. **브랜드 또는 해당 산업과 연관된 관심사 및 행동을 타깃팅한다.**
   일반적인 공유경제 타깃팅을 완료하고 나면 브랜드 혹은 산업과 연관된 관심 카테고리를 포함시켜야 한다.

4. **세분화된 콘텐츠 전략을 개발하고 구체적인 게재 장소를 선택한다.**

   콘텐츠는 미디어별로 달라질 것이다. 현재 활동하는 모든 미디어에서 공유경제 캠페인을 통해 사용자에게 다가갈 수 있도록 마케팅 노력을 분산하자(제6·7·8장 참조).

콘텐츠 전략 수립

공유경제 캠페인 개발 과정에서 이 단계 정도가 되면 중요한 다음 세 가지 과제를 완수했으리라 기대한다.

» 자사 브랜드가 공유경제의 인기와 가치를 활용하기에 적합한 특성 및 잠재력을 지니고 있음을 알아냈다.

» 공유중심 캠페인에서 자사 브랜드와 관계를 맺을 가능성이 큰 타깃 오디언스를 개발했다.

» 특별히 공유경제를 규정하는 특징들을 겨냥한 콘텐츠를 개발했다.

공유경제 중심 마케팅 계획에 있어서 몇 가지 표준화된 요소는 목표, 타깃 오디언스 및 KPI다. 그리고 콘텐츠가 특히 중요해지는데, 이는 콘텐츠의 구조·배치·콜 투 액션이 공유 기반 캠페인 계획을 이끄는 견인차이기 때문이다.

콘텐츠가 전하고자 하는 초점을 효과적으로 커뮤니케이션하기 위해 다음 사항들을 고려해보자.

» **독자적인 랜딩 페이지를 만든다.** 랜딩 페이지는 다른 캠페인과 분리되어야 한다. 오디언스의 관심을 가장 빨리 돌려버리는 방법 중 하나는 어떤 정보를 강조하는 콘텐츠를 미끼로 놓고서는 오디언스를 해당 콘텐츠와 관련 없는 내용이 포함된 랜딩 페이지로 보내버리는 것이다.

» **공유 측면을 강조한다.** 랜딩 페이지로 넘어간 사용자가 공유 지향 환경에 참여하도록 유도하기 위해 '공유하다', '참여하다', 혹은 '가입하다'와 같은

키워드를 사용하자.

» **커뮤니티 대화 또는 특징적인 활동을 포함시킨다.** 의사결정을 할 수 있는 충분한 정보가 없다면 커뮤니티에 가입하기를 주저할 수 있다. 이러한 문제를 방지하기 위해서 바로 랜딩 페이지에 인기 있는 주제를 강조하자. 또한 커뮤니티 내에서 어떠한 논의가 이루어지고 있는지를 잠재적 참여자들이 알 수 있도록 커뮤니티 체험을 제공하자.

» **구체적인 지침을 제공한다.** 밀레니얼 세대는 직관적이지만 그들이 테크놀로지에 능숙하다는 사실을 당연하게 여겨서는 안 된다. 만약 사람들이 무언가 개선하는 방법에 대한 정보를 업로드할 수 있는 플랫폼을 제공한다면, 해당 내용을 보여주는 프로세스를 차근차근 설명해야 한다. 업로드 또는 커뮤니케이션 프로세스는 간단하고 익숙할 수 있지만, 사용자 스스로 모든 것을 알아낼 수 있다고 추정해서는 안 된다.

공유경제 캠페인은 사용자가 생성한 정보 및 콘텐츠에 의존한다. 마케터는 오디언스가 가능한 한 많이 그리고 자주 참여하기를 원할 것이다. 상세한 설명이 참여를 유도할 수 있는 한 가지 방법이 될 수 있다면 지나치다 싶을지라도 가능한 한 상세히 설명해주는 게 좋을 것이다.

» **공유의 장점을 강조한다.** 타깃 오디언스에게 공유를 통해 얻을 수 있는 가치를 보여줄 필요가 있다. 제6·7·8장에서 이러한 개념을 다루고 있는데, 이 개념은 캠페인용 콘텐츠를 제작할 때 명심해두어야 할 사항이다. 또한 타깃 오디언스가 실제로 참여함으로써 제공되는 가치를 강조해야 한다. 오디언스는 왜 자신이 어떤 브랜드에 관한 내용을 공유하는 데 시간을 투자해야 하는지 묻고 싶을 것이다. 오디언스가 소통을 위해 자신의 시간 및 노력을 기울이기 전에 그 질문에 답을 해주는 것이 좋다.

» **인센티브 기반의 계획을 고려한다.** 공유경제 중심 캠페인 계획을 포함해서 그 어떤 캠페인을 운영하든지 간에 참여를 촉진하는 가장 빠른 방법 중 하나는 밀레니얼 오디언스에게 어떤 종류의 인센티브 또는 인정을 부여하는 것이다. 대단한 것일 필요는 없지만 리더보드나 이 달의 공헌자 프로그램과 같이 개인 사용자의 흥미를 집중시키는 무언가여야 한다.

» **오디언스와 친구로서 커뮤니케이션한다.** 마케터는 브랜드와 진정한 관계를 구축한 커뮤니티를 형성하고 싶을 것이다. 가능한 한 빠르게 이러한 커

뮤니티를 일구기 위해서는 친구 수준으로 참여자와 커뮤니케이션해야 한다. 기업 페르소나 뒤에 숨어 있다면 진정한 관계를 키울 수 없다

공유경제를 위한 니치 캠페인 진행하기

공유경제 캠페인은 밀레니얼 오디언스 중에서 독특한 특성을 지닌 세그먼트를 활용할 수 있다. 다시 말하면 공유경제 관련 캠페인의 목적은 특정 오디언스 구성(니치)과 관련될 것이고, 반드시 장기적 목표에 초점을 두지 않을 수도 있다. 목표가 브랜드 인지도, 참여도 또는 대화와 같은 보편적인 목적과 관련이 있을 수 있지만, 반드시 특정 세그먼트를 타깃팅해야 한다. 캠페인이 공유경제에 중점을 두고 있고 목표가 공유경제를 위해 구축한 오디언스와 연관된다면 목표는 이루어질 것이다.

니치 목표의 개발 프로세스를 간소화하기 위해 스스로에게 다음과 같은 일련의 질문을 던져보자. 손쉽게 달성할 수 있는 목표를 구상하는 데 도움이 될 것이다.

> » **무엇을 평가하고자 하는가?** 목표를 수립하기 위해 무엇을 평가할지 결정해야 한다. 예를 들면 참여자들이 서로서로 자신의 지식을 공유하는 학습 교환소를 제공한다면, 수집한 데이터의 양을 평가할 것인가, 아니면 사용자 중에서 전문가의 규모를 평가할 것인가? 이 두 가지는 별개의 목표이다. 그리고 두 가지 모두 달성하도록 목표를 세울 수 있지만 각각 별도의 목표 달성 계획이 필요하다.

> » **공유경제 캠페인이 홀로 독립적으로 운영되는가?** 공유경제 계획을 자사의 전반적 목표와 어떻게 연결할 것인지를 결정해야 한다. 공유경제는 다른 프로그램과 잘 맞지 않을 수도 있는 독특한 측면이 있다. 그렇다고 해서 온라인에서 나타나는 브랜드의 모습과 다를 것이라는 이야기는 아니다. 브랜드 속성 및 페르소나는 브랜드가 존재하는 곳이라면 어디에서나 일관성을 띨 것이다. 그러므로 이러한 질문을 스스로에게 던져보자. 자사의 브랜드 및 브랜드 경험 중 어느 정도(제13장 참조)가 공유경제 캠페인에 포함될 것인가?

>> **마케팅 전략의 보편적 요소 중 공유경제 캠페인과 연계된 것은 무엇인가?**
효과적인 공유경제 캠페인을 진행했는데 커뮤니티 구성원들이 공유경제 플랫폼 밖에 있는 브랜드에 친숙하지 않다는 사실을 알게 된다면 곤란하다. 그렇기 때문에 보편적 요소와 공유경제 캠페인의 연결 요소를 파악하고, 연결 요소가 캠페인 안에 들어 있고 브랜드를 제대로 나타내주고 있다는 것을 반드시 확인해야 한다.

>> **캠페인은 공유경제로 마무리 되는가, 아니면 부차적인 행동이 중요한가?**
밀레니얼 오디언스 중 공유라는 개념에 특별히 매력을 느끼는 독특한 세그먼트를 타깃팅하고 있다. 그러나 오디언스가 공유경제를 넘어 한 단계 더 나아가도록 인센티브를 포함시켜야 한다. 한 단계 더 나아간 행동이란 다운로딩이 될 수도 있고, 공유경제 참여자들이 고객이 되도록 유도하는 할인코드 등의 인센티브를 기반으로 한 회원가입이 될 수도 있다.

밀레니얼 세대는 소유보다는 접근을 원한다. 적어도 처음에는 그렇다. 비즈니스의 공유경제 측면에 참여할 수 있는 옵션을 제공한다는 것은 오디언스가 마침내 구매할 준비가 될 때까지 그들이 원하는 접근 권한을 부여하는 것을 의미한다.

오디언스의 참여 유도하기

공유경제 캠페인의 목표를 수립하고 나면 오디언스에게 참여 인센티브를 제공할 차례다. 예를 들면 커뮤니티 구성원들이 각각의 개별 상품에 대한 접근 권한을 사도록 하지 않고, 크리에이티브 소프트웨어와 같이 온라인 구독 서비스에 접근할 수 있는 공간을 만들 수 있다.

그러나 이러한 종류의 서비스가 남용되는 것을 방지하기 위해 한계를 설정하는 것은 중요하다. 남용을 막을 수 있는 몇 가지 방법을 알아보자.

>> 공유 패스워드는 반드시 일정 레벨 이상의 구독자만 사용할 수 있도록 한다.
>> 제3자가 저장할 수 있는 문서의 양에 제한을 둔다.

이러한 방법을 통해 사용자들은 소유 욕구가 생길 때까지 상품에 접근할 수 있고, 접근 부족의 상태에서 벗어난다.

다음 부분에서는 신규 론칭한 공유경제 플랫폼의 사용을 독려할 때 사용할 수 있는 몇 가지 마케팅 기법을 알아보겠다.

기존 데이터베이스에 접근한다

현재의 고객이 가장 쉽게 공유 관련 캠페인에 가담할 것이다. 기존 밀레니얼 고객의 데이터베이스는 반드시 공유경제 그룹에 들어가는 사용자로 포함돼야 한다. 258쪽의 '타깃 오디언스 구성하기'에서 개략적으로 설명한 것과 동일한 오디언스 개발 프로세스를 검토하되 기존고객 및 팬에 중점을 두자. 그리고 그들의 참여를 유도하고 새로운 제안을 받아들이도록 독려하자.

네이티브 비디오 광고를 활용한다

모바일은 밀레니얼 세대가 시간을 보내는 장소이다. 그리고 우버와 리프트와 같은 공유경제 모바일 앱의 성공은 밀레니얼 오디언스가 모바일 플랫폼을 아주 좋아한다는 사실을 보여준다.

광고를 개발하고, 모바일 기기에서 선택한 미디어에 광고를 게재하자. 자사상품 또는 해당 산업에 있어서의 공유 개념의 중요성을 강조하고, 밀레니얼 세대가 사용해 보도록 하기 위해 몇 가지 인센티브를 제공하면 좋을 것이다.

공유경제 오디언스에게 광고를 타깃팅한다

공유경제에 적합한 오디언스를 세분화하고 나서 오로지 공유 개념에만 초점을 둔 콘텐츠를 제작하도록 한다. 전체 서비스나 상품은 필요하지 않다든지 전체 옵션에 대해 비용을 지불할 여유가 되지 않는다는 등의 해당 기능을 사용함으로써 해결되는 고충에 대해서는 간단하게 언급하도록 한다.

이러한 광고 및 콘텐츠에서 사용해야 하는 모델은 문제해결 모델이다. 이 모델은 광고 자체 내에서 타깃 오디언스에게 발생할 수 있는 또는 발생 가능성을 알게 될 수 있는 문제를 제시하고, 그 문제에 대한 해결책을 제공하는 것이다.

인센티브를 기반으로 한 수용 촉진 계획을 개발한다

인센티브를 제공하여 수용(adoption, 소비자가 신제품을 사용하도록 결정-역주)을 촉진하는 것은 일을 진행시키는 최선의 방책이다. 모든 실행 계획은 몇 가지 종류의 인센티브를 포함해야 한다. 인센티브는 모든 카테고리의 사용자를 가장 빠르게 수용 단계에 이르도록 하는 도구다.

인센티브는 무료 샘플, 선물 카드 또는 현금화 혜택 제공과 같이 간단할 수도 있다. 약간 더 복잡하게 할 수도 있는데, 예를 들면 구독 단계, 구독 기간 또는 상품 사용 빈도를 기반으로 혜택을 단계적으로 제공하는 것이다.

결과를 평가한다

공유경제 캠페인의 성공을 평가하기 시작할 때 무엇을 평가하는지는 주로 목적에 달려 있다. 목표가 브랜드 인지도 향상이라면 도달, 브랜드 매체 점유율 및 기타 브랜드 관련 핵심성과지표(KPI)를 늘리는 것에 중점을 두게 될 것이다. 목표가 신규 고객을 유치하는 것이라면 KPI는 확보와 관련될 것이다.

마케터가 공유경제 캠페인의 성공 측정 방법을 결정할 때 몇 가지 확실한 징후가 보이는지 지켜보고 싶을 것이다. 평가와 관련해서 다음 질문에 대해 생각해보면 그 징후들이 명확해질 것이다.

> » 신규 커뮤니티를 형성하는 것이 목적인가?
> » 공유경제를 넘어선 이차적 목적으로의 확장이 필요한가?
> » 이차적 목표에 대한 타임라인이 필요한가 혹은 이차적 행동을 영구히 평가해야 하는가?

신규 커뮤니티를 형성하는 것이 목적인가?

단순한 일차원적 목표는 공유경제를 지향하는 밀레니얼 세대들로 구성된 신규 커뮤니티를 구축하는 일이 될 수 있다. 인사이트를 얻고 기회를 발견하고 이를 성장에 활용하기 위해 이러한 커뮤니티를 분석할 수 있다. 그러나 궁극적으로 신규 오디언스를 구축하는 것이 주 목적이라면 평가 기준은 신규 오디언스 규모 및 참여와 관련되어야 할 것이다.

공유경제를 넘어선 이차적 목적으로의 확장이 필요한가?

단순한 신규 커뮤니티를 구축하는 것 이상의 목적이 있다면, 목표 달성 여부를 어떻게 평가할 것인지를 확인해야 한다. 예를 들어 공유경제라는 방식을 이용해 고객에게 처음으로 브랜드를 소개함으로써 발생한 대화와 같이, 이차적 목적을 포함하고 싶을 수 있다. 터치포인트 기여 평가를 통해 커뮤니티 참여를 평가할 수도 있고, 아니면 전환 또는 특정 행동을 전부 직접적으로 공유경제에 연결할 수도 있다. 어떠한 경우이든지 간에, 어떻게 공유경제가 해당하는 이차적 전환의 요소로 포함될지 명확하게 윤곽을 보여줘야 한다.

터치포인트 기여 평가 모델은 구매 여정에서 특정 터치포인트, 즉 브랜드와 고객 간의 접점을 살펴보고 해당 터치포인트에 구체적인 가중비를 할당한다. 예를 들어 만약 구매 여정에서 고객이 브랜드와 다섯 번 관계를 맺는다면, 터치포인트 기여 평가 모델은 최종 전환에 대한 기여도를 고려하여 다섯 번의 터치포인트 각각에 구체적인 비중을 할당할 것이다.

기여 모델은 구매 여정에서의 여러 터치포인트에 부여된 가치 측면에서 상당히 달라질 수 있다. 어떤 경우에는 모든 터치포인트에 동등하게 비율을 나누고, 어떤 경우에는 몇몇 터치포인트에 더 비중을 둘 수 있다. 부여된 기여비율이 시간이 지나면서 쇠퇴하는 기여 모델도 있다. 여기서는 처음 발생 당시 가치가 높았던 터치포인트가 점점 의미가 없어지고, 다른 터치포인트가 작동하기 시작한다. 공유경제 전환의 경우 전적으로 공유경제 내에서 일어나는 참여에 집중하고, 이후 발생한 참여는 공유경제 내에서 일어난 활동의 결과라고 생각할 수 있다. 이렇게 집중을 하면 공유경제 내의 활동 및 공유경제 오디언스 관련된 활동을 면밀하게 모니터링할 수 있을 것이다.

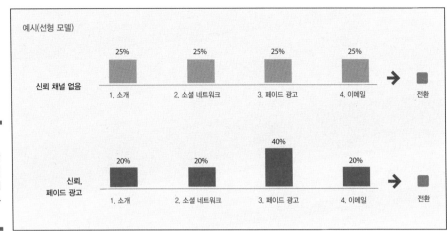

그림 12-3
기여 모델은 구글
애널리틱스에서
각 터치포인트의
가치를 따져볼 수
있다.

그림 12-3은 터치포인트 기여 모델의 예시인데 구매 여정의 모든 터치포인트에 동일하게 비중을 부여한 사례와 터치포인트별로 비중을 달리한 사례도 보여준다. 이 두 가지의 구글 애널리틱스 모델 예시에서는 터치포인트가 전환에 얼마나 기여했느냐에 따라 가치를 부여한다.

구글 애널리틱스에서 기여 모델을 활용하고 사용자 정의를 설정하기 위한 보다 상세한 정보는 http://support.google.com/analytics/topic/320517에서 확인할 수 있다.

이차적 목표에 대한 타임라인이 필요한가 혹은 이차적 행동을 영구히 평가해야 하는가?

만약 단순히 신규 커뮤니티를 구축하고 성장하는 것을 지켜보는 것 이상의 이차적 목적을 평가할 계획이라면, 이러한 이차적 전환을 평가하는 시간에 상한선을 두는 것이 바람직하다.

예를 들면 캠페인 동안 다운로딩한 전자책의 수를 평가한다면, 해당 활동이 캠페인 동안에 일어났는지 1년 후에 일어났는지를 알고 싶을 것이다. 따라서 약 30일에서 90일 정도 시간제한을 두는 것은 좋은 접근방식이다.

경험에 대한 욕구 활용하기

제13장 미리보기

- 밀레니얼 오디언스를 위한 경험을 개발한다.
- 경험과 각 터치포인트를 연결한다.
- 경험 중심의 캠페인을 제작한다.

밀 레니얼 세대는 가격에 민감하고 구매를 기꺼이 미루기도 한다. 그러나 그들이 일단 돈 쓸 준비가 되었을 때, 경험 지향적 구매에 지출의 우선순위를 둘 것이다. 브랜드 경험에 대한 밀레니얼 세대의 욕구는 브랜드와의 관계를 추구하는 성향과 밀접히 결부되어 있다. 브랜드 경험이 반드시 거창한 제스처일 필요는 없다. 감지하기 힘들 수도 있다. 밀레니얼 세대는 중요한 세부요소를 알아보고 공공연하게 드러나는 기업 메시지를 쏟아대지 않는 회사와의 관계를 추구하는 '관찰자'이다.

이번 장에서는 단순한 거래를 넘어서는 브랜드 경험의 창출에 초점을 두고자 한다. 경험을 모든 캠페인과 통합하는 것에 집중하고, 브랜드 경험을 보다 폭넓은 마케팅 전략과 통합시키는 데 필요한 도구를 살펴보겠다.

브랜드 경험 전략 수립하기

기억해두어야 할 가장 중요한 것 중 하나는 고객과의 어떤 상호작용 속에서든, 어떤 미디어 형태에서든, 브랜드를 바로 알아볼 수 있어야 한다는 점이다. 바로 알아볼 수 있다는 말은 목소리에서부터, 브랜딩, 색채 배합과 같은 기본적인 요소에 이르기까지 모든 것이 일관성을 띠어야 한다는 의미다. 브랜드 경험 전략을 개발할 때 밀레니얼 잠재고객이 고객 여정을 거치는 동안 참여 포인트마다 어떤 식으로 브랜드와 상호작용을 했으면 하는지를 간략하게 서술하는 것에서 시작하자.

고객 여정이란 잠재고객이 웹채널에서 브랜드와 상호작용을 할 때 거치는 경로이다. 예를 들어 고객 여정은 소셜 미디어에서 브랜드에 대한 소개를 보는 것으로 시작될 수 있다. 그렇게 브랜드에 노출된 이후 해당 브랜드의 웹사이트, 블로그 또는 기타 소셜 네트워크에서 교육적 상호작용이 이어질 수 있다. 그리고 나서 온라인 매장에서 구매하는 것으로 마무리하며 초기 고객 여정을 완료하게 된다. 이러한 여정은 전환이 이루어진 이후에도 계속되면서 브랜드 관계를 강화하고 지속적으로 비즈니스를 촉진한다.

고객 여정을 효과적으로 만들기 위해 몇 가지 중요한 질문에 대해 생각해보는 것으로 시작해보자.

> » 첫 번째 상호작용을 위한 이상적인 미디어는 무엇인가?
> » 교육 활동을 어느 시점에서 판매 활동으로 전환할 것인가?
> » 다양한 진입 포인트를 구축하는 데 투자할 것인가?
> » 잠재고객과 고객 경험은 어떻게 차별화되는가?

첫 번째 상호작용을 위한 이상적인 미디어는 무엇인가?

밀레니얼 세대는 미디어를 아주 쉽게 옮긴다. 그래서 그들과의 첫 번째 상호작용이 어디에서 일어날지 예측하는 것은 어렵다. 그러나 다음 두 가지 기준을 근거로 신규 잠재고객이 어디에서 첫 번째 상호작용을 이룰지 경험을 통해 추측해볼 수 있다.

» **미디어 플랫폼** : 오디언스 분석을 할 때(제3장 참조), 최대 오디언스가 어디에 존재하는지를 파악할 수 있다. 그렇다면 최대 오디언스가 존재하는 그곳에 신규고객이 관심을 둘 만한 콘텐츠를 둘 수 있을 것이다.

» **산업 대화** : 해당 산업 관련 대화가 이루어지는 장소를 알기 위해 데이터 분석(제4장 참조)을 살펴볼 수 있다. 그럼 거기에서부터 시작할 수 있을 것이다.

위 두 가지 포인트가 신규고객을 어디에서 만날 것인지를 결정하는 데 도움이 될 것이다. 그리고 이곳이 마케터가 브랜드 경험을 구축하고 오디언스에게 브랜드 목소리를 소개하고자 하는 장소이다.

교육 활동을 어느 시점에서 판매 활동으로 전환할 것인가?

브랜드 경험의 첫 번째 목적은 교육이다. 관계 형성을 시작하기 위해서는 잠재고객에게 다음 사항을 알려주어야 한다.

» 우리는 어떤 회사인가?

» 우리는 어떠한 상품과 서비스를 제공하는가?

» 왜 시장에서 겨루고 있는 경쟁사가 아니라 우리를 선택해야 하는가?

사용자를 교육한 이후 두 번째 목적은 대화를 이끌어내는 관계를 형성하는 것이다. 대개 이러한 관계 형성은 콘텐츠와 프로세스를 완전히 제어할 수 있는 온드 미디어에서 이루어질 것이다. 온드 미디어는 자사 웹사이트, 모바일 앱, 블로그 또는 기타 회사 또는 브랜드가 소유한 미디어가 될 수 있다.

세 가지 종류의 미디어가 있다.

» **온드 미디어**(owned media) : 자사에서 완전히 제어할 수 있는 모든 채널이다. 그 예로는 자사 웹사이트, 브랜드 페이스북 페이지 등이 있다. 이런 미디어에서 콘텐츠, 참여 그리고 브랜드 표현방식을 제어할 수 있다.

» **페이드 미디어**(paid media) : 브랜드 존재감 확보가 투자의 결과인 미디어이

다. 구글 애드워즈 광고 공간이 페이드 미디어의 한 예인데, 브랜드를 대표하는 것이 미디어의 어디에 위치하느냐는 유료 마케팅 활동의 결과이다.

» 언드 미디어(earned media) : 가장 중요한 형태의 콘텐츠이다. 브랜드에 대해 언급하는 제3자가 이런 형태의 콘텐츠를 제작해왔다. 간혹 어떤 내용이 실릴지 통제하기 어려운 경우도 있지만 밀레니얼 세대는 브랜드 자체보다는 동료 집단을 더 신뢰하기 때문에 언드 미디어는 가장 신뢰받는 브랜드 관련 자료이다.

다양한 진입 포인트를 구축하는 데 투자할 것인가?

브랜드 경험을 보다 확고히 할수록 타깃 밀레니얼 오디언스가 여러 장소 중 하나에서 해당 브랜드를 마주칠 가능성이 높아진다. 그러므로 초기 포인트를 어디로 할지 주의를 기울여 계획을 세워야 한다.

고객이 우연히 발견할 가능성이 있는 초기 포인트는 자사 웹사이트나 랜딩 페이지와 같은 가장 활동적이고 중요한 자산으로 사용자를 유입하도록 설계되어야 한다.

잠재고객과 고객 경험은 어떻게 차별화되는가?

잠재고객이 고객이 되고 나면 브랜드 경험이 변화한다. 잠재고객이 브랜드와 맺는 관계의 형태는 기존고객의 경험과는 상당한 차이가 있다. 예를 들어 이러한 차이점은 가장 일반적으로 사용자와 관계를 맺는 미디어에서 나타난다. 소셜 미디어가 잠재고객의 브랜드 경험을 이끄는 원동력이 되었을지 모르지만, 한 개인이 고객이 되고 나면 주된 미디어는 이메일 또는 페이스북 메신저와 같은 메시징 플랫폼으로 변화할 것이다. 따라서 사용자 유형에 따라 별도의 전략을 수립해야 할 것이다.

로드맵의 예시

브랜드 경험의 출발점을 선택하고, 판매 전략을 수립하고, 초기 접촉과 기존고객 육성 간의 차이점을 파악하고 나면, 브랜드 경험을 설계하는 프로세스에 들어설 수 있다. 이전에 한 번도 경험해보지 않았다면 자사의 브랜드 경험 로드맵이 어떻게 보일지 그려보는 것이 어려울 수 있다. 다음 단계는 소비재 상품의 브랜드 경험 예시를 보여준다. 이 사례를 가이드라인으로 삼아 자사의 브랜드 경험 로드맵을 설계할 수 있을 것이다.

1. 한 잠재고객이 페이스북 광고를 보면서 처음으로 연결된다.

2. 해당 잠재고객이 블로그를 방문하여 해당 산업에 대한 기사를 읽는다.

3. 해당 잠재고객이 회사와 접촉을 하고 대화가 일어난다.

4. 해당 잠재고객이 이메일을 통해 제공한 스페셜 혜택 또는 프로모션을 기반으로 물건을 구입한다.

5. 고객 충성도를 높이기 위해 초기 구매가 일어난 직후 해당 고객과 다시 소통한다.

6. 기존고객 기반을 대상으로 개인적인 혜택 또는 선물을 제공함으로써 감사를 표시한다.

모든 고객 여정이 다르겠지만 이 사례는 브랜드 경험이 어떻게 작동하는지를 보여준다. 잠재고객과 연결하고 관계를 형성하는 데 사용할 수 있는 프로세스를 실례를 들어 설명하고 있다.

오디언스의 터치포인트 파악하기

터치포인트를 선택하기 전에 다음 두 가지 사항을 명심해야 한다.

> » 선택한 모든 네트워크에서 확고한 존재감을 형성할 필요는 없다.
> » 터치포인트가 있는 모든 네트워크에 반드시 브랜드 경험 전략을 포함시킬 필요는 없다.

브랜드가 존재하는 곳이라면 브랜딩 및 개성이 눈에 띄어야 한다. 그러나 고객 경험과 관련해서 어느 미디어, 어느 터치포인트를 강조해야 할지 결정해야 하는 사람은 바로 마케터다.

브랜드 경험 전략을 위해 다음의 터치포인트를 사용하는 것을 고려해야 한다.

- » **소셜 네트워크** : 소셜 네트워크는 브랜드 경험 전략의 원동력이 될 것이다. 소셜 미디어는 밀레니얼 세대 덕분에 막을 수 없는 거대한 괴물이 되었다. 그러므로 브랜드와 관련해 일어나는 대다수의 상호작용은 소셜 네트워크에서 발생한다. 소셜 네트워크는 첫 번째 만남 및 관계 형성과 충성도 제고에 이상적이다.

- » **자사 웹사이트/블로그** : 자사 웹사이트나 블로그처럼 미디어의 모든 측면을 완전히 제어할 수 있을 때, 그것은 아주 강력한 도구가 된다. 이러한 플랫폼은 초기 연결을 효과적으로 구축할 수 있는 물꼬를 튼다. 밀레니얼 세대가 자사 웹사이트를 통해 처음 브랜드를 접촉하게 되지 않을 수도 있다. 그러나 자사 사이트로 클릭해서 들어오게 되면, 그들은 온전히 집중하고 있기 때문에 좀 더 상세한 정보를 전달할 수 있다.

- » **자사 모바일 앱** : 모바일 앱을 개발하는 데 투자했다면, 그곳은 잠재고객이 고객으로 전환된 이후 관계를 형성하고 브랜드 참여 경험을 확장시킬 수 있는 완벽한 장소이다.

- » **모바일 메시징 앱** : 밀레니얼 세대는 자신들이 대부분의 시간을 보내는 모바일에서 참여한다. 페이스북 메신저, 왓츠앱, 그리고 문자 메시지와 같은 모바일 메시징 플랫폼에서의 참여 전략을 개발함으로써 브랜드 경험을 개인적 차원으로 발전시킬 수 있다. 제10장에서 모바일에 대해 상세히 다루고 있다.

- » **이메일** : 이메일은 밀레니얼 세대에게 잊혀진 플랫폼이라고 생각할 수도 있다. 그러나 소비자가 클라이언트로 전환되고 나면, 이메일은 중요한 자산이 될 수 있다. 관계를 키우고 브랜드 경험을 심화시킬 수 있기 때문이다. 밀레니얼 세대는 콜드 이메일은 무시할지 모르지만, 신뢰하는 브랜드에서 보낸 정보가 메일함에 들어오면 제공된 내용을 쉽게 받아들인다.

콜드 이메일은 받는 사람과 사전관계를 맺지 않은 사람이 보낸 이메일을 말한다. 예를 들어 빌린 리스트, 즉 이메일 캠페인을 위해 산 주소로 이메일을 보낸다면, 밀레니얼 세대는 이를 스팸이라 여기고 무시할 것이다. 이메일은 대개 사용자가 자신이 보거나 지나칠 콘텐츠에 대해 완벽한 통제권을 지닌 가장 사적인 공간 중 하나라고 간주된다. 모르는 사람에게서 온 이메일은 자동으로 정크 폴더로 이동하거나 받는 사람이 그것을 읽지 않고 휴지통에 넣어버릴 것이다.

터치포인트별 필요 요소 확인하기

오디언스가 브랜드를 접하게 되는 모든 터치포인트는 소비자와 조직 모두에게 가치를 더해주어야 하고 고객의 전환을 유도해야 한다. 브랜드 경험 터치포인트를 최대한 활용하기 위해서 각 터치포인트에 특정 요소를 포함해야 한다. 이러한 요소가 고객 여정을 계속해 나가면서 그 안에서 보다 일관된 경험을 할 수 있도록 도와준다. 일관된 경험을 하게 되면 잠재고객은 그대로 여정을 계속하게 되고, 그렇게 되면 성공적으로 잠재고객을 고객으로 전환할 수 있는 기회가 커진다.

소비자가 브랜드에 이제 막 친숙해지기 시작하는 브랜드 경험 초기 단계에서 다음 요소들을 포함하는 것을 고려해야 한다.

» **명확한 브랜딩** : 크리에이티브 디자인 및 원고 전체에서 알아볼 수 있는 명확한 브랜딩이 필요하다. 경험 초기 단계에서는 사용자에게 브랜드를 소개하는 것이 목적이고, 그러므로 명확히 브랜드를 표시하는 것이 무엇보다 중요하다. 공유 이미지의 대부분 또는 전부를 차지하게 로고나 회사 이름을 넣는 등 다소 과장할 수도 있다.

» **리치 미디어** : 이미지와 비디오와 같은 리치 미디어는 사용자의 관심을 즉시 끌어모은다. 비디오가 페이스북과 같은 소셜 네트워크에서 광고 캠페인에 사용된다면, 사용자 피드에서 자동으로 흘러나오기 시작한다. 밀레니얼 세대는 비주얼 요소를 중시하는 소비자이다. 그래서 그들의 관심을 붙잡기 위해 리치 미디어를 이용할 수 있다면 반드시 이를 기회로 활용하도록 하자.

» **해결책** : 잠재고객이 직면한 문제의 해결책을 원고 안에 포함시키는 것은 좋은 아이디어이다. 사실상 밀레니얼 세대에게 메시지를 커뮤니케이션하는 가장 효과적인 형태 중 하나는 그들에게 닥칠 수 있는 또는 그들

에게 닥칠 수 있다는 사실을 알고 있는 문제에 대한 해결책으로서 상품이나 서비스를 제시하는 일이다. 전형적인 인포머셜[정보(information)와 광고(commercial)의 합성어로, 상품이나 점포에 관한 상세한 정보를 제공해 소비자의 이해를 돕는 광고기법-역주] 구조를 생각해보자. 인포머셜 구조에서 보이스오버(voiceover, 영화와 TV 등에서 화면에 나타나지 않는 화자의 목소리-역주)는 "이런 일을 겪어본 적이 있습니까?"라는 질문으로 시작한다. 문제를 제시하고, 그러고 나서 브랜드 해결책을 제공한다. 타깃 오디언스와의 첫 번째 상호작용에서 사용자와 관계를 맺기 위해서는 명확히 문제를 설명해야 한다.

» **콜 투 액션** : 첫 번째 단계에서는 사용자를 교육하고자 하는 것이지 상품을 꼭 팔려고 해서는 안 된다. 콜 투 액션은 단지 잠재고객에게 브랜드를 좀 더 알도록 기회를 주는 것이다. 콜 투 액션이 공격적인 판매 광고가 되어서는 안 된다. 브랜드 또는 솔루션에 대해 조금 더 잘 알 수 있게 해주는 브랜드로의 '초대'가 되어야 한다.

고객 관계 형성하기

타깃 밀레니얼 오디언스에게 처음 브랜드를 소개하고 나서는 브랜드 관계를 형성하기 시작할 수 있다. 브랜드 경험의 이번 단계에서는 어느 정도 판매 지향의 콘텐츠를 사용하여 사용자를 다음 단계로 이끌어 갈 수 있다.

다음 부분에서는 관계 형성을 하는 데 유용한 몇 가지 기술을 서술하고자 한다.

대화 형식의 콘텐츠를 활용하여 사용자와 소통하기

밀레니얼 오디언스와의 관계 형성 단계에서 오로지 판매에만 초점을 두지 않는 것이 중요하다. 밀레니얼 세대는 브랜드가 공유하는 콘텐츠가 담고 있는 가치를 추구한다. 그들은 관계를 맺어야 하는 이유가 있는 콘텐츠를 찾고 있다. 이러한 콘텐츠는 대화 형식이 될 수 있다. 질문을 하거나, 또는 여론조사, 서베이, 또는 지속적인 산업 관련 논의를 진행하자(대화 형식의 콘텐츠와 관련된 주제를 제6장에서 다루고 있다).

산업과 연관된 무언가가 논의되기 시작할 때 브랜드가 대화에 참여하는 것이 적절하다. 예를 들어 한 회사가 특정 첨단기기를 판다고 가정해보면 애플이 기기 작동 방식의 변화를 발표한다. 이 발표로 말미암아 온드 채널 또는 공개 포럼 등 대화가 이미 일어나고 있는 장소에서 회사의 견해를 공유할 수 있는 기회가 생기는 것이다.

전문성을 드러내는 유용한 정보 공유하기

산업 관련 전문성을 보여주는 팁 및 인사이트를 공유함으로써 가치를 제공한다. 그러면서 또한 시장에서 선택 가능한 모든 옵션 중에 왜 자사 브랜드가 최고인지를 강조하는 것이기도 하다.

부가가치가 있는 콘텐츠 개발에 대한 주제는 제6장에서 다루었다.

처음으로 전환한 고객에게 특별혜택, 사은품 또는 특가상품 제공하기

대화 형식을 취하도록 만들어진 소셜 네트워크와 같은 미디어에서 상품이나 서비스를 공공연하게 판매하는 어색한 상황을 피해야 한다. 이런 상황을 모면하고자 하는 바람에서 적용할 수 있는 한 가지 전략은 사용자에게 특별 할인혜택 또는 최초 고객 대상 특가상품을 제공하는 것이다.

특가상품은 전환한 고객에게 인센티브를 주는 것이고 전환 시간을 줄이는 데 도움이 될 것이다.

제3자가 브랜드에 대해 언급한 콘텐츠를 공유함으로써 신뢰 형성하기

영향력이 있는 블로거 등 제3자가 브랜드에 대해 논의하는 것을 알게 된다면 오디언스가 그것을 반드시 보면 좋겠다고 생각할 것이다. 이 콘텐츠는 업계 선두주자로서의 브랜드 위치를 보다 공고히 하고, 잠재고객이 구매할 준비가 되었을 때 해당 브랜드를 제일 먼저 떠올릴 수 있게 해줄 것이다.

사용자가 고객이 된 이후에는 브랜드 콘텐츠는 관계를 좋아가는 것에서 관계를 키우는 방향으로 전환해야 한다. 이번 단계에서의 지속적이고 개인화된 커뮤니케이션은 시장에서 확장하여 장기간 살아남는 데 있어서 가장 중요한 자산이 된다.

소비자 사이클의 이번 단계 터치포인트를 최대한 활용하기 위해서 메시징 앱이나 이메일을 통해 실시간으로 진행되는 일대일 방식의 커뮤니케이션을 고려해야 한다.

또한 이러한 커뮤니케이션에 다음의 요소를 포함시키는 것도 고려해야 한다.

» **개인화** : 세세한 사항처럼 보일 수도 있지만 개인화는 밀레니얼 세대에게 다가가는 데 큰 도움이 된다. 그들의 이름을 편지에 추가할 수 있다면(예컨대 이메일 제목 혹은 본문에) 그들이 해당 콘텐츠에 참여할 가능성이 올라간다.

» **감사** : 사소한 일이 큰 도움이 된다. 고객과 오디언스에게 감사를 표하는 일이라면 더욱 그러하다. 감사의 마음을 커뮤니케이션하는 콘텐츠를 공유하는 것은 밀레니얼 세대와 형성된 관계를 확고히 하는 데 도움이 된다. 또한 전환 이후의 브랜드 경험을 향상시키고 반복되는 판매 기회를 늘려준다. 한 예로 영국 기반의 사탕 제조업체인 캐드버리는 백만 명의 팬을 기록한 이후 페이스북 팬에게 감사를 표하는 비디오를 공유했다(그림 13-1 참조).

그림 13-1

캐드버리는 백만 팬 달성에 대한 감사의 표시로 엄지손가락을 치켜든 거대한 초콜릿 모형을 만들어 세웠다.

> » **커뮤니티** : 커뮤니티, 산업 콘텐츠 그리고 무엇보다도 전환한 오디언스에 관한 콘텐츠를 만드는 것은 관계를 공고히 하는 데 크게 도움이 된다. 또한 브랜드 경험을 향상시키고 콘텐츠에 가치를 더해준다.
>
> » **정기적 커뮤니케이션** : 전환 이후 멈춰버린 브랜드와 관계를 형성하기는 어렵다. 신규 그리고 기존 오디언스 모두와 정기적으로 접촉해야 한다.

콘텐츠 세분화하기

광범위한 오디언스의 관심을 끌기 위해 제작된 일반적인 콘텐츠를 정기적으로 공유하는 것은 당연하다. 그러나 캠페인의 효과를 최적화하고 각각의 타깃 오디언스로부터 최대한 이득을 취하기 위해서는 스토리를 전달하는 콘텐츠를 개발해야 한다(제3장에서 스토리텔링에 대해 다루고 있다).

타깃 오디언스에게 잠재고객에서 고객이 되어 가는 여정을 안내하는 방식으로 브랜드 콘텐츠를 제작해야 한다. 마케터는 조심스럽게 한 단계씩 그들을 움직이고자 할 것이다. 하지만 주의해야 할 것이 있다. 끈질기다는 인상을 주어서는 안 된다. 오디언스가 여유를 갖고 전환 여정을 지날 수 있도록 해야 한다. 잠재고객이 준비되었을 때만이 다음 단계가 명확해지고 나아가기가 수월해지니 말이다.

경험 기반의 콘텐츠 제작하기

이번 장 앞부분에서 보다 일반적인 브랜드 경험 전략과 관련된 여러 가지 규칙 및 가이드라인을 다루었다.

그러나 경험을 유도하는 캠페인을 개발할 때에는 잠재고객들이 고객으로 전환되는데 도움이 되는 이야기를 만들어야 한다. 마케터가 이러한 경험을 개발할 때 오디언스가 올바른 순서로 여정을 나아갈 수 있도록 몇 가지 도움을 줄 수 있다.

> » 구조화된 내러티브를 유지한다.
> » 채널 간의 연결을 매끄럽게 한다.

> » 쉽게 따를 수 있는 타임라인을 수립한다.
> » 프로세스의 각 단계를 연결한다.
> » 서서히 표준 콘텐츠와 경험 콘텐츠를 섞는다.

구조화된 내러티브를 유지한다

브랜드 경험 캠페인을 진행할 때 각각의 캠페인 계획을 서론, 본론, 결론이 있는 하나의 완전한 내러티브로 생각해야 한다.

지속적인 관계 구축과 같은 장기적 목적 또는 오디언스가 새로운 캠페인에 참여하도록 하기 위한 단기적 목적을 갖고 이야기를 만들 수 있다.

브랜드 경험에 초점을 두든, 신상품 론칭에 대한 관심을 불러일으키는 데 집중하든 상관없이 내러티브가 존재해야 한다.

채널 간의 연결을 매끄럽게 한다

캠페인을 개발할 때 모든 미디어 채널을 연계하는 것은 필수다. 같은 브랜드, 같은 캠페인에 참여하고 있다는 것이 잠재고객에게 아주 명확하게 인지되어야 한다. 이렇게 채널 간의 연결을 매끄럽게 하기 위해서는 메시지, 수사학, 브랜딩, 캠페인의 크리에이티브 요소들이 일관성을 갖도록 신경을 써야 한다.

크로스 채널 추천 요소를 콘텐츠에 담아야 한다. 크로스 채널 추천이란 오디언스에게 콘텐츠 내에서 채널을 이동하도록 추천하는 것을 의미한다. 이러한 전략을 통해 브랜드의 존재감을 탄탄하게 하고, 커뮤니케이션을 위해 다양한 채널을 자유자재로 활용하고 있다는 점을 강조한다.

쉽게 따를 수 있는 타임라인을 수립한다

브랜드 경험 캠페인을 수행할 때 성공의 중요한 두 가지 요소는 일관성과 타이밍이다. 언제 특정 형태의 콘텐츠를 공유할 것인지 그리고 오디언스가 어느 정도의 속도로 경험의 다양한 단계를 통과해 가도록 하고 싶은지를 개략적으로 기술한 전략적 타임라인을 작성해야 한다.

프로세스의 각 단계를 연결한다

터치포인트마다 고객이 다음에 어디로 가야 할지가 명확해야 한다. 캠페인은 내러티브로 구조화되어 있음을 기억하라. 이 프로세스의 어느 지점에서도 오디언스가 어디로 가야 할지, 무엇을 해야 할지 헷갈려서는 안 된다.

기회가 될 때마다 사용자를 다음 단계로 이끌기 위해 콜 투 액션을 사용할 수 있다. 또한 적절한 시점에 완벽한 지침을 제시해주는 것도 고려해보도록 한다. 예를 들어 적절한 시점이란 오디언스의 참여도가 아주 높고 지침을 따를 준비도 되어 있는 전환 단계가 될 수 있을 것이다.

프로세스 초기 단계, 즉 교육 단계에서 오디언스에게 개략적인 지침을 전달하려고 하지 말자. 초기 단계의 경우 "좀 더 자세한 사항을 확인해주세요." 정도의 간단한 콜 투 액션이면 충분하다. 신규 잠재고객에게 푸시(push) 접근방식은 다소 과하게 느껴질 수 있어 공격적 판매 전술에 반감이 있는 밀레니얼 사용자가 등을 돌릴 수 있다.

서서히 표준 콘텐츠와 경험 콘텐츠를 섞는다

고객과의 관계를 구축할 때 브랜드 경험 내러티브를 일상 콘텐츠와 점차 섞어야 한다. 천천히 계산된 전이를 통해 사용자와의 관계를 유지할 수 있을 것이고, 아마 사용자를 브랜드 충성자로 변화시킬 수도 있다. 처음에는 브랜드 경험 캠페인과 연관된 세분화된 콘텐츠를 계속 공유해야 한다. 그러고 나서 서서히 이 사용자들을 일반 오디언스와 통합하고, 보다 일반적인 콘텐츠를 공유하는 쪽으로 나아갈 수 있다.

점진적 혼합을 시작하는 좋은 방법은 페이스북의 오디언스 기능을 전략적으로 활용하는 것이다. 이것은 제3장에서 다룬 주제이기도 하다. 경험 지향적인 신규 오디언스를 캠페인에 참여시키고자 할 때에는 사용자가 보여주는 참여 수준에 주목해야 한다. 사용자의 참여율이 증가함에 따라 사용자들이 마케터가 브랜드로서 해야 하는 이야기에 집중한다는 것을 알 수 있다. 이것은 캠페인이 종료된 후 시간이 지남에 따라 특히 더 그렇다.

이쯤에서 특정 캠페인 계획을 위한 타깃을 선택할 때 오디언스를 선택함으로써 마케터는 경험 지향적 신규 오디언스를 광고 캠페인의 일반 오디언스와 통합하기 시작할 수 있다. 이 간편한 통합은 신규 오디언스와 소통을 지속하는 데 도움이 될 것이고 참여 사용자로 구성된 일반 오디언스도 구축할 수 있도록 한다.

모든 채널의 콘텐츠 통합하기

현재 사용 중인 모든 채널의 콘텐츠를 통합하는 것은 브랜드 경험 캠페인 계획에서 중요한 부분이다. 오디언스는 채널별로 다를 것이다. 아마도 더 중요한 사실은 미디어별로 사용자들의 개성이 분명 같지 않을 것이라는 점이다.

이러한 차이에도 불구하고 브랜드 경험 캠페인에서 모든 채널의 콘텐츠를 연결하고 일관성을 유지하기 위해 다음과 같은 전술을 활용할 수 있다.

- » 고유의 메시지를 만든다.
- » 리마케팅을 효율적으로 활용한다.
- » 고유의 자산을 개발한다.

고유의 메시지를 만든다

마케터가 브랜드 경험 캠페인의 각 단계를 아주 세심하게 계획했다 하더라도, 오디언스는 다양한 미디어 속에서 헤매기 쉽다. 미디어에 콘텐츠가 넘쳐나서 구매 여정의 다음 단계를 보지 못하게 되는 경우가 많은 것이 현실이다.

눈에 잘 띄는 세분화된 메시지를 만들고 전 미디어에 걸쳐 브랜딩의 일관성을 유지하도록 노력하자. 일관성을 갖게 되면 콘텐츠가 다른 콘텐츠, 다른 온라인 브랜드 사이에서 확실히 두드러질 것이다.

리마케팅을 효율적으로 활용한다

리마케팅은 한 회사 웹사이트의 특정 상품이나 페이지에 도달한 적이 있는 사용자에게 광고를 보여주는 것이다. 본질적으로 사용자가 이전에 클릭을 하는 것으로 관심을 보였던 상품이나 페이지를 다시 한 번 상기시켜서 해당 페이지에 재방문하도록 하거나 상품을 구매하도록 하고자 하는 것이다.

리마케팅을 전략적으로 활용한다면 콘텐츠를 보다 쉽게 통합할 수 있다. 리마케팅을 통해 타깃팅한, 특화된, 그리고 때로는 개인화된 광고를 다양한 미디어에서 선택한 사용자가 볼 수 있게 하기 때문이다. 이러한 광고는 사용자가 웹사이트로 돌아가서 구매를 완료하도록 밀어붙일 수도 있고, 사용자에게 이전에 보았던 아이템 또는 콘텐츠를 생각나게 할 수도 있고, 또는 해당 웹사이트에서 제공하는 혜택이나 특가 상품을 보여줄 수도 있다. 궁극적인 목적은 광고를 통해 잠재고객이 계속해서 해당 브랜드를 가장 먼저 떠올리고 사용자가 브랜드 웹사이트나 점포에 다시 방문하도록 알림을 보내거나 혜택을 제공하는 것이다.

고유의 자산을 개발한다

자사의 모든 브랜드 경험 자산을 연결하고 연속성을 확보하는 좋은 방법은 모바일이나 웹에서 독립적인 랜딩 페이지를 제작하는 것이다.

독립적인 랜딩 페이지를 제작하게 되면 오디언스는 해당 브랜드가 캠페인을 하고 있다는 사실을 쉽게 인지할 수 있다. 또한 마케터가 오디언스의 관심을 측정하고자 할 때 직접 해당 랜딩 페이지를 통해 관련 데이터를 추적할 수 있다.

옴니채널 전략을 위해 브랜드 경험 통합하기

브랜드 경험 캠페인 계획을 위해 내러티브를 만들고 어느 정도의 콘텐츠를 개발한 이후라면, 브랜드 경험을 어떻게 전반적인 멀티채널 전략에 어울리게 할 것인지를 생각하기 시작해야 한다. 멀티채널 전략의 활용에 대해서는 제9장에서 다루고 있다.

멀티채널 전략의 주요 특징 중 하나는 커뮤니케이션의 모든 측면이 여러 채널에서 작동하는 유동성이다. 이것은 밀레니얼 세대의 관심을 사로잡고 유지하려 할 때 초점을 두어야 하는 사항이다. 브랜드 경험에 있어서도 마찬가지이다. 커뮤니케이션 과정에서 여러 채널에 걸친 메시지나 지침이 분명하지 않기 때문에 오디언스의 관심을 잃게 될 리스크가 있다. 이렇게 오디언스가 감소되는 것을 피하기 위해 다양한 방법을 사용할 수 있는데, 그중 몇 가지를 알아보자.

» 쉽게 알아볼 수 있는 테마 만들기

» 추적 메커니즘 활용하기

» 모든 미디어에서 캠페인 이름이나 슬로건 반복하기

» 어느 방향으로든 움직일 수 있도록 하기

» 모든 자산을 쉽게 찾아낼 수 있도록 하기

쉽게 알아볼 수 있는 테마 만들기

테마는 오디언스가 다양한 채널에서 캠페인 경험을 따를 수 있도록 도와주는 강력한 도구이다. 브랜딩은 언제나 일관성을 지녀야 하지만 특정 테마나 감각적 식별 디자인을 통해 오디언스가 다양한 채널에서 문제없이 해당 캠페인 콘텐츠를 팔로우하고 있다는 것을 정확히 알 수 있다. 그와 같은 테마 또는 식별 디자인의 예로는 캠페인 마스코트 또는 캠페인과 연관된 모든 크리에이티브 디자인의 고유 이미지를 들 수 있다.

추적 메커니즘 활용하기

또 하나의 유용한 옵션은 활용 중인 모든 미디어에서 특정 캠페인을 추적할 수 있는 해시태그를 만들어 사용하는 것이 될 수 있다. 해시태그는 트위터나 텀블러에서 일반적으로 많이 사용될 수 있지만, 오디언스를 추적하고 오디언스가 캠페인을 추적할 수 있도록 하는 일에 관해서라면, 해시태그는 어떤 밀레니얼 세대라도 이해하고 따를 수 있는 간단한 식별자일 것이다.

모든 미디어에서 캠페인 이름이나 슬로건 반복하기

날마다 올리는 콘텐츠가 어떤 브랜드의 것인지를 오디언스가 알도록 하기 위해서는 브랜딩을 단순하게 해야 한다. 그러나 브랜드 경험을 일구는 것에 관해서라면, 오디언스에게 캠페인의 존재를 상기시키는 일이 더 중요하다. 예를 들면 캠페인 이름을 안내하거나 해시태그를 활용해 특정 캠페인 계획을 드러내는 것은 캠페인 전체 경로에서 오디언스를 유지하는 효과적인 방법이다.

어느 방향으로든 움직일 수 있도록 하기

오디언스는 일정한 방식으로 콘텐츠를 보지 않는다. 마케터는 오디언스가 따랐으면 하는 내러티브 경로를 설계할 수 있겠지만, 노선을 다양하게 준비할 필요가 있다.

여정 내내 사용자가 스스로 선택한 방향으로 움직일 수 있도록 콘텐츠 내에 링크 및 버튼을 만들어야 한다. 만약 그들이 이미 방문한 적이 있음에도 불구하고 원래의 터치포인트로 돌아가거나 또 다른 교육 단계의 터치포인트를 방문하기로 선택했다면 그렇게 할 수 있도록 해야 한다.

모든 자산을 쉽게 찾아낼 수 있도록 하기

휴면상태의 잠재고객을 다시 활성화시키는 것에 관해서라면 쉽게 눈에 보이도록 하는 것이 핵심이다. 브랜드 경험 캠페인은 반드시 한자리에서 또는 하나의 미디어에서 일어나지 않는다. 이러한 종류의 캠페인은 시간이 걸린다. 그렇기 때문에 모든 채널의 콘텐츠가 꼭 찾기 쉽게 되어 있어야 한다.

잠재고객에게 제공하는 혜택 관련 캠페인 또는 콘텐츠를 자주 보내는 방법을 통해 극도로 수동적인 고객의 참여를 일정 수준 이끌어낼 수 있다. 그러고 나서 해당 고객이 받아들일 준비가 되었을 때 그들은 훨씬 더 쉽게 그동안 신경 쓰지 않았던 부분에 관심을 기울이기 시작할 것이다.

다양한 미디어에서의 브랜드 경험 추적하기

전 채널에 걸친 데이터를 추적하면 지금까지의 모든 마케팅 활동으로부터 배움을 얻을 수 있다. 이를 통해 마케팅 활동을 개선하여 예산을 최적화하고 전환율을 제고한다. 브랜드 경험 캠페인이 다양한 미디어에서 벌어지기 때문에 데이터 추적은 약간의 노하우, 가끔은 기술적 도움도 필요하다. 이는 캠페인을 어떻게 추적할지 그리고 어떤 전환을 평가할 것인지에 대해 마케터의 창의력이 필요하다는 의미이기도 하다.

브랜드 경험 캠페인을 추적하기 위해 다양한 전략을 활용할 수 있다. 전략은 핵심성과지표(KPI)를 기반으로 한 목적에 따라 달라질 수 있다(KPI에 대한 상세내용은 제9장 참조).

다음은 브랜드 경험 캠페인이 신규고객의 전환과 유지 및 브랜드 옹호자 양성 등에 미친 영향력을 추적하는 방법이다.

> » 태그 관리 시스템
> » 추적 가능한 링크
> » 데이터 세분화

태그 관리 시스템

태그 관리 시스템을 통해 마케터는 웹사이트 페이지 내에 데이터를 추적할 수 있는 작은 코드를 심을 수 있다. 태그 관리 시스템은 모든 캠페인 활동을 효과적으로 연계하는 것을 돕기 위해 활동 중인 소스의 데이터를 추적하는 것이다. 구글 애널리스틱스를 사용하고 있다면, 구글 태그 매니저가 가장 타당한 선택이다. 그림 13-2는 구글 태그 매니저 대시보드의 예시이다.

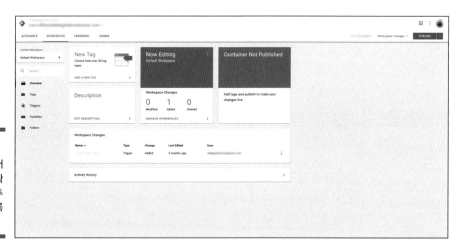

그림 13-2
구글 태그 매니저는 보다 더 정확하게 데이터를 추적할 수 있도록 도와준다.

그림 13-3

구글은 더 많은 데이터를 추적하기 위해 기존 URL에 사용자 정의 변수를 추가할 수 있는 무료 서비스를 제공한다.

추적 가능한 링크

태그 관리 시스템을 사용하든지 사용하지 않든지 간에 추적 가능한 링크를 만드는 것은 필요하다. 구글 애널리틱스를 사용하고 있다면, 링크를 생성하기 위해 그림 13-3과 같이 http://ga-dev-tools.appspot.com/campaign-url-builder에서 구글 URL 구성 서비스를 활용할 수 있고, 그렇지 않으면 그림 13-4와 같이 비틀리(http://bit.ly) 온라인 추적 서비스를 활용할 수도 있다.

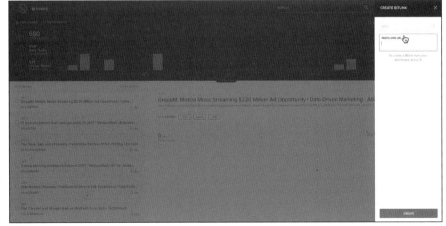

그림 13-4

비틀리를 이용해 사용자는 콘텐츠 링크를 단축시키고 추적할 수 있다.

링크 추적하기를 통해 자사 사이트의 추적 대시보드 데이터를 세분화할 수도 있고, 다양한 미디어와 콘텐츠의 효과를 개별적으로 모니터링할 수도 있다.

데이터 세분화

어떤 캠페인을 운영하든지 캠페인이 어떻게 작동하고 있는지에 대한 전체적인 완벽한 그림을 그려보기 위해서는 브랜드 캠페인 데이터를 세분화해야 할 것이다. 비틀리나 구글과 같은 링크 단축 도구를 활용해서 구글 애널리틱스와 같은 분석 대시보드의 데이터를 세분화할 수 있다. 그리고 나서 이러한 대시보드 내에서 오직 캠페인 데이터만을 살펴보고, 캠페인이 독립적으로 얼마나 성과를 내고 있는지 분석할 수 있다. 그리고 캠페인 단독 성과를 캠페인 KPI로 설정해 놓은 다른 캠페인 계획 및 벤치마크와 비교할 수 있다. 데이터 세분화는 운영 중인 캠페인의 독립적인 모습을 파악하는 데 필요한 중요한 작업이다.

브랜드 경험 캠페인 운영하기

전통적인 목표 지향 캠페인과 브랜드 경험 캠페인의 근본적인 차이 중 하나는 브랜드 경험 캠페인은 끊어짐 없이 매끄럽게 실행된다는 점이다. 사용자는 해당 프로세스를 위해 설계된 경로에서 혼선을 겪지 않고 채널을 이리저리 바꿔가며 콘텐츠를 다양하게 볼 수 있다.

브랜드 경험 전략의 요소들은 일반적인 목표 지향 캠페인에 포함될 수도 있지만, 브랜드 경험 캠페인의 초점은 오디언스가 다양한 미디어에서 브랜드가 전하는 이야기에 몰입하도록 하는 데 있다. 어떤 캠페인을 진행하더라도 밀레니얼 잠재고객을 대상으로 한 브랜드 경험을 구축함으로써 달성하고 싶은 하나의 목표 또는 일련의 목표를 개발하는 것으로부터 시작해야 한다.

KPI(제9장 참조)와 같은 목표는 유형일 수도 무형일 수도 있다. 마케터는 고객에게 양식을 작성하도록 하거나 그들의 정보를 보내도록 함으로써 구체적이고 측정할 수 있는 유형의 고객 데이터를 수집할 수 있다. 그렇지 않으면 충성도를 구축하고자 할 것인데, 충성도는 항상 구체적인 통계로 측정되기보다 관찰에 좀 더 의존하는 개념이기 때문에 보통 무형의 목표일 수 있다.

브랜드 경험 캠페인을 구축할 때 고려할 수 있는 가장 일반적인 목표 몇 가지는 다음과 같다.

> » 브랜드 참여 향상시키기
> » 브랜드 인지도 제고하기
> » 세분화한 신규 오디언스 구축하기
> » 제품을 더 많이 팔기
> » 고객 충성도 확보하기
> » 관계 조성하기
> » 균형 잡힌 캠페인 론칭하기

브랜드 참여 향상시키기

참여가 계속되면 브랜드 인지도를 구축하는 데 도움이 된다. 브랜드 경험 캠페인은 다양한 미디어를 통해 참여를 만들어내는 일이다. 잠재고객과 밀레니얼 오디언스가 참여할 수 있는 경험을 창출함으로써 여러 디지털 채널에서 광범위한 사용자와의 상호작용을 촉진하고 있다. 이와 같은 참여 향상은 모든 브랜드 경험 캠페인 계획의 필수적인 구성요소임을 고려하여 참여가 캠페인의 주요 목적인지 혹은 이차적 목적인지를 결정해야 한다.

주요 목적이란 가장 달성하고 싶은 사항이다. 마케팅 활동 및 전략에 포함된 모든 것은 바로 이 주요 목적을 달성하는 것을 목표로 한다. 이차적 목적이란 중요도가 약간 덜하거나 주요 목적의 부산물 정도인 사항이다. 이러한 목적을 추적하고 성공적 달성을 위해 몇 가지 요소를 실행할 수도 있지만 그것은 캠페인 기간의 중점 사항은 아닐 것이다.

브랜드 인지도 제고하기

전통적인 의미에서 보면 브랜드 인지도는 유형의 목표가 아니지만, 브랜드 경험 캠페인을 전략적으로 활용함으로써 달성하고자 노력할 수 있는 목표이다. 타깃 오디언스와의 소통을 끌어올리면 브랜드 관련 대화가 늘어날 것이다. 브랜드 관련 대화가 늘어남에 따라 이러한 공개 논의를 우연히 보게 된 타깃 잠재고객이 브랜드를 발견할 가능성이 커진다.

브랜드 인지도를 결정하는 구체적인 방법이 없을지도 모르지만 도움이 될 만한 한 가지 측정지표는 매체 점유율이다. 매체 점유율(share of voice)은 경쟁사와 비교했을 때 산업 관련 대화가 자사 브랜드와 얼마나 관계가 있는지를 평가하는 것이다. 매체 점유율이 향상됨에 따라(제9장에서 다룬 주제) 브랜드 인지도 역시 높아질 것이다.

흥미 위주의 브랜드 경험을 창출하는 것이 신규 오디언스 및 신규 사용자의 관심을 확보하는 데 도움이 될 수 있다. 흥미 위주의 캠페인은 참여자가 할인이나 특별혜택과 같은 혜택우대 조치가 준비되어 있는 최종 지점에 도달하기 위해 따라야 할 일련의 단서 또는 참조사항과 관련될 수 있다. 이러한 종류의 캠페인은 브랜드 인지도 제고에 유용한 방법이다.

세분화된 신규 오디언스 구축하기

브랜드 경험 캠페인의 장점 중 하나는 새로운 팬을 유인할 수 있다는 점이다. 캠페인을 본 사람들은 자신에게 가치를 제공하는 브랜드와 기꺼이 관계를 맺을 것이 분명하다(제6장에서 '다양한 플랫폼에서 유용한 콘텐츠 만들기'에 대해 다루고 있다).

제품을 더 많이 팔기

마케터가 달성하고자 노력하는 목적 중 하나가 판매를 늘리는 것임은 당연지사이다. 다만 브랜드 경험에 관련해서라면 타임라인이 반드시 고정되어 있지 않고 오디언스의 대다수가 제공된 경험을 최대한 이용하는 데 중점을 둘 것이기 때문에 기존보다 판매 사이클이 다소 더 길다는 점을 기억하자.

브랜드 경험 캠페인에서 이차적 목적으로 판매 촉진을 고려할 가능성이 클 것이다. 명확한 목표가 있는 광고 캠페인과 같은 다소 판매 지향적인 목표들과는 달리 브랜드 경험은 주로 관계 구축에 관한 것이다.

시간이 지나면서 이러한 관계는 대화로 이어진다는 것을 알게 된다. 그러나 브랜드 경험을 구축한다는 개념은 잠재고객과의 관계의 유기적 성장을 촉진해야 한다는 의미다. 전환은 해당 잠재고객이 이제 사도 되겠다고 느끼고 나서는 프로세스상의 어느 지점에서라도 일어날 수 있다. 그러나 판매 촉진은 여전히 모니터링할 만한 가치가 있는 목표이다.

고객 충성도 확보하기

경험 지향적 캠페인의 가장 중요한 부산물 중 하나는 오디언스의 충성도 확보이다. 오디언스가 주목할 만한 경험을 창출한다면 그들에게 얼마나 신경을 쓰고 있는지를 보여주는 셈이다.

이러한 관심은 기존고객 또는 신규 전환 고객의 충성도를 구축하는 데 도움이 된다.

관계 조성하기

브랜드 경험 캠페인은 오디언스와 형성한 관계를 두텁게 하려고 노력할 때 사용하기 좋은 도구이다. 관계의 성장이 평가하기 가장 쉬운 항목은 아니지만 모니터링할 만한 가치가 있는 목표이다.

균형 잡힌 캠페인 론칭하기

캠페인을 최대한 활용하기 위해서는 론칭 때까지 일련의 단계를 따라야 한다. 다음 단계를 참조한다면 내러티브가 분명하고, 추적은 제대로 이루어지고 있으며, 처음에 시작한 일들을 정확히 달성하기 위해 노력 중임을 확인하는 데 도움이 될 것이다.

1. **약간 일반화된 밀레니얼 오디언스를 구축한다.**

   브랜드 경험 캠페인을 진행하다 보면 반드시 포함해야지라고 생각하지 않았던 오디언스를 발견하게 될 것이다. 종종 현재의 캠페인은 휴면 사용자의 참여를 올려준다. 신규 오디언스를 발굴하고자 한다면, 브랜드 경험 캠페인을 신규 잠재고객에게 노출시키기 위해 평소보다 타깃 오디언스를 약간 더 일반화하는 것이 좋다.

2. **목적을 수립한다.**

   브랜드 경험 캠페인 계획을 세우고 오디언스의 관심도를 측정하는 목적을 선택함으로써 무엇을 달성하고자 하는지 정확하게 결정해야 한다.

3. **내러티브를 구성한다.**

   내러티브는 전반적인 브랜드 경험 뒤에 숨은 원동력이기 때문에 결정적인 단계라고 할 수 있다. 사용자가 거치게 되는 이상적인 경로를 설명하는 데 시간을 들이고, 그러고 나서 그 밖에 제시할 수 있는 다른 노선을 고려해보자. 브랜드 경험을 통합시켜야 하기에 시간을 할애하여 내러티브 토막이 서로 연결되게 할 수 있는 갖가지 방안을 강구해보자.

4. **추적 방법 및 KPI를 결정한다.**

   론칭 이전에 캠페인의 성공 여부를 평가하기 위해서 어떻게 진척상황을 추적하고 주요 지표를 선정할 것인지 정확히 정해두어야 한다.

5. **초기 벤치마크를 설정한다.**

   브랜드 경험 프로그램이 진행되기 시작한 이후에 벤치마크를 바꿀 수 있다. 그러나 개선하고자 하는 몇 가지 벤치마크로 일단 시작하자.

6. **콘텐츠를 개발한다.**

   이번 단계는 브랜드 경험을 위해 구조화한 내러티브와 밀접한 관련이 있다. 오디언스가 해당 스토리의 한 단계에서 다음 단계로 이동하는 데 도움을 주는 콘텐츠를 만들자. 또한 오디언스와의 좀 더 가깝고 지속적인 관계를 구축하는 데 콘텐츠가 어떤 도움을 줄 수 있을지 생각해봐야 한다.

7. **캠페인을 론칭한다.**

   오디언스가 마케터의 의도대로 일정한 경로를 따르고 있는지를 알아보기 위해서 성과를 측정하자. 그들에게 구축한 경로를 안내하기 위해 약간의 변화가 필요할 수도 있다. 또한 오디언스가 유기적으로 따르고 있는 새로운 내러티브를 포함해야 할지도 모른다.

8. **약간의 변화를 준다.**

   주도적으로 나서서 필요할 때는 즉시 변화를 주도록 하자.

수요 주도형 시장 정복하기

제14장 미리보기

- 수요에 맞추어 조직을 구성한다.
- 밀레니얼 세대와 실시간 환경에서 커뮤니케이션한다.
- 수요 주도형 캠페인을 만들고 관리한다.

기술력의 향상이 모바일 접속을 선호하는 트렌드와 맞물려 수요 주도형 경제를 등장시켰다. 온디맨드 상품 및 서비스를 제공하는 브랜드는 상당한 경쟁우위를 점하고 있다. 예를 들어 2016년 온디맨드 차량 서비스 회사인 우버와 같은 모바일 서비스는 사적 시장가치평가(private market valuation, 기업의 인수합병 시에 가치를 평가하는 방법-역주) 금액이 650억 달러 이상이었다.

우버가 이렇게 놀라운 속도로 성장한 데에는 두 가지 이유가 있다. 첫째, 우버는 "필요할 때 택시를 잡을 수가 없다."는 보편적인 문제에 대한 해결책을 제시했다. 둘째, 소비자들은 기다림을 좋아하지 않는다. 위 두 가지 사실을 종합해보면 글로벌 시장 전반을 변화시키는 수십억 달러의 비즈니스를 할 수 있다. 이번 장에서는 수요 주도형 시장의 등장에 초점을 두겠다.

수요에 맞추어 조직 진화시키기

모든 비즈니스가 수요 주도형 경제에 적합한 것은 아니다. 만약 수요에 좀 더 즉각적으로 대응하고 싶다면, 제공하는 상품과 서비스의 구조를 이러한 시장에 맞추어 수정해야 한다. 수요 주도형 경제에 부응하기 위해서 브랜드는 다음과 같은 몇 가지 특징을 갖추어야 한다.

» 상품 및 서비스에 대해 즉각적인 디지털 접근 제공하기
» 실시간으로 활동하기
» 독립적 플랫폼으로서 모바일에 집중하기

만약 이러한 특징 중 몇 가지가 자사의 조직에 해당된다면, 온디맨드 상품과 서비스를 추구하는 밀레니얼 세대를 충족시킬 수 있는 유리한 고지에 있다. 만약 해당되지 않는다고 해도 걱정할 필요는 없다. 이번 장에서 수요 주도형 경제에 맞추어 나아가는 데 도움이 되면서도 조직 운영 방식에 있어서는 큰 변화를 필요로 하지 않는 몇 가지 전략을 제시하겠다.

상품 및 서비스에 대해 즉각적인 디지털 접근 제공하기

수요 주도형 경제의 두드러진 특징 중 하나는 즉시성이다. 실시간의, 즉각적인 접근은 보통 웹 연결을 통해 이루어진다. 수요 주도형 경제를 이용하기 위해서는 클라우드에서 상품에 대한 디지털 접근을 제공하거나 사용자 컴퓨터에 완전한 제품을 다운받을 수 있도록 해야 한다.

어도비는 수요 주도형 경제에 맞추어 조직 구조를 변화시킨 회사의 사례이다. 예전에 어도비는 제품 업데이트가 이루어지면 사용자가 신규 버전을 구입해야 하는 물리적 제품을 제공했다. 오늘날 어도비는 상품 구성을 변경하여, 클라우드 기반하에 한

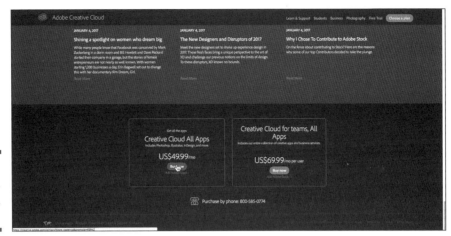

그림 14-1

어도비는 이제 구
독 기반의 소프트
웨어이다.

달 단위로 요금을 내고 사용하는 상품에 집중하고 있다(그림 14-1 참조).

수요 주도형 경제는 세상에 우버가 전부가 아니다. 대부분의 회사는 자신이 사고 싶을 때 제품에 즉각적으로 접근하고 싶어 하는 밀레니얼 세대에게 맞는 제품을 내놓기 위해 운영상의 조정이 필요하다.

실시간으로 활동하기

수요 주도형 경제는 제품이나 서비스 자체의 접근성에만 초점을 두는 것은 아니다. 조직에 대한 접근성도 중요하다. 밀레니얼 세대는 제품을 구입한 이후에 회사와 커뮤니케이션할 수 있기를 원한다. 밀레니얼 세대는 거래가 완료된 이후에도 자신들이 홀로 남겨지지 않을 것이라는 확신을 갖고 싶어 한다. 밀레니얼 오디언스와 형성한 관계를 키워나가기 위해서는 최고의 고객 서비스를 제공하는 것이 필수적이다.

독립적 플랫폼으로서 모바일에 집중하기

모바일은 밀레니얼 세대가 대부분의 시간을 보내는 곳이다. 그래서 그곳에서 많은 거래와 상호작용이 일어난다. 수요 주도형 경제를 성공적으로 활용하고 싶다면, 모바일을 독립적인 플랫폼이라고 생각하고 모바일 전략을 수립해야 한다.

온디맨드 서비스 만들기

조직을 검토하여 수요 주도형 경제를 활용할 기회가 있다고 판단했다면, 온디맨드 시장에 적합한 서비스 및 기능을 개발하기 시작해도 좋다.

특별히 다음 두 가지 사항에 중점을 두어야 한다.

> » 조직에서 제공하는 제품이나 서비스와 직접적으로 관련이 있는 서비스
> » 수요를 기반으로 제품이 개발될 수 있는지 수요에 대응하는 커뮤니케이션

제품을 수요 주도형 경제에 맞추어 조정하기

사실상 제품이나 서비스를 수요 주도형 경제에 맞출 수 있다면(이전 섹션 참조), 그 제품을 정확하게 보여주기 위해 다음과 같은 단계를 밟을 수 있다.

1. **수요 주도형 경제에 적합한 제품을 만드는 기준을 찾아낸다.**
   어느 제품이 온디맨드 서비스의 일부로서 기능을 할 수 있을지 판단할 때 몇 가지 중요한 아이템을 찾아야 한다. 이러한 기준 중에 가장 중요한 것은 제품이나 서비스의 즉각적인 사용 가능성이다. 모든 플랫폼에서 이 특징을 강조해야 한다.

2. **온디맨드 기능을 중점적으로 내세우는 독립적 마케팅 자산을 만든다.**
   온디맨드 오디언스는 지금까지의 오디언스와는 다르게 상대해야 한다. 신규 오디언스가 동일한 사람들을 일부 포함하고 있을 수도 있지만, 소구 포인트는 달라질 것이다. 이 집단에 온디맨드 제품 또는 서비스가 이용 가능하다는 사실을 중심으로 한 마케팅 자산을 만들어야 한다. 이러한 마케팅 자산이라는 것은 랜딩 페이지, 소셜 콘텐츠, 광고 콘텐츠 등이 될 것이다.

3. **온디맨드 제품을 효과적으로 마케팅할 수 있는 특수한 오디언스를 개발한다.**
   제3장에서 이번 단계를 수행하는 프로세스를 설명하고 있다. 다음 섹션 역시 수요 주도형 시장에 대응하는 법을 구체적으로 설명한다.

4. **수요 주도형 시장에 대한 관심을 유도하기 위해 소셜 광고 캠페인을 론칭한다.**
   타깃팅한 소셜 광고는 온디맨드 서비스를 홍보하고 신규 오디언스 사이에서

대화를 촉진시키는 지름길이다. 이미 브랜드에 익숙하지만 아직 구매를 하지 않은 사용자에게 보다 판매 지향적인 어조로 광고 캠페인을 보낼 수도 있다.

만약 브랜드를 팔로우하고 있고, 자사 콘텐츠에 참여한 경험이 있는, 온디맨드 제품을 매우 좋아하는 사용자를 찾아낸다면, 광고 캠페인에 대한 대화를 이끌어낼 수 있는 가능성이 크다.

수요 주도형 시장은 소유보다는 접근을 원하는 사용자들로 구성된다. 그들은 살 준비가 되어 있지 않고 제품을 물리적으로 소유하고 싶지는 않지만, 단기간의 사용을 위해 기꺼이 비용을 지불하고자 한다.

온디맨드 오디언스 구축하기

온디맨드 서비스를 위해 타깃팅하고 싶은 오디언스가 보다 광범위한 밀레니얼 오디언스 내에 이미 포함되어 있을지도 모른다. 이 밀레니얼 세대는 접근을 원하고 접근에 대해 비용을 지불하고자 한다. 사스(Software-as-a-Service, SaaS; 서비스형 소프트웨어) 산업의 등장과 함께 최근 몇 년 사이 이러한 오디언스의 특징이 분명히 드러났다.

사스 산업은 가입 기반으로 소프트웨어에 대한 접근 권한을 부여하는 소프트웨어 제공업체로 이루어진다. 이러한 모델은 소프트웨어의 업데이트가 발표될 때마다 신규 버전을 구매해야 하는 전통적인 소프트웨어 판매 모델과는 차이가 있다. 사스 가입 모델은 고객이 얼마 안 되는 비용을 내고 필요한 소프트웨어에 언제든지 접근할 수 있게 해준다. 대량으로 구매할 필요가 없는 것이다. 사스 제품은 일반적으로 온라인으로 접근할 수 있고 온디맨드 소프트웨어 서비스라고 간주될 수 있다.

밀레니얼 세대는 보통 제품을 사용하기 위해 높은 비용을 부담하고 싶어 하지 않고, 제품이 오기를 기다리는 것도 좋아하지 않는다. 그렇지 않으면 구매와 관련해 계획을 세우고 사용하기 전에 여유를 갖고 제품을 설정한다. 그들은 단지 제품이 필요할 때 적은 비용으로 제품이나 서비스에 접근할 수 있기를 바란다. 그들이 착수한 일을 완수했을 때 그 제품을 계속 사용해야 한다는 부담을 느끼고 싶지 않다. 제품을 보유하고 있으면서 온디맨드 또는 가입 기반 서비스를 제공하는 것은 회사가 제공하는 것을 좋아하지만 구입하기는 꺼리는 밀레니얼 오디언스에게 맞춤형 전략이다.

모호한 태도를 취하는 구매자에게 도움을 주기 위해서는 오디언스를 형성해야 한다. 오디언스를 형성한다는 것은 제3장에서 다룬 일반적인 오디언스 개발 프로세스에 대해 새로운 접근법을 쓴다는 의미다. 다음의 단계를 밟아보도록 하자.

1. **페이스북에서 일반적인 밀레니얼 오디언스를 선택하는 것으로 시작한다.**
   페이스북의 저장된 오디언스는 오랜 시간에 걸쳐 축적된 일반적인 밀레니얼 오디언스를 포함하고 있다. 온디맨드 시장의 오디언스를 만들기 위해서 캠페인 초반에 저장된 오디언스를 선택하도록 하자.

2. **페이지에 '좋아요'를 누른 사용자를 선택하여 오디언스의 범위를 줄인다.**
   그림 14-2에서처럼 이미 페이지에 '좋아요'를 누른 사용자로 저장된 오디언스를 세분화하도록 한다. 이렇게 하는 이유는 이미 브랜드 콘텐츠에 친숙하여 교육적 콘텐츠가 필요 없는 사용자를 상대로 보다 판매 지향적인 콘텐츠를 전달하고자 함이다. 교육적 콘텐츠에 대해서는 제13장에서 다루고 있다.

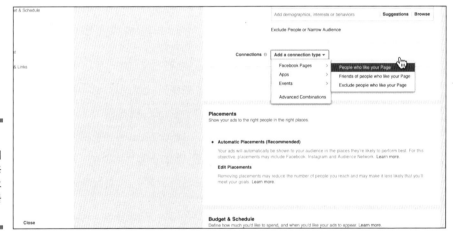

그림 14-2
이미 브랜드 페이지와 연결된 사용자를 선택하여 오디언스의 범위를 축소한다.

3. **수요 주도형 경제와 관련된 관심사를 찾아낸다.**
   수요 주도형 경제에 관심을 보인 사용자를 선택하여 추가로 오디언스를 세분화한다. 그림 14-3에서 볼 수 있듯이 수요 주도형 경제에 대한 관심이란 넷플릭스, 우버, 온디맨드 비디오, 스트리밍 미디어, 디지털 TV, 애플 TV, 온라인 라이브 스트리밍 등을 포함한다. 이 밖에도 다양한 온디맨드 관심사를

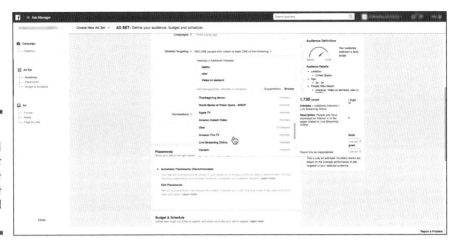

그림 14-3

오디언스가 온디맨드 서비스에 관심이 있다는 것을 암시하는 관심사 카테고리를 선택한다.

더미를 위한 팁

추가할 수 있다.

이미 브랜드 페이지와 연결된 사용자들이기 때문에 산업과 관련된 관심사 및 행동을 기반으로 추가적인 세분화를 진행할 필요는 없다. 만약 브랜드 페이지 팬에 중점을 두지 않았을 경우에는 추가적으로 산업에 대한 관심을 보여주는 관심사 및 행동을 선택할 수 있다.

4. **모바일 배치에 집중한다.**

수요 주도형 경제는 부분적으로는 밀레니얼 세대의 모바일 사용의 증가로 말미암아 가속화되었다. 수요 주도형 서비스는 모바일을 우선으로 하지는 않더라도 모바일 친화적이어야 한다. 그리고 특별히 광고 캠페인의 모바일 활동 및 배치에도 신경을 써야 한다. 이 영역은 마케터가 반드시 대다수의 수요 행동이 일어나는 것을 목격하게 될 장소이기에 광고 캠페인의 모바일 측면을 세분화하여 모바일에 유리하게 만들어야 한다.

모바일 친화적 콘텐츠 또는 캠페인이란 모바일 기기에서 제대로 기능을 하고 콘텐츠나 캠페인이 모바일 스크린에 적응을 한 것이다. 모바일 우선은 특별히 모바일 기기를 위해 제작된 콘텐츠 또는 캠페인을 말한다.

커뮤니케이션 기회 찾아내기

제품과 서비스를 검토하여 온디맨드 시장에 적합하지 않다고 판단할지라도, 아직 수요 주도형 서비스에 관심이 많은 오디언스 세그먼트와 연결을 할 수 있는 기회는 남아 있다. 이러한 기회는 브랜드와의 즉각적 커뮤니케이션에 대한 요구와 관련이 있다. 밀레니얼 세대는 자신이 한 질문에 바로 대답을 듣고 싶어 한다. 이메일을 통하는 등의 전통적인 방식의 고객 서비스가 밀레니얼 세대에게 너무 느리게 느껴진다.

실시간 커뮤니케이션 전략을 수립하는 프로세스를 이번 장의 다음 섹션에서 자세히 다루겠지만, 우선 온디맨드 전략을 활용할 수 있을지 판단하기 위해 자사 또는 자사의 브랜드가 다음과 같은 특징을 갖추고 있는지 생각해보자.

> » 관련 산업의 오디언스는 소셜 미디어에서 활기차고 활동적이다.
> » 지금까지 다양한 소셜 미디어에서 자사 브랜드 또는 경쟁사에 대한 이야기가 많이 언급되었다.
> » 최근 12개월 내에 온라인 공개 포럼에서 자사 브랜드나 경쟁사에 대한 불평을 찾아볼 수 있다.
> » 고객 서비스 팀에 소셜 미디어를 중점적으로 관리하는 별도 인원이 있다.

자신의 조직에서 이와 같은 특징이 발견된다면 실시간 고객 서비스와 커뮤니케이션을 제공하기에 유리한 입장이다. 그것은 밀레니얼 세대의 호감을 사고 경쟁사와 차별화할 수 있는 좋은 방법이다.

실시간 대응 전략 수립하기

뉴미디어에 관한 한 많은 일들이 눈 깜짝할 사이에 일어날 수 있다. 이슈가 발생했을 때 어려운 상황을 해결하기 위해서는 적절한 전략을 구사해야 한다. 실시간 참여는 온디맨드 경제의 중요한 요소 중 하나이다. 밀레니얼 세대는 자신들의 질문에 대해 즉시 대답을 듣고자 하며 자신들의 우려에 빠르게 대응해주기를 바란다.

오디언스와 실시간으로 커뮤니케이션하기

실시간 커뮤니케이션은 계획된, 전략적인, 타깃팅한 콘텐츠 및 커뮤니케이션과는 아

그림 14-4

오레오는 2013년
슈퍼볼 기간에 실
시간 커뮤니케이
션의 훌륭한 사례
를 보여주었다.

주 다르다. 실시간으로 커뮤니케이션을 할 때, 사실상 모든 시나리오를 계획해야 한다. 철저한 계획의 중요성을 보여주는 한 예는 그림 14-4의 오레오의 슈퍼볼 트윗, "어둠 속에서도 덩크할 수 있다[Dunk in the Dark, '정전이 되었어도 오레오를 우유에 적셔 먹을 수는 있다'는 의미로 스포츠 활동을 연상시키는 단어 dunk(덩크슛하다)의 또 다른 의미(음식을 먹기 전 액체에 적시다)를 활용한 문구-역주]."이다. 오레오는 2013년 슈퍼볼의 정전 사태를 이용하여 실시간 참여를 유도한 가장 성공적인 사례 중 하나를 남겼다.

그렇지 않으면 실시간 참여에 있어서 좋은 기회를 완전히 날려버리거나 일을 망쳐버린 브랜드 이야기도 찾아볼 수 있는데, TGI 프라이데이가 2014년 오스카에서 시도한 대화이다(그림 14-5 참조). 이 경우에 TGI 프라이데이는 단지 오스카 대화에 끼고 싶었던 것이다. 그러나 계획이나 콘텐츠 전략은 없었고, 결국 목표를 전혀 달성하지 못했다. 그들의 시도는 사실상 어떠한 참여도 이끌어내지 못했고 도대체 왜, 어떻게 TGI 프라이데이가 그 대화에 어울리는지를 이해할 수 없었던 소비자와 마케터들을 혼란에 빠뜨렸다.

오디언스와의 실시간 커뮤니케이션의 힘을 효과적으로 활용하기 위해서는 사회적으

그림 14-5
TGI 프라이데이가 오스카에서 시도한 실시간 참여 유도는 무리한 선택이었다.

로 소통하면서 소셜 미디어에서 고객 서비스 관련 질문을 처리해야 한다. 그리고 반드시 아래와 같은 중요 요소에 세심하게 주의를 기울이자.

» **명확하고 친근한 어조** : 브랜드 목소리는 밀레니얼 오디언스와 견고한 관계를 형성하는 데 도움이 된다. 처음에 일반적인 콘텐츠에 도입했던 브랜드 목소리는 실시간 커뮤니케이션에서도 일관성을 띠어야 한다. 밀레니얼 오디언스의 확보는 관계에 달려 있고, 그 관계의 가장 큰 부분은 브랜드 목소리를 만드는 데에서 생겨난다. 브랜드 목소리가 분명하다면 실시간 참여 전략으로 나아가는 데 문제가 없다.

» **대대적으로 밀려드는 커뮤니케이션을 처리할 수 있는 팀** : 실시간 커뮤니케이션은 대응을 미룰 수 없기 때문에 까다로울 수 있다. 상황이 발생했을 때 이를 처리하고 즉시 콘텐츠를 전달할 수 있도록 만반의 준비를 갖추어야 한다. 이러한 준비가 필요하다고 해서 반드시 고객 서비스만 전문으로 하는 온전한 팀을 구성해야 한다는 의미는 아니다. 온전한 팀을 구성하는 것이 분명 이상적이기는 하지만 말이다. 단 소셜 미디어에 각별히 신경을 쓰며 기회가 있을 때 즉시 뛰어들거나 문제가 생겼을 때 바로 해결할 수 있는 사람이 있어야 한다.

» **발생 가능한 모든 상황(좋든 나쁘든)에 대한 계획** : 준비는 실시간 참여가 성공하기 위한 핵심 요소다. 커뮤니케이션 프로그램을 론칭하기 전에 고객 서비스에서부터 실시간 대응에 이르는 모든 사항을 어떻게 대처할지 이미 계획했어야 한다.

» **온라인, 가급적이면 소셜 미디어에서 일어날 수 있는 고객 서비스** : 고객 서비스의 통상적 관례는 뉴미디어에서 잘 통하지 않는다. 그러므로 고객의 니즈를 충족시키기 위해 고객이 공유하고자 하는 정보의 종류를 결정하는 고객 서비스 프로세스를 검토할 필요가 있다.

물론 오프라인 대화가 필요한 상황도 있다. 예를 들어 고객의 비밀 정보가 필요한 경우가 그러하다. 그러나 실시간 고객 서비스를 성공적으로 처리하는 열쇠는 온라인에서 처음부터 끝까지 고객 서비스를 관리하는 데 있어서 뉴미디어가 플랫폼으로서 충분한지 여부를 결정하는 일이다.

자동 회신과 봇으로 시작하자

페이스북 메신저는 밀레니얼 세대에게 가장 보편화된 커뮤니케이션 플랫폼 중 하나가 되었다. 브랜드는 페이스북 메신저를 통해 서서히 고객에게 실시간 커뮤니케이션을 제공하기 시작했다. 그러나 문제는 메신저가 실시간 커뮤니케이션의 좋은 수단이지만, 고객의 질문에 항상 즉시 대답하기 어렵다는 데 있다. 고객 서비스 팀이 마침 그때 응답하지 못할 수도 있다. 이러한 상황이 봇 또는 자동 회신 서비스가 관여하는 시점이다. 봇은 로봇(robot)의 준말로 인터넷에서 자동화된 작업을 실행하는 응용 소프트웨어를 말한다.

실시간 커뮤니케이션의 두 가지 형태는 봇과 자동 회신이다. 자동 회신은 마케터가 자리에 없을 때 사용자에게 응답하도록 설정된 자동 메시지이다. 반면 봇은 훨씬 사용자 맞춤형으로 판매 및 커뮤니케이션을 도울 수 있다. 그러나 봇은 개발하기가 좀 더 복잡하다.

페이스북 페이지의 설정 탭으로 가서 메시지를 선택함으로써 두 가지 형태를 모두 시작할 수 있다. 두 가지 탭을 그림 14-6에서 볼 수 있다.

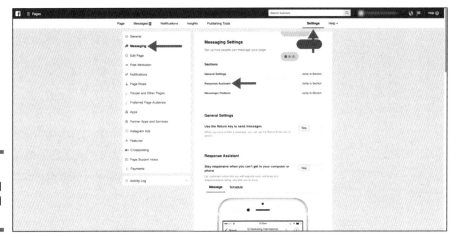

그림 14-6

페이스북 페이지 설정 탭의 메시지 부분의 자동 회신

자동 회신

자동 회신을 설정하는 단계를 살펴보자.

1. 우선 회신 도우미 부분에서 부재 중 메시지를 작성한다.

부재 중 메시지는 오디언스와의 실시간 커뮤니케이션을 어느 정도 유지할 수 있는 간단한 방법이다. 이 기능은 특별히 규모가 작은 기업 또는 1인 기업에 유용하다. 이러한 사업체는 매일 시시각각 온라인에서 활동하기가 훨씬

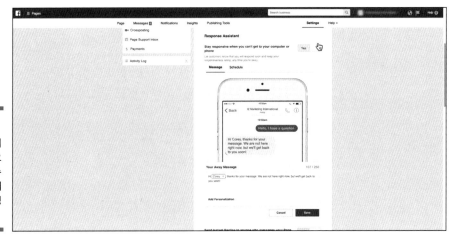

그림 14-7

즉각적인 대응이 불가능할 때 오디언스가 받을 수 있는 맞춤형 부재 중 메시지를 작성한다.

더 어렵다. 수요 주도형 경제의 오디언스도 그것은 이해할 것이다.

부재 중 메시지를 보내되 가급적이면 어느 정도의 개인화가 필요하며, 부재 중에도 실시간 커뮤니케이션을 유지시켜줄 수 있는 내용이 좋다. 개인화 기능은 텍스트 박스 아래에 옵션으로 나타난다.

2. **연락을 받는 즉시 사용자에게 회신하는 '즉시 회신'을 설정한다.**

   그림 14-8의 즉시 회신 기능은 사용자가 답변을 기다려야 한다는 사실을 알려준다. 또한 마케터가 모든 대화에 즉시 답을 해야 하는 데에서 오는 압박감을 감소시킨다.

경고메시지

   이 옵션을 활성화하기로 선택했더라도 회신을 설정해두고 몇 시간 또는 며칠간 대화를 그냥 둘 수는 없다. 실시간 대응 프로그램이 유효하도록 여전히 개별적으로 이슈를 해결해야 하고 정기적인 대화를 지속해야 한다.

그림 14-8
즉시 회신을 통해 사용자와의 대화를 바로 시작할 수 있다.

3. **사용자가 메시지를 작성하기 전에 브랜드와 소통하기 위해 메신저 앱을 실행한 사용자를 환영하는 메신저 인사를 만든다.**

   이 단계는 선택사항이기는 하지만 사용자에게 해당 회사가 실시간 참여를 얼마나 중요하게 생각하는지를 보여주는 역할을 한다. 메시지는 복잡할 필요 없다. 오디언스에게 건네는 간단한 인사 정도면 충분하다(그림 14-9 참조).

그림 14-9

페이스북에서 채팅하고자 하는 오디언스에게 환영 인사를 한다.

봇

메신저 봇에 관해서라면 일이 조금 더 복잡해진다. 페이스북 개발자 포털(http://developers.facebook.com)을 통해 봇을 개발하고 로딩해야 한다.

봇 개발 및 봇과 페이스북 페이지 간의 통합에 대한 추가정보는 다음 링크를 통해 페이스북 빠른 시작 안내를 확인해보도록 한다(https://developers.facebook.com/docs/messenger-platform/guides/quick-start).

채팅 봇을 개발했을 때 두 가지 장점이 있다.

» **사용자 맞춤** : 챗봇(chatbot, 메신저에서 일상 언어로 대화할 수 있는 채팅 로봇 프로그램-역주)은 실시간 커뮤니케이션 전략의 일부로서 사용자와 관련된 목표를 달성하는 데 도움이 되도록 완벽하게 사용자 맞춤형으로 제작될 수 있다. 봇은 밀레니얼 세대가 주로 모바일 기기에서 사용하는 메신저에서 작동한다.

» **다양성** : 뉴스레터를 제공하고, 여론 조사를 실시하고, 고객 서비스 질문에 답하고, 심지어는 브랜드와 관계를 맺고 있는 사용자에게 제품을 팔기 위해 챗봇을 설정할 수 있다. 수요 주도형 시장은 아주 바쁘게 돌아가기 때문에 이러한 다양성은 수요 주도형 시장의 특성에 완벽히 들어맞는다. 수요 주도형 경제의 오디언스가 참여할 준비가 되었거나 구매할 준비가 될

때마다 봇이 경쟁에서 도움을 줄 것이다. 수요 주도형 시장은 가장 쉽게 이용할 수 있는 옵션을 찾을 것이고, 챗 판매 봇이 필요한 것을 공급해줄 것이다.

스스로 봇을 코딩할 수 없거나 개발자 고용비용을 절감하고 싶다면, 봇시파이(https://botsify.com)와 같이 이러한 프로세스의 개발 및 통합을 관리해주는 제품 및 서비스를 사용할 수 있다.

인기 있는 플랫폼의 대안 활용하기

페이스북 메신저와 트위터는 수요 주도형 경제에서 실시간 소통을 위해 가장 널리 활용되는 플랫폼이지만, 실시간으로 오디언스와 소통하기 위해 세 가지 부가 수단을 사용할 수 있다.

» **웹사이트 라이브 채팅** : 자사 웹사이트에서 라이브 채팅 기능을 제공하는 것은 이미 브랜드와 관계를 맺고 추가정보를 기대하는 오디언스에게 적합한 방법이다. 수요 주도형 경제에 부합하는 가치를 지닌 잠재고객이 웹사이트에 도달했는데 자신이 찾고 있는 정보를 찾을 수 없다면, 라이브 채팅을 통해 추가로 답변을 해줄 수 있다.

» **라이브 비디오 스트리밍** : 비디오 스트리밍은 완전히 라이브다. 만약 카메라 앞에 서는 것이 편안하고 라이브 비디오 스트리밍에서 발생할 수 있는 불확실성을 받아들일 준비가 되어 있다면, 라이브 비디오를 통해 오디언스가 질문할 수 있도록 하고 커뮤니케이션하는 것은 참여를 촉진하고 관계를 형성하는 좋은 방법이다. 비디오 콘텐츠는 밀레니얼 세대와의 관계형성에 있어서 강력한 힘이다. 이 주제는 제15장에서 다루고 있다.

» **무엇이든 물어보세요** : 레딧(Reddit, 세계 최대의 사용자 생성 콘텐츠 제공 웹사이트 및 일반적인 논의의 장)과 같은 미디어 플랫폼 또는 자사 웹사이트와 같이 제어 가능한 포럼에서의 '무엇이든 물어보세요' 스타일의 세션은 실시간으로 오디언스를 참여시키고 답변을 제공하기에 좋은 또 하나의 방법이다. '무엇이든 물어보세요' 이벤트를 통해 참여자들은 산업, 제품, 또는 브랜드와 관련된 질문을 던질 수 있고, 그러고 나서 마케터는 가능한 한 많은 답

변을 제공할 수 있도록 시간을 할당한다. 이것은 관계를 강화하고 회사 및 산업에 대해 투명하게 들여다볼 수 있도록 도와준다.

'무엇이든 물어보세요' 세션을 진행할 때 기억해두어야 할 한 가지는 질문과 코멘트가 엄청나게 쏟아져서 할당된 시간 내에 전부 다루기 어려울 수도 있다는 점이다. 이런 경우에 오디언스에게 가장 연관성이 높고, 많은 사람이 물어본 질문에 대답하고자 최선을 다할 것이고, 블로그 포스트 또는 비디오 Q&A 세션 등과 같이 다른 형태로 추가질문에 대해 답변할 수 있도록 해보겠다는 점을 알려주어야 한다.

실시간 전략의 구성요소 구축하기

실시간 커뮤니케이션 전략을 론칭하기 전에 여러 가지 구성요소를 고려해야 한다. 오디언스의 확보가 이 섹션에서 다루고 있는 전반적 목표라는 것을 고려할 때 실시간 전략은 다음과 같은 구성요소로 이루어질 것이다.

>> 오디언스 파악
>> 주요 목적
>> 이차적 목적
>> 기회지표
>> 소셜 케어
>> 실시간 커뮤니케이션 플레이북

오디언스 파악

실시간 커뮤니케이션 전략을 준비할 때 누구에게 다가가고자 하는지를 정의하는 데에서부터 시작하도록 한다. 제3장에서 타깃 오디언스 집단을 개발하는 프로세스를 상세히 설명하고 있다. 이것은 실시간 커뮤니케이션의 오디언스를 구성할 때도 똑같이 적용되는 프로세스이다. 실시간 커뮤니케이션 오디언스는 접근하고자 했던 수요주도형 경제 오디언스의 하위집단이 될 것이다.

주요 목적

주요 목적 중 하나는 수요 주도형 경제 오디언스에 속하는 잠재고객의 확보이다. 해당 오디언스는 제품에 대한 즉각적 접근 욕구가 충족되었기 때문에 한 브랜드를 선택했다. 이러한 잠재고객을 전환시키는 것이 주요 목적의 범위다. 산업 대화에서 브랜드의 매체 점유율 증대와 같은 추가적 목표 또한 주요 목적이 될 수 있다.

매체 점유율은 산업 대화에서 특정 브랜드가 차지하는 비율이다. 예를 들어 온라인에서 사무용 소모품을 판매하는 회사가 있고, 다양한 디지털 미디어에서 사무용 소모품에 대한 언급이 100번 정도 나타났다고 가정하자. 그런데 만약 그 대화에서 자사 브랜드가 10번 정도 언급되었다면, 해당 브랜드의 매체 점유율은 10%이다. 매체 점유율이 커지면 브랜드 재인이 올라가고, 궁극적으로는 비즈니스가 성장할 것이다.

이차적 목적

이차적 목적은 의사결정에 큰 영향을 미치지는 못한다. 이차적 목적은 열심히 노력해서 달성해야 하는 목적 리스트라기보다는 위시 리스트에 더 가깝다.

이차적 목표의 예로는 실시간 활동 증가에 따른 백링크(backlinks, 웹 리소스를 가르키는 다른 일부 웹사이트로부터의 링크-역주) 또는 제3자 간행물로 인해 발생된 웹사이트 링크의 증대를 들 수 있다.

기회지표

실시간 커뮤니케이션 전략에서 무엇이 실시간 참여의 기회가 되는지를 정확히 밝혀야 한다. 기회에는 산업 내 대화나 특정 키워드의 언급 증가가 포함될 수 있다. 2013년 슈퍼볼 기간에 오레오가 실시간 콘텐츠를 공유할 기회를 찾고 있을 때(경기 도중 정전 사태가 발생했을 때 오레오의 실시간 트윗 '어둠 속에서도 덩크할 수 있다.'는 인터넷의 화젯거리였다) 어떤 데이터 지표를 찾아야 할지 알아야 한다. 바로 사용해도 될 정도의 정확한 콘텐츠를 갖고 있지는 않겠지만, 온라인 트렌드와 대화를 모니터링해서 그에 맞추어 콘텐츠 템플릿을 조정할 수 있다.

콘텐츠 템플릿이란 상황에 대한 신속 대응을 지원하기 위해 어떤 시나리오에라도 맞추어 사용할 수 있는 콘텐츠의 기본 틀이다.

소셜 케어

뉴미디어의 실시간 고객 서비스 전략을 세심하게 계획해야 한다(제15장 참조). 그 전략에는 고객 서비스와 관련해 제기될 수 있는 질문을 처리하는 방법에 대한 답변과 단계별 지침이 포함되어야 한다.

위기관리(제15장 참조)는 다른 접근방식을 취해야 할 것이다. 실시간 고객 서비스의 경우 관련 부서에서 온라인을 통해 아주 짧은 시간 내에 어떤 이슈라도 해결할 수 있도록 프로세스를 신중하게 설계해야 한다.

실시간 커뮤니케이션 플레이북

커뮤니케이션 플레이북(풋볼에서 팀의 공수 작전 등을 그림과 함께 기록한 책으로, 각종 전략의 효과적 실행을 위한 각본이 포함된 가이드북을 일컬음-역주)은 실시간 참여가 작동할 수 있는 다양한 시나리오를 보여주어야 한다. 다음과 같은 경우를 위한 상세 계획이 포함되어야 한다.

>> 새로운 산업 소식과 같은 이벤트에 참여하기
>> 국제적인 주요 스포츠 행사와 같은 글로벌 스토리를 팔로우
>> 브랜드와 관련성이 있거나 연관된 스토리 다루기(긍정적인 경우와 부정적인 경우 모두)
>> 경쟁사와 연관된 스토리 또는 경쟁사 소식 다루기

실시간 참여로 브랜드가 혜택을 볼 수 있는 모든 시나리오에 대해 세심하게 생각해보는 노력을 기울여야 한다. 그러고 나서 각각의 상황에 접근하는 단계를 계획하고 그것을 플레이북으로 문서화하도록 하자. 일이 진행되는 도중에 무언가를 만들어내야 하지 않는다면 훨씬 더 나은 성과를 거둘 수 있을 것이다.

밀레니얼 세대의 소비 습관에
맞추어 전략 조정하기

제15장 미리보기

- 인기 있는 미디어 형태를 활용해 강력한 캠페인을 개발한다.
- 밀레니얼 세대와의 관계를 돈독히 한다.
- 뉴미디어를 활용해 위기관리를 철저히 한다.

밀레니얼 세대는 특정 형태의 미디어를 더 좋아한다. 밀레니얼 세대의 관심을 빠르게 사로잡기 위해서는 그들이 선호하는 미디어 형태를 그렇지 않은 미디어보다 더 자주 활용할 필요가 있다. 밀레니얼 세대의 관심을 끄는 프로세스를 진행하면서 어느 플랫폼에 투자하는 것이 가장 성공적일지를 결정하기 위해 타깃 오디언스의 미디어 소비 습관을 분석할 수 있다.

일단 미디어가 밀레니얼 세대 시장의 흥미를 끄는 형식이라면, 밀레니얼 세대가 일을 처리하는 방식에 맞추어 추가적인 전략을 세워야 한다. 이러한 전략의 중심 테마는 관계의 성장이다. 관계는 모든 성공적 브랜드 전략의 근본이다.

대단히 중요한 미디어의 형태 살펴보기

뉴미디어는 밀레니얼 세대를 발견할 수 있는 공간이다. 이례적인 성과를 창출하기 위해 밀레니얼 세대를 대상으로 특정 미디어 전략을 사용할 수 있고, 이러한 전략 활용은 밀레니얼 소비자와의 관계 발전으로 이어질 것이다. 해당 미디어는 밀레니얼 세대가 보여주는 소비 습관에 맞출 수 있도록 설계되어 있다.

밀레니얼 세대의 습관에 대해서는 제1장을 참조하도록 한다.

비디오가 소비재 브랜드에 미치는 영향력 검토하기

유튜브를 통해 어떤 주요 케이블 방송사보다 더 많은 밀레니얼 세대에게 도달할 수 있다. 더구나 구글에 따르면 모바일 유튜브 세션이 평균 40분간 지속된다고 한다. 비디오 콘텐츠가 밀레니얼 세대를 유인한다는 사실은 브랜드에게도 좋은 소식이다. 온라인 비디오 제작 및 편집 플랫폼인 애니모토의 연구 결과는 밀레니얼 세대의 약 76%가 유튜브에서 브랜드를 팔로우한다고 밝혔기 때문이다.

간단히 설명하자면 밀레니얼 오디언스의 관심을 끌고 싶다면 비디오를 활용할 방법을 찾아야 한다.

비디오 콘텐츠 제작하기

밀레니얼 오디언스에 맞춘 비디오 전략을 수립할 때 단순히 비디오를 만들기 위해 비디오를 만드는 실수는 하지 말아야 한다. 브랜드의 비디오 전략은 국제적이어야 한다. 브랜드의 오디언스가 해당 비디오를 볼만한 이유가 필요하다.

다음 부분에서 비디오 콘텐츠를 제작할 때 고려해야 하는 내용을 기술하고자 한다.

오디언스에게 가치를 제공하는 가장 좋은 방법을 찾는다

오디언스는 비디오를 보는 것 말고도 온라인에서 끊임없이 많은 일을 하고 있을 수 있다. 예를 들어 다른 비디오를 볼 수도 있고, 기사를 읽거나, 퀴즈를 풀거나, 게임을 할 수도 있다.

한없이 많은 대안을 가진 오디언스가 브랜드의 콘텐츠에 관심을 기울이기를 기대한다면, 그들에게 그럴 만한 이유를 주어야 한다. 사용자들에게 쓸 만한 가치를 제공하는 수단을 찾도록 하자. 가치라는 것은 여러 가지 형태를 띨 수 있다. 예를 들면 재미있는 비디오 시리즈를 만들어 사용자에게 웃음을 제공할 수도 있고, 매달 돈을 절약할 수 있도록 도와주는 유용한 팁을 제공할 수도 있다. 가치가 무엇이든지 간에 오디언스가 중요한 무언가를 가지고 떠날 수 있는 방법을 생각해내야 한다.

목적이 있는 비디오를 제작한다

유튜브 채널을 최대한 많은 비디오로 채워넣는 것은 '도와달라고 소란을 피우는 남자아이'와 같은 수준의 비디오 마케팅이다. 비디오가 아무런 목적이 없다면, 밀레니얼 세대가 그것을 볼 이유가 없다는 사실을 깨닫는 데 오래 걸리지 않을 것이다. 밀레니얼 세대가 이와 같은 비디오 시청 습관이 있다고 해서 반드시 비디오를 간간히 만들어야 한다는 말은 아니다. 비디오를 만드는 이유가 있고 오디언스가 그 비디오를 시청하는 것이 유용하다면, 하고자 하는 것을 계속해도 좋다. 다만 오디언스가 비디오를 시청해야 하는 이유가 있어야 한다는 것을 기억하자. 이 말은 브랜드가 비디오를 만드는 이유가 있어야 한다는 의미이기도 하다.

빨리 본론으로 들어가고 비디오는 짧게 만든다

리치 미디어의 사용은 밀레니얼 세대가 다른 곳으로 이동하기 전 콘텐츠에 전념하는 시간을 늘려줄지도 모르지만 그럼에도 불구하고 본론으로 빠르게 들어가야 한다.

사용자가 따라할 수 있도록 상세한 지침을 공유할 때와 같이 예외는 물론 존재한다. 이러한 형태의 비디오는 사용자들을 필요한 만큼 오래 머물러 있도록 할 것이다. 그러나 처음인 잠재고객과 관계를 맺으려고 할 때 비디오가 짧고 직접적일수록 참여를 높일 수 있는 가능성이 커진다.

밀레니얼 세대를 당연히 여겨서는 안 된다

밀레니얼 세대는 카메라 폰과 라이브 비디오 시대에 성장했다. 밀레니얼 세대의 관심을 끌고 구매를 유도하기 위해 고품질 비디오를 생산하느라 수백만 달러를 쓸 필요가 없다. 그러나 이러한 사실을 너무 당연하게 받아들여서도 안 된다. 밀레니얼 세대가 한때 소비자들만큼 사진 선명도와 오디오 음질을 신경 쓰지 않을지 모르지만, 그렇다고 해서 고품질 비디오를 내놓는 일을 완전히 포기할 수는 없다.

비디오의 품질이 브랜드를 반영해주므로 비디오 품질 개선을 위해 예산의 일부를 할당하도록 하자. 품질이 개선되면 오디언스가 더 오랜 시간 해당 콘텐츠를 보기 위해 머무를 기회가 생길 것이다.

타 미디어와 일관성 있는 어조를 유지한다

일관성은 항상 중점을 두어야 하는 중요한 측면이다. 방대한 양의 콘텐츠가 있고, 오디언스가 각각의 콘텐츠에 할애할 수 있는 시간은 제한적이다. 그렇기 때문에 오디언스가 즉시 브랜드를 인지할 수 있도록 비디오 콘텐츠 전반에 걸쳐 브랜드 일관성을 유지하는 것이 필요하다.

브랜드 정보가 잘 보이도록 하고 콜 투 액션을 절묘하게 포함시킨다

브랜드 및 브랜드 어조와 일관성을 유지하는 것이 필요한 것처럼 브랜드 정보가 처음부터 잘 보이도록 해야 한다. 반드시 브랜드 정보가 중앙에 위치해야 하고 비디오 콘텐츠를 압도할 필요도 없지만 로고, 브랜드 색깔, 기타 브랜드 요소가 분명히 드러나야 한다.

콜 투 액션을 실행하려고 마지막까지 기다리지 말자. 콜 투 액션은 비디오 중간에 어느 지점에라도 삽입될 수 있고, 아니면 비디오 위에 오버레이처럼 넣을 수도 있다.

콜 투 액션(call-to-action)은 오디언스가 어느 정도의 행동을 하도록 촉구하는 문구나 버튼 같은 콘텐츠이다. 일반적으로 콜 투 액션은 구매 여정에서 사용자가 다음 단계로 이동하도록 유도하거나 사용자에게 중요한 정보를 제공하기 위해 활용된다.

비디오 오버레이(video overlay)는 비디오 위에 입혀져 비디오가 재생되는 동안 그대로 유지되는 버튼, 광고 또는 콜 투 액션 층을 일컫는 기술 용어이다. 제3자 도구 또는 유튜브 같은 비디오 호스팅 서비스에서 사용할 수 있는 도구를 활용해 수작업으로 비디오 오버레이를 실행할 수 있다. 아니면 구글 같은 광고 서버를 활용해 자동으로도 가능하다.

모든 사람이 비디오를 끝까지 보지는 않을 것이고, 그렇기 때문에 콜 투 액션을 맨 마지막까지 아껴두면 비디오를 끝까지 보지 않은 사람들이 시도했을 수도 있는 클릭, 방문, 또는 후속 행동을 놓치게 될 수 있다.

너무 공격적으로 판매를 밀어 붙여서는 안 된다

브랜드 및 확실한 콜 투 액션이 판매에 도움이 될 것이다. 그러나 밀레니얼 세대가 원하지 않는 것이 한 가지 있다면 그것은 오직 판매만을 목적으로 한 상업화된 비디오이다. 이러한 접근은 오디언스에게 가치를 제공하고자 하는 중대한 목적을 의미 없게 만든다.

최고의 비디오 형태 활용하기

다음 리스트에 있는 비디오 형태와 테마는 오디언스에게 최고의 가치를 제공하는 것들이다. 또한 최고의 고객 유지율 및 시청 완료율과도 연계되어 있다.

- » **사용 설명 비디오** : 시청자에게 일반적인 산업 관련 질문에 대한 답을 할 때 그들에게 가치를 전달하고 있을 뿐 아니라 브랜드의 전문성을 보여주고 있는 것이다. 사용 설명이나 정보 전달 콘텐츠는 일반적으로 가장 가치가 높은 비디오의 형태라고 간주된다. 이러한 형태의 비디오는 오디언스가 쉽게 이해할 수 있다. 공유할 수 있는 유용한 정보가 많다면, 짧은 브랜드 비디오를 제작해서 배포하는 것을 고려해보자.
- » **시간 절약 비디오** : 팁과 요령은 오디언스에게 가치를 제공한다. 이러한 테마를 확장해 자원을 절약하는 어떤 소재라도 포함할 수 있다. 예를 들면 돈을 절약하는 팁은 언제나 참여도가 아주 높다. 이러한 형태의 비디오는 해당 브랜드를 업계 선두주자로 자리매김하고 그 브랜드가 창의적 사고를 할 수 있다는 것을 보여준다.
- » **라이브 비디오** : 페이스북과 같은 소셜 네트워크에 라이브 스트리밍 비디오가 등장했다는 사실을 보면 밀레니얼 소비자가 이러한 형태에 얼마나 관심도가 높은지를 알 수 있다. 라이브 비디오는 실시간으로 이루어지는

행동에 참여함으로써 수요 주도형 경제에 다가간다. 라이브 비디오는 밀레니얼 세대의 마음을 움직인다. 라이브 비디오를 사용해 질문에 답하고, 진행 중인 프로세스를 보여주자. 아니면 전면에 드러나지 않는 조직 운영 방식에 대해 인사이트를 제공하자(제14장에서 실시간 커뮤니케이션의 가치에 대해 다루고 있다).

다양한 미디어에서 소셜 케어 프로그램 운영하기

소셜 케어(social care)는 고객 서비스 요청을 페이스북이나 트위터 같은 소셜 플랫폼을 통해 처리하는 것을 일컫는 마케팅 산업 용어이다. 소셜 케어는 사실상 어떠한 뉴미디어에서도 일어날 수 있고 범위가 넓을 수도 좁을 수도 있다. 소셜 미디어를 사용해 고객을 응대하고자 한다면 고객 이슈를 공개적으로 처리하는 것을 얼마나 편하게 느끼는지 결정해야 한다. 일이 항상 계획한 대로 진행되지 않을 수도 있기 때문이다.

소셜 케어 프로그램에 대한 가정사항 다루기

만약 소셜 케어 프로그램 론칭을 고려 중이라면 방아쇠를 당기기 전에 특정 요인에 대해 알아야 한다.

브랜드가 존재하는 곳이라면 밀레니얼 세대가 올 것이다

인스타그램 같은 네트워크에서 소셜 케어 전략을 실행하기로 했든지 아니든지, 해당 플랫폼에서 밀레니얼 세대가 연락을 취하는 것을 막을 수 없을 것이다. 소셜 케어 전략을 수립할 때 정확히 언제, 어디서 해당 전략을 실행할지를 결정하는 것이 중요하다. 인스타그램은 소셜 케어를 수행하기로 계획하지 않은 플랫폼이라면, 그 사실을 고객에게 명확히 해야 한다. 고객 서비스는 선택한 체계 내에서 실행되어야 한다.

그런데도 몇몇 사람들이 이 구조를 무시하고 자신이 적절하다고 생각한 곳에서 연락을 취해올 수도 있지만, 코멘트나 질문을 본 채널에서는 어디에서나 서비스를 하고자 노력하는 모습은 브랜드 자체에도 고객에게도 크게 도움이 될 것이다. 고객이

나 잠재고객이 고객 서비스를 제공하지 않는 미디어에서 연락을 취해올 때 자사 웹 사이트, 라이브 챗팅, 또는 티깃팅 시스템(예: 젠데스크)과 같이 고객에게 가장 중심이 되는 고객 서비스 창구를 알려주도록 하자.

즉시성에 대한 기대가 높다

밀레니얼 세대는 이슈가 빨리 해결되기를 원한다. 소셜 케어 전략을 실행할 때 직원들이 서비스를 실행할 만반의 준비를 갖추도록 해야 한다. 그래야만 소셜 케어에 대한 밀레니얼 세대의 기대에 부응할 수 있을 것이다.

동시에 소셜 케어 전략의 한계를 정할 필요도 있다. 일정 시간 동안 실시간 도움을 주고 소통하고자 한다면 그 시간과 한도를 지켜야 한다. 24시간 내내 이러한 케어 서비스를 제공하게 되면 비용이 많이 들 수 있기 때문이다. 오디언스가 마치 실시간 고객 서비스 제공 혜택을 남용해도 되는 것처럼 생각하기를 원치는 않을 것이다. 그것이 소셜 케어 프로그램이 실패하는 단초가 될 수 있다.

허술한 계획은 훤히 보인다

만약 방대한 양의 고객 서비스를 처리하거나, 다양한 종류의 이슈를 다루거나, 또는 짧은 시간 내에 응대할 준비가 되지 않았다면 오디언스는 바로 알아차릴 것이다. 소셜 케어 프로그램은 밀레니얼 소비자 중 일부를 상대하기에 좋은 방법이지만, 준비가 부족하다면 해결하기 어려운 위기상황으로 몰고 갈 수 있는 아이디어기도 하다.

논쟁은 고객 서비스가 아니다

열린 포럼에서 고객의 불만사항을 처리하는 것은 잠재고객에게 브랜드가 신경을 쓰고 있다는 것을 보여준다. 그러나 화가 난 소비자가 울분을 토해낼 때는 언제 멈춰야 하는지를 알아야 한다. 고객 서비스 상황에서는 옳고 그름을 떠나서 회사가 나쁜 사람으로 보일 수 있다. 바로 이것이 고객 서비스의 세계이다.

논쟁 외에는 대안이 없는 그런 상황을 절대 만들지 말자. 그런 상황에서는 문제를 해결하지 못하고 잠재고객을 떠나보낼 수 있다.

모든 일이 소셜 케어를 통해 처리될 수는 없다

제3자의 공개 포럼을 고객 서비스의 시작점으로 제공하는 것이 좋다. 그러나 어떤 이슈는 소셜 미디어나 소셜 네트워크의 개인 채팅 세션에서 해결될 수 없을 것이다. 이러한 문제들은 대개 공개 포럼에서 공유되었을 때 회사나 고객에게 보안 리스크가 발생할 수 있는 비밀 정보나 데이터를 포함한다.

소셜 케어 전략을 수립할 때 소셜 미디어에서 처리될 수 있는 이슈와 웹사이트나 전화 같은 좀 더 통제된 환경으로 옮겨갈 필요가 있는 이슈를 파악해야 한다. 어떻게 문제를 해결하고 이후 뉴미디어로 전환할 것인지에 대해 정확하게 계획을 세우도록 하자.

소셜 케어 프로그램의 시행을 도와주는 최적의 플랫폼은 여러 가지가 있다. 그러나 다양한 소셜 플랫폼에서 활동하며 소셜 케어를 제공하면, 밀레니얼 오디언스가 브랜드가 있는 곳이라면 어디에서나 연락을 취할 가능성이 농후하다. 그러므로 항상 대비하자.

네트워크 선택하기

소셜 케어 계획을 제어하기 위해 소수의 네트워크에만 집중하는 것이 중요하다. 트위터와 페이스북은 최고의 소셜 케어를 제공하는 데 도움을 줄 것이다.

공개 소셜 케어란 공개적인 상호작용(최소한 첫 번째 상호작용) 및 제3자 플랫폼에 국한된다. 전반적인 프로세스를 제어할 수 있는 브랜드 웹사이트는 포함되지 않는다.

트위터

브랜드 계정과 직접 짧은 형식의 공개 커뮤니케이션을 할 수 있는 장소가 소셜 케어를 시작하기에 가장 타당하다. 그런 측면에서 트위터는 밀레니얼 소비자가 가장 좋아하는 소셜 플랫폼으로서 오랫동안 소셜 케어 전략의 출발점이었다. 전화나 이메일 같은 전통적이고 느리게 작동하는 아웃리치 기제는 수요 주도형 경제 오디언스를 만족시키지 못한다. 그들은 빠르게 대답을 듣기를 원하고, 트위터가 어느 소셜 네트워크보다 신속하다.

위기상황에서 트위터는 고객의 요청과 코멘트로 인해 과부하가 걸리기 쉽다. 따라서 고객 코멘트에 접근하는 최적의 방법을 상세히 알려주는 전략을 개발해야 한다. 적은 인력으로 많은 양의 질문을 처리할 수 있도록 반드시 트위터 소셜 케어 코멘트의 우선순위를 정해두자.

페이스북

페이스북 옵션은 트위터보다 약간 더 강력하지만 아직까지 밀레니얼 세대 대상의 콜드 아웃리치를 위해 페이스북을 많이 선택하지는 않는다. 그러나 기존 고객에게 페이스북은 소셜 케어 세계의 중심으로 인식된다. 메신저에서 개인적인 커뮤니케이션을 할 수 있지만 만약 그들이 메신저로 연락하고 싶지 않다면 팬들은 공개 포럼에서 포스트에 코멘트를 달거나 브랜드 페이지에 직접 포스팅을 할 수도 있다. 이러한 포스트 형태 중 하나가 좋은 출발점이다. 고객 서비스 애플리케이션을 통합할 수 있도록 모듈 방식으로 페이스북 페이지를 구축할 수 있는 점은 아주 매력적인 소셜 케어 옵션이다.

물론 브랜드 웹사이트에 내장된 라이브 채팅 서비스처럼 소셜 케어를 수행하는 다른 수단도 있다. 그러나 이러한 개인적인 상호작용은 일반적으로 브랜드의 고객 서비스 프로세스에 맞게 조정되기 마련이다.

소셜 케어 전략에 들어가는 요소 고려하기

소셜 케어 전략을 구축하기 위해 페이스북과 트위터를 사용하기로 했고 대중의 기대사항을 이해한다면, 이제 프로그램 개발을 시작할 때이다. 철저하게 준비하기 위해 많은 요소가 포함되어야 한다.

광범위한 상황별 계획

소셜 케어 전략의 모든 상호작용이 똑같을 것이라고 추측한다면, 그것은 잘못된 생각이다. 많은 질문이 동일한 카테고리에 들어갈 수 있지만, 밀레니얼 고객이 소셜 미디어에서 겪을 수 있는 모든 상황을 다룰 준비가 되어 있어야 한다.

질문과 고객 서비스 티켓 모두 소셜 케어의 범주에 속하지만, 고객 요청을 처리하기 위한 체계적인 단계별 접근방식은 아주 구체적으로 계획해야 한다는 점을 기억해두자. 우선 소셜 미디어에서 누군가 연락을 취할 만한 모든 이유를 생각해보고, 모든 상황들을 중요한 순서대로 나열해보면 좋다.

고객이 거래에 만족하고 감사를 표시하고자 한다면, 소셜 케어는 고객이 간편하게 연락을 취한 것만큼 간단한 일이 될 수 있다. 소셜 미디어의 모든 상호작용이 부정적으로 흘러가지는 않는다. 만족스러운 고객에게 보내는 반응 역시 계획해야 한다. 이러한 반응들은 좀 더 대화 형식을 띨 것이고 많은 준비가 필요하지는 않다. 긍정적 상호작용과 관련해 기억해둘 점은 일관된 브랜드 목소리를 유지하는 것이다.

우선순위 설정

비즈니스에 있어서 모든 고객이 중요하다는 것은 의심할 여지가 없다. 여기에서 문제는 질문이 얼마나 중요한지가 아니라 각각의 상황이 고객의 전반적인 행복과 브랜드 명성에 얼마나 중요한지이다.

예를 들어 트위터에 올라온 신제품 출시일에 대한 질문은 제품이 손상된 채 늦게 배송되었다는 고객의 요청만큼 시급하지 않다. 두 가지 이슈 모두 해결되어야 하지만, 확실히 둘 중 하나가 더 긴급한 상황이다. 전략을 개발할 때 고객의 요청을 어떤 순서로 해결해 나가야 하는지를 정하도록 한다.

다양한 시나리오의 로드맵

개략적으로 기술한 모든 시나리오를 가지고 초기 연락을 취하는 방법부터 해결 방법까지 차근차근 알려주는 단계별 가이드라인을 작성할 수 있다.

물론 모든 상황이 이론적으로 계획한 것과 정확히 똑같이 진행되지는 않겠지만, 좀 더 준비를 많이 할수록 실제로 일이 생겼을 때 상황을 처리하는 것이 더 쉽게 느껴질 것이다.

사전적 콘텐츠 개발

모든 상황에 대한 가이드를 제공하는 로드맵을 계획한 후에는 각각의 상황에 적용할 수 있는 샘플 콘텐츠를 개발하자. 콘텐츠 개발이 반응 및 해결 시간을 줄여줄 것이다.

위기관리 전략

로드맵을 따른다면 한두 가지의 고객 불만사항은 쉽게 처리된다. 그러나 브랜드가 곤경에 처했을 때에는 일이 좀 더 복잡해진다. 소셜 미디어에서 걷잡을 수 없이 통제가 되지 않는 상황에 많이 직면하게 될 것이다. 에이미의 '베이킹 컴퍼니'와 고든 램지의 '키친 나이트메어' 에피소드 이후의 페이스북 악몽이 떠오르는가? 그 이야기를 잘 모른다면 그림 15-1에서 결국 비즈니스 폐쇄에 이르는 엄청난 몰락을 겪은 에이미의 베이킹 컴퍼니 사례를 확인해보자.

그림 15-1

애리조나 주의 에이미 베이킹 컴퍼니는 소셜 미디어의 위기로 인한 사업 실패를 경험했다.

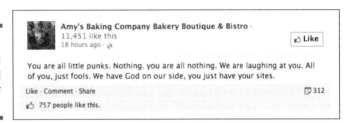

이러한 이슈를 피하기 위해 브랜드는 위기관리 전략을 준비하는 게 필수적이다. 이번 장의 마지막 부분은 위기를 관리하고 위기관리 전략을 구축하는 법과 관련된 자세한 내용을 다루도록 하겠다.

마케팅 전략에 이메일을 통합시키기

밀레니얼 세대와 관련해 이메일은 더 이상 성공적인 마케팅 도구가 아니라고 생각할 지도 모른다. 그러나 사실 밀레니얼 세대는 여전히 이메일을 활발하게 이용한다. 단지 지금까지의 마케팅 전술에서 말하는 방법과는 다르게 사용할 뿐이다.

밀레니얼 세대를 대상으로 이메일 마케팅을 적절하게 이용하기 위해서 이메일 마케팅을 관계를 키우는 전략의 일부로 여겨야 한다. 이러한 접근은 이메일이 관계 형성 프로세스의 맥락에서 사용되는 것이어야 한다는 의미이다. 브랜드를 잘 알지 못하는 밀레니얼 세대에게 이메일을 보내려고 해서는 안 된다.

밀레니얼 세대를 잠재고객에서 고객으로, 고객에서 브랜드 옹호자로 전환시키기 위해 이메일의 힘을 이용할 때 다음 중요한 몇 가지 포인트를 기억하자.

» **이야깃거리를 준비한다.** 때때로 휴일 인사를 보내거나 신제품이 나왔다는 사실을 알리기 위해 오디언스에게 연락하는 것은 괜찮다. 그러나 일간 또는 월간 소개지를 보낼 때는 분명한 이유가 있어야 한다. 단지 밀레니얼 소비자에게 브랜드를 보여주기 위해서 이메일을 보내는 것은 좋은 결과를 낳지 못할 것이다. 밀레니얼 세대는 비디오와 소셜 콘텐츠와 마찬가지로 이메일 콘텐츠로부터 가치를 얻어야 한다.

» **수신자가 시간을 들일 만한 가치가 있는 콘텐츠를 공유한다.** 특정 리스트에 있는 사용자를 대상으로 이메일을 통해 할인혜택을 공유하거나 특별 상품을 제공하는 것은 행동을 이끌어내는 좋은 방법이다. 밀레니얼 세대는 특권을 누리는 개념을 좋아하고, 거듭 말하지만 주목할 만한 가치를 전달하면 클릭과 전환 같은 행동이 늘어날 것이다. 할인 제공과 같은 형태는 밀레니얼 세대가 이메일을 받을 때마다 열어보게끔 만들 것이다.

이메일이 가치 있는 정보를 담고 있음을 제목란에 정확히 밝히도록 하자. "믿기 어려운 혜택이 제공됩니다!"와 같이 모호하고 아리송한 제목으로 가리는 것은 밀레니얼 세대의 클릭 유도에 별 도움이 되지 못한다. 이메일을 열었을 때 정확히 무엇을 기대할 수 있는지를 말해주는 것이 더욱 긍정적인 행동을 이끌어낼 것이고 캠페인 결과 역시 개선될 것이다.

» **가능한 한 모든 것을 개인화한다.** 이메일의 제목란 또는 본문과 같은 요소를 개인화할 수 있다면 그것은 수신자의 눈길을 사로잡는다. 밀레니얼 세대는 브랜드가 모든 사용자에게 같은 콘텐츠로 도배한 것이 아니고 특별히 그들에게 이야기하고 있다고 믿고 싶다. 이메일이 많은 수의 사람에게 발송된다는 것은 비밀은 아니지만, 개인화의 느낌 때문에 더 많은 행동이 일어날 것이다.

» **이메일을 퍼붓지 않는다.** 알다시피 받은 편지함은 사적인 공간이다. 사용자가 이메일을 훑어볼 때 메시지의 개인화 요소가 관심을 기울이게 되는 첫 번째 이유이다. 만약 이메일을 계속해서 빗발치게 보낸다면, 사용자들

은 해당 브랜드가 보내는 모든 이메일을 무시할 것이다. 행동으로 이끌 수 있도록 설계된 중요한 이메일도 말이다. 브랜드가 전달하는 가장 매력적인 공유물을 사용자가 보지 못하게 되는 것을 원하지 않을 것이다.

» **모바일을 우선으로 생각한다.** 밀레니얼 세대와 관련해서는 모바일을 우선으로 생각해야 한다. 이메일을 사용할 때 좋은 점은 수신자가 이메일을 열면 이메일 메시지가 그들이 보게 되는 유일한 내용이라는 점이다. 이렇게 관심이 집중된다는 것은 모바일 기기에서 훨씬 더 의미가 있다. 이메일은 문자 그대로 수신자가 휴대용 스크린에서 보는 유일한 것이다. 짧은 시간이나마 온전히 오디언스의 관심을 확보할 수 있다. 그래서 구조부터 랜딩 페이지 링크까지 이메일에 관련된 모든 것은 모바일을 우선으로 해야 한다.

지속적인 관계 구축하기

관계는 성공적인 브랜드 구축의 비결이고 앞으로도 그럴 것이다. 밀레니얼 세대는 구매 결정을 하는 데 이전 세대보다 시간이 더 오래 걸리지만, 한 번 구매한 이후에는 대단히 충성스러운 고객이 된다. 대형 브랜드와 유명상표는 더 이상 소구 포인트가 되지 못한다. 밀레니얼 소비자들은 잘 알려진 이름이나 로고의 브랜드가 아니라 자신이 브랜드와 연결되었다고 느끼고 제품의 품질이 좋을 때 해당 브랜드를 선택할 가능성이 크다.

그러나 관계를 구축하는 것은 시간이 걸리고 계획도 필요하다. 오디언스를 알아야 하고 밀레니얼 오디언스만을 겨냥한 콘텐츠를 개발해야 한다. 전환이 일어나기 전후에 모두 일관성 있게 커뮤니케이션한다면 관계가 발전하고 공고해질 것이다. 다음과 같은 방법으로 이러한 프로세스를 시작할 수 있다.

» 다양한 오디언스 분석 실시하기
» 보다 작은 규모의 오디언스 세그먼트 구축하기
» 오디언스의 특징을 토대로 콘텐츠 작성하기
» 지속적이고 자동화된 오디언스 감사 실시하기

다양한 오디언스 분석 실시하기

제3장에서 오디언스 분석을 수행하는 프로세스를 다루고 있다. 오디언스 분석은 성공적인 밀레니얼 세대 확보 전략의 초석이다. 밀레니얼 오디언스에 대해 이해하지 않고는 그들의 관심을 끄는 것은 불가능하다.

오디언스 분석을 시작하면서 분명해지는 한 가지는 밀레니얼 세대가 모두 같은 것은 아니라는 점이다. 몇 가지 추상적인 특징을 바탕으로 그들을 한데 묶어 버리는 것은 실수이다.

밀레니얼 세대가 소유보다는 접근에 대한 욕구가 큰 것과 같이 구매 행동과 관련된 공통된 특징을 갖는 것은 사실이다. 그러나 각각의 개성에 맞추어 고안된 콘텐츠는 그룹별로 변경되어야 한다. 다양한 오디언스 분석은 맞춤형 콘텐츠를 개발하는 데 도움이 된다.

페이스북 오디언스를 사용해 오디언스 분석을 하기 위해서 일반 밀레니얼 사용자 정의 오디언스 또는 대시보드에서 만들어둔 일반 오디언스를 선택하도록 한다. 그림 15-2의 예시를 참조하자.

다양한 세그먼트에 대해 분석을 수행하기 위해, 즉 오디언스를 구분하는 요소를 선택하는 것부터 시작하자.

그림 15-2

세그먼트 분석을 시작하기 위해 오디언스를 선택하거나 신규 오디언스를 생성한다.

» **위치** : 오디언스가 사는 장소가 온라인에서 브랜드와 소통하는 방식에 영향을 미칠 수 있다. 일반 오디언스로 시작했을 때 지역 또는 특정 도시로 오디언스를 세분화하는 것을 고려해보자.

» **연령 범위** : 밀레니얼 세대라는 용어가 연령을 기준으로 구분되었다고 해서 20년이라는 범위 내의 모든 사람이 같은 방식으로 브랜드와 상호작용을 할 것이라는 의미는 아니다. 그들은 구매 습관, 지불 능력, 열망, 관심사 및 온라인에서의 행동이 서로 다르다. 일반 밀레니얼 오디언스를 세분화하여 연령 범위를 기준으로 구분된 작은 규모의 사용자 집단을 만들어보자. 아마도 20년이 아니라 2~3년 정도를 기준으로 나누어질 것이다.

» **성별** : 밀레니얼 오디언스와 소통하는 방법은 남자인지 여자인지에 따라 상당히 다를 수 있다. 두 집단을 분리해서 분석해보면 캠페인의 성과를 향상시키기 위해 특별히 남자 또는 여자를 끌어들이도록 고안된 콘텐츠 전략이 필요함을 알게 될 것이다.

이러한 세분화 집단 내에서 오디언스를 움직이게 하는 몇몇 기준을 알아내기 위해 오디언스 분석을 시작하자(제3장 참조). 그림 15-3처럼 페이스북 백엔드의 오디언스 인사이트 대시보드에서 오디언스가 보여주는 관심사 및 행동을 살펴볼 수 있다.

그림 15-3

페이스북 오디언스 인사이트 대시보드에서 세분화된 오디언스의 관심사와 행동을 분석한다.

보다 작은 규모의 오디언스 세그먼트 구축하기

다양한 오디언스 분석을 실시하고 나서는 훨씬 더 특화된 콘텐츠를 갖고 타깃팅할 수 있는 좀 더 작은 규모의 오디언스 세그먼트를 구축해도 좋다. 페이스북에서 밀레니얼 오디언스를 구축하는 방법은 두 가지가 있다. 첫 번째는 광범위한 위치 그리고/또는 시작부터 제한을 두었던 연령이다. 두 번째는 기존 데이터베이스를 활용하고 추가적인 지표를 통해 오디언스의 범위를 줄이는 것이다.

좀 더 일반화된 오디언스를 대상으로 이러한 프로세스를 진행하는 단계는 다음과 같다.

1. **우선 연령 범위를 설정한다.**
   마케터는 밀레니얼 세대를 오로지 나이 지표로만 구분하는 실수를 흔히 저지른다. 그러나 연령에 따른 구분이 신규 오디언스를 구축할 때에는 좋은 출발점이 된다. 분석을 하면서 이미 더 작은 규모의 연령 집단을 살펴보았을지도 모른다. 연령 범위를 좁게 설정하여 타깃 오디언스 개발을 시작하자.

2. **오디언스가 사는 특정 위치를 선택한다.**
   다음으로 신규 오디언스 집단에 위치 지표를 포함시키도록 한다. 오디언스를 제한적으로 타깃팅할수록 그들을 대상으로 개발한 콘텐츠가 반향을 일으킬 가능성이 커진다.

3. **사용자들의 관심 기반을 구축한다.**
   오디언스 집단 분석을 하는 동안 마케터는 특정 집단이 공유하는 몇 가지 취향 및 선호도를 파악해야 한다. 이 단계에서 관심사를 이용해 오디언스 집단의 범위를 줄이기 시작할 것이다. 이때 주로 사용자들을 움직이게 하는 요소에 중점을 두도록 한다.

4. **오디언스가 드러내는 행동의 유형을 정의한다.**
   오디언스를 구성하는 구체적인 사항들을 더 깊이 연구해보도록 하자. 개인별 오디언스 분석 시에 주목했던 행동을 반드시 포함해야 한다.

두 번째 프로세스는 페이지 또는 이메일 데이터베이스에서 이미 관계가 형성된 밀레니얼 오디언스에서 시작한다. 이러한 오디언스를 구축하는 단계는 일반 오디언스 구축과 같은 경로를 따른다. 다만 처음에 페이스북에 이미 저장해둔 오디언스를 선택하는 것에서부터 해당 프로세스를 시작한다는 점을 기억하자.

오디언스의 특징을 기반으로 콘텐츠 작성하기

다양한 오디언스 분석을 실시하고 작은 규모의 오디언스 유형을 구축하고 나면, 다음 목표는 특정 하위 집단을 겨냥한 목표 지향의 콘텐츠를 개발하는 일일 것이다. 이러한 프로세스를 이미 구축한 오디언스 집단에 각각 적용할 때 참여 및 전환율이 급격히 향상된다는 것을 목격하게 될 것이다. 참여는 밀레니얼 잠재고객과의 개인적인 관계를 구축하는 프로세스를 발전시킬 것이다.

제6~7장은 콘텐츠 전략 개발의 상세한 프로세스를 다루고 있지만, 특정 오디언스 집단에 맞게 콘텐츠 전략을 고도로 타깃팅할 때에는 특별한 것이 필요하다.

» **모든 실행 가능한 집단에 맞는 변형 콘텐츠를 제작한다.** 오디언스 집단을 구축하면서 오디언스 각자가 어떻게 그들의 주목을 끌 수 있는지를 판단할 수 있는 고유의 성격 특성을 드러내고 있음을 알아차릴 수 있다. 그중에서 참여와 가장 관련이 높은 특징을 알아내야 한다. 이러한 특징은 종종 그림 15-4와 같이 오디언스의 라이프스타일 카테고리에서 드러나는 경우가 많다. 그러한 특성에 어필할 수 있는 콘텐츠를 개발하자.

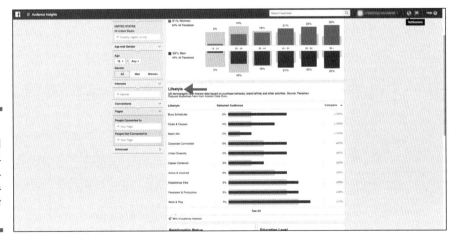

그림 15-4
페이스북의 라이프스타일 카테고리를 분석함으로써 타깃 오디언스의 주요 특징을 구별할 수 있다.

» **리치 미디어의 콘텐츠 변형에 집중한다.** 만약 오디언스가 드러내는 작은 특성을 이용하고 싶다면, 콘텐츠 중에 가장 눈에 띄는 자산을 활용할 수 있다. 바로 리치 미디어이다. 캠페인에서 사진과 비디오를 공유한다면, 특정 밀레니얼 오디언스의 관심을 끌기 위해서 미디어를 바꿔야 한다.

» **브랜드 일관성을 유지한다.** 특정 집단에 맞추어 콘텐츠의 세부사항을 바꿀지라도 브랜딩은 반드시 일관성이 있어야 한다. 콘텐츠 변형은 밀레니얼 세대와 관계를 구축하는 데 좋은 도구이지만, 오디언스가 그것이 어느 브랜드인지는 알아야 한다.

콘텐츠의 구조화 방식과 상관없이, 오디언스가 누구더라도 해당 콘텐츠를 다루는 브랜드가 무엇인지 정확히 알 수 있도록 브랜드 정보를 분명하고 알아보기 쉽게 해야 한다.

오디언스를 구분한 모든 특성에 맞추어 콘텐츠를 개발할 필요는 없다. 어떤 오디언스 집단에게 맞춤형 콘텐츠가 필요하지 않는 경우를 대비해 브랜딩과 일관되면서 메시지가 분명히 전달되는 일반 콘텐츠를 준비해야 한다.

지속적이고 자동화된 오디언스 감사 실시하기

오디언스 집단을 개발하는 데 있어서 페이스북 오디언스의 장점 중 하나는 오디언스 하위집단을 분석할 때 정기적으로 사용할 수 있다는 점이다. 페이스북 오디언스에 오디언스를 저장해두기만 하면, 세부분석을 실시하는 데 필요할 때마다 접근할 수 있다.

마케터로서 오디언스의 특성이 이따금 변한다는 것을 반드시 기억해야 한다. 밀레니얼 세대와 관계를 구축하고 유지하려고 노력할 때, 오디언스 특성의 변화에 대해 잘 알고 그에 맞추어 전략을 조정해야 한다. 오디언스 분석을 처음 오디언스를 개발할 때 했던 것과 똑같은 방식으로 할 필요는 없다. 그러나 특정 집단을 대상으로 접근방식을 변경해야 할지 말지를 알려주는 특정 기준에는 주의를 기울여야 한다.

» **라이프스타일** : 라이프스타일 카테고리가 변할 때에는 특정 집단에 맞추어 개발한 콘텐츠의 형태에 틀림없이 약간의 변화를 주어야 할 것이다. 정기

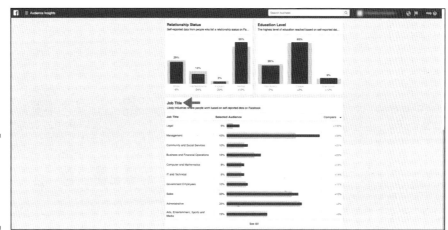

그림 15-5
오디언스의 경력란을 타깃팅한 콘텐츠 개발 수단으로 사용하자.

적으로 라이프스타일 카테고리에 세심하게 신경을 쓰도록 하자. 이상적으로는 특정 집단의 라이프스타일 카테고리를 월 단위로 점검해야 한다.

» **직무명** : 페이스북에서 개인 경력란은 콘텐츠의 틀을 잡는 데 유용할 수 있다. 직무명은 자주 바뀌는 카테고리가 아니다. 직무명이 바뀌더라도 대개 변화가 크지 않다. 그래서 몇 달에 한 번 정도 이 부분에 변화가 있음을 알게 될 것이다. 그림 15-5는 이러한 직무명 카테고리 기준의 예시이다.

» **페이지 링크** : 페이지 '좋아요' 탭은 오디언스가 관심이 있는 브랜드 또는 페이지의 테마를 알려준다. '좋아요' 페이지가 변할 때는 콘텐츠뿐 아니라 타깃팅의 일부를 변경하기 시작해야 할 때일 수도 있다. 라이프스타일 카테고리와 더불어 '좋아요' 페이지 역시 매달 분석할 수 있다.

» **구매 행동** : 사람들이 자신의 돈을 어디에 쓰는지를 이해하면 두 가지를 알게 될 수 있다. 첫째, 그들이 자사의 제품이나 서비스에 얼마나 수용적일 것인지를 판단할 수 있다. 오디언스 집단의 사람들이 유사상품을 구매하고 있는지의 여부를 통해 수용의 정도를 가늠할 수 있다. 둘째, 구매 행동은 그들이 중요하게 생각하는 것이 무엇인지를 드러낸다. 오디언스가 선호하는 것을 알게 되면 콘텐츠를 그에 맞추어 개선할 수 있다.

» **행동의 빈도** : 그림 15-6에서처럼 오디언스의 행동이 얼마나 자주 바뀌는지를 행동 탭을 보고 살펴볼 수 있다. 이런 행동을 확인하면 변화사항에 따라 콘텐츠나 다음 캠페인을 개발하는 데 도움이 될 것이다.

그림 15-6

다음 번 캠페인을 어떻게 구성할지 결정하기 위해 페이스북에서 오디언스가 무엇을 하는지를 알아본다.

브랜드 위기 관리하기

어떤 마케터도 끔찍한 브랜드 위기에 대해 생각하고 싶지 않겠지만 속담에도 있듯이, 계획을 세우지 않는 것은 실패를 계획하는 것이다. 밀레니얼 세대와 효과적으로 커뮤니케이션하는 데 있어서 소셜 미디어의 브랜드 위기 전략을 수립하는 것은 중요하다. 소셜 미디어에서는 혹평이 걷잡을 수 없이 불어나기가 쉽다. 그러므로 적절한 계획을 세우지 않으면 좋지 않은 상황이 커지는 것을 막는 것이 사실상 불가능하다.

뉴미디어에서의 브랜드 위기는 여러 가지 형태를 띨 수 있고, 그 때문에 이슈를 효과적으로 관리하는 데 있어서 다양한 전략을 개발하는 것이 필수적이다. 그 상황이 언제, 어떻게 야기되었는지는 아무도 모른다. 심지어 브랜드와 특별히 관계가 없을 수도 있다. 준비는 브랜드 위기관리에 있어서 불가결하다.

다양한 전략 수립하기

안타까운 현실은 위기관리가 두루 적용되는 접근방식이 아니라는 점이다. 적절하게 준비하기 위해 다양한 전략을 수립해야 한다. 브랜드 위기는 다양한 요인에 기인한다. 특정 단계를 따를 수 있지만 상황별로 다르게 구현될 것이다.

다음 부분은 준비해두면 좋을 가장 일반적인 브랜드 위기를 정리한 것이다.

정치적 불리함

오늘날 인터넷에서 정치적 불리함은 브랜드 위기의 가장 흔한 경우이다.

빈정대며 말하는 스타일의 소셜 운영자로 명성을 쌓아오지 않은 이상, 고객이 의문을 갖거나 오해할 만한 코멘트나 포스트를 공유하지 않는 것이 일반적이다. 물론 언제나 확신할 수는 없고, 그래서 브랜드가 소셜 피드에 포스팅된 내용 때문에 기분이 상한 성난 군중의 반대편에 서 있는 경우가 간혹 있다.

제품 이슈

리콜 또는 서비스 장애와 같은 몇 가지에서 보듯이 제품 때문에 빗발치는 공격을 받게 된다. 때로 사과하고 수리해줌으로써 이러한 이슈를 쉽게 해결할 수 있지만, 제조산업과 같은 분야에서 일한다면 리콜로 인해 비즈니스가 위태로워질 수 있다. 발생할 수 있는 모든 결과를 생각해 준비해야 하고 최악의 상황이 벌어졌을 때 어떻게 대응할 것인지 결정해야 한다.

고객 서비스 실패

마케팅 컨설턴트가 고객 서비스의 신조가 될 만한 규칙을 이야기했다. 그가 말하기를 "브랜드가 불만 고객에게 세 번째 답장을 보낸다면 그것은 논쟁이다."

세 번째의 끝임없는 답장을 보내지 마라. '고객 대 브랜드' 스토리에서 고객과 논쟁이 붙었을 때 브랜드가 타당해 보이는 버전은 없다. 그리고 오늘날 브랜드가 글로 공유하는 모든 것은 그것을 본 누구나가 저장할 수 있기 때문에, 이러한 논쟁 중 하나가 래딧과 같은 포럼에 포스팅된다면 좋을 게 없다. 그런 일이 일어나면 실수를 인정하고 사과하는 것 외에는 선택의 여지가 없다.

어떤 경우에는 트롤(troll)을 다루어야 하는 상황도 있다. 트롤은 단지 문제를 일으키거나 신경을 긁을 목적으로 브랜드와 소통하는 고객, 잠재고객, 또는 소셜 미디어 사용자를 묘사할 때 사용하는 일반적인 웹 용어이다.

데이터 유출

글로벌 데이터 유출 통계를 추적하는 온라인 서비스인 데이터 유출지수(breach level index, BLI)에 따르면, 2013년 이래로 거의 60억 데이터 기록이 유실되거나 도난당했다고 한다. 마케터는 자신이 원하는 것을 계획하고 보호할 수 있지만, 데이터 유출이 발생하고 고객 데이터가 위험에 처한 몇몇 사례가 있다. 해당 이슈를 바로잡기 위해 어떻게 조치를 취할 것인지를 강조하면서 공세를 취해 상황에 공격적으로 대처하는 것이 가장 좋은 행동 방침이다.

허위사실

고객에게는 거짓말해서는 안 된다. 잠재고객에게도 거짓말해서는 안 된다. 한 단계 더 나아가 브랜드로서 거짓말하지 말자. 거짓말이 들통 나는 것은 확실하고, 정보를 왜곡해서 좋을 게 하나도 없다.

밀레니얼 고객 확보의 핵심이 관계라면 신뢰를 깨는 것은 고객을 잃는 지름길이다. 거짓말의 유혹에 걸려들었다면 브랜드가 사라질 위기에서 벗어나는 유일한 희망은 죄를 인정하고, 사과하고, 향후 절대적인 투명성을 보여주는 것이다. 그렇다 해도 인터넷에서 다시 호감을 얻기 위해서는 가파른 언덕을 올라가야 한다.

내부 스캔들

CEO가 펀드를 도용했거나, 최신 제품이 경쟁사의 제품을 모방했다거나 할 때, 약간의 중요한 변화를 주어야 한다. 스캔들이 터지면 오디언스가 앞으로 이와 같은 스캔들이 다시는 일어나지 않도록 어떻게 할 것인지를 알도록 해야 한다.

내부 스캔들은 한 번 더 신뢰를 잃는 문제이다. 그리고 한 번 허물어진 관계를 다시 세우기는 아주 어려울 수 있다.

위기 전략의 구성요소를 상세히 설명하기

위기를 처리하는 접근방식은 어떤 위기에 직면했느냐에 따라 달라질 수 있지만, 각각의 전략은 기본적인 구성요소를 포함할 것이다.

위기 개요

모든 위기관리 전략의 첫 번째 요소는 위기 자체에 대한 기술일 것이다.

앞부분에서 구체적으로 열거한 상황에 맞는 실제 시나리오를 생각해보고 그것을 이야기로 써 두는 것이 도움이 될 것이다. 위기의 맥락을 파악하고 그것을 현실 사회의 용어로 생각할 수 있다면, 나머지 전략을 개발하는 것이 훨씬 쉬워진다.

초기 대응

처음 위기가 닥쳤을 때 대중에게 즉각적인 초기 대응이 필요하다. 위기전략을 가동하기 시작하면서, 마케터가 중심에 있다면 어떻게 대응할 것인지를 생각해보자. 사과로 대응할 수도 있고, 문제를 인정하고 대중에게 조사 중이라는 것을 알릴 수도 있다. 어느 쪽이든지 간에 침묵은 옵션이 될 수 없다. 따라서 상황에 맞게 반응을 계획하도록 하자.

대응 형태

위기발생 시에 회사는 공격적인 또는 방어적인 자세를 취할 수 있다. 공격적인 입장은 문제를 미리 앞서가는 태도로, 사람들에게 이슈가 일어났고 회사 또는 브랜드에서도 이미 인지하고 있음을 알리는 것이다. 이러한 입장을 취한다는 것은 죄를 인정하거나 사과를 하는 것도 포함할 수 있다. 이것은 브랜드가 명백히 잘못이 있을 때 취할 수 있는 반응의 종류이다. 방어적인 자세는 일반적으로 많이 취하지 않는 태도이므로 신중하게 생각할 필요가 있다.

마케터는 처음에 방어적인 자세를 취하면서 회사의 행동을 옹호할 수도 있고, 그렇지 않으면 천천히 죄를 인정할 수도 있다. 데이터 유출이 인지된 경우라면 사람들에게 회사가 그 문제를 조사하고 있다는 것을 알리는 것으로 시작해서 시스템은 안전하다는 사실을 밝히고, 자사가 문제의 원인을 알고 정도를 파악할 때까지 해당 이슈에 대한 언급을 삼갈 것이다. 그리고 또 이러한 자세는 신중하게 접근해야 한다. 화난 대중을 진정시키는 것이 언제나 가장 안전한 방법은 아니다.

개인별 우선순위 설정

커뮤니티 전체에게 전달할 것인가, 그렇지 않으면 개인별로 응대할 것인가? 브랜드가 처음으로 찾아가야 하는 대상은 누구인가? 이것은 이번 전략 수립 단계에서 생각해볼 질문들이다. 만약 제품 리콜을 해결하고 있다면, 물론 우선은 개인별로 소통하기 전에 대중에게 이 사실을 전해야 할 것이다. 그리고 나서 각각의 개별 불만사항들에 우선순위를 할당해야 한다.

예를 들면 리콜로 인해 직접 영향을 받은 사람이 처음이 될 것이다. 반면 정보를 원하는 사람은 후순위로 밀려날 것이다. 고객이 부정적인 경험을 공유할 때 대중을 참여시킬 필요는 없다. 대중을 개입시키는 방법이 오히려 역효과를 일으킬 수도 있기 때문이다.

그렇지만 각별히 주의하자. 만약 대중을 개입시키지 않기로 결정하면, 논의되고 있는 사항에 대해 무관심하거나 신경 쓰지 않는 것처럼 보일 위험이 있다. 두 가지 상황 모두 브랜드에 좋지 않기 때문에 약간의 공적 코멘트를 하는 것이 거의 언제나 더 나은 옵션이다.

콘텐츠 템플릿

위기가 터치면 일이 빠르게 진행되기 때문에, 콘텐츠를 개발하고 즉석에서 반응을 표준화할 시간이 없을 것이다. 콘텐츠가 진실해야 하지만 일부 반응들은 표준화시킬 수 있다.

데이터 유출 사례를 들어보자. 브랜드 페이지가 유출 관련 질문들로 넘쳐날 때, 조사 중이라는 똑같은 메시지를 각각의 사용자에게 회신하는 것은 지루할 수 있다. 이런 경우 사용자가 질문할 때마다 공유할 수 있는 표준화된 회신을 개발할 수 있다. 그러나 밀레니얼 세대는 개인화를 중요하게 생각하기 때문에 대응 시에 개인의 이름 혹은 핸들을 사용하도록 한다.

해결 전략

위기관리 계획의 이번 부분에서 오디언스에게 어떻게 이것을 해결할 것인지를 상세히 알려야 한다. 스캔들 또는 사기와 같은 일부 사례는 두말 필요 없이 사과하고 신뢰를 재구축하려는 노력을 해야 한다. 그러나 제품 리콜 및 유사 위기상황에서는 영향을 받은 사람들에게 특별할인 혜택을 제공하는 등의 조치를 취할 수 있다. 그리고 또 이러한 계획을 실행하기 전에 오디언스의 온도를 관찰해야 한다.

해체 계획

모든 방법이 실패한다면 리브랜딩과 같은 약간 과감한 조치를 취해야 한다. 물론 전략 내에 리브랜딩을 포함시키고 싶지 않겠지만 이번 단계에서 최악의 시나리오로 보이는 것을 간략히 기술해야 한다.

주요 위기상황에서 신속하게 움직여야 한다. 해체 계획을 세워두면 이러한 과정의 실행 속도를 올리는 데 도움이 될 것이다.

위기 관리하기

일련의 위기 전략을 준비하고 나면 위기 대응과 관련한 네 단계에 익숙해져야 한다.

1. **무슨 일이 일어났는지 파악한다.**

온라인 오디언스에게서 부정적 코멘트나 상호작용이 빗발치고 있다는 사실을 처음 알아차렸을 때, 너무 강력해서 대응하기 힘들다고 느낄 수 있다. 중요한 것은 침착함을 유지하고 상황을 더듬어 근원지를 찾아감으로써 초기에 범할 수 있는 실수를 피하는 것이다.

2. **주요 역할을 할당한다.**

주요 브랜드 위기는 일상적인 비즈니스가 중단되는 것을 의미한다. 이제 모두가 도와야 한다. 위기로 인해 비즈니스가 위협을 받는 상황에서 부서 또는

직원들이 정상적으로 기능하기를 기대할 수 없기 때문에 마케팅 팀원들의 책임이 무엇인지 밝혀야 한다. 이 단계에서 무엇이 잘못되었고, 상황의 심각성이 어느 정도이고, 문제를 해결하기 위해 어떠한 전략을 적용해야 할지를 파악해야 한다. 계획에는 마케팅 팀이 위임받을 수 있는 요소가 포함되어야 하고, 그 위임 프로세스는 이 시점에서 일어난다.

3. **대응하는 우선순위를 설정한다.**

모든 오디언스가 동등하다고 생각하고 싶을지도 모르지만, 위기에 직면했을 때에 그러한 생각은 사라져버린다. 비난의 화살을 받고 있을 때 모든 개인의 불만에 신속하게 대응하는 것은 사실상 불가능할 것이다. 그러므로 대응하는 우선순위를 결정해야 한다. 예컨대 가치가 높은 팬과 팔로어에게 우선 연락을 취하고, 공개 성명을 내놓은 이후, 다시 개인을 아웃리치할 것인가? 영향력자들은 밀레니얼 시장에서 상당한 힘이 있고, 그들이 아웃리치 전략의 우선순위의 정점에 있을 수 있다.

4. **오너십을 갖는다.**

공격적인 입장 또는 방어적인 입장을 취하든지 간에 그 상황에 영향을 받은 사람들의 마음을 알고 있음을 표시하는 것이 중요하다. 밀레니얼 세대는 들어주기를 원한다. 상황을 무시하는 것은 위험하다. 대중에게 소통하며(대중과 소통하는 것이 전략의 일부라고 하면), 오디언스에게 회사가 그들의 소리를 귀담아 듣고 있다는 사실을 알려주도록 하자.

언제 이길 수 없는지를 인지해야 한다. 고객이 단순히 싫증이 나고 화가 나고 브랜드와 논쟁하고 싶은 경우도 있을 수 있다. 고객이 옳지 않을 수도 있지만, 만약 합리적인 수준을 넘어서 논쟁에 참여하면 회사가 더 안 좋게 보일 것이다. 물론 누군가가 불만의 목소리를 내고 있다면, 그것을 진지하게 받아들이도록 해야 한다. 그러나 누군가가 트롤이 되려고 하거나 감정을 터트리고 사과나 동정어린 반응 이외의 소통을 피한다면, 절대 그 사람을 이길 수 없다.

chapter

16

밀레니얼 세대를 고려한
대의명분 마케팅

제16장 미리보기

- 적절한 대의명분과 브랜드를 연계한다.
- 대의명분을 지향하는 밀레니얼 오디언스와 연결한다.
- 대의명분 중심의 캠페인을 운영한다.

대의명분 마케팅(cause marketing, 코즈 마케팅)이 새로운 개념은 아니지만 최근에 들어서 상당한 관심을 받고 있다. 어느 정도는 밀레니얼 시장 덕분일 것이다. 밀레니얼 세대의 사회적 의식 수준이 높기 때문에 여러 브랜드에서 대의명분과 연계하여 사회적 효용을 제공하는 방법을 찾았다.

그러나 여러 브랜드가 대의명분에 편승했다가 매스컴의 악평 세례를 받는 경험을 했다. 예를 들어 2013년 영국 켈로그는 사용자가 켈로그의 트윗을 리트윗할 때마다 필요한 어린이들에게 한 끼 식사를 기부하겠다고 했다. 여기에서 문제는 이미 예상했을 수도 있겠지만, 이것이 자신들이 지지하는 대의명분이 아닌 노출에 더 신경을 쓰는 성의 없는 홍보 행위로 보인다는 점이다.

이번 장에서는 대의명분 마케팅의 개념을 소개하고 인기 있는 대의명분 전략과 밀레니얼 세대 마케팅 계획의 통합에 대해 다루겠다. 이번 장에서 다루는 내용은 사회적으로 의식 있는 브랜드와 연결되고 싶어 하는 밀레니얼 오디언스에게 도달하기 위해 올바른 대의명분과 연계하는 데 도움이 될 것이다.

대의명분과의 연계 기회 인식하기

대의명분 마케팅 전략을 영구적으로 가동할 필요는 없다. 그러나 몇몇 브랜드의 경우에는 특정 대의명분 또는 자선사업과 영구히 연계하기로 결정했다. 아프리카의 에이즈와 싸우는 글로벌 펀드와 파트너십을 맺은 의류기업 갭의 프로젝트(RED, 레드)를 예로 들어보겠다. 갭의 지속적인 프로젝트 계획은 놀라운 결과를 낳았고 대의명분과 브랜드 인지도를 모두 높여주었다. 그러나 많은 사례가 보다 간단하고 덜 견고한 대의명분 마케팅 양상을 보여주고, 지지하는 대의명분은 단순히 소셜 미디어에서의 인기나 입소문을 기반으로 선택된다.

입소문(virality)이란 소셜 미디어에서 특정 트렌드의 빠른 공유를 일컫는다. 인기 있는 대의명분 관련 트렌드의 예로는 아이스 버킷 챌린지를 들 수 있겠다. 이는 ALS(루게릭병) 인지도를 높이기 위해 참여자들은 얼음물을 뒤집어쓰면서 다른 사람에게도 똑같이 얼음물을 뒤집어쓰고 기부하라고 요구한다.

올바른 선택하기

적절한 대의명분을 찾기 위해 웹과 산업 콘텐츠 모니터링을 시작하기 전에 자사의 노력이 역효과를 내지 않도록 다음 사항들을 점검해보아야 한다.

> » 연관성
> » 참여
> » 기회주의

» 복잡성
» 턴어라운드 타임

밀레니얼 세대는 대의명분과 연계된 브랜드에 끌릴 수 있지만, 브랜드가 대의명분의 인기를 이용해 비즈니스 목표를 달성하고자 하는 것이 뻔히 보인다면 싫어한다.

연관성

현재 고려 중인 대의명분이 자사의 산업, 브랜드, 그리고 무엇보다도 자사의 브랜드 목소리와 연관이 있는지를 우선적으로 자문해보아야 한다. 밀레니얼 세대가 브랜드에서 찾는 요소 두 가지는 일관성과 진정성이다.

자사의 페르소나, 브랜드, 또는 미션에 맞지 않는 대의명분을 채택하면 밀레니얼 오디언스에게 분명히 보일 것이다. 이럴 때 생각할 수 있는 최상의 경우는 참여는 대개 주목을 받지 못하는 것이다. 최악의 경우는 오디언스가 자사의 참여를 알아차리고 타당성에 대해 의문을 제기하는 것이다.

참여

대의명분에 뛰어들기 전에 약간의 조사를 실시하도록 하자. 다른 브랜드가 참여하기로 결정했던 것인지 아닌지를 알아봐야 한다. 어떤 대의명분은 개인에게 집중되어 있기 때문에 브랜드의 참여가 적절하지 않을 수도 있다. 예를 들어 캠페인 구조 중 하나가 해당 이슈에 대한 개인적 스토리를 공유하는 것이라면, 개인이 참여하는 것이 훨씬 더 적절하다. 온라인 페르소나가 이러한 구조에 적합한 것을 제공할 수 있을 정도로 충분히 인간화하지 않는 한 이와 같은 형태의 캠페인은 생략해야 한다.

기회주의

기회주의는 늘 경계해야 하는 요소이다. 어떤 캠페인에 참여하는 것이 비즈니스 계획으로 인지될 리스크가 얼마나 있는지를 판단하기 위해 충분히 시간을 투자하자. 브랜드가 대의명분에 뛰어들 때에는 거의 항상 약간의 리스크가 있기 때문에 실제로 해당 대의명분이 자사에서 신경을 쓰고 있는 부분인지를 생각해봐야 한다.

만약 직접적으로 자사와 관계없는 대의명분에 참여하는 것을 생각 중이라면 기회주의로 인식될 위험이 높고, 그렇다면 해당 캠페인에 개입하는 것을 다시 고려해야 할 것이다.

복잡성

특정 대의명분에 참여하는 것이 몹시 복잡할 것인가? 특정 대의명분 주도형 캠페인을 만드는 데 수많은 단계가 필요할까?

초기 단계에 이 두 가지 질문에 대해 생각해봐야 한다. 만약 신념이 맞는 계획을 찾았는데 해당 신념을 전파하기 위한 활동에 참여하기가 너무 복잡하다면, 개인으로서 또는 브랜드로서 직접 해당 대의명분을 지지하는 것만 생각해볼 수 있다.

턴어라운드 타임

바이럴 행위에 참여를 준비하거나 실행하기까지 시간이 오래 걸린다면, 공개적으로 대의명분을 지지할 기회를 놓칠 수 있다. 턴어라운드 타임을 계산해보고, 밀레니얼 세대 주도의 대의명분 캠페인의 수명이 짧다는 것을 고려하여 행동 지침을 정하도록 하자.

대의명분 캠페인의 특징은 유통기한이 특별히 길지 않다는 점이다. 기간이 짧다고 해서 브랜드가 대의명분을 지지할 기회가 없다는 의미는 아니다. 단지 대의명분 바이럴 캠페인(cause viral marketing)이 자사의 개입을 보장해줄 수 있을 정도로 오랫동안 유지되는지를 판단해야 한다. 그렇지 않다면 바이럴 캠페인이 잠잠해진 후 공개적으로 대의명분에 대한 지지를 표하는 것이 더 나을 수 있다.

오디언스 분석에서 대의명분과의 연관성 찾기

오디언스 분석을 실시할 때 대의명분 연관성을 분석하는 것이 유용하다. 밀레니얼 오디언스는 자신이 지지하는 대의명분을 대중에게 많이 공개한다. 그들이 공개하는 내용을 토대로 밀레니얼 오디언스가 얼마나 적극적으로 대의명분에 참여하는지, 그들이 연결되었다고 생각하는 대의명분의 종류와 관련 조직에 대해 알 수 있다(제3장에서 오디언스 분석에 대해 다루고 있다).

대의명분과의 연관성을 판단하기 위해서 페이스북에서 밀레니얼 오디언스를 생성한 후 몇 가지 단계를 추가해야 한다.

1. **오디언스 인사이트 대시보드에서 분석하고자 하는 오디언스를 선택한다.**

   오디언스가 백엔드에 로딩되고 나서는 그림 16-1에서와 같이 오디언스 인사이트 대시보드에서 사용자 정의 오디언스를 선택함으로써 그들의 대의명분 연관성을 꼼꼼히 살펴보는 프로세스가 시작된다.

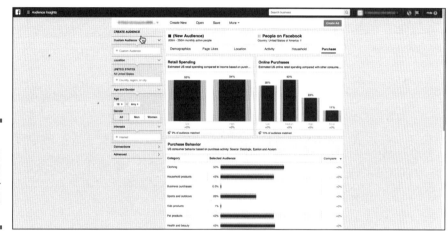

그림 16-1

오디언스 인사이트 대시보드에서 추가분석을 원하는 오디언스를 선택한다.

2. **선택된 오디언스 내에서 월간 활동 사용자를 주목한다.**

   특정 대의명분을 적극적으로 지지하는 사용자의 숫자와 비교할 수 있도록 선택된 사용자 정의 오디언스의 활동 사용자에 주의를 기울이도록 한다. 프로세스의 다음 단계로 넘어가면, 그림 16-2와 같이 대시보드 상단 바에서 활동 사용자 수를 확인할 수 있다.

3. **가늠해보고 싶은 관련 카테고리 또는 대의명분을 선택한다.**

   관심사 상자에서 오디언스가 관심이 있을 법한 대의명분 관련 관심 카테고리 또는 자선/비영리 목적의 기관과 같은 관련 협회를 선택한다(그림 16-3 참조). 이 리스트는 상당히 광범위할 수 있는데, 그중 한 가지 대의명분에 해당하는 것을 선택할 수도 있고 또는 범위를 넓혀서 대의명분과 관련된 일반적인 관심사를 포괄적으로 담을 수도 있다. 단지 선택된 오디언스가 대의명분

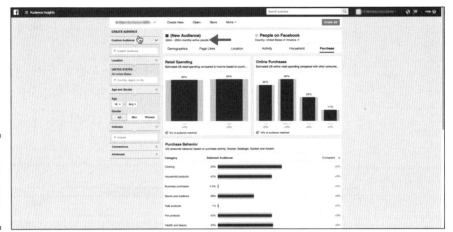

그림 16-2
선택된 사용자 정
의 오디언스에서
활동 사용자 수에
주목하라.

과 자사의 연관성을 어느 정도 받아들이는지에 대해 감을 잡고 싶다면 후자
를 택해도 좋다.

4. **대의명분 관련 협회에 적합한 기존 오디언스의 비율을 주목한다.**
   사용자 정의 오디언스의 기존 사용자 수를 대의명분에 관심이 있는 사용자
   수와 비교한다. 이렇게 비교를 해보면 선택한 대의명분을 지지하는 캠페인
   개발과 관련해 이 오디언스가 얼마나 가능성이 있고 어느 정도로 반응을 할
   것인지를 이해하게 될 것이다. 이 숫자는 기존 활동 오디언스 전체 숫자가 나
   오는 위치와 같은 곳에서 확인할 수 있다. 그림 16-2가 그 예다.

5. **다른 대의명분 또는 다른 자선기관에 대해서도 같은 프로세스를 반복한다.**
   만약 어떤 대의명분의 구체적인 사항에 대한 검토를 계획한다면, 관심 있는
   여러 가지 대의명분에 대해 똑같은 오디언스를 대상으로 이 작업을 반복하
   면 된다. 오디언스 비율이 가장 높은 것이 관심과 참여를 발생시킬 가능성이
   가장 큰 것이다.

브랜드와 연관된 대의명분 찾기

브랜드와 대의명분 간의 시너지가 모두에게 명확할 때 그 선택은 성공했다고 볼 수
있다. 대의명분 선택 시에 개인적 관심에서 일보 물러나서 어떤 대의명분이 브랜드
의 산업 또는 제품과 가장 잘 연계되는지를 자문해보도록 하자. 또한 구축하고자 하

그림 16-3
오디언스가 흥미를 보이는 대의명분 관련 관심 카테고리 또는 협회를 선택한다.

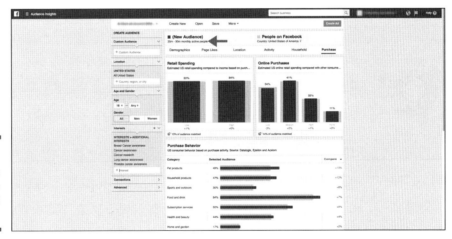

그림 16-4
선택한 오디언스가 얼마나 성공 가능성이 있는지 판단한다.

는 브랜드 목소리와 가장 잘 어울리는 것이 무엇인지도 질문해봐야 한다.

어느 대의명분이 브랜드와 가장 잘 맞는지 판단하기 위해서 다음 부분의 질문들을 던져보자.

오디언스가 현재 특정 대의명분에 관여하고 있는가

오디언스 분석에서 선택한 그룹이 자사가 관심을 두고 있는 대의명분과 현재 연계되어 있는지를 알아보기 위해 점검하자. 그러고 나서 그들이 자사가 생각하지 못했을 수 있는 다른 대의명분에 관심이 있는지 없는지 더 광범위한 분석을 검토해보도록 한다.

일반적인 대의명분과 구체적인 대의명분 등 가능한 모든 대의명분을 검토하도록 한다. 이후 오디언스가 비교적 높은 관심을 보였던, 예컨대 10%를 초과한 대의명분 리스트를 만들자.

찾아낸 대의명분과 직접 연관된 것은 무엇인가

대다수의 오디언스가 관심이 있는 대의명분을 찾고 나서는 해당 대의명분과 직접적으로 관련이 있는 제품, 조직 그리고 계획을 생각해봐야 한다. 예를 들면 세계 기아는 '스톱 헝거 나우(Stop Hunger Now)'와 같은 비영리단체와 관계가 있다. 현재 많은 회사들이 '스톱 헝거 나우'라는 단체를 지지하기로 결정하고 팔찌, 자동차 범퍼 스티커나 핀 같은 작은 액세서리를 제공했다.

브랜드와 잘 어울리는 대의명분을 찾으면, 해당 대의명분을 제품 또는 마케팅에 통합할 수 있는 다양한 방법을 검토해보고, 얼마나 잘 대의명분을 소개하고 오디언스의 참여를 이끌어낼 수 있을지 판단해보자.

간접적인 연관성을 보여줄 수 있는가

대의명분과 브랜드 사이의 어떤 간접적인 연관성이 있는지 여부를 생각해보자. 이때 고정관념에서 벗어나야 할 것이다. 창의적인 사고를 통해 브랜드를 선택한 대의명분과 적절하게 연계시킬 수 있을 것이다. 브랜드가 지지하려고 하는 대의명분 또는 단체와 어떻게 연결되는지가 항상 명확한 것은 아니기 때문이다. 특별히 이런 경우에는 대의명분과 브랜드 간의 직접적인 관련성을 생각하기보다 산업 또는 오디언스와 어울릴 수 있는 방법을 생각해보면 좋다.

예를 들어 스포츠 장비를 살 여유가 없는 아이들에게 장비를 제공하자는 대의명분을 지지하는 온라인 스포츠용품 소매업자라고 가정해보자. 오디언스는 쉽게 연관성을 알 수 있다. 이렇게 명백히 연결된다면 대의명분 관련 계획을 마케팅 커뮤니케이션과 통합하는 것이 더 쉬워진다.

대의명분에 대한 브랜드의 열정이 모든 커뮤니케이션에서 반짝여야 한다. 이러한 열정은 자사가 고취시키고자 하는 대의명분에 대한 지지를 구축하는 원동력이 되고, 밀레니얼 오디언스의 참여와 충성도 역시 높여줄 것이다.

대의명분을 활용해 브랜드 마케팅하기

브랜드와 연관시킬 대의명분을 결정하고 나면, 이제 대의명분 마케팅에서 사용할 자료를 개발하기 시작할 차례다. 대의명분 마케팅은 브랜드와 영구적으로 연계된 무언가가 될 수도 있고, 그렇지 않으면 브랜드가 해당 커뮤니티에 관련되어 있는 동안 참여하는 것이 될 수도 있다. 접근방식과 관계없이 브랜드와 선택한 대의명분을 연계시키는 전략을 준비해야 한다.

브랜드 및 대의명분과 연관된 목표 수립하기

대의명분 마케팅 전략에는 단기 및 장기 목표가 모두 포함될 수 있다. 목표는 캠페인마다, 혹은 대의명분마다 달라질 것이다. 예를 들면 아이스 버킷 챌린지와 같은 소문난 캠페인에 참여하는 주요 목표는 전적으로 다른 사람을 위해서일 수 있다. 올바른 대의명분에 대한 인지도를 올리고 기금을 모으고 싶을 뿐이고, 그래서 정확히 그 일을 하는 캠페인에 참여하는 것이 목표가 되어야 한다. 만약 대의명분 마케팅이 비즈니스 관점에서 영향을 미치기를 원한다면, 이러한 종류의 동기가 모든 대의명분 마케팅 계획에서 필요하다.

모든 대의명분 관련 캠페인의 주요 목표는 해당 대의명분에 도움이 되는 것이다. 장단기 비즈니스 목표는 더 큰 목표를 달성하기 위한 이차적인 목표가 되어야 한다. 그리고 밀레니얼 오디언스가 보기에 주요 목표가 명확해야 한다.

대의명분에 관한 비즈니스 목표를 고려할 때 연관성 역시 중요하다. 다음 부분은 대의명분 관련 캠페인을 계획할 때 고려해야 하는 목적을 설명하고 있다.

브랜드 인지도

대의명분 마케팅은 오디언스의 관심을 끄는 콘텐츠를 개발할 수 있는 완전히 새로운 테마를 제공한다. 이렇게 호감을 불러일으키는 콘텐츠는 주요 밀레니얼 시장에서 브랜드 노출을 강화시킨다. 또한 해당 대화에 참여한 오디언스 사이에서 브랜드 인지도를 향상시킬 수 있다.

관계 육성

밀레니얼 오디언스를 구축했고 핵심적인 관계를 강화하고자 한다면, 대의명분 마케팅은 그와 같은 목표를 달성하는 데 도움이 될 수 있다. PR 회사인 콘 커뮤니케이션즈가 실시한 연구 '대의명분의 진화'에 따르면, 소비자의 85%가 자신들이 중요하다고 생각하는 대의명분을 지지하는 브랜드를 더 높이 평가한다고 한다. 특정 대의명분에 대한 지지를 표함으로써 주요 인구집단과의 관계를 구축하게 될 것이다(제15장에서 관계 구축과 관련된 주제를 다루고 있다).

전환 시간 단축

온라인 옥션 및 소매 대기업인 이베이가 쇼핑카트 유기(잠재적 쇼핑객이 상품을 온라인에 담고 나서 구매를 완료하지 않고 웹사이트를 떠나는 것)를 방지하기 위해 실행했던 전략 중 하나는 결제 시에 기부 옵션을 포함하는 것이다. '대의명분과 커머스 통합하기'라는 이베이 연구에 따르면, 구매자에게 결제 시 기부할 기회가 주어지면 거래를 완료할 가능성이 더 크다는 것이다. 실제로 판매자들은 대의명분에 기부하는 옵션을 제공하지 않은 판매자 대비 같은 기간 29%의 판매 증가를 이루었다.

대의명분을 소개함으로써 구매 사이클을 단축하는 것은 장단기적으로 모두 사용할 수 있는 아주 중요한 전술이다. 이러한 기법은 특별히 구매 여정이 긴 브랜드에 유용하다.

고객 충성도 향상

'대의명분과 커머스 통합하기'라는 연구를 통해 이베이는 판매자들이 50%의 고객 이탈률 감소를 경험했다는 사실을 알았다. 이것은 대의명분이 구매 여정에 통합되었을 때 한 거래 시점부터 그다음 거래 사이에 떠난 사람이 감소했음을 의미한다.

고객 이탈률은 고객이 한 브랜드에서 더 이상 구매하지 않거나 웹사이트에서 회원 탈퇴하는 비율이다. 고객 충성도 및 가치를 측정하는 중요한 지표이다.

알다시피 밀레니얼 세대는 중요한 대의명분을 지지하는 브랜드와 관계 맺기를 특히 선호한다. 그렇게 하는 것은 마케터가 중요하게 생각하는 특정 계획을 브랜드가 돕고 있다는 것을 뜻할 뿐 아니라 장기적으로 고객 충성도를 제고함으로써 또한 득이 된다.

브랜드 성장을 위해 대의명분 마케팅 활용하기

대의명분과 관련지어 브랜드를 수립하는 것은 유용한 전략이 될 수 있지만, 반드시 브랜드가 대의명분과 불가분하게 연결될 필요는 없다. 몇몇 세계적인 대형회사들은 직접적으로 대의명분과 관련짓지 않고 브랜드를 수립한다. 갭과 나이키 같은 글로벌 소매업체(제17장에서 다룬 탐스처럼)는 대의명분을 조직의 주요 포인트로 만든 기업들과 달리 어떤 주요 영역에서만 대의명분과 연계된 관점으로 대의명분 마케팅을 접근한다.

예를 들면 갭은 바나나 리퍼블릭과 올드 네이비를 포함해 여러 개의 브랜드를 소유하고 있고, 반드시 대의명분 마케팅 활동에 관련되어 있지는 않다. 그러나 갭의 고객들은 브랜드 갭이 아프리카 에이즈 퇴치를 돕기 위한 제품 레드 캠페인과 연계되어 있음을 잘 알고 있다. 나이키, 아메리칸 익스프레스, 컨버스 및 기타 다양한 브랜드에서 제품(레드) 캠페인의 테마 사용 허가를 받아 자사 브랜드와 해당 대의명분을 연결하고 있다.

앞서 언급한 상장한 대기업들이 했던 것처럼 브랜드를 해당 업계를 넘어서는 더 큰 대의명분과 연계하는 전략은 브랜드 성장과 관련한 몇 가지 목표를 달성하기에 좋은 방법이다.

> » **대기업과 하나의 그룹으로 들어간다.** 대의명분에 관한 한 소상공인협회처럼 작은 회사들뿐 아니라 갭 또는 아메리칸 익스프레스와 같은 대규모 조직들이 참여하고 있을 수 있다. 참여 회사의 규모는 다양할 수 있지만, 그

들이 활동하는 리그는 동일하다. 국가적으로 또는 글로벌하게 인지도가 높은 대의명분을 활용함으로써 노출을 증대시킬 수 있고, 노출 증대는 회사의 존재감을 키우는 데 확실히 도움이 될 것이다.

» **제품라인이나 서비스 제공의 범위가 확장된다.** 리브스트롱 또는 제품이나 서비스를 판매하고 있는 다른 단체의 경우 브랜드가 제공하는 제품이나 서비스의 범위를 확장할 수 있도록 해준다. 이러한 확장이 매출의 주요 원천이 되지는 않더라도 타깃 오디언스에게 눈에 띌 가능성이 높아지는 것은 분명하다.

» **대의명분이 아니었다면 접근하지 못했을 새로운 시장에 다가간다.** 요란한 온라인 마케팅이 너무 많아서 통상적인 마케팅 캠페인을 통해서는 당연히 많은 잠재고객에서 다가가기 어려울 수 있다. 완벽히 맞아떨어지는 잠재고객이 있더라도 온라인에서 너무 많은 일이 일어나고 있어서, 해당 브랜드를 쉽게 무시해버릴 수 있다. 대의명분을 지지함으로써 다른 각도에서 잠재고객을 움직임으로써 잃어버린 잠재고객을 되찾을 수 있다.

밀레니얼 세대와의 관계 수립을 위해 대의명분 활용하기

관계는 밀레니얼 세대의 구매 결정을 이끌고 충성심을 불러일으킨다. 가격이 구매 사이클의 타이밍과 크게 관련될 수 있지만, 궁극적으로는 관계가 결정적인 요소일 수 있다. 밀레니얼 세대가 대의명분 연계에 부여하는 중요성과 결부해 생각하면, 대의명분 마케팅이 밀레니얼 소비자와의 관계를 앞으로 나아가게 할 수 있다고 확실하게 말할 수 있다.

밀레니얼 소비자와의 관계 형성을 위한 커뮤니케이션 전략에서 대의명분을 활용할 수 있다.

» **브랜드 웹사이트에 대의명분 메시지 포함하기** : 오디언스가 메인 메뉴나 홈페이지 콘텐츠에 포함된 링크를 통해 접근할 수 있는 웹사이트의 독자적인 세션을 통해 대의명분에 대한 관심을 불러일으키는 방안을 고려해보

자. 또한 사이트 콘텐츠 어디에서라도 자사가 해당 대의명분에 개입하고 있음을 보여주고 싶을 것이다. 만약 움직이는 홈페이지 배너가 있다면 배너 슬라이드 중 하나를 지지하고 있는 대의명분에 할애할 수 있다.

» **다양한 채널에서 기부 옵션 추가하기** : 그림 16-5처럼 콘스탄트 콘택트 (http://constantcontact.com)와 같은 도구를 사용하여 이메일 형태로 자사 웹 사이트에 또는 페이스북과 같은 소셜 채널에 기부 옵션을 넣을 수 있다. 기부 옵션을 많이 선보일수록 자사가 대의명분에 투자하고 있고 기회주의 적이지 않다는 것을 오디언스에게 좀 더 분명히 할 수 있다.

그림 16-5
콘스탄트 콘택트 를 통해 사용자가 기부 캠페인을 만 들 수 있다.

» **대의명분 관련 콘텐츠 전략 수립하기** : 기부 버튼처럼 다양한 매체에 걸쳐 선택한 대의명분에 대한 관심을 불러일으키는 지속적인 요소가 있지만, 대 의명분을 강조하는 콘텐츠 전략은 대의명분 마케팅 활동을 앞으로 더 나 아가게 하는 유용한 방법이다. 이러한 콘텐츠는 감성 소구 판매 전략(소프 트 셀 전략)의 궁극적인 모습을 띠어야 한다. 감성 소구 판매 접근방식을 활 용하고 브랜드 이미지에 주는 타격을 피하는 성공적인 캠페인을 운영하는 팁은 350쪽 '브랜드에 가할 수 있는 타격 방지하기'에서 다루었다.

» **대의명분에 대한 관심을 끌 수 있는 최근 화제가 되는 운동 또는 이벤트에 참여하기** : 트렌드에 동참할 때 그것은 브랜드를 인간화한다. 브랜드의 참 여가 받아들여질 수 있고 환영받을 것인지를 판단할 때, 자사가 영리 중심

의 조직 그 이상임을 알림으로써 참여하고 있는 다른 밀레니얼 세대와의 관계를 강화할 수 있다.

브랜드에 가할 수 있는 타격 방지하기

대의명분 마케팅은 관계 구축에 대단히 도움이 될 수 있지만, 기회주의자라고 인식되는 것을 반드시 피하고 싶을 것이다. 기회주의자라는 인식이 생기면 밀레니얼 소비자의 신뢰는 분명 무너진다. 이는 브랜드에 대한 오디언스의 영구적인 인식에도 해로울 수 있다.

브랜드에 타격을 가하는 것을 방지하기 위해 반드시 다음과 같은 조치를 취하도록 하자.

» **트렌드 동참 여부를 검토한다.** 트렌드 및 인터넷 홍보는 브랜드를 인간화하고 밀레니얼 세대와 연결하는 좋은 방법일 수 있다. 트렌드에 동참하는 간단한 캠페인을 진행할 때에는 아주 많이 준비할 필요도 없고 매일매일의 커뮤니케이션에 통합될 필요도 없다. 그러나 브랜드가 트렌드에 동참하는 것이 적절한지에 대해서는 여전히 검토가 필요하다. 대개 브랜드가 개입하는 것이 부차적인 활동으로 긍정적인 역할을 하지만, 참여자가 특정 대의명분을 위해 개인적 스토리를 공유하는 캠페인과 같은 몇몇 경우에는 브랜드가 참여하는 것이 부적절하다.

» **자사의 기부에 대한 답례로 참여를 요구하지 않는다.** 2013년 켈로그가 기부와 참여를 맞바꾸는 제안을 한 사례는 브랜드가 어떻게 대의명분 마케팅의 핵심에서 벗어날 수 있는지를 보여준다. 기본적으로 '좋아요'를 누르거나 해당 콘텐츠를 공유해준 데 대한 답례로 기부를 하겠다고 한 것은 오디언스에게 해당 회사가 자신들에게 돌아오는 무언가가 있는 경우에만 특정 대의명분에 관심이 있다는 것을 밝힌 셈이었다. 여기서 주목해야 하는 주요 포인트는 리트윗을 대가로 한 기부 요청은 대의명분 참여가 전적으로 비즈니스 이익을 얻기 위해서라는 것을 보여주는 것이다. 판매의 일정

부분을 기부하거나, 기부를 매칭하거나, 아니면 단순히 기부 옵션을 제공하는 것이 순수함을 드러내는 아주 좋은 방법이다. 소비자로부터 어떤 이득을 얻기 위해 기부를 볼모로 잡아두는 것은 좋은 방법이 아니다.

» **위선 가능성을 피한다.** 논란을 경험한 적이 있는 산업에 속해 있을 때에는 대중이 특정 캠페인에 자사가 개입하는 것을 어떻게 인지할 것인지에 대해 정말로 생각해봐야 한다. 예를 들어 석유 및 가스 비즈니스에 종사한다면, 환경을 돕고자 하는 대의명분과 연계하는 것이 꺼려질 수도 있다. 오디언스는 분명 아이러니하다고 생각할 것이고 반응은 부정적일 것이다.

» **진실하고자 노력한다.** 무엇을 선택하든지 가장 중요하게 기억해두어야 할 점은 진실함이 성공적인 대의명분 마케팅의 핵심이라는 사실이다. 밀레니얼 세대는 개인적 이득을 위해 브랜드가 대의명분을 이용하는 것을 바라지 않고, 이러한 계략을 알아차릴 수 있을 만큼 충분히 통찰력이 있다. 진실로 신념을 가진 대의명분을 돕기 위한 전략을 만든다면 그 열정이 빛을 발할 것이다.

10가지 참조사항 모음

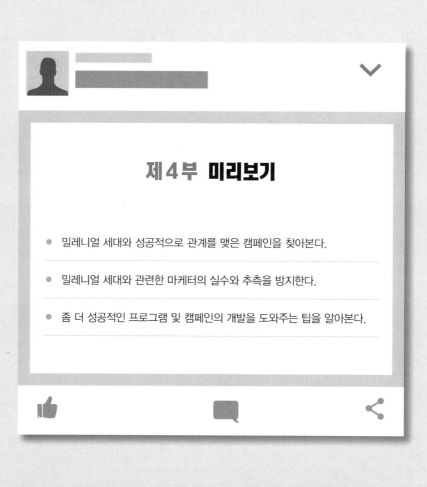

제4부 미리보기

- 밀레니얼 세대와 성공적으로 관계를 맺은 캠페인을 찾아본다.

- 밀레니얼 세대와 관련한 마케터의 실수와 추측을 방지한다.

- 좀 더 성공적인 프로그램 및 캠페인의 개발을 도와주는 팁을 알아본다.

밀레니얼 세대를 끌어들인
성공적 마케팅 캠페인 10선

제17장　미리보기

- 실행 중인 밀레니얼 세대 중심의 마케팅 전략을 검토해본다.
- 모든 전략에 포함되어야 하는 시장의 현실을 알아본다.

이번 장에서 여러 브랜드가 밀레니얼 세대를 충성스러운 평생고객으로 전환했던 몇 가지 방법을 살펴보겠다. 이번 장에서 다루는 모든 브랜드 사례는 다양한 전략, 플랫폼 또는 오디언스 특징을 활용하여 성공을 거두었다. 모든 전략이 자신의 비즈니스에 적절하지는 않겠지만 분명 여기 나온 사례에서 몇 가지 교훈을 찾을 수 있을 것이다.

도미노피자, 스냅챗에 뛰어들다

도미노피자는 최첨단 소셜 미디어 캠페인에 대해 잘 알고 있다. 패스트푸드 피자 체인인 도미노피자는 피자 주문 프로세스의 다른 모습을 보여주고 소셜 미디어와 모바일 기기에서 살아가는 밀레니얼 세대의 관심을 확보한 성공적인 캠페인을 여러 차례 실시했다. 스냅챗 캠페인 계획을 론칭하기 전, 영국 도미노피자는 사용자에게 피자 특별 주문 프로세스를 공유할 만한 소셜 경험으로 바꿀 수 있는 기회를 제공한다면 브랜드 경험 캠페인 참여에 관심을 기울일 것이라는 점을 파악했다. 도미노피자 레전드가 고객을 브랜드 경험에 몰두하도록 했고, 이에 도미노피자는 새로운 플랫폼, 스냅챗에 뛰어들어보기로 결정했다.

도미노피자는 스냅챗 스토리 기능을 활용하여 날짜를 정해두고 충성스러운 팬들에게 정보를 전달하고, 24시간 동안 노출되는 스토리를 만들었다. 이 스토리에서는 피자 배달원이 배달 가는 길을 따라갔고, 그 과정에서 배달원이 여러 가지 장애에 부딪힌다. 그리고 가끔 이 스토리 안에서 오디언스가 피자 주문 시에 사용할 수 있는 비밀 할인코드의 일부를 보여준다. 이러한 전략을 통해 모바일 기기에서 활동하는, 비용 감소 기회에 관심이 많은 젊은 세대의 구미에 맞춘 몰입형 브랜드 경험이 창출된다.

나이키, 인스타그램을 경험하다

인스타그램은 비주얼 미디어이다. 시각적으로 관심을 끄는 콘텐츠가 없다면 그 브랜드는 인스타그램에서 실패할 것이라는 점은 피할 수 없는 사실이다. 주요 신발 및 스포츠용품 소매업자인 나이키는 인스타그램에서 상품라인을 선보이는 쉬운 길을 택할 수 있었을 것이다. 하지만 그 대신 나이키는 라이프스타일에 초점을 두기로 결정했다. 거대한 규모의 팔로어 오디언스가 더해졌다는 사실이 나이키가 올바른 결정을 했음을 증명하고 있다.

나이키의 인스타그램 피드를 스크롤하다 보면, 그들이 공유하는 사진에서 흥미로운 점을 발견하게 될 것이다. 특정 상품을 환기시키는 이미지는 거의 사용되지 않는다.

나이키는 인스타그램을 사용하는 밀레니얼 세대가 나이키라는 브랜드에 익숙하다는 것을 알고 있다. 나이키는 상품을 보게 하고 싶은 것이 아니라, 상품이 사용되는 라이프스타일을 알도록 하고 싶은 것이다.

이러한 요령 있는 전술이 나이키가 콘텐츠 전략을 수립하는 데 도움을 주었다. 나이키는 인스타그램을 밀레니얼 세대의 연상 도구로 사용한다. 나이키 장비를 사용하는 탄탄한 몸매의 활동적인 개인이 건강한 라이프스타일을 추구하고 있다는 것을 보여줌으로써 인스타그램 사용자들은 나이키를 보면 건강한 삶을 떠올린다.

나이키가 자사 팬의 마음 상태 및 관심사를 이용한 것은 오디언스를 아주 친밀한 수준까지 이해하고 이를 성공적인 콘텐츠 전략을 구축하는 데 활용한 브랜드의 전형적인 사례이다. 나이키는 밀레니얼 세대가 세계적으로 알려진 나이키라는 브랜드에 친숙하고 충분히 제품을 살 준비가 되어 있다는 점을 인식했다. 나이키는 오디언스의 마음 상태를 이런 식으로 이해함으로써 상품을 극구 권하지 않고도 건강한 삶에 대한 매체 점유율을 유지할 수 있었다.

치폴레와 디지털 뉴미디어

치폴레는 부리토(토르티야에 콩과 고기 등을 넣어 만든 멕시코 요리-역주)를 파는 수십억 달러의 가치를 지닌 패스트푸드 체인이다. 많은 사람들이 부리토가 그렇게 높은 수익을 낼 것이라고는 예상하지 못했을 것이다. 하지만 치폴레는 밀레니얼 세대의 기호, 커뮤니케이션 습관 및 대의명분 마케팅을 활용해 세계에서 가장 큰 패스트푸드 체인 몇몇과 대적할 만한 부리토 비즈니스를 구축했다. 그것뿐만 아니라 치폴레는 직접광고에 사실상 돈을 한 푼도 쓰지 않고 모든 성공을 이루어냈다. 이러한 접근방식을 엄청난 광고비를 쏟아붓는 경쟁사와 비교해보자. 치폴레는 어떻게 이것을 해냈을까?

첫째, 치폴레는 고객을 잘 안다. 치폴레가 연구를 통해 알게 된 사실은 밀레니얼 세대가 음식이 빠르게 나오기를 원하기는 하지만, 그와 동시에 건강하고, 맛있고, 유전자 변형 농산물을 사용하지 않은, 그리고 사회적 의식이 있는 기관에서 파는 음식을 원한다는 것이었다. 이 연구를 통해 치폴레가 밀레니얼 세대에게 자사의 상품을 정확히 어떻게 표현해야 할지를 알게 된 것이다. 또한 말을 빠르고 효과적으로 전하기 위해서, 소셜 미디어 그리고 공유하는 것을 즐기는 밀레니얼 세대의 특성을 어떻게 활용해야 하는지를 알게 되었다. 치폴레는 건강하고 유전자 변형 농산물이 없는 재료, 그리고 환경에 대한 책임의식을 담은 미션을 기반으로 브랜드를 구축했다. 환경에 초점을 둠으로써 대의명분 마케팅 및 소셜 공유가 작동하기 시작했다.

밀레니얼 세대는 수익 이상의 것에 관심을 갖는 브랜드의 물건을 구매하고 싶어 한다(제16장 참조). 치폴레는 환경 의식을 중시하는 자신들의 접근방식을 미디어 계획의 강조점으로 삼았다. 이 접근방식은 대개 비디오를 기반으로 했는데, 그 이유는 비디오가 밀레니얼 세대가 가장 좋아하는 미디어이기 때문이다. 결과는 믿기 어려울 정도였다.

그런데 안타깝게도 치폴레는 최근 브랜드에 상처를 주는 식품 안전 관련 이슈에 직면했다. 그러나 뉴미디어와 오디언스의 기호를 색다르게 활용한 치폴레의 방식이 최소한의 예산으로 운영되는 브랜드라고 해도 따를 수 있는 청사진을 제공했다는 사실은 변함이 없다.

탐스, 대의명분에 초점을 두다

탐스를 잘 모르는 독자를 위해 설명하자면, 탐스는 일대일 기부(One for One, 신발 한 켤레를 사면 한 켤레가 기부되는 시스템-역주) 미션 선언문을 도입하면서 대의명분 마케팅의 개념을 재정립한 영리 목적의 신발 회사다. 탐스가 신발을 하나 팔 때마다 도움이 필요한 아동에게 한 켤레를 기부한다. 탐스는 신발이 필요한 전 세계 어린이들에게 3,500만 켤레 이상을 제공했다.

그렇다면 영리 목적의 회사가 어떻게 이러한 방식으로 운영될까? 탐스는 기부비용이 신발 가격 안에 포함되어 있다는 사실을 비밀에 부치지 않는다. 이렇게 가격에 한 켤레 비용이 추가되어 있다는 사실을 투명하고 솔직하게 밝혔지만, 탐스는 이례적일 정도로 성공을 거두고 있으며, 밀레니얼 세대를 대상으로는 더욱 그러하다. 탐스의 밀레니얼 오디언스와 소셜 미디어의 참여는 규모가 어마어마하다. 주로 회사가 브랜드를 구축한 투명성 때문이다. 고객이 탐스라는 브랜드를 따름으로써 자신들의 구매가 아이들을 도울 수 있는 기부로 바뀌는 것을 볼 수 있다.

계산대에서 고객들에게 대의명분을 위해 기부를 요구하는 수많은 체크아웃 기부 요청 구조와는 달리, 탐스는 고객에게 자신들의 구매가 정확히 어떻게 영향력을 미치는지 보여준다. 이러한 종류의 대의명분 마케팅은 밀레니얼 세대와 관계를 구축할 때 아주 효과적이다. 밀레니얼 세대는 본인이 낸 자선기부금이 어떻게 사용되었는지 알고 싶어 한다. 계산대에서 1달러를 기부하는 것은 일단 행위가 끝나고 나면 어떤 추가적인 효용을 내지 못하는 다소 수동적인 행동에 불과하다. 그런데 고객이 탐스를 신고 팀스가 어린이들에게 도움을 주는 이야기를 팔로우한다면, 불우한 아이들을 위해 좋은 일을 했다는 느낌이 계속 갈 것이다.

탐스가 하고 있는 것은 아이디어 브랜드라고 불리는 좀 더 광범위한 산업 카테고리의 일부이다. 아이디어 브랜드란 새로운 구성요소를 통합하고 기존 요소가 어떻게 사용될 수 있는지를 다시 생각함으로써 다양한 산업의 일반적인 비즈니스 모델을 조정하는 회사다.

달러 셰이브 클럽, 가격과 바이럴 영상을 선택하다

달러 셰이브 클럽은 가입비를 내고 한 달에 한 번 값싼 면도기와 기타 손톱 손질 제품을 고객의 집까지 배달하는 10억 달러 규모의 회사를 설립했다. 밀레니얼 세대가 온디맨드 제품을 갈망하고 독특한 마케팅 기법에 대해 감탄한다는 점을 이용하기 위해서 달러 셰이브 클럽은 바이럴 동영상 및 다이렉트 메시징을 활용하여 비즈니스를 구축했다.

달러 셰이브 클럽의 수장들이 초기부터 확신했던 한 가지는 밀레니얼 세대가 명품 수준의 가격 책정을 거부할 것이라는 점이다. 발달된 기술 및 그 밖에도 가격을 좀 더 높이 책정할 만한 이유가 있는 일회용 면도기를 만드는 대신, 밀레니얼 세대의 열망에 의존했던 달러 셰이브 클럽은 광고는 직접적이고 재밌었으면 하는 밀레니얼 세대의 소망을 이용했다. 그리고 그것은 효과가 있었다.

시장정보기관인 민텔의 연구에 따르면 밀레니얼 세대의 약 70%가 재미있는 광고를 원한다고 한다. 그리고 그 반 이상은 즐거움을 줄 뿐 아니라 광고처럼 느껴지지 않는 광고를 원했다. 쉬운 과제가 아니지만 달러 셰이브 클럽은 비디오를 아주 과감한 방식으로 전달하기로 했는데, 그 비디오는 이후 입소문을 탔다. 잠재적 구매자에게 그들이 무엇을 받게 될 것이고 가격이 얼마인지에 대한 명확한 메시지를 이상하고 무표정한 유머를 사용해서 전달했다. 광고는 유튜브와 페이스북 같은 소셜 네트워크를 통해 뿌려졌고 어떤 속임수나 술책을 쓰지 않을 것이고 저렴한 물건을 제공하기로 약속했다. 그 결과 달러 셰이브 클럽은 충성스러운 팔로잉 및 밀레니얼 세대와의 지속적인 관계를 구축했다.

오디언스에 대한 이해가 달러 셰이브 클럽의 성공 열쇠였다. 단순히 가격을 낮게 설정하는 것이 항상 올바른 옵션은 아니다. 달러 셰이브 클럽에 있어서의 핵심은 한 단계 더 나아가 저가 정책과 짝을 이루어 부드러운 분위기의 마케팅 캠페인을 전개한 점이다. 브랜드의 진정성과 그들이 전달하는 메시지의 일관성 덕분에 유니레버가 10억 달러에 인수할 정도까지 회사를 키울 수 있었다.

우버, 밀레니얼 친화적인 캠페인을 개발하다

온디맨드 차량 서비스 및 승차 공유 앱인 우버는 세상에 두 가지를 증명해 보였다. 첫째, 소비자들이 아직 깨닫지 못한 문제에 대해 해결책을 제공할 때 믿을 수 없을 정도로 크게 성공한다는 사실을 보여주었다. 둘째, 우버는 공유경제에 관해서라면 밀레니얼 세대가 소유보다는 접근을 추구하는 개념의 완벽한 본보기라는 점을 드러내주었다.

우버는 밀레니얼 세대가 경험의 일부가 되기를 원한다는 것을 깨달았다. 브랜드의 연관성을 계속 유지하고 모바일 사용자에게 제공되는 또 하나의 서비스가 되지 않도록 하는 마케팅 캠페인을 지속적으로 만들어냈다.

우버의 첫 번째 목적은 공유경제를 이용하는 것이지만, 마케팅은 대개 경험에 대한 밀레니얼 세대의 욕구를 충족시켜주는 쪽으로 이루어졌다. 우버 이전에는 블랙 카

경험이 최고의 엘리트 서비스였다. 일반적인 밀레니얼 세대는 개인 소유의 검정 세단으로 시내에서 몇 블록 떨어진 곳에 자신을 데려다주는 것은 생각지도 못했을 것이다. 우버는 이와 같은 경험을 만들어 '우리 모두의 개인 운전사'라는 슬로건을 달고 나타났는데, 우버가 제공하는 경험이 회사의 미션 선언문에 고스란히 압축되어 있다.

마케팅을 새롭게 하기 위해 우버는 지속적으로 새로운 상품을 내놓았고 단기 캠페인도 론칭하여 밀레니얼 세대가 앱으로 다시 찾아오도록 했다. 심지어 차량이 필요하지 않을 때도 말이다. #UberIceCream과 같은 캠페인의 경우 특정 기간에 사용자들이 우버에 전화해서 아이스크림을 자신이 있는 곳으로 배달받을 수 있는 기회를 제공했다. 또 다른 예는 '고양이의 날(10월 29일)'에 론칭한 #UberKITTENS인데, 사용자들에게 우버를 이용해 고양이를 직장에 데리고 갈 수 있도록 한 캠페인이다. 이러한 활동들로 인해 밀레니얼 세대는 단순히 우버를 이용해 차를 부르는 것을 넘어서 관계를 맺기 시작했다.

코카콜라, 이름 게임을 하다

2015년, 대형 음료회사 코카콜라는 밀레니얼 세대 사이에서 가장 인기 있는 이름 250개를 선정해 콜라병에 새기는 캠페인을 론칭했다. 소비자가 자신의 이름이 인쇄된 코카콜라 병을 찾아나설 만한 이유를 제공했다. 또한 밀레니얼 세대를 위한 개인화되고, 사회적인, 그리고 공유할 수 있는 경험을 만들어낸 것이다.

코카콜라는 밀레니얼 세대가 개인화를 선호한다는 사실을 잘 이해했다. 또한 밀레니얼 세대가 개인적인 경험을 소셜 채널에 공유할 때 주로 모바일 기기를 활용한다는 사실도 알게 되었다. 결과적으로 코카콜라는 미국에서 괄목할 만한 판매 성장을 이끌어낸 캠페인을 만들어냈다. 이러한 경험과 더불어 코카콜라는 사용자들에게 온라인 요소도 제공했다. 고객이 자기 이름의 역사와 어원을 알아볼 수 있도록 이름을 조사할 수 있는 방법을 제공했다.

이와 같은 브랜드 경험은 실제 세계와 디지털 세계가 정말 제대로 크로스오버된 사레다. 코카콜라는 개인화 욕구가 밀레니얼 세대의 허영심에서 비롯된 것이 아니라, 밀레니얼 세대가 글로벌 대형 브랜드에 대해 느끼는 단절감을 드러내주는 것이라는 것을 깨달았다. 이러한 작은 제스처가 코카콜라와 고객의 관계에 특별한 무언가를 더해주었고, 대규모 소매회사 및 브랜드에게 잊혔다거나 등한시되고 있다고 느낄 수 있는 밀레니얼 오디언스의 충성심을 조성하는 데에도 도움이 되었다.

애드블록 플러스, 고객이 원하는 것에 귀 기울이다

전 세계의 밀레니얼 세대는 일반적인 브라우징(browsing) 경험 시에 광고를 보고 싶지 않다는 바람을 표현해왔다. 구글이 광고 경험을 개인화하고 광고를 소비자의 관심에 맞추려고 부단히 노력했지만, 광고는 종종 브라우징 경험을 망쳐버리는 존재로 여겨진다. 애드블록 플러스가 브라우저에서 광고를 제외하는 옵션을 출시했을 때 밀레니얼 세대는 앞다투어 설치하기 시작했다. 우버는 밀레니얼 세대가 인식하지 못했던 문제를 찾아냈던 반면, 애드블록은 밀레니얼 세대가 한동안 계속 이야기해온 문제의 해결책을 개발했다.

설치가 어느 정도 이루어져 일정 수준에 도달한 직후 애드블록은 인가된(비용을 지불한) 광고주의 광고를 보여주기 시작할 것이라고 발표했다. 이러한 변화가 상품의 기반을 악화시켰으나, 애드블록이 오디언스의 니즈를 충족시킴으로써 성공적인 회사를 세운 것은 사실이다. 이러한 교훈은 주목할 만하다.

밀레니얼 세대는 자신의 원하는 것, 필요한 것에 활짝 열려 있고, 광고는 집중을 방해하고 종종 관련성이 떨어진다는 점, 그리고 자신들은 광고가 없는 웹을 선호한다는 사실을 세상에 분명히 알려왔다. 밀레니얼 세대가 이러한 고충이나 문제점을 공유할 때 그들에게 귀 기울여, 문제의 해결책을 개발하거나 기존의 솔루션을 해답으로 제시하는 일이 바로 마케터의 임무이다. 애드블록의 창업자는 시장의 목소리에 귀 기울이고 반응한 것이다. 브랜드워치 또는 멘션과 같은 도구들을 활용하면 브랜드 소유자나 마케터가 이러한 경청 프로세스를 쉽게 진행할 수 있을 것이다.

헨드릭스, 시원한 진을 내놓다

밀레니얼 세대는 보통 고급 주류 세계의 경쟁은 신경 쓰지 않았다. 고급의, 고가의 진 브랜드인 헨드릭스는 밀레니얼 세대의 관심을 얻는 일이 관건이라는 사실을 깨달았다. 하지만 밀레니얼 세대는 가장 저렴한 옵션을 구매하는 데 관심을 두며 선반 상단의 제품은 지나쳐버렸다. 헨드릭스 마케팅 팀은 품질과 맛이 좋다는 것을 내세우며 밀레니얼 세대의 관심을 얻으려 하지 않고, 진을 더 흥미로운 경험의 요소로 바꾸어 놓았다. 그들은 경험이 소비자 스스로 제품을 맛보게끔 이끌어주기를 기대했다. 이러한 전략이 밀레니얼 세대의 주목을 끌었다.

헨드릭스는 이상한 몬티 파이톤(영국의 대표적인 희극인 그룹-역주)풍의 비디오를 제작함으로써 괴짜 또는 힙스터에게 흥미를 일으키기 위해 의식적으로 노력을 기울였다. 헨드릭스는 소셜 미디어에서 재치 있는 농담을 주고받고, 특이한 주제의 이벤트를 열고, 소셜 미디어에서 공유하기에 이상적인 팝업 바와 스피키지(미국 금주령 시대의 밀주 판매점-역주)를 열었다.

경험 창출이 헨드릭스를 밀레니얼 소비자 사이에서 가장 인기 있고 인지도 높은 진 중 하나로 만드는 데 도움을 주었다. 하물며 이전에 진을 마시지 않았던 사람 또는 진에 대해 알지 못했던 사람들에게도 인기를 얻기 시작하지 않았는가!

베스트웨스턴, 하나의 그룹을 만족시키다

밀레니얼 세대에게 있어서 전통적인 베스트웨스턴 호텔에 머무는 것은 인스타그램에 올릴 만한 경험이 아닌 것으로 여겨진다. 베스트웨스턴 호텔 체인은 중요한 인구 집단인 밀레니얼 세대가 단순히 호텔에 머무는 것 이상의 무언가를 찾고 있음을 깨달았다. 그래서 시험 프로그램을 개발해 미주리 주에 위치한 호텔 중 하나에서 이를 시행했다. 그것은 전적으로 밀레니얼 출장자를 겨냥한 프로그램이었다.

밀레니얼 출장자의 취향 및 선호도를 조사한 결과 편리함 및 근접성에 대한 욕구가 컸다. 결과적으로 베스트웨스턴은 방의 구조를 변경해서 스타일리시하고 미니멀한 환경에 아주 기본적인 사항만을 제공했다. 게다가 호텔의 어메니티(호텔에 무료로 준비해 놓은 각종 소모품 및 서비스용품-역주)를 대폭 업그레이드했다. 밀레니얼 세대의 활동적인 라이프스타일에 맞추어 그랩앤고 방식(grab-and-go, 미리 만들어 용기에 담은 음식을 구매하는 방식-역주)의 매장을 두어 빠르게 접근해서 가지고 갈 수 있는 음식도 제공했다. 또한 건강한 삶에 대한 욕구가 있다는 사실을 인지하고 좀 더 종합적인 운동시설을 갖추었다.

이제 베스트웨스턴 인터내셔널은 이러한 연구와 고객에 대한 인사이트를 활용해 브랜드 전반의 진화를 꾀하고 있다. 베스트웨스턴은 밀레니얼 세대가 여행할 때 기초적인 거래를 넘어서 유용성을 확보하고자 한다는 사실을 알고 있다.

밀레니얼 세대를 겨냥한 마케팅에서 마케터가 흔히 하는 10가지 실수

이번 장에서는 필자가 특정 실수에 대해 다룰 때마다 고개를 끄덕이게 될지도 모른다. 마케터의 대다수가 밀레니얼 세대를 겨냥한 마케팅 전략을 수립할 때 이러한 실수를 저질렀을 수도 있고, 저지를 가능성도 있기 때문이다(이 책을 읽고 있는 독자 자신이 이러한 실수를 했더라도 걱정하지 말자. 혼자만 그런 것이 아니다!).

이러한 실수 모두가 반드시 캠페인을 실패하게 만드는 것은 아니지만 목표 달성을 더 어렵게 만들거나 캠페인 운영비용이 더 들 수 있다. 단지 흔히 저지르는 실수가 무엇인지 알아두고 밀레니얼 세대 마케팅 전략 수립 시에 염두에 두는 것만으로 목표 달성 시 허들을 최소화하면서 올바른 방향으로 가는 첫걸음이 된다.

게으르다고 가정하기

베이비붐 세대는 종종 밀레니얼 세대가 너무 오냐오냐 하면서 자라나 버릇이 없고, 원하는 것을 마땅히 누릴 자격이 있다고 생각하며, 게으르다는 의견 및 인식을 갖고 있다. 그중 마지막 특징, 게으름은 밀레니얼 소비자들 사이에서 수요 주도형 경제가 성장한 결과이다. 밀레니얼 세대는 제품과 서비스에 즉시 접근하고 싶어 하고, 그것을 사기 위해 멀리 가야 하는 것을 좋아하지 않는다. 또한 앱을 열어 버튼을 누르거나 이러한 상품과 서비스가 있는 온라인 스토어에 접근하는 것을 훨씬 선호한다. 이러한 종류의 접근성을 갖고 자라지 않은 세대에게 이와 같은 행동 및 접근에 대한 인식이 게으름으로 이해될 수 있는데, 커다란 오해다.

전문 서비스 회사인 어니스트 앤 영의 연구에 따르면 밀레니얼 세대 매니저들은 앞선 두 세대보다 더 빠른 속도로 노동시간을 자진해서 늘린다. 휴식의 가치를 홍보하고 옹호하는 단체인 '프로젝트 : 휴식'이 실시한 또 다른 연구에 따르면, 노동인구 중 전체 밀레니얼 세대의 절반이 추가 근로시간 확보를 위해 개인시간, 일하는 날 아침 시간과 유급휴가를 포기하는 노동 순교자가 되려고 노력한다고 한다. 밀레니얼 세대는 일하고 싶어 하지만, 그들의 연결성 및 구매자 페르소나는 게으르다고 종종 오해를 받는다.

밀레니얼 세대가 게으르다고 인식하는 실수를 피하기 위해서 게으른 것처럼 보이는 것이 사실상 시장 트렌드 변화의 산물임을 깨달아야 한다. 예를 들면 밀레니얼 세대는 접근성을 원하는데, 이는 그들이 스스로 무언가 하는 것을 피하고 싶어서가 아니라 접근성이 높은 것이 바쁜 스케줄에 적합하기 때문이다.

수요 주도형 경제가 매력적이라고 생각하는 밀레니얼 세대를 무시할 것이 아니라, 삶을 보다 편리하게 한다는 아이디어를 중심으로 커뮤니케이션을 구성한다면 훨씬 더 광범위한 소비자들의 입맛을 맞출 수 있을 것이다.

이기적이라고 가정하기

밀레니얼 세대는 의욕이 넘치고, 다른 소비자들처럼 의사결정 프로세스에서 자신의 이익을 어느 정도 고려한다. 하지만 그렇다고 해서 밀레니얼 세대가 특별히 이기적으로 자신의 것을 추구한다고 말하기는 어렵다. 그들은 경제 호황에서 자라난 데에서 오는 어느 정도의 특권의식이 있고, 교육 수준이 높으며(역사상 모든 세대 중에서 교육받은 소비자의 비율이 가장 높다) 대침체 기간에 구매자로 전환한 데에서 기인한 성숙함이 있다. 그러나 단순히 밀레니얼 세대가 이기적이라고 생각하는 것은 훨씬 더 크고 관련성이 높은 특징을 무시한 것이다. 그들은 사회적 선을 중요시 여긴다.

제16장에서 상세하게 다룬 주제인 대의명분 마케팅은 지난 몇 년에 걸쳐 폭발적인 성장을 해온 분야이다. 2000년과 2016년 사이에 대의명분 마케팅 계획을 통해 모은 기금이 7억 달러에서 시작해 거의 20억 달러까지 증가했다. 이러한 증가를 이끈 것은 거의 밀레니얼 세대이다. 버클리의 '미국의 밀레니얼 세대' 리포트는 밀레니얼 세대의 40% 이상이 직접 기부하는 것보다 비즈니스를 통해 자신들이 중요하게 생각하는 대의명분에 기부하는 것을 선호한다는 점을 언급하고 있다. 또 MSL 그룹(MSLGROUP)에 따르면, 밀레니얼 세대의 거의 70%가 오직 수익 극대화에만 집중하는 기업보다는 사회적 이슈 해결을 지향하며 노력하는 비즈니스를 원한다.

밀레니얼 세대는 사회를 염려하고 있고, 브랜드의 대의명분 참여는 친절한 제스처 이상의 의미를 지닌다. 그것은 성공할 수 있는 비즈니스 전술이다. 밀레니얼 세대는 잘 알려진 또는 인상적인 로고의 브랜드 제품이 아니라, 선행을 하는 브랜드의 제품을 구매하는 결정을 내릴 것이다.

기회가 있을 때 대의를 지지하거나 대의명분 마케팅을 활용하는 것은 밀레니얼 세대가 무관심한 사람이라고 가정하는 실수를 피할 수 있도록 도와줄 것이고, 실제로 사회적으로 의식이 있는 밀레니얼 소비자를 기반으로 한 신규 비즈니스 개발로 이어질 수 있다.

허영심이 강하다고 가정하기

밀레니얼 세대는 허영심으로 가득하다고 생각하기 십상이다. 일반적인 밀레니얼 사용자의 인스타그램 피드를 살펴보거나 스냅챗에서 셀피에 중독된 밀레니얼 세대의 습관을 관찰하면, 허영심이 밀레니얼 소비자의 일상생활에서 중요한 역할을 하고 있다고 가정하는 것이 아주 안전해 보인다. 그리고 밀레니얼 소비자들의 공유 습관에서 어느 정도의 나르시시즘 또는 자아도취를 관찰할 수 있는 것은 사실일지 모른지만, 이러한 특징들이 밀레니얼 세대가 자기중심적이라는 사실을 보여준다고 가정하는 것은 그 자체가 아이러니컬하게도 피상적인 관찰이다.

밀레니얼 세대는 경험을 중시하고, 그 경험을 공유하는 것을 좋아한다. 밀레니얼 소비자는 가격에 아주 민감한 세대이지만(다음 섹션 참조), 거래가 매매의 유일한 부분이 아닐 때 기꺼이 소비한다. 밀레니얼 세대는 경험에 돈을 쓴다. 순전히 허영심으로 보이는 공유에 대한 집착은 소셜 미디어가 소비자의 일상생활의 필수불가결한 일부로 성장하면서 진화한 소비자의 습관이다. 그러한 습관은 밀레니얼 세대 중심의 마케팅 전략 또는 캠페인을 개발할 때마다 중점적으로 고려되어야 한다.

밀레니얼 세대를 사로잡는 캠페인을 계획할 때, 브랜드 또는 거래 경험에 대해 생각해보자(제13장 참조). 밀레니얼 소비자는 전환 또는 지불 시점에 끝이 나는 스토리를 원하지 않는다. 인스타그램에 올릴 만한 가치가 있는 순간을 포함할 기회를 제공하는가? 소셜 채널로 경험을 연결할 수 있는가? 해당 거래로부터 어떻게 추가적인 가치 또는 효용을 확보할 수 있는가? 이러한 것들이 의식적으로든 아니든 밀레니얼 세대가 구매 결정 시에 무게를 두는 사항이다. 거래에 추가적인 가치를 더하는 것은 유형의 가치이든 아니든 경험을 추구하는 밀레니얼 소비자에게 크게 매력적일 것이다.

절약한다고 가정하기

밀레니얼 세대는 대침체 기간에 소비자 성숙 시기로 들어갔기 때문에, 왜 밀레니얼 세대가 절약한다는 가정을 하게 되었는지를 쉽게 알 수 있다. 또한 수요 주도형 경제, 즉각적인 정보 접근 및 소셜 미디어의 속성으로 말미암아 마케터와 사업주는 밀레니얼 세대가 자신들이 원하는 것을 무료로 구하고 싶어 하고 제품이나 서비스에 비용을 지불하지 않으려 한다고 추정하게 되었다.

가격 민감성과 관련해서라면 소비자 집단으로서의 밀레니얼 세대를 잘 설명해주고 있기는 하지만, 즉 밀레니얼 세대는 구매 의사결정 시 다른 모든 요소보다 가격을 우선적으로 고려한다. 가격과 효용성을 인지한다면 다른 소비자보다 더 많이 소비할 것이다. 미국에서 충성도 프로그램을 다루는 던험비 USA(DunnhumbyUSA)의 연구에 따르면, 밀레니얼 소비자들은 일반적인 소비자보다 훨씬 더 가격에 민감해서 할인혜택을 찾아다니고 훨씬 정기적으로 쿠폰을 사용할 것이다. 그러나 할인혜택을 좇는 밀레니얼 세대의 전체 구매량은 제값을 주고 사는 일반적인 고객보다 한결같이 더 높을 것이고, 그들은 일반고객보다 더 충실하게 특정 브랜드 스토어에 다시 방문할 것이다.

단지 밀레니얼 세대가 검소하고 돈을 쓰지 않으려고 한다고 가정하는 대신, 밀레니얼 세대는 단지 제품 그 이상의 것을 좇는다는 사실을 고려하자. 밀레니얼 세대는 가치를 추구한다. 거래뿐 아니라 경험을 추구하는 사람들을 의미하는 가치 추구형 소비자는 브랜드가 그들에게 가치를 제공할 수 있다면 더 많이 소비하고 더욱 충성스러운 소비자로 남을 것이다. 특별상품, 할인, 보너스, 증정품 또는 거래에 포함된 기타 가치 부가 요소 등의 브랜드가 제공할 수 있는 가치의 형태는 다양하다. 예를 들어 고객의 이름이 다음 번 구매 시 혜택을 제공하는 주간 이벤트 당첨자에 들어 있다면, 해당 점포 또는 웹사이트에 다시 방문해 매주 거래를 완료할 마음이 더 생길 것이다.

무지하다고 가정하기

전통적인 판매문구가 밀레니얼 세대의 구매 의사결정에 결정적인 요소가 될 것이라고 생각한다면, 다시 한 번 생각해보자. 마케터가 브랜드로서 밀레니얼 잠재고객과 처음 접촉할 때 해당 잠재고객은 이미 구매 사이클의 중요한 부분을 통과해왔다. 마케터는 그 여정의 종착역 중 하나이기에, 잠재고객이 자사의 제품, 품질 또는 다른 고객의 경험에 대해 모른다고 가정한다면, 위험한 실수를 하고 있는 것이다. 우울해 보이는 중고차 세일즈맨이 잘난 체하지 않고 차에 대해 잘 모르는 고객을 대하는 틀에 박힌 방식(물론 모든 것이 변하기 전에)으로 밀레니얼 잠재고객을 대하는 것은 잠재적 거래를 놓치는 매우 어리석은 방법 중 하나이다.

밀레니얼 잠재고객과 직접적으로 관계를 맺을 때(온라인으로든 직접이든) 접근방식은 해당 고객이 이미 자신이 알고 있는 것, 조사한 것 또는 알고 싶은 것을 공유할 수 있는 형식이어야 한다. 비교 및 사용자 리뷰는 밀레니얼 세대의 구매 프로세스의 중요한 부분이고, 잠재고객이 마케터와 접촉할 때 구매 프로세스 몇 단계를 이미 거쳤을 가능성이 농후하다. 잠재고객이 처음 연락을 취해왔을 때 수중에 모든 정보를 갖고 있다고 가정해서도 안 되지만, 구매 권유에 들어서기 전에 해당 잠재고객이 구매 프로세스의 어느 단계에 있는지에 대해 약간 알아보는 것이 필요하다. 일방통행식의 판매 권유에 반응하는 무지한 잠재고객을 다루고 있다고 가정한다면 대화로 이어지지 못하고 끝나 버릴 것이 거의 확실하다.

나이에 초점 두기

밀레니얼 세대를 통계적으로 나타내는 연령지표로 구분하기 때문에 모든 밀레니얼이 비슷하다고 가정하는 것은, 맨해튼에 거주하는 부유한 50대 전문직 종사자와 미주리에 사는 15세 고등학생을 두 사람 모두 미국에 살기 때문에 비슷할 것이라고 가정하는 것과 다를 바 없다. 소비자들은 모두 고유한 특성을 지니고 있고, 나이처럼 피상적인 것을 기반으로 집단을 한데 묶어 모두에게 같은 방식으로 마케팅하려고 하다면 수준 이하의 결과를 초래할 것이고, 대다수의 밀레니얼 소비자에게 브랜드에 관해 어떤 인상도 남기지 못할 것이다.

오디언스를 구축할 때 나이가 적용될 수 있지만, 오직 나이 또는 위치만 보지 않고 관심사 및 행동에 더 초점을 둔 고도로 타깃팅한 오디언스를 개발하기 위해 시간을 들여야 할 것이다. 이러한 프로세스는 좀 더 관련성이 높은 콘텐츠 전략 및 캠페인을 개발하는 데 도움을 줄 것이고, 결과적으로 참여도 향상 및 평균 이상의 전환율로 이어질 것이다.

제3장에서 범위를 좁힌 고도로 타깃팅한 오디언스 집단을 개발하는 프로세스를 다루고 있다.

사고방식 무시하기

나이, 즉 생년월일 범위는 순수하게 통계 또는 부문 연구를 살펴볼 때 적절한 기준이다. 그러나 마케팅에 관한 한 타깃 오디언스를 구분하는 변수로서 연령 범위에 초점을 두는 것은 결과적으로 그로 인해 얼마나 많은 기회가 경쟁자에게 넘어가는지를 깨닫지 못한 채 많은 마케터들이 따르는 관행이다.

밀레니얼 세대가 구매 행동에 관련된 어떤 특성 및 습관을 지니고 있을 수 있지만, 밀레니얼 세대만이 이러한 특성을 보유하고 있는 것은 아니다. 밀레니얼 세대의 사고방식은 대개 세대를 초월하는 것이다. 특히 모바일 기술을 채택하고 다른 세대의 소비자들의 일상생활에 소셜 미디어가 흡수되면서 더욱 그렇다. 취향과 선호도를 중심으로 고도의 타깃팅된 오디언스를 개발하고 캠페인을 론칭할 때, 시간이 지나면서 캠페인의 타깃 오디언스를 확장해서 개략적으로 그렸던 관심사와 행동기준에 맞는 다른 연령대의 소비자를 포함시키는 방안을 고려하게 될 것이다.

다시 한 번 말하지만 밀레니얼 세대의 사고방식은 오직 정해진 기간에 태어난 사람들에 제한되는 것이 아니다. 기회가 있다면 이와 같은 현실을 잘 이용하도록 하자.

오직 캠페인에 집중하기

마케터가 캠페인을 만드는 과정에서, 마치 캠페인을 마치 진공 속에 존재하는 것처럼 생각하는 경향이 있다. 다시 말하면 기본적으로 캠페인 계획의 생태계, 콘텐츠, 오디언스, 다른 캠페인, 광고 등을 무시한 채 캠페인을 개발하는 것이다.

밀레니얼 세대가 한 브랜드의 제품을 살지 또는 브랜드와 공동작업을 할 것인지를 검토할 때 살펴보는 한 가지 요소는 브랜드와의 경험이 얼마나 매끄럽게 흘러가느냐 하는 것이다. 이러한 경험은 역시 충성도에도 상당히 기여하고 타깃 밀레니얼 오디언스와의 관계 구축 프로세스에도 크게 도움이 된다.

캠페인을 개발할 때 캠페인이 현재 브랜드와 관련된 모든 마케팅 요소와 어떻게 어울리는가 하는 관점에서 생각해보아야 한다. 이러한 사고 프로세스는 캠페인과 매일 매일의 콘텐츠 마케팅의 연속성이 높아지면서 타깃 밀레니얼 세대의 브랜드 인지도를 향상시키는 데 도움이 될 뿐 아니라, 오디언스 증가 또는 관계 강화와 같이 캠페인의 원래 범위를 넘어서는 부차적 이익을 창출할 것이다.

공격적으로 판매하기

지나치게 강요하는 판매 권유는 유료 온라인 광고 및 제휴 마케팅 초기 시절에 어느 정도 성과를 냈지만, 오늘날 그리고 특히 밀레니얼 소비자에게 공격적인 판매 권유는 전혀 참여를 이끌어내지 못한다. 사실 이러한 방식은 전환을 유도하기보다는 브랜드 명성 및 잠재고객과의 관계에 타격을 입히는 전략이다.

감성 소구 판매는 약간 더 시간이 걸릴지도 모른다. 하지만 그러는 사이에 밀레니얼 잠재고객과 관계를 키우고 있는 셈이고, 이것이 결국 충성도로 이어진다. 몇 가지 종류의 보상을 제공함으로써 더 빠른 행동을 유도할 수 있을지 모르지만, 만약 오디언스를 알아가고, 그들의 고유한 개성에 맞는 커뮤니케이션을 만들어 가고, 구매 여정을 안내해 전환으로 이끄는 프로세스를 무시한다면, 전환율을 올리는 데 성공하지 못할 것이다.

관계를 무시하기

공격적인 판매는 단기적 수익과 장기적 성공 및 생존에 영향을 미치는 보다 큰 실수의 일부다. 밀레니얼 소비자와의 관계의 중요성을 무시할 때, 그것은 비즈니스의 미래를 무시하는 것과 다름없다. 밀레니얼 세대는 전환까지 시간이 좀 더 걸릴 수 있고, 관심이 필요한 더 복잡한 구매 여정을 택할 수도 있다. 하지만 관계는 충성도, 브랜드 옹호, 그리고 성장을 의미한다.

밀레니얼 세대가 가격에 민감할 수 있지만, 그들은 거래가 상품과 서비스 교환 그 이상을 수반할 때 기꺼이 돈을 쓰려고 한다. 밀레니얼 세대는 자신들의 취향에 맞는 브랜드, 판매 이상의 의미에 마음을 쓰는 브랜드, 전환 이후 금세 고객을 방치하지 않는 브랜드와 작업하기를 원한다. 관계 형성은 마케팅 전반을 아우르는 전략과 목표 중심의 캠페인 개발의 중심 테마가 되어야 한다.

반드시 명심해야 하는
간단한 10가지 팁

제19장 미리보기

- 활용할 수 있는 프로세스 중 가장 중요한 몇 가지를 강조한다.
- 전략 수립 시 가까이하면 좋은 간단한 체크리스트를 구성해본다.

이번 장에서는 캠페인을 제작하거나 확보 전략을 수립할 때 올바른 방향으로 나아가도록 도와주는 간단하지만 효과적인 팁 몇 가지를 제시하겠다. 책 전반에 걸쳐 각 전략 수립을 위한 단계별 접근방식을 다루었지만, 여기에서는 전략 작업 시에 체크리스트 역할을 할 수 있도록 리스트를 작성해보고자 한다.

데이터로 시작하자

데이터가 마케터 활동의 전부를 이끌어야 한다. 데이터는 마케터가 어둠 속에서 움직이고 근거 없는 가정에 기대어 의사결정하는 것을 막아줄 것이다. 데이터는 처음 전략을 수립할 때 어떠한 의사결정을 내릴지 판단하는 것을 도와줄 수 있고, 감사를 통해 여러 가지 관점에서 실행상의 개선을 이끌어내는 데 도움이 될 것이다.

궁극적으로는 데이터를 사용함으로써 더 효과적인 프로그램을 만들고, 더 큰 성과를 창출하고, 목표 달성까지의 타임라인을 줄이게 될 것이다. 또한 시간이 지나면서 진화해 가는 오디언스와의 연관성을 유지할 수 있도록 도와줄 것이고, 이는 관계 강화 및 엄청난 장기적 성장으로 이어질 것이다.

데이터 사용에 대한 추가 정보는 제4장에서 다룬 전략들을 살펴보도록 하자.

사이코그래픽스를 기억하자

밀레니얼 세대의 사고방식이 모든 계획, 캠페인, 프로그램 또는 분석의 중점 포인트가 되어야 한다. 오디언스를 나이 또는 위치와 같은 단순히 피상적인 관점에서 생각한다면 밀레니얼 오디언스의 고유한 특성을 완전히 놓쳐버릴 수 있다. 밀레니얼 세대라는 명칭은 원래 특정 연령대의 사람들을 지칭했다. 그러나 이 용어는 현대의 소비자를 정의하는 말로 빠르게 변하고 있다. 그렇기 때문에 밀레니얼 소비자를 훨씬 더 개인적으로 알고 있어야 한다.

밀레니얼 세대의 사고방식을 좀 더 자세히 살펴보기 위해서는 제2장을 참조하자.

다른 연령층도 검토하자

밀레니얼 세대 마케팅 시에 연도 범위에 제한을 두지 말도록 하자. 타깃팅 및 오디언스 세그먼트를 오직 나이에만 한정하지 말고, 특정 관심사 및 행동 타깃에 맞는다면 다른 연령대의 오디언스라도 제외해서는 안 된다. 모든 세대의 소비자가 진화하면서 적응하고 있다.

그리고 진화와 함께 세대 간 전이가 일어난다. 이러한 사실을 깨닫고 시간이 지나면서 타깃팅을 확장한다면, 비즈니스를 좀 더 성장시킬 수 있을 것이다.

제3장은 오디언스의 범위를 좁히고 오디언스를 아주 상세하게 정의하는 방안을 다루고 있으며, 제2장에서는 마케팅 전술에서 오디언스의 나이에 얽매일 필요가 없다는 개념을 자세히 설명하고 있다.

오디언스 기반의 목표를 수립하자

다양한 오디언스 세그먼트 및 집단을 구축하면서 목표를 명확히 기술해야 한다. 장기 목표를 위한 프로세스 역시 분명하게 명시해야 한다. 예를 들어 "35% 이상이 전문가로 구성된 집단 대 지금 막 대학을 졸업한 집단에게서 얻고자 하는 것은 무엇인가?"라고 스스로에게 질문을 던져보자. 모든 집단에게 반드시 똑같은 목표가 적용되지 않기 때문에 이 질문에 대해 생각해볼 필요가 있다.

뉴미디어에서의 타깃 캠페인 개발 및 고도의 오디언스 기반 목표 설정에 대한 상세한 내용은 제6장을 참조하자.

대의명분을 현명하게 선택하자

대의명분 마케팅은 거대한 자산이 될 가능성이 있지만, 기회주의자로 보이지 않도록 매우 주의해야 한다. 브랜드가 개인적 이익을 위해 특정 대의명분 또는 트렌드를 이용한 것처럼 보인다면 사회적으로 의식이 있는 밀레니얼 세대의 존경심, 신뢰 그리고 그들과의 비즈니스를 잃게 될 것이다. 회사가 중요하게 생각하는, 비즈니스에도 적절한 대의명분, 그리고 오디언스가 공감할 수 있는 대의명분을 선택하자. 이러한 방식으로 접근한다면 선택한 대의명분이 어떻게 인식될까에 대해 생각도 해보지 않고 단순히 시류에 편승한 것보다 훨씬 더 많은 혜택이 돌아갈 것이다.

대의명분 마케팅의 중요성에 대해 좀 더 알고 싶다면 제14장의 전략을 살펴보자.

관계의 토대를 파악하자

밀레니얼 세대와 어떻게 교감할 것인가를 결정할 때 브랜드와 각 오디언스 집단 간 관계의 뿌리가 어디인지를 명확히 파악해야 한다. 브랜드 경험을 가능한 한 개인적인 수준으로 만들기 위해서 토대를 파악하고 그 토대에서부터 콘텐츠, 캠페인, 대화를 활용해 관계를 키워 나가자.

제13장에서 관계의 중요성에 대해 자세히 알아보았다.

경험에 초점을 두자

밀레니얼 세대는 단순한 거래 그 이상의 것을 원한다. 그들의 습관을 관찰해보면 경험이 구매 결정에 중요하다는 사실을 깨닫게 된다. 밀레니얼 세대가 경험에 무게를 두는 것은 밀레니얼 세대가 가치를 추구한다는 점과 밀접한 관련이 있다. 밀레니얼 세대는 빨리 돈을 쓰려 하지 않고 가격에 민감할 수 있다. 그러나 그들이 보다 큰 브랜드 경험에서 가치를 느낀다면, 돈을 약간 더 많이 지불하고 브랜드 옹호자가 되기를 불사할 수 있다.

제13장을 읽어보면 브랜드 경험 창출에 대해 좀 더 자세한 내용을 파악할 수 있다.

정기적으로 성과를 점검하자

뉴미디어는 계속해서 움직인다. 뉴미디어는 진화하고 소비자는 적응한다. 결과적으로 오디언스는 실시간으로 변할 것이고, 브랜드 역시 그에 맞추어 변화해야 한다. 기회를 찾아내고, 캠페인을 최적화하고, 또는 프로그램 구조를 변경하기 위해서 성과를 정기적으로 점검하자. 만약 브랜드가 시류를 맞추어 움직이지 못한다면, 오디언스는 떠나버릴 것이다.

제11장에서는 감사 수행의 단계 및 전략을 다루고 있다.

진실한 '목소리'를 유지하자

밀레니얼 세대와 관련한 많은 계획을 성공으로 이끄는 비결, 그리고 밀레니얼 세대와의 관계 형성에 있어서 중요한 구성요소는 진실함이다. 밀레니얼 세대의 취향과 선호도에 맞추어 콘텐츠를 개발할 때, 오디언스는 회사가 오직 향후 판매에만 혈안이 된 것이 아니라 관계 형성에 관심이 있는 것처럼 느껴야 한다. 이러한 포인트를 전달하기 위해 마케팅 자료에서 진실하고 특화된 목소리를 만들어내자.

브랜드가 취하는 행동에서 진실함이 중요하다는 것은 제6장과 제16장에서 간단히 다루고 있는 주제이다.

모바일을 최우선으로 생각하자

밀레니얼 세대는 모바일 기기에서 생활한다. 만약 그들이 있는 곳으로 다가가고 싶다면 모바일을 우선으로 생각해야 한다. 모바일을 생각한다고 해서 다른 플랫폼에 집중할 수 없는 것은 아니다. 회원가입 백엔드의 개인정보처럼 모바일 기기보다는 데스크톱에서 작동이 더 잘되는 미디어들이 많다.

기억할 점은 모바일이 밀레니얼 세대의 일상생활에서 핵심요소가 될 것이라는 사실이다. 밀레니얼 세대와 관계를 구축하고 싶다면, 모바일을 전반적인 마케팅 전략의 토대가 되는 대들보로 삼아야 한다.

모바일 전략의 구성요소에 대해 상세한 내용을 찾고 싶다면 제10장을 참조하자.

지은이

코리 패드빈(Corey Padveen)

코리 패드빈은 업계 최고의 마케팅 데이터 전문가로서, 측정 가능한 성장 캠페인을 실행하기 위해 전략을 수립하고 다양한 산업의 다양한 브랜드와 일해본 경험이 있다. 그는 30년간 세계 최대 브랜드와 일해온 마케팅 자문 서비스 회사인 t2 마케팅 인터내셔널(http://t2marketinginternational.com)의 파트너다.

저자는 전 세계의 각종 컨퍼런스, 회담, 기업 행사에 초청되어 활발하게 강연을 하고 있다. 「서치 엔진 저널」과 「소셜 미디어 투데이」를 포함한 다양한 온라인 및 인쇄 간행물에 정기적으로 기고하고, 개인 블로그 CoreyPadveen.com을 운영할 뿐 아니라 t2 기업 블로그의 주요 작성자이기도 하다.

옮긴이

심수영

연세대학교 영문학과를 졸업했으며 연세대 국제대학원에서 국제 통상 및 경영학 석사학위를 받았다. 글로벌 컨설팅 기업 및 대기업에서 일해왔다. 현재 번역 에이전시 엔터스코리아에서 출판기획 및 전문번역가로 활동하고 있다.

옮긴 책으로는 『Logo Design Love(로고 디자인 러브) : 시대를 선도하는 브랜드 아이덴티티 만들기』 등이 있다.